公共行政核心课程系列教材/沈亚平 主编

现代领导科学

常健 编著

Xiandai Lingdao Kexue

天津大学出版社
TIANJIN UNIVERSITY PRESS

内容提要

在知识经济、社会转型和全球互动的时代，中国领导者的领导能力面临严峻的挑战。本书针对中国领导者的实际问题和实际需要，汇集国内外领导学研究的最新成果，分析影响领导效能的各种关键因素，介绍提高领导能力的各种方法。全书共分9章：领导的定位；与有效领导相关的领导者特质；有效的领导行为；领导情境与领导方式；权力与领导的过程；领导过程中的激励与沟通；领导决策与组织建设；组织变革的领导方式；领导者自身的问题。

全书深入浅出，具有很强的实用价值。不仅适用于公共行政管理专业本科生、研究生、MPA和各类培训班的教学，也便于读者了解领导学的最新观念、最新成果以及提高领导技能的诸多方法。

图书在版编目(CIP)数据

现代领导科学/常健编著.—天津：天津大学出版社，2004.9（2020.9重印）
（公共行政核心课程系列教材）
ISBN 978-7-5618-2018-6

Ⅰ.现… Ⅱ.常… Ⅲ.领导学－教材 Ⅳ.C933

中国版本图书馆CIP数据核字(2004)第084339号

出版发行 天津大学出版社
地　　址 天津市卫津路92号天津大学内(邮编:300072)
电　　话 发行部:022-27403647
网　　址 publish. tju. edu. cn
印　　刷 天津泰宇印务有限公司
经　　销 全国各地新华书店
开　　本 169mm×239mm
印　　张 22.5
字　　数 454千
版　　次 2004年9月第1版 2007年3月第2版 2008年8月第3版
印　　次 2020年9月第9次
定　　价 40.00元

第 3 版修订说明

本教材第 2 版修订以来,蒙读者厚爱,被不少院校选为教科书。根据进一步获得的教学反馈,我们再次对本教材进行了修订。一方面,调整了一些章节,特别是将原来过大的第六章分成了两章,以便于教学课时的安排;另一方面,对一些不适于基础教学的细节内容进行了删减,使教材在整体上更加精练。

再次感谢读者的厚爱,并衷心希望教材使用者将阅读和使用中的意见和建议更多地反馈给我们,我们将在以后的修订过程中作出进一步的调整,努力为读者学习现代领导科学提供适宜的帮助。

常健

2008 年 6 月于南开大学

总　　序

公共行政学科产生于19世纪末20世纪初。一百多年以来，经过几代学者的努力，使得该学科成为社会科学领域中最富有生机和活力的学科之一。公共行政研究所取得的理论成果，对于公共行政学科的完善起到了重要作用，并取得了显著的社会效益。随着社会对公共行政要求的不断提高，民主、理性、效率、公正等已经成为政府运作所追求的核心价值。这一发展趋势为公共行政学科提供了更加广阔的研究空间。

公共行政不仅是一门社会科学理论，也是一个广阔的实践领域。自国家产生以来，作为公共权力的代表，政府履行着社会公共事务管理的职责。与传统社会相比较，当代社会政府的权责范围得到了空前的拓展。在这种情况下，如何增强公共行政能力、提高公共行政效率、卓有成效地对社会事务进行管理，是政府面临的重要问题，也是各国公共行政学界面临的世界性研究课题。因此，世界各国，尤其是发达国家都将公共行政作为理论与实践课题进行积极探索，并且取得了丰硕成果。

对于中国而言，公共行政学仍然是一门正处于发展中的新兴学科，如何根据公共行政及其改革需要，促进本学科的发展仍然处于探索阶段。但是，中国的公共行政学科从恢复研究开始，就具有得天独厚的优势，即中国公共行政学的发展一开始就深植于行政改革的实践之中。自20世纪80年代以来，随着中国改革开放和经济建设的发展，政治体制改革逐步提上了日程。在政治体制改革的整体进程中，政府职能转变是一项十分重要的任务。由于历史原因，中国政府在计划经济体制下，一直采取的是全能型政府职能模式。中国正在进行的政府职能转变，正是将与计划经济体制相适应的全能型政府模式转变为与社会主义市场经济体制相适应的有限政府模式。围绕政府职能转变，中国公共行政学界针对政府在社会生活中的角色、政府职能范围的勘定，以及与此相关的行政体制调整、行政机构改革等问题进行了理论探索，由此推动了公共行政实践的发展和理论研究的繁荣。

20世纪以来，中国的公共行政环境发生了重大变迁。社会转型的启动、世界经济的一体化、知识经济时代和信息社会的来临，都正在对中国的公共行政产生着重要影响。中国的公共行政能否对正在变化的行政环境做出积极的回应，能否通过自身的变革与变化的环境保持动态平衡，对于中国经济和社会的发展具有十分重要的意义。在这种情况下，公共行政学界应当在继续汲取国外先进的管理理念、管理理论和管理原则的基础之上，紧密联系中国公共行政环境的变迁和公共行政实践的发展，积极探索适应本国国情的公共行政理论，推进中国公共行政理论范式的转变，以更好地指导中国行政管理改革的实践。

20世纪80年代以来，中国在高等教育中恢复了公共行政学的教学与研究。作为政治学专业的一个组成部分，公共行政学得到了长足的进步：综合性大学相继建立了行政管理专业，在本科、硕士和博士多个层次上进行教学和科研。特别是近些年来，一批高等学校建立了公共管理学院或政府管理学院，一方面使行政学的理论研究转向了理论与实践相结合的管理研究，另一方面也使公共行政学科相对独立，有利于这一交叉性学科的自我完善。2000年，国务院学位委员会第十七次会议审议通过了《公共管理硕士专业学位设置方案》。方案提出，根据新形势下公共管理现代化、科学化、专业化的要求，为建立适应社会主义市场经济需要的办事高效、运转协调、行为规范的公共行政体系，完善国家公共事务的管理和行政管理干部培训制度，建立高素质的专业化国家公共事务和行政管理干部队伍，批准在条件具备的高等院校首批设置公共管理硕士（MPA）专业学位教育试点。通过MPA专业学位教育，为政府部门及非政府公共部门培养高层次、应用型专门人才。2003年，国务院学位委员会、教育部为适应社会发展的需要，促进专业学位教育积极发展，提高专业学位人才在高层次人才中所占的比例，决定加大专业学位人才的培养规模，进一步扩大专业学位研究生培养单位的数量。很明显，国家对公共行政学科及其人员培养的重视，将对中国公共行政学科的发展产生深远的影响。“公共行政核心课程系列教材”正是为了适应新时期专业教学的需要，为政府部门和非政府公共部门培养高层次、应用型专门人才而编撰出版，也是我们为中国公共行政学科教材建设贡献的一份力量。

本系列教材体现了以下特点。

第一，根据公共行政学科的发展确定系列教材体系，从而使教材具有系统性。公共行政学科教材建设的内容应当根据本学科的发展而不断完善。公共行政学最早以行政法的研究作为开端，从法的角度研究国家的公共行政，实现行政管理的法制化始终被公共行政学界所重视。1887年，威尔逊发表“行政学研究”一文，揭开了西方国家公共行政研究的序幕。而后早期公共行政学的发展，一直以公共行政组织和公共政策执行为中心内容，从而建立了古典的公共行政理论体系。20世纪40年代以后，随着决策科学的兴起，政府的行政决策行为被纳入公共行政学的理论体系，逐步成为公共行政学的一个重要组成部分。伴随着现代信息技术为代表的高科技在管理领域的成功运用，电子公务已经成为公共行政学一个新的生长点，它也必然要进入公共行政学科的内容体系中。因此，本系列教材着眼于公共行政学科的整体发展，涵盖了该学科的主要领域。

第二，坚持理论性与应用性相统一的原则，从而使教材结构具有合理性。本系列教材既突出公共行政的应用特色，又兼顾了相关的基础理论。从教材的遴选来看，既有《决策统计分析》、《公共部门人力资源管理》、《电子公务管理》、《公共管理案例分析》等侧重应用内容的教材，也有《公共行政学》、《政策原理与政策分析》、《政府经济学》等侧重基础理论内容的教材。因此，本系列教材从理论和应用相结合出发，合理地构建公共行政人员的知识与技能结构。

第三，反映公共行政实践的最新动态和公共行政学科最新研究成果，从而具有前沿性。上个世纪末以来，国内外公共行政从理论和实践两个方面都取得了很大的进展。作为新时期公共行政教材，应当反映当代公共行政理论和实践的最新研究成果。例如，本系列教材中的《政府经济学》、《当代西方公共行政》等教材就是在广泛吸收国内外最新相关文献的基础上写成的。其中，《当代西方公共行政》在教材体例安排上做了大胆创新，体现了自己的特色。

本系列教材既适用于行政管理专业本科生、研究生的教学，也适用于公共管理硕士(MPA)专业学位教育的教学，还可作为公共部门人力资源培训和相关专业社会办学的教材及参考书。

本系列教材的编写主要由南开大学的教师承担，并邀请了其他兄弟院校的教师参加。对于他们的努力与合作，我们深表敬意和感谢。应当指出的是，任何教材的编写者都试图在依据学科内在规律和特点的基础上突出自己的特色，本系列教材正是我们对高等学校行政管理专业课程体系建设思考的结果。对不完善之处，敬请读者批评指正。

公共行政核心课程系列教材编委会

前　言

领导科学是近几十年来正在迅速崛起的一个较新的研究领域。其蓬勃发展主要是受到了社会对更高领导能力需求的推动，而这种推动力又来源于社会环境的迅速变化对组织领导的更高要求。我们正在经历一个社会生活急剧变化的时代：经济体制的转型，全球化进程的加速，知识经济时代的到来以及跨文化的信息交流与价值碰撞，这些都不断在对社会中各种组织的生存与发展提出新的挑战，也对组织的领导者提出了更高的要求。

不论是在东方还是在西方，对领导问题的研究都是源远流长。但传统的研究基本上是经验的或思辨的，并没有采用严格的科学方法，其研究结果尽管具有启发性，但却缺乏确定性和系统性。大约从20世纪中叶前后，研究者们开始采用现代科学的手段对领导问题进行统计和实验研究，这标志着对领导的研究开始作为一门科学出现。回顾几十年来的领导科学研究，我们可以发现它还远未成熟：已经提出的许多模型的解释力还极其有限；许多分析观点还处于假说阶段，缺乏系统的经验验证；各种研究之间还未达成紧密的相互联系，尚未整合成系统的理论。领导科学目前所展现出的这种稚嫩性几乎是每门经验科学在其发展初期都会经历的一个阶段。因此，我们不必过于苛求领导科学在目前阶段的完美无缺，但我们完全可以对领导科学未来的发展寄予厚望。只要我们遵循严格的科学方法，肯于付出辛劳，这片尚未充分开垦的沃土一定会在不远的将来成为一片硕果累累的绿洲。

本书作为一部供本科生和研究生使用的教材，力图充分总结领导科学几十年来的研究成果，并以简明、清晰、易懂的方式将其呈现出来。由于领导科学的大量研究主要是由西方学者作出的，因此，本书参考了大量西方学者在这一研究领域中的文献，特别是参考了西方高校所使用的主要领导学教材。作者在文中说明了所引用的各种观点的提出者，而且在脚注中标出了这些观点的原始出处，使读者可以直接查阅这些研究的原始文献。

由于目前领导科学的研究尚未成熟，几乎在每个方面都存在着不同观点的争论。本书并不想误导读者，使之以为书中介绍的观点在科学上都已成定论。因此，在介绍每一个观点时，本书总是力图指出其所面临的批评，并且尽量将不同观点同时予以介绍。希望借此可以为读者的进一步研究拓展出思考的空间。

本书的主要资料来源于西方领导科学研究的著作。但在接受学习这些成果时，应当特别注意这些研究成果的文化局限性。西方领导科学的大部分研究成果，都是在研究当地领导现象和案例的基础上总结出来的。而领导作为一种社会现象，其行为环境、行为方式和成效评价标准都受到当地文化和价值观念的深刻影响。在一种文化环境中适用的观点，在另一种文化环境中并不一定完全适用。许多西方的领导科学研究者也意识到了领导现象的这种文化差异性，并对此进行了专门的研究，但这种研究本身的出发点也不能完全摆脱西方的文化价值观。当然，这并不意味着学习西方领导科学的研究成果是完全无意义的，而是要使读者意识到这种研究成果的适用性并不是完全无条件的，而这种条件性意识正是领导科学的研究方法所要求的。只要我们具有科学的意识和态度，西方领导科学的研究成果就能以最合理的方式促进我们对领导现象的理解并促进我们对领导科学的研究。

另一方面，在介绍现代西方领导科学研究成果的同时，本书力图将对这些成果的解释与中国传统的领导智慧结合起来。这既可以加深我们对西方领导科学成果的理解，又可以扩展我们对中国传统领导智慧的理解。应当注意的是，中国古代关于领导方式的思想，是与中国古代特定的政治统治方式密切相关的。因此，在汲取中国传统领导思想的精华时，也同样要特别注意分析这些思想的适用条件及其历史局限性，不可不顾现实的社会和组织条件而直接照抄照搬。

尽管作者力图尽可能全面地总结现代领导科学的研究成果，并尽可能以准确、清晰、易懂的方式将他们表述出来，但限于作者的眼界和水平，本书在许多方面仍难尽如人意。真诚欢迎读者对此书中存在的问题提出宝贵的意见，使之再版时予以修正。

本书的写作得到了南开大学周恩来政府管理学院行政管理系沈亚平教授和王骚教授的大力支持，在此谨表诚挚的谢意。

常健

2004 年 7 月 12 日

于南开大学周恩来政府管理学院

目　录

第一章
领导的定位

第一节　领导概念的定义

一、领导的定义

要弄清什么是领导(leadership),一个最简单的方法,就是给"领导"下一个定义。但这又是一个最复杂的方法,因为,一个完善的"领导"定义,既要区别准确,又要涵盖全面。所谓区别准确,就是要将"领导"概念与其他概念准确区别开来,不能有所混淆;所谓涵盖全面,就是要在定义中容纳领导的各种不同形式,不能有所遗漏。然而,要同时满足这两方面的要求并不是一件易事。据美国学者估计,目前世界上关于"领导"的定义大约有 350 种之多。每一种都涉及领导现象与其他现象的某种区别,但任何一个定义似乎都不能涵盖所有的领导现象,特别是它的最新发展形式。因此,我们不应期望能够给出一个尽善尽美的"领导"定义,而应当以尽可能简明的形式定义出领导现象与其他现象的最主要区别。

本书主张将领导概括为:组织或群体中的一些成员运用所拥有的权力引领其他成员实现组织或群体目标的过程。本书将以逐步扩大内涵和限制外延的逻辑方式展开这一定义。

1.领导是组织或群体成员之间的关系

这一概括的目的是为了明确以下区别。第一,领导关系是主体之间的关系,而不是主客体之间的关系。人与物之间的关系是主客体之间的关系,而人与人之间的关系是主体间的关系。在人与物的关系中,物只是人实现自己目的的工具;而在人与人之间的关系中,他人是不能仅仅被当作工具的。第二,领导是组织或群体成员与成员之间的关系。这意味着,领导者和被领导者都是组织或群体中的成员(member)。领导者是在组织或群体中产生的,而且不是固定不变的,被领导者也会成为领导者。西方称呼被领导者最常用的两个词是“追随者”(follower)和“下属”(subordinate)。但这两个词都各有其局限性。“追随者”强调的是被领导者与领导者有共同的信仰和利益,追求共同的组织目标。但在现实的各种组织中,被领导者并不一定都与领导者有共同的信仰和利益。“下属”或“下级”强调的是职位的等级关系,但在现实的组织或群体中,特别是在非正式组织结构中,被领导者不一定是领导者的下属或下级,而可能是同级,甚至是上级。这里作者甚至不太愿意在定义中用“领导者”和“被领导者”这对概念,因为,如果用“领导者”和“被领导者”来定义“领导”的概念,不仅有窃取论题的嫌疑,而且有把领导者与被领导者的概念固化的可能。在现实中,没有绝对的领导者和绝对的被领导者,领导者与被领导者只是相对于一定的领导关系而存在,我们只能通过领导关系来定义谁是领导者,谁是被领导者。当这种关系改变时,领导者与被领导者的身份也随之改变。实际上,我们每一个人在社会组织中,多数既是领导者又是被领导者。第三,在这里用了“组织或群体成员”的概念,因为组织(organization)和群体(group)是两种具有很大差异的人际关系存在形式,二者不能相互涵盖和替代,其领导过程也有很大差别。

2.领导是组织或群体中的一些成员运用所拥有的权力影响其他成员的过程

这一概括的目的是为了明确以下区别。第一,领导并不是社会成员间的一种平衡关系,而是一种影响与被影响的不平衡关系。在这一关系中,影响者具有主导性,成为领导者;被影响者则改变自己的信仰或行为,与影响者的要求保持一致,成为被领导者。尽管被影响者对影响者也有一定的反影响,但这种反影响只是影响了居于主导地位的影响者影响被影响者的方式,而没有改变这种主导关系的基本方向。第二,领导的这种影响关系是通过占主导地位的组织或群体成员所拥有的权力实现的。这种权力(power)是广义的,它不仅包括职位权力,如合法权、奖惩权、强制权等,而且包括各种个人权力,如专长权、参照权等。第三,领导是一个动态的影响过程,这一过程的实现可以通过多种不同的方式,如命令、劝说、感化、示范等等,但这些影响方式是无法穷尽的,通过列举这些影响方式并不能充分标示出领导过程与非领导过程的根本区别。

3.领导是居于主导地位的组织或群体成员引领其他成员实现组织或群体目标的过程

这一概括的目的是为了明确以下区别。第一,领导过程是有方向性的,这个方向就是组织或群体要实现的目标。因此,并不是所有成员间的影响都是领导过程,只有引导其他成员实现组织目标的影响过程才是领导。第二,领导过程存在的前提是组织或群体成员具有明确方向的需要。如果成员个个都方向明确,便不需要领导过程。同样,如果没有人能够指出明确的方向,那么领导过程也不存在。明确组织或群体成员正确的努力方向,使所有成员认同这个方向,并协调所有成员为实现这一方向而作出努力,这是一个组织或群体生存和发展的关键,也是领导这一角色存在的理由。第三,正是在引领方向的意义上,领导职责与管理职责被区别开来:尽管实现组织或群体目标的工作是领导者和管理者共同的职责,但领导者更负有提出、解释、传播组织或群体目标的职责,而管理者则更侧重实现组织或群体目标的具体工作。

二、领导与统治及管理的区别

根据上述对领导概念的分析和定义,可以将领导的概念与其他许多与领导概念相近甚至类似的概念区别开来。这里需要特别与领导概念加以区分的是统治概念和管理概念,因为这两个概念与领导概念有更多的类似或重合之处。

(一)领导与统治的区别

领导与统治(dominance)都是一部分居于主导地位的人影响另一部分人以实现一定目标的过程。但是二者在人与人的关系、实现的目标和影响方式三个方面,却存在着根本的区别。

首先,领导是同一组织内或具有共同利益关系的群体内的成员之间的关系,领导者首先是该组织或群体中的一员,然后才成为其利益的代表者;而统治则是具有不同利益的社会组织与群体之间的关系,统治者并不是被统治者群体中的一员,并不是其利益的代表者,而是其利益的压制者。

其次,领导过程是领导者引导被领导者实现组织或群体共同目标的过程;而统治却是统治者实现自己目标的过程。统治者要实现的目标与被统治者要实现的目标经常存在着根本的利益冲突。

最后，由于领导是实现共同目标的过程，因此领导者影响被领导者的方式是引导，采取的主要方法是理性说服、情感感化、以身作则以及精神、物质方面的激励；而统治者所要实现的目标是与被统治者的利益相冲突的，因此其影响被统治者的方式是强制，采取的主要方法是镇压和诱惑。

(二)领导与管理的区别

关于领导与管理(management)的区别,是近些年来争论得最激烈的论题之一。在以往的管理学研究中,领导一般被作为管理的一个环节。随着领导学研究的广泛开展,西方一些学者提出,应当将领导与管理视为两个相对独立的范畴,它们各有自己的执行系统和独立的语言表达。

扎莱兹尼克(Abanham Zalèznik)在 1977 年发表的“管理者与领导者:二者有什么不同?”的文章中提出,管理者与领导者是两类具有不同人格的人。一些人在本性上就是管理者,而另一些人在本性上就是领导者。他具体分析了管理者与领导者在五个方面的差别。

①在承担的任务上,管理强调理性和控制,管理者是一个问题解决者。领导者则仅仅是指出问题并致力于完成自己和组织使命的实践者。

②在对待目标的态度上，管理者的目标通常源自于需要而非欲望，他往往倾向于以一种不带个人情感的态度对待目标。领导者则以富于个性化和积极而非消极的态度看待目标，他们提出设想而非回应他人的设想。

③在工作方法上，管理者倾向于将工作视为一种授权的过程，这一过程将不同的人员及观点结合起来。管理者的战术是灵活的，他们一方面进行讨价还价，另一方面采用奖励、惩罚以及其他强制性措施。领导者关注的是组织的长期战略问题，他们力图拓展新的思路，并开启人们新的选择空间。

④在与他人的关系上，管理者乐于同他人一起工作，尽量避免单独行动，关心的是事情怎样进行下去，努力将输赢博弈转化为双赢博弈。而领导者更关心人们的观念和感受，以一种直觉的和更富于情感的方式与人交往，想了解事情的进度以及其决策对参加者意味着什么。在由领导者主导的组织中，人际关系往往是骚动的、紧张的甚至是无组织的。

⑤在自我意识方面，管理者将自己视为现存秩序的卫道士和规则制定者，其自我价值意识通过现存组织的强化和永久化得以加强。他们与其所承担的职责协调一致，借助社会而谋求发展。这正是詹姆斯(William James)所说的“一生”性格，即其生长进程中的自我调整是没有被打断而一直进行的。而领导者则表现为“再生”性格，他们的生命中充满了为获得某种秩序而进行的斗争。他们感到自身与环境是相隔离的。尽管身处于某一组织中，但却从未真正属于这一组织，他们通过个人奋斗来谋求发展，追求心理乃至社会的变化①。

本尼斯(Warren G. Bennis)认为，管理者与领导者的行为方式完全不同。他在1985年提出，管理者是将事情做正确，而领导者是做正确的事情。在1989年，他又进一步提出了管理者与领导者在行为方式上的其他区别，经过后来的不断补充，这些区别被概括为：管理者好于管束，领导者善于创新；管理者是模仿者，领导者是原创者；管理者因循守旧，领导者追求发展；管理者依赖控制，领导者营造信任；管理者目光短浅，领导者目标远大；管理者问怎样做和何时做，领导者问做什么和为何做；管理者只顾眼前，领导者放眼未来；管理者接受现状，领导者挑战现状；管理者是听话的士兵，领导者是自己的主人；管理者习惯正确地做事，领导者注重做正确的事②。

然而，巴斯在其1990年所著的《领导手册》一书中指出：“领导者也管理，管理者也领导，但这两种行为并不一样。”③约翰·科特在1990年所著的《变革的力量

---

① 扎莱兹尼克：《管理者与领导者：二者有什么不同?》，载明茨伯格等：《哈佛商业评论精粹译丛：领导》，思铭译，62～89页，北京，中国人民大学出版社，2000。

② 本尼斯：《21世纪中的领导》，载谢尔顿：《领导是什么》，王伯言译，5页，上海，上海人民出版社，2000。

③ B. M. Bass, Bass & Stogdill's Handbook of Leadership: Theory, Research, & Managerial Applications (3rd edition), New York, Free Press, 1990, p. 383.

——领导如何不同于管理》一书中认为，管理要处理的是复杂性，它比领导更正式、更科学。它依赖普遍适用的技能，如计划、预算和控制。管理是一套明晰的基于推理和验证的工具和技术，它们能够被用于各种不同情境。与此不同，领导处理的是变化，它涉及拥有一个组织未来的愿景(vision)。它要求引导大范围的合作和协同工作，要求通过各种说服方式来激励人际网络中的那些关键人员。在他看来，尽管领导者与管理者具有类似的工作职能，但他们完成这些职能的方式是不一样的。他具体分析了领导和管理在四个工作职能上的差别，并以表 1-1 的形式对这些差别作出简要的概括①。

表 1-1 领导与管理在工作职能上的差别

	领 导	管 理
创建规划	确定方向：建立愿景和制定实现该愿景所需的策略	计划和预算：为达到所需的结果确定具体的步骤和时间表
建立实现规划的人力网络	涉及人员联合：通过言辞和行动将目标方向告诉所有需要其合作的人员，创建理解并接受该愿景和策略的团队和联盟	组织和人员配备：建立实现该计划的结构；配备人员；赋予他们实施计划的职责和权力；制定政策和程序对人们加以指导；建立监督机制
执行	激励和鼓舞：通过满足人们基本的需要促使其克服阻碍变革的政治、行政和资源方面的障碍	控制和解决问题：监控那些与计划相悖的结果，并制定计划和采取组织措施弥补差距
结果	产生变革，经常是剧烈的变革：有可能出现极为有益的变革，如领导者所渴望的新产品	产生一定程度的可预见性和秩序：有可能持续地产生各种股东所期望的关键结果(如符合客户要求的最后期限，向股东发放红利)

科特注意到：对管理实践和程序的研究兴趣，起源于 20 世纪大型组织的出现，它们需要在功能上保持一定的秩序和一致性；而对领导研究兴趣的重新崛起，是由于组织在变化不断加剧的世界中，面临如何保持成功这一严峻挑战。他通过对美国企业的调查发现，20 世纪 70 年代美国公司的经理将 75% ~ 80% 的时间用于管理，很少时间用于领导。而在 1985 年以后，他们用于管理的时间降到 30% ~ 50%。这种情况一方面是由于科技进步导致人员减少，组织结构由金字塔形转向扁平形，中层管理人员减少；另一方面是由于全球化导致的竞争加剧。但今天美国的大多数企业仍然是管理过分而领导不足(overmanaged and underled)。当然，强领导而弱管理也不是更好的选择②。

① John. P. Kotter, A Force for Change: How Leadership Differ from Management, New York, Free Press, 1990.

② J. P. Kotter, What Leaders Really Do, Harvard Business Review, 1990, May-June, p.103.

从对领导的定义出发，本书认为管理与领导在范畴上是有一定区别的。首先，领导既可以是群体成员间的关系，也可以是组织成员间的关系，而管理只能是正式组织成员间的关系；其次，领导者影响其他成员的权力，既包括职位权力，也包括个人权力，因此其影响范围不限于自己的下级，而管理者影响组织成员的权力基本是职位权力，因此他只能影响自己的下级；最后，领导的主要职责是组织目标的确立、认同和实现，而管理的主要职责却限于组织目标的具体实施。这使得领导的有效方式与管理的有效方式之间呈现出一定的差别。虽然领导者和管理者都影响其他成员的行为方式，但一般来说，领导者更侧重于改变其他成员的信仰、价值和目标，而管理者则直接控制和约束下属的行为；领导者更多地采用理性说服、示范、感化和激励的方式来影响其他成员，而管理者更多地采用直接的奖惩和强制的方式来约束下属。

但范畴上的差别只是对实际过程的一种抽象。在现实的组织中，领导和管理既可以表现为明确的分工，也可以表现为同一岗位的不同职能要求。这样，在组织的某一级别岗位上的工作者，经常是既要履行管理职能，又要履行领导职能。但由于岗位等级和性质的不同，所要求履行的管理职能与领导职能的比例会有所不同。同时，由于现代组织的外部环境的变化日益迅速和加剧，组织内部的权力下放成为一种新的趋势。在这种情况下，对下级管理岗位的领导职能要求会呈现增加的趋势。也就是说，原先只由组织高层所履行的领导职能，将会越来越多地由组织的中层甚至基层来行使。在这个意义上，尽管管理职能与领导职能的区别具有重要的启发性意义，但领导者与管理者的区分却可能越来越具有相对的意义了。

三、领导的不同形式

领导有许多不同的形式，其中有些形式被我们公认为是典型的领导，而有些却可能会被我们忽略，以为不属于领导的范围。特别是随着领导学研究的深入，许多新的领导概念被提出，丰富了领导概念的内涵。其中一些领导形式的概念引起了广泛的关注，如正式领导与非正式领导、宏观领导与微观领导以及自我领导与超级领导等概念。

（一）正式领导与非正式领导

在社会学和组织行为学的研究中，早就有了“正式组织”与“非正式组织”的区分。梅奥（Elton Mayo）和罗斯里斯伯格（Frita J. Roethlisberger）1924 年开始在西方电气公司所做的霍桑研究（the Hawthorne Studies）表明，企业中除了存在着为了实现目标而明确规定各成员相互关系和职责范围的正式组织（formal organization）之外，还存在着非正式组织（informal organization）。这种非正式组织的作用在于维护其成员的共同利益，使之免受组织内部个别成员的疏忽或外部人员的干涉所造成的损失。非正式组织中有自己的核心人物和领袖，有大家共同遵循的观念、价值判断、行为准则和道德规范等。可以将正式组织的领导者称为"正式领导者"(formal leader),而将非正式组织的领导者称为"非正式领导者"(informal leader)。梅奥进一步区分了正式组织与非正式组织的运行机制。他指出,在正式组织中,以效率的逻辑为重要标准;而在非正式组织中,则以感情的影响为重要标准。他认为,应当注意在正式组织的效率逻辑和非正式组织的感情影响之间保持平衡。如果管理和领导人员只是根据效率逻辑来管理或领导,忽视了员工的感情需要,就必然引起冲突,影响企业生产率的提高和目标的实现。

在领导学领域,随着领导者与追随者互动模型的提出,研究者们对非正式组织中领导的形成过程产生了新的研究兴趣。这种研究展现了非正式组织与正式组织在领导过程中存在的一些显著差别。

首先,领导关系的形成过程是不同的。正式组织的领导关系是被组织的等级结构所决定的,并通过组织的规章固定下来。这种领导关系相对稳定,并不随领导者、组织成员或组织面对的情境的变化而轻易变化。而非正式组织的领导关系是自发产生的,并随领导者、组织成员或组织面对的情境的变化而迅速发生变化。

其次,领导者的产生过程是不同的。正式组织中的领导者是根据组织的正式选拔程序产生的。这种选拔可能是以正式选举的方式,也可能是以正式任命的方式。但不论采取何种方式,它都要符合组织的正式规章,否则领导者就不具有合法性。相比之下,非正式组织的领导者并没有合法性的问题。其领导者的产生是组织成员自然拥戴的结果,因为他能满足组织成员对领导的需求。在不同的组织成员和组织情境之下,组织成员对领导的需求是不同的。因此,当领导者不再能满足组织成员的需求时,他就会被组织成员自然放弃。

再次,领导者影响组织成员的方式是不同的。在正式组织中,领导者具有合法的职位权力(power),这被称为"权威"(authority)①。这种权威具有强制性的作用。但在非正式组织中,领导者能够运用的只是个人权力,它可以被称为"威信"(prestige)。在正式组织中,领导者如果失去了权威,就不再是正式领导者;而在非正式组织中,领导者如果失去了威信,就不再是非正式领导者。

最后,领导的职能不同。正式组织总是为实现某种具体的组织目标而建立,领导者的主要职能是要引导组织成员实现组织的目标。这种职能首先是任务指向的,其次才是关系指向的。而非正式组织的作用在于维护其成员的共同利益,使之免受由于其内部个别成员的疏忽或外部人员的干涉所造成的损失。因此,非正式

---

① 在英文中,power是指实际的影响力,authority是指有正式的职位权力。中文将前者翻译为"权力",将后者翻译为"权威"。但中文所说的"权力",习惯上是指正式的职位权力,而"权威"则往往是正式权力与实际威信的统一。这样便在中外文的理解上产生了不一致。由于这种翻译已经成为常规,所以仍然沿用。这样,本书提到的权力是广义的,它包括正式的权力(权威)和非正式的权力(威信)。

组织中领导者的职能主要是关系性的。他对外要维护组织成员的共同利益，是成员利益的代言人，是非正义问题的批判者；对内要帮助组织成员解决个人问题，调解成员之间的冲突，引导成员的信仰和价值判断。

在现实中，正式组织与非正式组织往往是交叉甚至重叠在一起的。这样就会产生正式领导与非正式领导的关系问题。如果一个领导者能承担正式领导者与非正式领导者的双重角色，那么其领导的效力就会达到最佳状态。但如果正式领导者与非正式领导者并不是同一人，那么正式领导者与非正式领导者之间就存在着潜在的冲突。如何处理这一冲突，是达到有效领导必须要解决的问题之一。正式领导者应当努力协调与非正式领导者之间的关系：一方面，可以通过非正式领导者了解非正式组织成员的个人要求，并尽可能满足这些要求；另一方面，尽可能地使非正式领导者的作用有利于组织的目标。如果正式领导者不能协调与非正式领导者的关系，特别是当非正式领导者的作用与组织目标发生尖锐冲突时，就要对非正式领导者采取调离措施，改变非正式组织作用的性质，或促使非正式组织瓦解。

（二）微观领导与宏观领导

汉布里克（D. C. Hambrick）在20世纪80年代提出了“战略领导”（strategic leadership）的概念，由此引出了宏观领导与微观领导的区分。根据纳哈雯蒂的总结，作为战略领导者的宏观领导者（macro-leader）是对整个组织产生影响的领导者，而微观领导者（micro-leader）则是只对小组、团队或部门产生影响的领导者。他们在组成结构、关注角度与绩效标准上存在着很大差异：微观领导通常只由一人承担，而宏观领导者可能是一个人，也可能是一个由高层管理人员组成的团队；微观领导者主要关注影响团队或部门的组织内部因素，宏观领导者则要平等对待各种内部和外部因素；微观领导的绩效标准在于部门生产率、产品和服务质量以及员工的心理，而宏观领导的绩效标准则是整个组织的投资回报率与成长性①。

（三）自我领导与超级领导

随着对领导授权风格的研究，曼兹（Charles C. Manz）和西姆斯（Henry J. Sims Jr.）等人提出了“自我领导”（self-leadership）与“超级领导”（super-leadership）的概念。超级领导与“英雄式的领导”（heroic leadership）相对立。英雄式的领导要指导、保护和援助下属，向下属提供所有问题的解答；而超级领导则是引导人们自我领导的过程，其作用是释放每个下属自我领导的能量。所谓“自我领导”，就是团队成员自己为自己制定目标，提供动力和反馈，奖励自己的成功，惩罚自己的失败。自我领导概念的提出，超越了传统等级领导概念的眼界，扩展了领导概念的外延。

（四）公共行政领导与工商企业领导

在不同类型的组织中，领导的结构、过程、方式和目标会有很大的差别。而对

---

① 纳哈雯蒂：《领导力》，第2版，王新译，236～237页，北京，机械工业出版社，2003。

本书来说，公共行政组织的领导与工商企业的领导之间的差别，是一个必须注意的差别。中国人民大学朱立言教授在其《行政领导学》一书中认为，公共管理的领导过程与工商管理的领导过程之间的区别可以概括为四个方面①。第一，两者追求的价值不同。前者追求的是公共利益，即社会公平与正义的至高无上性；后者谋求的是本企业的利益，追求最大的市场份额和利润。第二，两者所尽的责任和提供的服务不同。前者尽的是公共责任，提供的是公共服务、公共产品，服务于全社会的公共事务；后者的社会职责主要是依法经营、照章纳税，实际职责只限于本企业。第三，两者行使的权力不同。前者行使的是公权力，即对全社会行使法律赋予的权力；后者行使的是具体某一组织所具有的私权力，或称协议权力，其作用范围仅限于本企业，不能到社会上去发号施令。第四，两者的行为方式不同。前者必须贯彻行政公开原则；而后者可以保守自己的商业秘密。由于上述差别，公共行政领导者与工商企业领导者在任期、工资、素质要求、工作方式、人事权限、绩效评估和公共监督等方面都存在着差别。

第二节　领导的角色和职能

通过定义和分类，我们只能对领导有一个抽象和大致的理解。理解领导过程的一个更具体的方式，是考察领导者所扮演的各种角色。这里所说的角色（role，也译“职责”），是指一个工作岗位可以期望产生的一组行为。领导者当然要执行管理的基本职能，包括计划、组织、人事、指挥和控制。但除此之外，领导者还要执行许多特殊的职能。

一、关于领导角色的经典分类

明茨伯格（Henry Mintzberg）认为，法约尔的理论不够完整，没有明辨管理者的某些特定工作。在1973年所著《管理工作的本质》一书中，他区分了10种管理者职能（managerial roles）。

（1）名义领袖（figurehead）　他是组织象征性的首脑，必须履行法律和社交的例行义务，在表明地位的场合作为组织的形象代表。与此相关的行为包括签署文件、主持会议及仪式、参加典礼、接见正式访客等。

（2）领导者（leader）　他指导、激励并支持下属。相关的行为包括招募、训练、指导、表扬、升迁、批评和解雇等。

（3）联络者（liaison）　他与外部的有关人员保持联系、接触。相关的行为包括：

① 朱立言：《行政领导学》，63～64页，北京，中国人民大学出版社，2002。

参加专业讨论或社会事务，加入外界的董事会、俱乐部或学会，写贺词祝福同事，打电话提供信息或协助其他管理者等。

(4)监督者(monitor) 他作为组织内外的信息中枢，掌握组织内部信息，了解执行结果。相关的行为包括阅读报表和备忘录、参加会议和旅行视察等。

(5)传播者(disseminator) 他把从外部和下属处获得的信息传递给组织内的其他成员。

(6)发言人(spokesperson) 他以专家身份向外界发布有关组织的计划、政策、行动和结果的信息。中低级管理者要向上级报告，高级管理者要向董事会报告，还要向供应商、客户、政府机构和新闻界报告，并代表组织开展公关活动和陈情游说。

(7)企业家(entrepreneur) 他从外部环境或组织内部寻找机会，激发新的行动。

(8)混乱处理者(disturbance handler) 当组织面临意外混乱时，他负责采取处理行动。所处理的典型危机事件包括员工间的冲突、意外灾害、人员损伤、罢工等。

(9)资源分配者(resource allocator) 他负责组织内部资源的分配。这些资源包括金钱、人力、材料、设备和服务。

(10)谈判者(negotiator) 他在重要谈判中代表组织。

明茨伯格将这10个角色进一步概括为3大类职能：①人际关系职能(interpersonal roles)，包括名义领袖、领导者和联络者的角色；②信息处理职能(information-processing roles)，包括监督者、传播者和发言人的角色；③决策职能(decision-making roles)，包括企业家、混乱处理者、资源分配者和谈判者的角色。人际关系方面的角色产生于管理者在组织中的正式权威和地位；在此基础上又产生出信息方面的3个角色，使管理者成为组织内部信息的重要中枢；而获得信息的独特地位又使管理者在组织作出重大决策(战略性决策)中处于中心地位，使其得以担任决策方面的4个角色。

明茨伯格的管理角色分类，同时也被认为是对领导的任务和作用的权威性解释，因而在领导学的研究著作中被反复引用。但达布林(Andrew J. DuBrin)认为，领导角色不应当被等同于管理角色，它应当是明茨伯格所研究的管理角色的一个子类，他将其称为"管理者的领导角色"(leadership roles of manager)或"管理的领导职能"(leadership function of management)。基于这一观点，他对领导角色进行了重新归类，归纳出8个领导角色，其中包括名义领袖、发言人、谈判者、企业家、教练(coach)、团队建设者(team builder)、团队合作者(team player)和技术问题解决者(technical problem solver)①。

---

① Andrew J. DuBrin, Leadership: Research Findings, Practice and Skills, Boston, Houghton Mifflin Company, 1995, p.9～13.

二、面对变革时代领导角色的转变

随着知识经济时代的到来和经济社会交往的全球化，领导的环境正在经历巨大的变化，这对领导角色提出了新的要求。领导学界对此展开了热烈的讨论，许多研究者提出了领导者应当承担的一些新的角色，包括战略领导者、人力联合者、授权者、帮助者、鼓舞和激励者、组织文化和价值的创造者等。

（一）战略领导者

纳哈雯蒂认为，领导者在实现管理的基本功能——计划、组织、人事、指挥和控制——的同时，还要执行大量战略性的外部任务。在很多组织中，不同层次的管理者和领导者必须参与战略规划的研究，制定组织的目标任务。此外，领导的主要作用是为团队和组织提供一种远景目标和任务意识①。

科特也强调，领导的首要职能，就是确定组织发展的远景与前进目标，制定进行变革的战略。因此，他将确定远景和提出战略作为领导的两个基本职责。

科维（Stephen R. Covey）认为，领导者的3种功能中的第一个便是寻找路径（pathfinding）。这里要寻找的是"战略路径"，它要通过战略计划将组织的价值体系和领导者的眼光与顾客和股东的需求联系起来。该功能的精髓和力量在于激发人们对长远目标的兴趣，使组织的视野更广阔②。

（二）人力联合者

科特指出，领导者在确定了组织发展的远景、前进目标和变革战略之后，下一个基本职责就是联合群众，形成联盟，对远景目标达成共识并投身于这一目标的实现。

科维也将形成联盟（aligning，也译"协同"）作为领导者的基本活动。他认为，这种活动可以保证组织的结构、体系和运作过程全都有助于完成组织的任务和目标，以满足顾客和股东的要求。当人们与领导者的任务、远见和战略一致时，才能最大限度地发挥这种协同的作用。当人们真正理解了需求，当他们共同承担责任来完成任务，当他们受到邀请去创造和持续改善结构体制来迎合需求时，领导者就是在进行协同。没有这些人力条件，领导者就无法达到理想的领导效果，他所有的只不过是脆弱的规则③。

（三）授权者

纳哈雯蒂指出，很多领导理论仍然建立在控制和科层的假设之上。根据这样

---

① 纳哈雯蒂：《领导力》，第2版，王新译，17页，北京，机械工业出版社，2003。

② 科维：《新型领导者的三个角色》，载赫塞尔本等：《未来的领导：新时代的新视野、新策略与新措施》，吕一凡等译，206～207页，成都，四川人民出版社，1998。

③ 科维：《新型领导者的三个角色》，载赫塞尔本等：《未来的领导：新时代的新视野、新策略与新措施》，吕一凡等译，207页，成都，四川人民出版社，1998。

的假设，领导者必须负责和指导其他人的行为，而控制他人的愿望与成功的领导密切相关。但由于全面质量管理和团队建设的推动，组织及其层次已经发生了巨大的变化。作为这种变化的一个结果，许多传统的领导职能和角色开始由下属承担。领导者希望员工了解与自己工作相关的战略与金融问题，自己来制定目标、计划和安排自己的工作，并对自己行为的后果承担责任①。

科维将授权作为领导活动的3个基本功能之一。他对授权意义的解释是："人们拥有巨大的才能、创意、潜力和创造性，但大多数都处于休眠状态。当你为了使人们完成共同的任务和目标而进行协同时，你就开始与那些人一起完成任务。个人的意图和任务与组织的任务交织在一起。当这些意图重叠时，就创造出伟大的战略。当人们摆脱对其潜能、聪明、创造力的束缚，而去做必要的、符合原则的事情时，就会产生巨大的能量，可以在服务顾客或股东时实现其自身的价值、理想和完成任务。这就是授权的含义。"②

（四）帮助者

纳哈雯蒂指出，在决策制定和执行中对质量和团队的重视，要求我们重新审视对领导者的期望和要求。一个有效的领导者并非必须对团队形成控制，他可能更需要具有帮助和参与的意识。比如，在传统的组织里，员工只需对产品负责，而计划、领导、控制及对各种后果的责任，则完全落在管理者的头上。然而，日益增多的与管理者和员工相关的组织行为和责任正在发生变化，员工期望管理者提供想法与建议，帮助他们获取所需的资源，从员工的角度出发，承担一个支持者的角色③。

珐仁（Caela Farren）和卡耶（Beverly L. Kaye）认为，当工作发生变化的时候，领导人员的特性也要随之变化。当领导者不再是高高在上，而是置身于集体之中，他怎样去领导这个集体？她们认为，领导这一角色的工作重点将会由指挥和命令转移到提供便利条件和授权。领导者的工作是帮助人们发展④。

（五）鼓舞和激励者

许多研究者更多地强调领导的感情激励作用。例如，科特就将激励、鼓舞作为领导的基本功能和职责之一，约翰·加德纳也将激励行动作为领导者的八大重要职责之一。

伙伴公司的董事长和创建者巴德韦克（Judith M. Bardewick）认为，领导者是领导变革的。当生活井然有序时，任务是可以预测的，同时大多数事情都在很好地进

---

① 纳哈雯蒂：《领导力》，第2版，王新译，44~45页，北京，机械工业出版社，2003。

② 科维：《新型领导者的三个角色》，载赫塞尔本等：《未来的领导：新时代的新视野、新策略与新措施》，吕一凡等译，207~208页，成都，四川人民出版社，1998。

③ 纳哈雯蒂：《领导力》，第2版，王新译，44页，北京，机械工业出版社，2003。

④ 珐仁，卡耶：《扮演新领导角色所需的新技能》，载赫塞尔本等：《未来的领导：新时代的新视野、新策略与新措施》，吕一凡等译，230~237页，成都，四川人民出版社，1998。

行，人们生活得很舒适并且很安全，他们只想让这种情况继续下去。在这种情况下，人们既不想也不需要太多的领导，因为他们并不寻求变革。但在如今这种全球化的时代当中，安逸的领导正日益被无止境的危险代替。在这种变化、危机和紧急的条件下，产生了对领导者的渴望，这是一种感情上的需要。当世界处于惊慌状态时，当未来难以确定时，当人们正在经历担心、恐惧、不祥之兆和极度疲劳时，人们就在感情上需要领导者，即需要他们能够信任、能够在感情上寄托的人。从根本上说，领导并不是智力或感觉的产物，而是情感的产物。领导是一种情感的结合物，有时甚至是追随者与领导者及他的目标之间的一种充满热情的许诺。领导关系不同于其他的关系，在领导关系中，领导者在追随者当中产生希望与信心，他们是那些被认为能把事情做得更好的人。在情感层次，领导者能吸引追随者，是因为他们能：在受惊吓的人当中产生自信；在优柔寡断的人当中产生果断；在存在犹豫不决的地方产生行动；在存在弱点的地方产生力量；在存在失败的地方产生专家；在存在懦弱的地方产生勇气；在存在犬儒主义的地方产生乐观主义；在不顺利的时候产生明天会更好的信心。巴德韦克指出，领导者之所以处在领先地位，是因为他们在人们中产生了充满热情的许诺，许诺他们的战略将取得成功①。

（六）组织文化和价值的创造者

纳哈雯蒂认为，领导最主要的作用，是为他们的团队和组织创造和发展一种组织文化或环境。领导，特别是组织的创办人，会给组织留下不可磨灭的印记，并代代相传。因而组织事实上反映了创办者的性格②。

小威廉·斯蒂尔（William C. Steere Jr.）认为，从本质上说，领导者负责组织文化的几个关键部分，既是组织文化的设计者，又是文化的承包人。他们确定要传播的核心价值观和原则，用以指导组织的行为和决策制定；他们详细地说明那些能代表公司价值观或原则的行为，并以身作则；他们发展一种有效的方法，对个人在业务和个人行为方面的表现给予及时的反馈；他们确保奖励或援助系统符合组织的价值观和原则，确保它能区别和促进可取的行为，并惩罚不良的行为；他们要区分各种不同的需要，说明哪些需要是可以期望得到的，哪些是多余的。斯蒂尔指出，未来的领导者将把自己“精神上的”职责看成是首要的职责，通过设定决策的文化框架来控制和影响组织。文化框架的设定，可以通过提倡和阐释高尚的价值观和目标，清楚地阐释对目标和业务方向的认识以及承担象征性的职位责任和财务责任③。

---

① 巴德韦克：《和平时代的管理与战争时代的领导》，载赫塞尔本等：《未来的领导：新时代的新视野、新策略与新措施》，吕一凡等译，183～194页，成都，四川人民出版社，1998。

② 纳哈雯蒂：《领导力》，第2版，王新译，17、19页，北京，机械工业出版社，2003。

③ 斯蒂尔：《现在与未来的关键挑战》，载刘守英：《70位领导学家谈如何成为世界级领导者》，97～103页，北京，中国发展出版社，2002。

第三节 研究领导有效性的各种模式和方法

一、西方领导研究的各种模式及发展趋势

西方学者对领导问题的科学研究,有着许多不同的理论假定,从而产生了不同的研究模式,如领导特质模式、领导行为模式、领导情境模式、领导权力过程模式等。这些模式具有不同的研究视角和概念结构,因而在对经验现象的收集和解释上呈现出显著的差异。同时,在这些不同的理论假定和研究模式之间,存在着相互批评。正是这种相互批评促进了领导理论的发展,并使领导研究的发展过程呈现出明显的阶段性。

(一)领导特质模式

最初对领导的科学研究主要集中于领导者所具有的特殊品质,其研究方式被称为领导特质模式(traits mode of leadership)。这一模式的前提假设是:领导的有效性依赖于领导者自身所具有的某些特殊的性格或品质。由这一前提能够作出的推论是:首先,只有那些具有特定的领导品质的人,才能产生有效的领导行为;其次,如果哪里缺乏有效的领导,那么最佳的解决方法就是更换领导者,让那些具有更多领导特质的人担任领导工作;最后,对领导问题的关注,关键是如何发现真正的领导者,而不是去培养领导者,是去发现在领导者身上存在的那种普遍适用的特质,而不是去确定在特定情境下的有效的领导行为。

该模式的优点是简明,可以通过概括领导者所具有的主要领导特质来解释领导的有效性。它利用了各种心理学的研究方法,例如智商和情商的测试,并促使研究者对领导者进行了大量的观察,对有关领导者的各种详细资料进行了搜集和整理,对数以百计的领导者特质进行了测量,并提出了有效的领导特质的各种参数。但领导特质模式所面临的理论困境是:第一,研究者们无法就领导特质达成一致意见;第二,研究者们并不能证明领导者的一系列特质能够系统地提高组织效率;第三,研究者们发现在许多情境下有效的领导行为并不依赖于某些天生的领导特质。

近些年来,领导特质研究出现了许多新的变化。首先,研究者们开始区别领导特质的普遍性的不同程度,提出了所谓的"宪法模型"的概念;其次,研究者们所研究的领导特质,不仅包括了那些天生的特质,而且包括了后天获得的特质,还包括了领导者所具有的价值、文化观念和知识结构;最后,研究者们注意到了各种不同的领导特质对不同的组织目标所产生的不同影响,这特别体现在对变革时代领导者的魅力特质所进行的研究。

(二)领导行为模式

20 世纪 40 年代后期,对领导的研究开始集中于有效的领导者特有的行为方式,这种研究方式被称为领导行为模式(behavioral mode of leadership)。该模式的前提假设是:有效的领导依赖于一系列特定的领导行为,这些领导行为能够对组织成员完成组织目标产生积极的影响。由这一前提能够作出的推论是:首先,有效的领导者并不必具备一系列理想的领导特质,但是应当能够履行一系列特定的领导行为;其次,尽管能否履行这些特定的领导行为会受到天生遗传因素的影响,但这些行为能力是可以经过培训而形成和改变的;再次,当缺乏有效领导时,既可以更换无能的领导者,也可以通过某种形式的培训来改变领导者行为;最后,研究有效领导的主要目标,应当是努力确定那些普遍有效的领导行为。

该模式的优点是:能够以更加定量的方式对领导问题进行研究,因为领导行为比领导者特质更容易被观察和精确地测量。这使得对领导行为的描述调查方法成为领导研究中一个被普遍应用的工具。同时,由于行为是可以训练和培养的,因此各种领导培训项目可以根据有关领导行为研究的结果展开。但这种模式所面临的困境是:首先,如同领导特质模式一样,研究者并不能就哪些领导行为是普遍有效的这一问题达成一致;其次,研究者失望地发现,在特定的领导者行为和组织绩效之间不存在强有力的、始终如一的联系。

但近些年来的领导行为研究也出现了许多新的变化。首先,研究者更加注意对整体性的领导风格的研究,提出了交易型、魅力型、变革型、战略型领导风格的概念;其次,这种对领导风格的研究正更多地与组织面临的特殊情境和目标联系起来。

(三)领导情境模式

到了 20 世纪 50 年代晚期,对领导的研究更多地转向领导的情境,并出现了领导的情境模式(situational mode of leadership)。这种模式的前提假设是:一种领导行为是否有效,依赖于具体领导情境的需要。由这一前提能得出以下推论。首先,既不存在一种理想的领导特质,也不存在一种万能的行为方式。在某种情境下有效的领导行为,在另一种不同的情境下可能完全无效;在一种环境下成功的领导者,在另一种环境下就可能成了失败者。其次,领导是否有效,依赖于领导者能否根据领导的具体情境灵活地改变自己的领导行为。再次,当领导无效时,既可以选择用更适合该情境的领导者替代原领导者,也可以选择对领导者进行如何适应环境的培训,还可以选择改变环境以提高领导者行为与环境的相容性。最后,对有效领导的研究,应集中关注领导行为与领导情境之间的关系,寻找二者匹配的最佳组合。

该模式的优点是:可以对领导关系建立更具体的解释模型,从而使得对有效领导的研究包括更多的影响因素。但该模式也仍然面临着一些理论上的困境。首先,该模式仍然隐含这样的假设,即尽管不同的情境需要不同的领导方式,但是在每一种情境下，总有某种领导方式是有效的。可是，许多研究业已表明，环境常常会抵消领导的效力，甚至在某些情况下会使得领导者事实上不可能施加很多影响。其次，在不同的领导情境下，是否存在着普遍适用的评价领导效果的标准，研究者对此很难形成共识。

近些年来的领导情境研究不再假设在每一种情境下必有一种有效的领导方式。有关领导的“替代者”和“抵消者”的研究表明，在一些情境下，解决领导无效问题的方法可能不是去寻找另外一种有效的领导方式，而是寻找一种领导行为的“替代者”。

（四）领导权力过程模式

领导权力过程模式（power process mode of leadership）将领导过程视为权力的获得和实施的过程。其前提假设是：领导的有效性标准是领导者使组织成员服从和改变的程度，因此，有效的领导依赖于领导者影响力（即权力）的大小以及运用权力方式的适当性。根据这一前提所能作出的推论是：首先，领导者权力的来源越广，运用权力的方式越适当，领导的有效性就越高；其次，如果出现领导无效的情况，那么解决的方式或是扩大领导者的权力来源，或是改变领导者使用权力的方式；最后，对领导有效性的研究应当专注于权力的获得方式以及在各种情境下的使用方式。

该模式的优点是：将领导关系作为一个动态的过程加以研究。领导权力过程模式促进了对权力的来源、分类及使用情境与方式的研究。但领导权力过程模式面临以下困境。第一，它的隐含前提是领导者与被领导者的关系是有权者影响无权者的关系，从而将被领导者视为完全被动的存在。这使它不能充分解释在领导者有相当权力的情况下仍然会出现领导无效的现象。第二，在权力的来源上，它专注于组织中的等级位置和领导者的个人素质，而忽视了领导者与其组织成员之间的相互影响和相互制约。第三，它假定领导者手中的权力越多，对组织成员行为的影响就越有效，但随着知识经济时代的到来和组织结构的深刻变化，这种集权的有效性假定面临严峻的挑战。

近些年来的权力过程研究出现了许多新的变化。首先，它更多地意识到了被领导者对领导者所具有的权力，区别了被领导者对权力的承诺、服从和抵制；其次，它开始研究领导者与追随者之间在权力上的交换关系；再次，它开始研究在新的变革时代委托和授权的重要性和具体方式；最后，一些学者从后现代主义的角度提出解构官僚制，将公共领域视为一个“能量场”。在这种能量场中，权力来源是多元化的，就像太阳黑子一样，它可以从任何一个点上燃起，其产生的能量以波的形式向外传导，影响到整个领域，也影响到其他火焰点①。

（五）整体发展趋势

从整体上看，西方领导学的研究还处于以专题性经验研究为主的时期，并没有形成占主导地位的系统的领导理论。在此期间出现的各种研究模式前提各异，并各有自身的局限性。但这些研究模式都对领导学的发展作出了自己的贡献。更值得注意的是，这些不同的研究模式并不是自身封闭的，它们不仅随着经验研究的深入而不断丰富着自身的内容，而且也在相互批评中不断突破自身的界限，扩大理解的视域。

尽管目前西方还没有出现解释领导现象的统一理论模型和系统的理论阐述，但已经出现了相当程度的共识。例如，在西方目前主要的领导学教科书中，领导者—追随者—领导情境三者间的交互作用已经被作为基本的解释框架。同时，一些研究者所建立的具体解释模型，如俄亥俄州立大学和密歇根大学的领导行为模型、弗雷德·菲德勒（Fred E. Fiedler）的权变模型、保罗·赫塞（Paul Hersey）和肯尼斯·布兰查德（Kenneth H. Blanchard）的领导情境模型、维克托·弗鲁姆（Victor Vroom）的决策参与模型、罗伯特·豪斯的途径目标模型、史蒂文·克尔（Steven Kerr）和约翰·杰米尔（John M. Jemmier）的领导替代模型等，已经作为领导学研究的经典范例。这表明，西方领导理论的研究正逐步走向成熟。

二、领导研究的主要方法

领导研究关注的是领导者的特质、行为、风格、领导情境、领导方法、领导过程等因素与领导效能之间的关系，并确定这些关系的性质、结构及其变化规律。这种研究到目前为止主要采取了三种方法，即个案研究、相关性研究和实验研究。

（一）个案研究

个案研究（case studies）是对特定的领导者行为的深度分析。个案研究的常见形式就是关于成功的领导者的传记。领导者传记通常会详细地描述领导者所面临的各种情境，领导者对这些情境所作出的各种反应、采取的行动以及这些行动的后果。成功的领导者的传记可以为希望从事领导工作的人提供宝贵的经验，使他们了解在不同的领导情境下应当采取什么行动，特别是当其所处的情境与传记中所描述的领导情境十分相似时。但传记的缺点是：无法以客观的方式来确定传记记述的领导者所采取的那些行动是否真的导致了传记中所描述的那种结果，因为有些领导者无法控制的因素可能对导致那种结果起到了更大的作用。

① 福克斯，米勒：《后现代公共行政——话语指向》，楚艳红等译，98页，北京，中国人民大学出版社，2002。

(二)相关性研究

相关性研究(correlational studies)被用来确定领导者的特质、思想能力或行为与领导效能的各个维度之间的统计关系。这种统计关系以相关系数(correlation coefficient)表示出来,相关系数的取值范围是 -1 ~ +1。如果相关系数接近 +1,则表示二者具有很强的相关性;如果相关系数是 -1,则表示具有完全相反的相关性;如果相关系数为 0,则表示二者之间没有关系。例如,如果研究的是领导者的智商与下属满意程度之间的关系,那么,当相关系数接近 +1 时,说明高智商的领导者最能使下属感到满意,低智商的领导者则是下属最不满意的;当相关系数为 -1 时,就表示高智商的领导者是下属最不满意的,而低智商的领导者是下属最为满意的;当相关系数为 0 时,就表示领导者的智商与下属的满意程度之间没有任何关系。

尽管相关性研究试图根据相关数据推论出领导者特征与领导的有效性之间的因果关系,但由于在两个变量之间存在统计关系,并不一定意味存在因果关系,因此很难得出推论。普通人常犯的错误之一,就是将统计关系误认为是因果关系。

(三)实验研究

实验(experiment)研究使研究者能够作出关于领导现象的因果推论。实验设计经常所根据的是先前已有的个案和相关研究的结果。实验通常包括自变量(independent variable)和因变量(dependent variable)。自变量是研究者控制或改变的变量,用以测试假设它导致因变量的变化。在领导科学研究中,因变量通常是那些领导有效性的衡量指标,如工作单位的绩效或下属满意度评估。例如,简·豪威尔(Jane M. Howell)和弗罗斯特(P. Frost)在 1988 年为了确定魅力型领导者是否会比支持型或指导型领导者更能导致下属绩效的提高,就训练了一批演员去表现魅力型、支持型和指导型领导者,然后考察在他们不同的领导方式下,下属的工作绩效有什么变化。在这一实验中,不同的领导风格就是自变量,而下属的工作绩效就是因变量。

尽管实验研究可以推论出因果关系,但许多从实验室的实验中获得的结果要比在组织中所做的实验结果更明显。这主要是由于实验室的实验是在严格控制的条件下进行的,而在组织中的实验却无法以如此严格的方式来控制。当实验是在组织环境下进行时,外部的影响经常会减弱或歪曲自变量对因变量的作用结果。

第二章

与有效领导相关的领导者特质

影响领导有效性的第一个因素是领导者本身的特质,这也是在领导研究中最早引起人们高度关注的方面。早期的领导研究者将领导者的个性特质作为影响领导有效性的最重要的甚至是唯一的因素。尽管这种观点已经不再被大多数领导研究者坚持,但很少有人会否认领导者的特质是影响领导有效性的一个重要因素。

领导"特质"(traits)的概念,有狭义和广义之分。狭义的特质概念,是与个性(personality)概念相联系的,指的是"个性特质"(personality traits)。

广义的特质概念,包含了个人在生理、心理、行为和观念上的所有特征。

为避免混淆,本书在指狭义上的特质时,用"个性特质"一词;而在指广义特质时,或是直接用"特质"一词,或是用"特征"一词。

第一节 领导者特质的各种研究角度和研究方法

一、领导特质研究角度的历史变化

对领导特质的研究经历了不同的阶段,我们可以大致将其划分为研究伟人特质的时期、研究领导者特质的时期、研究与有效领导相关的领导特质的时期,以及研究特定领导特质对特定情境的影响的时期。

(一)伟人特质研究

研究者们普遍认为,西方最早的领导理论是"伟人理论"(Great Man Theory)。该理论盛行于19世纪和20世纪早期。它主张,领导者与追随者具有根本性的差异。领导者不仅更有能力,而且具有一系列完全不同的个性特质。这些特质是与生俱来的,不是后天培养的。卡莱尔(Thomas Carlyle)的《英雄和英雄崇拜》、詹姆斯(William James)的《历史上的伟大的男人》和高尔顿(F. Galton)的《遗传的作用》等著作,都强调个性和行为是先天塑造的。正是因为人们认为领导者是天生的,具有领导别人的特殊才能，所以才能对领导者拥有坚定的信念。如果一个人具有这种特定的领袖才能和品质，那么不管在什么情况下，他们最终都将被推向领导者的位置。

伟人理论引发了大量对伟人特质的研究，但所有这些研究所产生的一般结论却与研究的初衷相反，人们发现领导者与追随者之间并没有根本性的差异。导致这种结论的一种主要原因是，成功领导者并不只有一类，而是多种多样的。人们无法用一组有限数量的特质来概括所有这些领导者的个性特征。

（二）领导者特质研究

在20世纪早期，伟人理论演进为“领导的特质理论”（Traits Theory of Leadership）。在这一时期，研究者们虽然仍然认为领导者与非领导者有着不同的特质，但不再假设这些特质是天生的。他们所研究的领导者特质包括了很广的范围，如生理特质、个性特质、智力特质、工作特质、社会特质，等等。这种研究的一个普遍倾向是，将各种杰出人物的最优秀素质集于领导者一身，如哲学家的思维、经济家的头脑、组织家的才干、政治家的度量、军事家的果断、幻想家的想象、律师的善辩、战略家的眼光、新闻记者的敏锐，等等，令人望尘莫及。

（三）与有效领导相关的领导特质研究

在20世纪中期，斯托克蒂尔指出：尽管领导者与非领导者在某些特质上有所不同，但一个人并不只因具有某些特质就变成了领导者，更不能因此就保证其领导一定成功。他的研究表明，具有某些特质的领导者，在某一情境下会成功，但在另一情境下就可能不成功。具有不同特质的领导者，可能在同样情境下都成功。同时，单一特质与领导效能之间并没有高度的相关性；各种特质的组合与领导效能之间的相关程度较高，但也仅限于某几种情境①。这一结论使得许多领导特质的研究者将研究角度从领导者与非领导者的特质比较，转向领导特质与领导效能关系的研究。他们提出的新口号是：“人人都能成为领导者”，“领导者是每个人的事”。

（四）对变革时代领导者特质的研究

进入20世纪80年代以来，变革的时代使组织中领导者的作用突显出来。于是对变革时代领导者特质的研究成为新的热点。在这种研究中，对领导者魅力的研究使研究者更关注领导者特质中的情感因素。柯克帕特里克和洛克在总结许多新的研究结果的基础上提出，成功的领导者与其他人是不相同的，对他们来说，某些特殊的特质确实起到了关键的作用，这些特质是成为领导者的前提条件。领导者并不一定是绝顶聪明或是先知全能的伟人，但他们需要具备“极好的特质”，而这种特质并不是每个人都具有的。领导是一种要求很高而又无情的工作，需要承担

---

① R. M. Stogdill, Personal Factors Associated with Leadership: A Review of the Literature, Journal of Psychology, 1948, 25, p.35～71.

巨大的压力和沉重的责任。拥有这些特质的人比那些不具备这些特质的人更有希望成为成功的领导者。但特质只是前提，拥有某些必要禀赋的领导者，还必须采取正确的行动，才能获得成功。

二、领导者特质的各种研究方法

对领导者特质有许多研究方法，其中有些采取了科学方法，有些则是依靠经验直觉；有些是直接的，有些是间接的；有些依据了大量的样本，有些则只建立在对少数样本的深入研究的基础之上。区别这些不同研究方法的目的，是要对其研究结论予以区别对待。

（一）对领导者特质的经验分析

对领导者特质的经验分析有两种方法。一种是直接观察法，如亨利通过观察分析，概括出成功领导者的 12 种特质；布雷（D. W. Bray）等人通过对美国电话电报公司的长期观察研究，概括出与领导效能相关的 16 种特质。另一种是间接观察法，如温特（D. G. Winter）通过对美国总统就职演说的分析，发现那些在演说中表达了更大的权力和成就需求的总统倾向于更具有独创性和变革力①；西蒙顿（D. Simonton）通过对美国总统的个人自传的研究，概括出美国总统所具有的个性特质，然后由一组评判者分别独立地评价每一个美国总统的个性因素，由此总结了 5 种不同的总统领导风格②。就这两种经验分析方法而言，直接观察法具有更高的可靠性，其结果更多地被领导研究者所引用。其中比较典型的是亨利和布雷的研究。

（二）领导者特征的人口统计学分析

领导者特质的另一种现代研究方法，是对领导者的特征进行人口统计学分析。例如，一项由库尔兹（D. L. Kurtz）、保尼（L. E. Boone）和弗里纳（C. P. Fleenor）于 1989 年进行的对近 800 名首席执行官的调查研究，得出了有关这些领导者的人口统计学特征③。

（三）问卷调查

问卷调查是领导特质研究经常采取的一种研究方式。最著名的问卷调查是由库泽斯（K. M. Kouzes）和波斯纳（B. Z. Posner）从 1980 年起对最令人渴望和羡慕

---

① D. G. Winter, Leader Appeal, Leader Performance, and the Motive Profiles of Leaders and Followers: A Study of American Presidents and Elections, Journal of Personality and Social Psychology, 1987, 52, p.196 ~ 202.

② D. Simonton, Presidential Style: Personality, Biography, and Performance, Journal of Personality and Social Psychology, 1988, 55, p.928 ~ 936.

③ D. L. Kurtz, L. E. Boone and C. P. Fleenor, CEO: Who Gets to the Top in America? East Lansing, Michigan State University Press, 1989.

的领导特征进行的问卷研究①。他们先是收集了全美国1 500多名管理者提出的他们相信对领导者起关键作用的225种价值、特征和态度，通过分析将这些因素概括为15类，按叙述的先后顺序，发现最常见的回答有以下3类：

①正直，即领导者正直、值得依赖、有个性、有信心；

②工作能力，即领导者有能力、多产、有效率；

③领导能力，即领导者鼓舞人心、有决断、指引方向。

随后进行的对800名高级公共部门管理者的跟踪研究，其结果与上述结论相一致。此后他们又进一步扩大了研究，对15 000名管理者进行了关于令人羡慕的领导特征的调查，让被调查者从拟定的20个品质中选出他们"愿意按照他们指出的方向前进的最渴望和最羡慕的领导者"的7个品质。到1991年，他们又把研究扩大到对400多个书面案例的研究，在这些案例中，人们对与之打交道的领导者和他们很羡慕的领导者提供了自己的看法，其特征如表2-1所列。

表2-1　令人羡慕的领导者的特征

特征	1993年美国被调查者选择的百分比(%)	1987年美国被调查者选择的百分比(%)
诚实	87	83
有远见	71	62
鼓舞人心	68	58
有才干	58	67
公正的	49	40
提供支持	46	32
气量大的	41	37
聪明的	38	43
坦率的	34	34
勇敢的	33	27
可靠的	32	32
有合作精神	30	25
有想象力	28	34
关心	27	26
成熟	14	23
有决断	13	20
有抱负	10	21
忠诚	10	11
自我控制	5	13
独立	5	10

① 库泽斯，波斯纳：《领导者：信誉的获得和丧失》，方晓利等译，10～19页，北京，中国经济出版社，2000。

由上表可以看到，排在前4位的特质是诚实、有远见、懂得鼓舞人心和能力卓越。这一调查结果，在科恩-芬尼国际调查研究所与哥伦比亚大学商学院联合进行的对包括美国、日本以及西欧和拉丁美洲的20个国家的1 500多名高级经理所作的调查中，得到了进一步的印证①。

另一方面，从统计中可以看到，尽管人们所希望的这些领导特征十分稳定，但仍然可以观察到一些重要的变化。“有远见”和“鼓舞人心”这两个品质的重要性在加强，而“有才干”的价值比过去降低了。同时，“提供支持”从第11位上升到第6位，而对“有抱负”的选择则由21%降到10%。

（四）文献研究

许多学者并不是对领导者的特质进行直接的经验研究，而是对前人的各种观察分析成果进行比较和综合，通过一致性的考察和排序统计，概括出与成功的领导相关的领导者特质。例如，史密斯（H. L. Smith）和克鲁格（L. M. Krueger）就曾经对1933年以前关于领导者特质的文献进行了综合研究。而影响更大的是斯托克蒂尔和柯克帕特里克等人分别所作的文献研究。

（五）前瞻性建议研究

还有一些研究者根据自己个人的经验体会，或根据对未来的分析，对成功领导者所应具有的特质提出了一些建议。这突出表现为各种C标准的提出。所谓“C标准”，就是用英文中各种“C”打头的词来概括领导者特质。它简明易记，在各种对领导者的培训中经常被使用。

第二节　领导者特质的六大方面

从上述各种研究方法出发，研究者们概括出了许多与有效领导相关的领导者特质。尽管这些研究在结果上有许多交叉和重叠，但远没有达成一致。而且，随着领导情境的变化，各种因素的相对重要性也在发生变化。因此，确定一种全面的、稳定的并被大家公认的与有效领导相关的领导者特质组合，也许是一种不切实际的奢望。但这并不意味着这种研究完全没有意义。一方面，通过总结这些研究结果，我们可以看到与有效领导相关的领导者特质的大致范围和类别；另一方面，对这些特质的具体研究，可以使我们更具体地认识到个人特质与有效领导之间的联系及其联系方式。

总括关于领导者特质的已有研究结果，我们发现与有效领导相关的领导者特

① Korn/Ferry International and Columbia University Graduate School of Business, Reinventing the CEO, New York, Korn/Ferry International and Columbia University Graduate School of Business, 1989, p.90.

质大致可以概括为 6 个方面。需要注意的是:第一,这种概括和分类并不是完美无缺的,它既不能完全避免交叉,又不能保证无所遗漏;第二,其中所涉及的各种特质在与有效领导的相关程度上存在着很大的差别,其相关方式也有待更深入的研究,远没有最后定论;第三,这些因素的叙述顺序只是为了便于理解,与各种特质的相对重要性程度无关。

一、生理特征和背景

一些生理和背景因素会影响领导者的产生和领导的有效性。但需要注意的是,这种影响具有很大的文化差异。在不同的国家和文化传统下,这些因素与领导的相关程度会有很大的差别。

(一)精力和体力

作为组织的有效领导者,需要充沛的精力(energy)和体力(physical stamina)。因为领导者需要面对长时间的工作,经常性的旅途奔波,参加各种官方活动,会见各种人。这些都对领导者的精力和体力提出了挑战。具备充沛的精力和体力不仅有助于鼓舞团体中的其他成员,而且也有助于领导者自己保持工作的高效率和高水平。普费弗曾指出:“没有耐久力和坚持不懈的能力,其他技能和特性都没有什么价值。”①在斯托克蒂尔 1948 年的研究中,持久力与领导者的关联度达到很高的水平,朝气和体力的关联系数达到平均水平,而精力的相关度却相对较低。

(二)所受教育

在斯托克蒂尔 1948 年的研究中,学历与领导者的相关度非常高。在库尔兹等人 1989 年对美国 800 名首席执行官的统计中,1% 以下的领导者没有接受大学教育;44% 接受商学院教育,24% 是工程师,12% 是文科背景;47% 接受了进一步教育,大部分有 MBA 学位,47% 拥有硕士学位。

美国的《商业周刊》1993 年曾对 1 000 名在以美国为基地的公司中任职的首席执行官的简历背景进行调查,发现有 960 人取得了本科学历,其余的首席执行官也受过大专教育。有一半以上的首席执行官获得了理学学士学位,其中大多数人曾在商业或相关领域学习。有超过一半的首席执行官受过研究生教育,取得了理学博士学位、法律硕士学位或工商管理硕士学位。另外有很多首席执行官都是从名校毕业②。

教育背景在很大程度上可以反映个人的特质、动力、特点和技能。例如,能够取得大学以上的学历和学位,表明拥有丰富的知识和较好的解决问题的技能,而在

---

① Jeffrey Pfeffer, Managing with Power: Politics and Influence in Organizations, Boston, Harvard Business School Press, 1992, p.168.

② Sunita Wadekar, Portrait of a CEO, Business Week, 1993, October 11, p.64.

名校就学能够获得可以利用的广泛的人际关系网。

(三)资历

尽管在斯托克蒂尔 1948 年的研究中,资历(seniority)与领导者的相关度并不高,但在美国《商业周刊》1993 年对 1 000 名在以美国为基地的公司中任职的首席执行官的简历背景所进行的调查中,在一个公司长时间工作是能够成为最高领导者的一个重要资产。被调查的首席执行官在自己公司平均的服务年限是 22.5 年。在近些年被任命的首席执行官中,平均在自己公司服务的年限将近 17 年①。

二、智力

(一)认知能力

在托克斯蒂尔 1948 年的研究中,智力(intelligence)与领导者的相关程度很高。柯克帕特里克和洛克认为,领导者必须能够收集、综合并阐述大量的信息。这些要求在今天科技快速变化的时代显得比以往更加突出。这就要求领导者有足够的智慧,能制定正确的战略,解决问题并作出正确的决定。智慧也是追随者希望在领导者身上看到的素质之一。如果一个人将要承担起领导责任,追随者们就希望这个人在某些方面强过自己。因此,追随者们对于领导者认知能力的感觉,是领导威信的一个来源②。大约有 200 多篇独立的研究探讨了智力与领导的有效性以及与领导者产生的关系。布雷、坎贝尔(R. J. Campbell)和格兰特(D. L. Grant)1974 年的报告和布雷与霍华德 1983 年的报告指出,在对美国电话电报公司的研究中,20 年前所做的智力测验的分数与 20 年后通过晋升、上调和提高工资表现出的管理成功具有正向的相关关系③。大多数研究的结果表明,智力与领导的相关系数在 0.3 的范围内,但洛德在 1986 年的研究中采用了高级的统计方法,估计智力与领导出现的真实相关系数为 0.5④。

然而,约翰·科特认为,虽然敏捷的思维(例如很强的分析能力、准确的判断以及从战略上和多个角度考虑问题的能力)对于有效的领导来说是必要的,但领导的有效性要求的是"超出常人的智慧",而不是天才。根据菲德勒和加西亚(Joseph E. Garcia)1987 年提出的认知资源理论(Cognitive Resource Theory),领导者理智能力与

---

① Sunita Wadekar, Portrait of a CEO, Business Week, 1993, October 11, p.64.

② 柯克帕特里克,洛克:《领导:素质很关键吗?》,载皮尔斯,纽斯特罗姆:《领导者与领导过程》,第 2 版,北京华译网翻译公司译,71~72 页,北京,中国人民大学出版社,2003。

③ D. W. Bray, R. J. Campbell and D. L. Grant, Formative Years in Business: A Long Term AT & T Study of Managerial Lives, New York, Wiley-Interscience, 1974. D. W. Bray and A. Howard, The AT & T Longitudinal Study of Managers, in K. W. Schaiel, ed. Longitudinal Studies of Adult Psychological Development, New York, Guilford, 1983.

④ R. G. Lord, C. L. DeVader and G. M. Alliger, A Meta-analysis of the Relation Between Personality Traits and Leadership Perceptions: An Application of Validity Generalization Procedures, Journal of Applied Psychology, 1986, 71, p.402~410.

团体绩效的相关程度取决于任务本身对使用智力的需要。同时,指示型领导的理智能力与团体绩效的相关性,高于非指示型领导的理智能力与团体绩效的相关性。洛德等人 1986 年对常规智力和领导关系研究的文献所进行的考察表明,常规智力是领导的一个重要方面,二者之间的关系受到许多因素的限制。比如,如果对工作是胜任的,聪明的高智力的领导可能做得更好。在需要人际关系技能的情况下,常规智力就显得不太充分。而吉塞利(E. E. Ghiselli)1963 年的研究则认为,智力和领导之间可能是一种曲线关系,智力分数太高或太低的人,成为一个有效而成功的领导者的可能性都很小,因为他们可能很难与下属沟通,激励下属完成工作任务①。

(二)创造性

在斯托克蒂尔 1948 年的研究中,创造力(creativity)与领导者是高度相关的。柯克帕特里克和洛克在 1991 年的研究中指出,高效的领导者也可能比非领导者更有创造性,但是关于这一点的研究结论并不一致②。纳哈雯蒂认为,在面对不确定性的情况下,领导者的创造力变得日益重要。她认为,创造力是一种分歧性或逆向性思维能力,是指用一种新的方法把各种观点结合或联系起来产生新奇而有用的选择的能力。所谓逆向思维,是指对理性决策线性思维方式的偏离。创造性的领导者专心倾听所有的信息来源,特别是坏消息,以便知道下一个问题出现在哪里。他们利用主观和客观信息,靠大胆而见多识广的决定,把事实、感觉、情感和直觉变为真实,而不仅仅是依赖理性的决策模式③。达布林认为,创造性是现代组织中领导角色的一个重要方面。许多有效的领导者是具有创造性的,他们在面对复杂的问题时,能够提出富于想象力的、具有原创性的解决方案。创造能力有高低之分,具有最高创造能力的领导者思考的是产品和服务的创新,具有中等创造能力的领导者探索解决问题的富于想象力的但并非突破性的方案,而创造能力低的领导者只能采用解决组织问题的标准方案来鼓舞团体成员前进④。

(三)对人和情境的洞察力

在斯托克蒂尔 1948 年的研究中,"对环境的警觉性和洞察力(insight)"被认为与领导者高度相关。达布林认为,洞察力是有效领导者的一个重要的认知因素。洞察力标志的是理解的深度,它需要大量的直觉和常识。由于它涉及直觉的因素,因此它与创造性相关。对人和涉及人的情境的洞察,是领导者的一个最基本的特

---

① E. E. Ghiselli, Intelligence and Managerial Success, Psychological Reports, 1963, 12, p.898.

② 柯克帕特里克,洛克:《领导:素质很关键吗?》,载皮尔斯,纽斯特罗姆:《领导者与领导过程》,第 2 版,北京华译网翻译公司译,72 页,北京,中国人民大学出版社,2003。

③ 纳哈雯蒂:《领导力》,第 2 版,王新译,67 页,北京,机械工业出版社,2003。

④ Andrew J. DuBrin, Leadership: Research Findings, Practice and Skills, Boston, Houghton Mifflin Company, 1995, p.49.

征。具有敏锐的洞察力可以使领导者认清团队成员的长处和短处,从而有助于领导者在为关键性岗位物色合适人选时作出明智的选择和更恰当的工作分派,并更好地培训团队成员,促进他们的发展。敏锐的洞察力还可以使领导者能够根据具体的情境采取相应的领导方法。例如,在面对危机情境时,迅速采取命令式的果断领导方式①。

(四)远见

达布林认为,远见(farsightness)是理解行为和政策的深远意义的能力。为了提出愿景和组织战略,领导者就需要有远见②。在库泽斯和波斯纳进行的"最令人羡慕的领导者的关键特征"的调查中,"有远见"始终位居第二,而且选择比率还呈上升趋势。他们认为,对高级管理者来说,有远见是最基本的领导特征;而对第一线的监管者和中层管理者来说,有远见也很重要。如果领导者要受到羡慕和尊敬,他们就必须具有远见卓识,并具有想象力。领导者必须有方向感,必须知道他们走向何处。当他们要求追随者跟他们一道走上未知之旅时,他们在头脑中必须有一个目标。追随者不会追随一个不知走向何处的领导者③。在科恩-芬尼国际调查研究所与哥伦比亚大学商学院联合进行的调查中,75%的被调查者把"传送未来的强烈梦想"作为总经理的一个很重要的品质④。

(五)对经验的开放性

达布林认为,领导者的一个重要的认知特质就是他们对经验的开放性(openness to experience),即他们对学习的积极倾向。对经验具有更大开放性的人具有较发达的智力。与这种特质相关的表现是具有想象力、教养、好奇心、原创性、开阔的视野、机智,并具有艺术家的感受性⑤。

(六)专业知识

柯克帕特里克和洛克将"商业知识"列为领导者应具备的最重要的六大特质之一。他们认为,高效的领导者拥有比较丰富的关于公司、产业和技术方面的知识。技术专长使领导者能够理解追随者对于技术问题的关注。在这个意义上,正像约翰·科特所指出的,技术专长比正规教育更加重要。大多数被科特研究过的成功的领导者,都在同一个领域内度过他们的职业生涯,而较差的领导者则缺少特定产业

---

① Andrew J. DuBrin, Leadership: Research Findings, Practice and Skills, Boston, Houghton Mifflin Company, 1995, p.49.

② 同①。

③ 库泽斯,波斯纳:《领导者:信誉的获得和丧失》,方晓利等译,14~15页,北京,中国经济出版社,2000。

④ Korn/Ferry International and Columbia University Graduate School of Business, Reinventing the CEO, New York, Korn/Ferry International and Columbia University Graduate School of Business, 1989, p.90.

⑤ Andrew J. DuBrin, Leadership: Research Findings, Practice and Skills, Boston, Houghton Mifflin Company, 1995, p.50.

的经历。达布林认为,有效的领导者必须在某一领域具有技术上或专业上的能力,特别是当他领导一个专家团队时。如果领导者不知道团队成员在做什么,或者如果团队成员轻视领导者在技术上的能力,那么领导者就很难同团队成员建立融洽的关系。起码来说,一个专家团队的领导者即便对技术问题做不到精通,也要有最基本的了解,不能只是虚张声势①。

库泽斯和波斯纳注意到,一种新的倾向是要求领导者有更高的技术才干。多面手管理者的时代可能正在结束,在知识产业中,这种情况尤其明显。在高技术公司,一个有效率的领导者尽管不必是优秀的计划制定者,但他必须懂得电子数据交换和网络对商务的影响。在专业服务的厂商中,好的领导者可能对顾客并不负直接的责任,但他必须具备顾问的突出才干②。

值得注意的是,智力水平高的聪明人并不总是能成为成功的领导者,有时甚至不能正常地完成工作。斯顿伯格(R. J. Sternberg)1986年出版了一本名为《实用智力》的书,在书中列出了一些使聪明人失败的原因,很有参考意义。这些原因包括:①缺乏动机和激励;②缺乏对冲动的控制;③缺乏坚韧性和持续性;④害怕失败;⑤缺乏将思想变为行动的能力;⑥一叶障目,只见树木,不见森林;⑦兴趣总是在变化,不能集中精力;⑧犹豫不决,缺乏决断;⑨拖延;⑩不能完成任务;⑪同时承担过多或过少的工作;⑫太自信或太不自信③。

三、情感和情绪

在1995年,心理学家高尔曼(Daniel Goleman)提出,除了与认知能力相关的智力之外,还有与人际交往能力相关的智力,他称之为"情智"(emotional intelligence),对情智水平的测验结果,被称为"情商",以区别于标志理智能力的"智商"。高情商的人能有效控制自己的情感。他们有持久的动机与注意力,能够平静自己愤怒的情绪,时刻保持一种平衡的心态。他们也能读懂他人的情感,产生移情,站在他人的角度考虑问题。他们能够通过理解、协商和化解冲突来发展一种积极有利的人际关系。而与下属良好的交往、满足下属的情感需要、激发他们的工作热情的能力,是领导的关键因素。因此,他声称,情商是一个管理者成功的关键要素,甚至比智商更重要④。这种观点得到了许多学者的认同。纳哈雯蒂认为,只有当一个人独立工作时,他的资质与认知能力才可能是成功的一个关键因素。在其他情况下,

---

① Andrew J. DuBrin, Leadership: Research Findings, Practice and Skills, Boston, Houghton Mifflin Company, 1995, p.47.

② 库泽斯,波斯纳:《领导者:信誉的获得和丧失》,方晓利等译,16页,北京,中国经济出版社,2000。

③ R. J. Sternberg, Intelligence Applied: Understanding and Increasing Your Intellectual Skill, San Diego, Harcourt Brace Jovanovich, 1986.

④ D. Goleman, Emotional Intelligence: Why It Can Matter More Then IQ, New York, Bantam Books, 1995.

领导者需要一种与别人成功交往的能力，以激发别人一道完成目标。因此，情商在领导过程中具有重要作用。对领导者的成功来说，他与下属之间的情感交融是一个关键因素。对下属的移情能使一个领导者赢得更多下属的信任，并与下属达成一致。高智商的领导者用自己的头脑领导别人，高情商的领导者用自己的心、用自己对下属的关心来领导别人①。

（一）勇气

达布林认为，领导者需要勇气（courage）来面对承受风险和创始变革的挑战。他们也必须承担责任，并不惜以自己的声誉作代价。在提出一种新举措时，领导者需要勇气，因为如果新举措失败了，领导者也会被认为是失败了。人们对推动变革的领导者越是信任，当结果不利时人们对领导者的责备就越多②。

（二）自信心

自信心（self-confidence）几乎是被研究者最先提出的最重要的领导者特质，在后来的研究中又被研究者不断强调。在亨利 1949 年的研究中，“自信心强”就是领导者 12 个重要特质之一。在斯托克蒂尔 1948 年和 1974 年的研究中，自信心与领导者的相关度都是非常高的。库泽斯和波斯纳在 20 世纪 80 年代初开始的关于“对领导者起关键作用的价值”的研究中，“有信心”也是一个重要的方面。

柯克帕特里克和洛克认为，领导者有很多理由需要自信心。担任领导者是一项很困难的工作：有很多信息必须收集并加以处理，有一系列的问题要解决，有很多决定要作出，有很多追随者需要你去帮助他们确信自己的目标并尽力达到，有很多障碍需要去排除，必须满足人们竞争的兴趣，还必须承担不确定的风险。一个自我怀疑的人永远不可能采取正确的行动，也不能获得追随者的尊敬。自信心在一个人作决定和争取他人信任的时候，起着重要的作用。很明显，如果领导者不能确定作出何种决定，或者流露出很大程度的犹豫，追随者们就不太可能相信这位领导者，也不会很坚定地支持他的看法。在领导者的决定被证明是错误的时候，自信的领导者会承认错误，并把它当作一次学习的机会，这同样是一个建立信任的过程。领导者的自信心对激励组织其他团体成员也是非常重要的。领导者通过展现自己的自信心来激发追随者们的自信心③。

（三）稳定的情绪

达布林认为，情绪的稳定性（emotional stability）是指使自己的情绪反应与情境相适合的控制能力。情绪的低稳定性表现为焦虑、沮丧、愤怒、尴尬和忧愁。情绪

---

① 纳哈雯蒂：《领导力》，第 2 版，王新译，66 页，北京，机械工业出版社，2003。

② Andrew J. DuBrin, Leadership: Research Findings, Practice and Skills, Boston, Houghton Mifflin Company, 1995, p.40～41.

③ 柯克帕特里克，洛克：《领导：素质很关键吗?》，载皮尔斯，纽斯特罗姆：《领导者与领导过程》，第 2 版，北京华译网翻译公司译，71 页，北京，中国人民大学出版社，2003。

的稳定是一项重要的领导者特质，因为团体成员期望和需要领导者以一贯的方式来对待他们①。创造性领导中心的研究者们发现，情绪缺乏稳定性和克制力的领导者很容易断送自己晋升的前程，因为他们难以承受压力，喜怒无常，突然暴跳如雷，行为不具有一贯性，这种不一贯性破坏了领导者同他的团体成员、同事和上级的关系。与此相对，有效的领导者一般来说总是冷静、自信，并在危机时具有预见力②。柯克帕特里克等人认为，自信有助于情绪的稳定。自信使领导者把有压力的事情看作是有趣的，并把它当作一个自我提高的机会。他们相信自己能够影响事情的结果，表现出优雅平静，并以此激励周围的人保持冷静并且明智地行事。自信心能够帮助有效率的领导者保持性情平和，必要时也会变得兴奋，比如在进行一次激励性谈话的时候。但是他们一般不会生气或是暴怒。在多数情况下，只要员工完成了自己的工作，领导者就会冷静地看待员工的失误。这对解决人际冲突是非常重要的③。

（四）乐观和鼓舞人心

追随者期望领导者拥有满腔热情、充满活力，尤其是在困难时期对未来感到乐观。领导者若能表现得极其热忱和兴奋，显示出他个人对所追求目标的投入，就更能鼓舞人心。在库泽斯和波斯纳的研究中，"鼓舞人心"（inspiring）是排在第三位的令人羡慕的领导者的特质，而且选择率呈提高的趋势。他们指出，人们羡慕和尊敬那些有生气、精神高昂、热情、自信和乐观的领导者。人们希望他们是鼓舞人心的。领导者对未来光有梦想是不够的，他们必须鼓励人们认同这个奋斗过程，并鼓励人们朝这个目标努力工作④。在科恩-芬尼国际调查研究所与哥伦比亚大学商学院于 20 世纪 80 年代末联合进行的调查中，有 91% 的人认为，到 21 世纪，能鼓舞人心的高级经理是很重要的，这种品质比"分析"、"组织"和"坚强"更重要⑤。

（五）对挫折的高承受力

领导者会遇到许多挫折，对挫折的高承受能力（high tolerance for frustration）对他们来说是非常重要的。皮奥特罗斯基（Chris Piotrowski）和阿姆斯特朗（Terry R. Armstrong）根据在 CNN 电视台访谈 30 位首席执行官所获得的资料而进行的性格分析表明，这些领导者都显示出对挫折的高承受能力，表现出对影响目标达成的各种

---

① Andrew J. DuBrin, Leadership: Research Findings, Practice and Skills, Boston, Houghton Mifflin Company, 1995, p.35.

② Edwin A. Locke and associates, The Essence of Leadership: The Four Keys to Leading Successfully, New York: Lexington/Macmillan, 1991, p.55.

③ 柯克帕特里克，洛克：《领导：素质很关键吗?》，载皮尔斯，纽斯特罗姆：《领导者与领导过程》，第 2 版，北京华译网翻译公司译，71 页，北京，中国人民大学出版社，2003。

④ 库泽斯，波斯纳：《领导者：信誉的获得和丧失》，方晓利等译，15 页，北京，中国经济出版社，2000。

⑤ Korn/Ferry International and Columbia University Graduate School of Business, Reinventing the CEO, New York, Korn/Ferry International and Columbia University Graduate School of Business, 1989, p.89.

障碍的应对能力①。

达布林指出,人们观察到有效的领导者的一个重要的特质,就是他们具有复原力(resiliency),即他们能够很快从各种挫折的打击中复原,这些打击包括预算被削减、降职,甚至被解雇。本尼斯和纳努斯(Burt Nanus)所作的一项对领导者的集中研究发现,这些领导者甚至从没有想过失败,他们实际上甚至不用"失败"这个词。他们用的是其他一些同义词,如"失误"、"差错"、"搞糟了"、"挫折"。实际上这意味着领导者在为团队成员作出榜样,不要当出现某些差错时就精神崩溃,而是要照常做业务②。

(六)热情和热心

达布林认为,几乎在所有的领导情境下,领导都需要表现出热情洋溢(enthusiastic)。对领导者表现出的热情,团体成员的反应一般是积极的,因为这会被感觉为是对建设性行为的奖励。因此,热情洋溢地对待下属的工作表现,会对下属是一种激励。而每个努力工作的员工都期望得到领导者的热情鼓励。领导者热情洋溢也有助于与团队成员建立良好的关系。

同样,表现出热心(warmth)对有效领导的积极作用是多方面的。首先,热心有助于领导者与团队成员建立起融洽的关系;第二,热心的表现是领导魅力的关键因素之一;第三,热心的特质有助于向团体成员提供情感支持;第四,冷漠不会造就好的领导者,因为这种领导者会使人们反感③。

(七)敏感与体谅

达布林认为,对领导者来说,影响他人很重要的途径就是要理解他人,如理解团队成员,理解他们的兴趣和态度,理解他们的地位和问题,并且懂得怎样与他们交流并影响他们,表现出对他人的敏感性(sensitivity to others)。要达到这种理解,就需要体谅(empathy),即能够设身处地地体会他人的心理和情境。体谅他人还能够提高谈判的效率,因为它能使领导者准确地"读懂"对方,从而能够作出恰如其分的反应④。

缺乏对他人的体谅和同情,有可能使领导者断送自己的晋升前程。麦考尔和隆巴多对半途"出轨"的领导者与一步步晋升到高位的领导者之间的比较研究表明,在导致失势的关键因素中排在首位的便是缺乏对他人的体谅,它表现为粗暴、

---

① Chris Piotrowski and Terry R. Armstrong, The CEO: An Analysis of the CNN Telecast "Pinnacle", Psychological Reports, 1989, 65, p.435~438.

② Warren Bennis and Burt Nanus, The Leadership Tightrope, Success, March 1985, p.28.

③ Andrew J. DuBrin, Leadership: Research Findings, Practice and Skills, Boston, Houghton Mifflin Company, 1995, p.36.

④ Andrew J. DuBrin, Leadership: Research Findings, Practice and Skills, Boston, Houghton Mifflin Company, 1995, p.39.

威胁和强横的领导风格①。

四、驱动力

(一)主动性

达布林认为,主动性(initiative)或自发性(self-starter)是指能够在没有他人支持和刺激的情况下采取行动。他将其看作是一种与完成任务和解决问题相关的领导特质②。在斯托克蒂尔1948年的研究中,主动性或积极性一致被确认为是领导者所具有的特质。在亨利1949年总结出的与成功的领导者相关的12种特质中,“敢于承担责任,干劲大,希望迎接工作的挑战”位居第二。

柯克帕特里克和洛克认为,有效率的领导者表现出很高的主动性。他们通过作出选择和采取行动来引导变化,而不是在事情发生的时候再作出反应。他们需要“挑战过程”,而不是“闲散地坐在那里,微笑地等待好运的降临”。

(二)成就欲与雄心

在亨利1949年总结出的与成功的领导者相关的12种特质中,“成就欲强烈,把工作当成乐趣和兴奋点,对其关注和追求超过对金钱报酬和职位晋升的关注和追求”位居第一。在斯托克蒂尔1948年的研究中,进取心和对优胜的渴望与领导者的关联系数达到平均的水平。在1974年的进一步研究中,雄心(ambition)和成就取向被认为是成功的领导者身上经常表现出来的特质。在布雷等人对美国电话电报公司所进行的与升迁有显著相关的个人特质的研究中,所谓“内在工作标准”(即希望把工作做得更好,超出上级所要求的绩效)与“工作第一”(即从工作中获得的满足大于从其他生活领域获得的满足)被认为是与晋升具有正相关的预测指标。但在库泽斯和波斯纳对最令人渴望和羡慕的领导特征的研究中,“有抱负”却只排在第17位,而且选择率由1987年的21%下降到1993年的10%。

柯克帕特里克和洛克认为,相对来说,领导者的成就动机(achievement motivation)更强烈一些。成就的需要是高效率领导者的一个重要动机,它对于成功的领导者来说可能更加重要。高成就欲者从成功地完成挑战性任务、达到高标准、追求更好地解决问题的方法中获得满足。在领导者迈向组织最高层的过程中,他们必须具有完成挑战性任务和项目的愿望。这也使得领导者们通过教育和工作经验获得技术方面的知识,并使他们能够跟上组织的变化,并随其一起发展。柯克帕特里克和洛克进一步指出,领导者对于他们的工作和职业是非常有雄心的,他们希望能

---

① Morgan W. McCall, Jr., and Michael M. Lombardo, What Makes a Top Executive? Psychology Today, February 1983, p.28.

② Andrew J. DuBrin, Leadership: Research Findings, Practice and Skills, Boston, Houghton Mifflin Company, 1995, p.38.

够领先并加以保持。雄心使领导者为自己和组织建立具有挑战性和一定难度的目标[①]。在霍华德和布雷对美国电话电报公司20多年的研究中发现,管理者的雄心,即获得进步的欲望,是确定20年后的成功者的最强的预测指标[②]。

根据迈因纳等人的研究,有很强成就欲的人会始终具有下列的欲望:①通过自己的努力取得成就并对成功和失败负责;②愿冒那种能够通过自己的努力来控制的中等程度的风险;③接收关于绩效水平的反馈;④引进新的具有创造性的解决方案;⑤计划和确定目标[③]。

(三)坚韧性

根据斯托克蒂尔1948年的研究,意志顽强与领导者具有较高的相关性,并且是与成熟的杰出领导相联系的品质。在其1974年的研究中,坚毅、能承受压力、愿意承担责任被认为是成功的领导者身上经常体现出的特质。巴斯认为,领导者比非领导者更能够克服各种困难。他们具有"为可预见的目标而工作的能力",也具有"一定程度的意志力或者坚定不移的力量"[④]。柯克帕特里克指出:领导者必须不知疲倦地坚持他们的积极性,并随着计划的进展而不断地改变。大多数组织变迁计划都需要好几个月才能建立起来,并且需要很多年才能见到成效。因此,领导者必须保持动力,将计划进行到底,并使人们确信,这些变化将被制度化而保持下去。但坚韧性(tenacity)必须得到聪明的利用。对一个不恰当目标的顽固不化的追求,能够毁掉一个组织。只有做正确的事才是重要的。在这个意义上,坚韧性就像彼得斯所说的,表现为对每一件事情的坚持不懈的改进[⑤]。

(四)支配欲、权力动机与领导欲望

如果领导者仅仅是成就导向的、雄心勃勃的、精力充沛的、坚韧的和主动的,但却什么事情都想自己解决,那么,他就不能充分调动团体成员的积极性。因此,一个有效率的领导者不仅要充满动力和雄心,还必须有获得权力以领导他人的欲望。

所谓支配(dominance),就是将自己的愿望强加给别人。在领导学研究的早期,它几乎被作为"领导"一词的同义语。在斯托克蒂尔1948年的研究中,"知道如何让别人做事"与领导者具有较高的相关度。在其1974年的研究中,有支配欲被认为是成功的领导者身上经常表现出的特质。在布雷等人对美国电话电报公司所进

① 柯克帕特里克,洛克:《领导:素质很关键吗?》,载皮尔斯,纽斯特罗姆:《领导者与领导过程》,第2版,北京华译网翻译公司译,67~68页,北京,中国人民大学出版社,2003。

② A. Howard and D. W. Bray, Predictors of Managerial Success Over Long Periods of Time, in Measures of Leadership, ed. by M. B. Clark and K. E. Clark, West Orange, NJ., Leadership Library of America, 1989.

③ John B. Miner, Norman R. Smith, and Jeffrey S. Bracker, Role of Entrepreneurial Task Motivation in the Growth of Technologically Innovative Firms, Journal of Applied Psychology, 1989, August, p.554.

④ B. M. Bass, Bass's Handbook of Leadership, New York, Free Press, 1990.

⑤ 柯克帕特里克,洛克:《领导:素质很关键吗?》,载皮尔斯,纽斯特罗姆:《领导者与领导过程》,第2版,北京华译网翻译公司译,68页,北京,中国人民大学出版社,2003。

行的研究中发现，晋升需求，即希望比同事更早升迁的程度，是与实际升迁有显著相关的个人特质之一①。

哈佛大学心理学家麦克利兰(David McClelland)认为，领导者具有很强的控制资源的需要。具有很高权力动机(power motive)的领导者具有3种支配性特征：①积极果断地行使他们的权力；②用大量的时间来思考如何改变他人的行为和想法；③很关心自己在周围人中的地位②。他区分了两类权力动机：一类是个人化的权力动机(personalized power motive)；另一类是社会化的权力动机(socialized power motive)。一个具有个人化权力动机的领导者，往往把权力本身作为追求的终极目标。这些人只有极少的自制力，经常冲动，并且把注意力集中在提高个人声誉上。这种获取权力只是为了控制他人的做法，可能产生于深度的自我怀疑。这种个人化的权力动机只关心如何控制他人，并且制造出一批依赖的、只知道服从的追随者。相比之下，一个具有社会化权力动机的领导者，会把权力作为一种手段，用来达到自己希望的目标或者设想。权力的使用是通过发展与他人的关系网络、协作和合作体现出来的。这样的领导者会以一种建设性的方式来处理冲突，并且利用角色典范影响他人。具有社会化权力动机的个人，在情绪上比那些具有个人化权力动机的人更加成熟。他们是从组织的利益出发使用手中的权力，而不是仅仅为了控制别人。这些领导者也不会过于自我封闭，他们会更愿意听取专家的意见，也有更长远的眼光。他们利用手中的权力建设自己的组织，并使其成功。社会化权力动机考虑到追随者们的需要，并因此而培养了一批有能力的、独立的追随者③。

柯克帕特里克和洛克认为，应当将权力动机与领导欲望(desire to lead)区别开来。领导欲望指的是社会化的权力动机。研究表明，领导者都具有强烈的领导他人的欲望。领导动机很强烈的人，会较多地考虑对他人施加影响，努力赢得每一场辩论或者成为更权威的专家。他们喜欢处于领导的地位，而不是追随者的位置。一个领导者必须情愿获得权力，以便对他人施加影响。但权力是一块“可以做大的馅饼”，而不是体积固定的。聪明的领导者会通过授予追随者权力来扩大自己的权力。他们并不把权力看作是只能争来夺去的东西，而是可以被创造出来并分给追随者们，而不使自己的权力减少。成功的领导者必须愿意对追随者使用权力，告诉

---

① D. W. Bray, R. J. Campbell and D. L. Grant, Formative Years in Business: A Long Term AT & T Study of Managerial Lives, New York, Wiley, 1974.

② David D. McClelland and Richard Boyatzis, Leadership Motive Pattern and Long-Term Success in Management, Journal of Applied Psychology, 1982, December, p.737.

③ D. C. McClelland, N-Achievement and Entrepreneurship: A Longitudinal Study, Journal of Personality and Social Psychology, 1985, 1, p.389 ~ 392.

他们做什么,并且正确使用积极的和消极的权力①。但达布林认为,个人化权力动机与社会化权力动机的严格区分是不必要的,因为为自己谋利益与为他人谋利益之间的区分,往往根据的是非常主观的标准②。

五、价值与道德

(一)诚实、正直与可信

柯克帕特里克和洛克认为,诚实(honesty)指的是真诚而不欺骗;正直(integrity)是言行一致的程度。这两者构成了领导者与追随者之间信任关系的基础。她们引用了一个追随者对其老板的评价来解释正直的概念:"我说的正直的含义,并不是指他是否抢劫或者偷窃商店。你不会为那样的人工作。我是指你是否感觉一个人有他基本的原则并且能够坚持它们。"追随者可能不喜欢领导者所做的许多事情,但是如果他起码是诚实的和诚恳的人,追随者就会原谅他的很多不足,并且信任他③。创造性领导研究中心的麦考尔和隆巴多发现,达到巅峰的管理者大多遵从了下面的原则:我说过的事就一定会尽力去做。如果我改变了主意,我会提前告诉你,以免你因为我的行为而受到伤害④。在库泽斯等人对"你们渴望从上级那里得到什么价值观(个人性格和特征)"所作的最初调查中,正直(领导者正直、值得信赖、有个性、有信心)是所得到的最多的回答。在随后对更多人进行的关于"令人羡慕的领导者的特征"的调查中,"诚实"一直高居榜首。他们指出,诚实对领导来说绝对是基本的。如果人们打算自愿地跟随某个人,不管是投入战斗还是走进大会议室,他们首先要使自己确信这个人是值得信赖的⑤。在科恩-芬尼国际调查研究所与哥伦比亚大学商学院联合进行的跨国调查中,在理想的高级经理人员所需要的个人特征方面,"有道德"是评价最高的。在1988年,有88%的经理相信有道德是重要的。虽然具体的数字随国家和地位变化而变化,但是有道德的重要性却一直位居前列。例如,93%的美国国内经理认为现在有道德是极其重要的,96%的美国国内经理认为到2000年有道德更为重要;日本国内经理持同样观点的分别为

① 柯克帕特里克,洛克:《领导:素质很关键吗?》,载皮尔斯,纽斯特罗姆:《领导者与领导过程》,第2版,北京华译网翻译公司译,69页,北京,中国人民大学出版社,2003。

② Andrew J. DuBrin, Leadership: Research Findings, Practice and Skills, Boston, Houghton Mifflin Company, 1995, p.42.

③ 柯克帕特里克,洛克:《领导:素质很关键吗?》,载皮尔斯,纽斯特罗姆:《领导者与领导过程》,第2版,北京华译网翻译公司译,71~72页,北京,中国人民大学出版社,2003。

④ M. W. McCall Jr., and M. M. Lombardo, Off the Track: Why and How Successful Executives Get Derailed, Technical Report No. 21, Greensboro, NC., Center for Creative Leadership, 1983.

⑤ 库泽斯,波斯纳:《领导者:信誉的获得和丧失》,方晓利等译,13页,北京,中国经济出版社,2000。

79%和76%;西欧为78%和81%①。在1991年出版的由路易斯·哈里斯(Louis Harris)和他的同事们指导完成的《世界范围内办公环境指南》一书中,白领员工中认为诚实、正直和有道德对管理者是很重要的人,在美国是85%,在加拿大是87%,在西欧是80%,在日本是72%②。本尼斯在13年间访谈了100位公司领导者和50位私人企业主,他所发现的共同线索之一,就是领导者产生和维持信任的能力。他所说的信任(trust)包括能力、关心、可靠、预见性和正直等方面。根据他的观察,领导者在思想、感受和做事方面具有一致性,他指出,如果领导者不能言行一致(walk their talk),那么人们就会被弄得不知所措。

但是,对领导者有道德的期望与领导者实际的道德水平之间,却存在着一定的差距。根据1988年的哈里斯调查(Harris poll),在1 200名被调查的雇员和管理者中,有89%的被调查者认为领导者正直、诚实和在生意中遵守道德是重要的,但只有41%的被调查者认为他们现在的上司具有这些特征。施密特(W. H. Schmidt)和波斯纳1986年的研究指出,公共行政管理者和私人企业管理者相对来说都更关心自己对其组织的责任,而不是他们对社会的责任。J.韦伯(J. Weber)1989年的研究也指出:管理者在作出具有道德意义的决策时,经常根据多数人的意见,而不是根据普遍的正义原则。但根据吉塞利(E. E. Ghiselli)1968年的研究和L.V.戈登(L. V. Gordon)1975年的研究,领导者的个人价值与领导的有效性还是具有正相关的关系③。

(二)职业道德感

达布林指出:有效的领导者通常都具有很强的职业道德感,即坚信工作是高尚的。具有这种职业道德感的人将努力工作看作是有价值的,而不努力工作是与他们的价值标准相冲突的,因此他们能够有效地自我激励。而对组织的领导者来说,强烈的职业道德感使他们坚信团体的任务是值得他们去努力完成的④。

皮奥特罗斯基和阿姆斯特朗基于电视访谈对企业首席执行官所作的性格研究表明,企业的首席执行官们似乎都将从事和投入精力于工作的偏好作为一种坚定不移和始终如一的价值信念。但他们也发现,这种强烈的职业道德感的另一面是:

---

① Korn/Ferry International and Columbia University Graduate School of Business, Reinventing the CEO, New York: Korn/Ferry International and Columbia University Graduate School of Business, 1989, p.41, 89.

② Louis Harris, Steelcase Worldwide Office Environment Index Summary Report, Grand Rapids, Mich., Steelcase, 1991, p.7.

③ Richard L. Hughes, Robert C. Ginnett, and Gordon J. Curphy, Leadership: Enhancing the Lessons of Experience, Boston, Irwin McGraw-Hill Company, Inc., 1996, p.203~204.

④ Andrew J. DuBrin, Leadership: Research Findings, Practice and Skills, Boston, Houghton Mifflin Company, 1995, p.44~45.

努力不懈的工作导致工作时间过长,而这是以牺牲高质量的家庭生活为代价的①。

(三)价值观

根据 L.V.戈登的观点,价值是一种被构造的观念,它代表着一些被一般化的行为或事态,它们被人们认为是重要的②。价值观与需求不同,它可以因很多行为而得到满足,而且不会以强迫的方式主宰行为。价值观的重要性在于它能影响一个人对情境和问题的看法,并影响他的偏好、期望和抉择。同时,一个人的满足感,在很大程度上要看其日常生活方式能否表现其价值观。

英格兰(G. W. England)和李(R. Lee)在 1974 年根据他们在美国、日本、印度和澳大利亚所作的对管理价值与成功管理之间关系的研究提出,价值会以 6 种不同方式影响领导者。第一,价值影响领导者对情境和要处理的问题的感知。那些将事业成功的价值看得高于一切的领导者,会将与工作相关的问题看作其成就的障碍;而那些重视帮助他人的领导者,却会将与工作相关的问题看作向下属或另一个工作单位提供帮助的机会。第二,领导者的价值观会影响对问题所提出的解决方案和作出的决定。如果领导者相信勇气和为自己的信念挺身而出是重要的,那么他在提出解决方案或作出决定时就更可能不考虑其在组织政治上是否正确。第三,价值在人际关系上扮演着异常重要的角色,它影响领导者对不同个人和团体的感受。例如,那些重视自我控制的领导者在面对那些情感非常外露的追随者时就会感到头疼,因此他会选择与这样的追随者保持一定的距离。第四,价值经常影响领导者对个人和组织的成功以及取得这种成功的方式的感受。那些将竞争、独立和想象作为主要价值的领导者对成功的评估,可能不同于那些重视助人、逻辑和情趣的领导者。第五,价值为领导者提供了区分对错和道德与不道德行为的基础。第六,价值也影响领导者接受组织压力和目标的程度。那些相信独立的重要性的领导者会经常质疑甚至积极抵制在其工作单位实现某些组织目标③。

L.V.戈登则把价值观分为 6 个方面:①支持,即被别人了解、鼓励和关怀,得到亲切的对待;②从众,即做社会所认可的事,遵循规定;③重视,即受人尊敬景仰,被认为重要,受人关注;④独立,即有权做想做的事,能自由地做决定,能以自己的方式做事;⑤仁慈,即为别人做事,与别人共享,帮助不幸的人,慷慨;⑥领导,即统率他人,有权指使他人,身居领导职位。他发现,在以上 6 个方面中,对"领导"的重视程度与管理效能呈正相关,而对"仁慈"、"支持"和"从众"的重视程度,则似乎与管理效能呈负相关。领导者与非领导者相比,领导者的"领导"得分高,而"支持"得

---

① Chris Piotrowski, Terry R. Armstrong, The CEO: An Analysis of the CNN Telecast "Pinnacle", Psychological Reports, 1989, 65, p.436~437.

② L. V. Gordon, Measurement of Interpersonal Values, Chicago, Science Research Associates, 1975, p.2.

③ G. W. England and R. Lee, The Relationship between Managerial Values and Managerial Success in the United States, Japan, India, and Australia, Journal of Applied Psychology, 1974, 59, p.411~419.

分低，这说明他们比较重视影响别人，而不太重视取得支持性的关注。同时，价值观与领导效能的关系，因管理职位的性质而有所不同①。

英格兰以及后来的勒斯克（E. J. Lusk）和奥利弗（B. L. Oliver）曾在20世纪60年代和20世纪70年代对1 072名美国管理者进行价值观的调查。结果显示，对一般美国管理者而言，最重要的价值取向是实用主义，而非道德主义或快乐主义。管理者认为技巧、雄心、成就、创意等特质对成功很重要，并有帮助；而忠诚、信赖、荣誉、坚忍、尊严、理性和个性对成功很重要，但不见得有帮助；较不重要但相当有帮助的是冒险、力量、权力和野心②。

六、领导技能

凯茨（R. L. Katz）在1955年最早提出了三大管理技能的分类，具体如下。

①技术技能（technological skill），是指进行特定活动的方法、程序、过程和技术等知识以及运用有关的工具和设备的技能。

②人际关系技能（human skill），是指具有有关人类行为和人际交往的知识，了解别人言行背后的感觉、态度和动机的技能，明确而有效地沟通的技能，以及建立有效和合作的关系的技能。

③观念技能（conceptual skill），是指具有一般分析能力、逻辑思考能力，善于形成观念，能将复杂模糊的关系概念化，在构思和解决问题时有创意，有分析事件、捕捉趋势、预测变化和确认机会及潜在问题的技能③。

这三大管理技能也被认为是主要的领导技能。这种对领导技能的分类现在仍然被领导研究者所沿用。一些与这些技能有关的领导者特质，在前面已有所涉及，在此只谈三个前面没有涉及的与领导技能相关的特质。

第三节　个性类型对领导的影响

个性类型比单方面的特质更具有综合性。一种个性类型可能反映了多方面的特质。目前，对与领导效能相关的个性类型的研究主要集中在性格性别、控制类型、自我监控倾向、A型性格与B型性格、权谋倾向以及MBTI类型等方面。

---

① 余克（尤克尔）：《领导学》，余朝权译，79～80页，台北，天麟文化事业有限公司，1983。

② G. W. England, Personal Value Systems of American Managers, Academy of Management Journal, 1967, 10, p.53～68. E. J. Lusk and B. L. Oliver, American Managers' Personal Value Systems-Revisited, Academy of Management Journal, 1974, 17, p.549～554.

③ R. L. Katz, Skills of An Effective Administrator, Harvard Business Review, 1955, January-February, p.33～42.

一、性别差异

曾经有大量的研究证明,男性比女性更适合作为领导者。但这种差别被研究者们认为是由于一些阻碍女性成为领导者的社会障碍所造成的。随着社会文化的变化,一些阻碍女性成为领导者的障碍逐渐被排除,人们在接受女性成为领导者方面的态度也出现了显著的转变,越来越多的女性成为领导者。这使得人们对性别与领导者关系研究的方向也出现了转变。一方面,研究者们开始更多地关注女性领导者与男性领导者在领导风格上的差异;另一方面,研究者们将生理性别(gender role)与性格性别(sex role)区别开来。就性格性别来说,每个人都被认为是两性同体的,既具有一定的男性性格特征,也具有一定的女性性格特征。于是问题转变为:究竟是具有更多男性性格特征的人更容易成为领导者,还是具有更多女性性格特征的人更容易成为领导者?

(一)生理性别对成为领导者的影响

对这一问题,研究的结果并不一致。多宾斯(G. H. Dobbins)等人在 1990 年的研究中,要求被研究者每四个人组成一个团队,使他们相互影响较长的一段时间。在任务完成后,要求他们选择一个领导者,并评价团队中每一个成员,表明自己希望其成为领导者的程度。结果,男性得到更高的评价,并比女性更多地被选为领导者①。

但戈克特普(J. R. Goktepe)与施奈尔(C. E. Schneier)1989 年的研究表明,生理性别对于领导者的产生没有影响,而性格性别则恰好相反②。

(二)性格性别对成为领导者的影响

对这一问题的研究结果也存在着分歧。一方面,一些研究表明,男性化的性格性别更有利于一个人成为领导者。例如,鲍威尔(G. N. Powell)和巴特菲尔德(D. A. Butterfield)1979 年的研究发现,女性工商管理硕士在评价她们的个性时,对其男性个性的评价高于女性个性。戈克特普与施奈尔 1989 年的研究表明,男性化的研究对象比女性化或者中性化以及尚未表现出性格性别差异的人,更可能成为领导者。法根森(E. A. Fagenson)1990 年的研究表明,处于组织高层的男性和女性,在男性化的程度上,显然比较低层次的员工更高。另一方面,一些研究结果表明,男性性格和女性性格兼有的人,更容易成为领导者。布伦纳(O. C. Brenner)和他的同事们在 1989 年的研究中指出,女性管理者把成功的中层管理者描述为兼具典型

---

① G. H. Dobbins, W. S. Long, E. J. Dedrick and T. C. Clemons, The Role of Self-Monitoring and Gender on Leader Emergence: A Laboratory and Field Study, Journal of Management, 1990, 16, p. 609 ~ 618.

② J. R. Goktepe and C. E. Schneier, Role of Sex, Gender Roles, and Attraction in Predicting Emergent Leaders, Journal of Applied Psychology, 1989, 74, p. 165 ~ 167.

男性特征和女性特征的人。柯拉比克(K. Korabik)1990年的研究也表明,兼具男性特征和女性特征的领导风格现在比过去更有助于女性成为领导者。

肯特(Russell L. Kent)和莫斯(Sherry E. Moss)1994年对领导者的产生与性格性别之间的关系进行了进一步的研究。他们将被研究者分为4类:①男性化的人,即男性化程度高而女性化程度低;②女性化的人,即男性化程度低而女性化程度高;③两性兼有的人,即男性化程度和女性化程度都较高;④没有显示出差别的人,即男性化和女性化程度都比较低。他们的研究得出了4个结论①。

第一,作为成为领导者的先决性因素,性格性别比生理性别更为合适。研究应当更多地关注性格性别的作用,而不是生理性别的作用。

第二,两性兼有的人与男性化的人拥有相同的成为领导者的机会。这意味着:①男性性格特征仍然是成为领导者的一个重要因素;②具有女性的性格特征不会减少个人成为领导者的概率,只要该人同时还具有男性的性格特征;③如果女性更容易成为两性兼有而不是男性化的领导者,她们可能有更好的机会升至领导者的职位。

第三,如果对团队中女性人数的比例加以控制,那么女性作为领导者就会比男性更加容易被接受。但他们对这一结论持谨慎态度。他们也考虑了对此的解释。首先,他们认为,女性参与者被视为领导者,可能是因为她们比男性更自觉,可以推动团队达到更高的绩效水平。其次,根据伊格利(Alice H. Eagly)的性别角色理论,在任务导向的团队中,男性比女性更易于成为领导者,但在社会关系导向的团队中则恰恰相反。这一结论也得到了伊格利所作的元分析的证实。尽管被研究的团队在开始时是以任务为导向的,但它们可以形成一种适于人际交往的关系结构。这一研究允许团队成员之间进行充分的交流。结果,团队成员承认,女性对于其中的人际关系成分有很大的影响力。最后一种可能的解释是:女性比以前更懂得如何发挥自己的领导才能,而且团队成员也越来越能够接受女性的领导。

第四,在领导者的产生过程中,自我的感觉有着重要的作用。那些被大多数人认为是领导者的人,通常自己也经常视自己为领导者。生理性别对于领导者产生的自我感觉并不重要,而那些被归类为男性化和两性兼有的领导者,更倾向于自视为领导者。

(三)在完成不同性质的任务时,性别差异对成为领导者的影响

一些研究进一步考虑了团队任务的性别性质,将其区分为男性化任务、女性化任务和中性化任务,并具体考察在完成不同性质的任务时性别差异对成为领导者的影响。

---

① 肯特,莫斯:《性别和性别作用对于领导者产生的影响》,载皮尔斯,纽斯特罗姆:《领导者与领导过程》,第2版,北京华译网翻译公司译,80~86页,北京,中国人民大学出版社,2003。

梅加吉(E. I. Megargee)在1969年的研究中发现:在无性别要求的任务条件下,在具有高显性男性特征和低显性女性特征的男性中,有88%的人成为了领导者;在具有高显性女性特征和低显性男性特征的女性中,只有25%的人成为了领导者。当采用一种男性化的作业时,会产生相同情形的结果①。尼奎斯特(I. V. Nyquist)和斯彭斯(J. T. Spence)1986年的研究采用了他们认为更中性的作业,也得出了同样的结果。卡博内尔(J. L. Carbonell)1984年的研究指出:当使用男性化的作业时,只有30%的具有高显性女性特征的女性在混合性别组别中成为领导者;当使用女性化的作业时,女性成为领导者稍容易,但仍比不上男性②。

另一方面,温特沃斯(D. K. Wentworth)和安德森(L. R. Anderson)在1984年的研究中采用了男性化、中性化和女性化的作业,并且只使用了低显性。他们发现:男性在男性化和中性化的作业中成为领导,而女性则在女性化的作业中比较突出。他们把在女性化的作业中成为领导者归因于作业上的专长,而把在男性化和中性化的作业中男性的突出表现归因于对领导角色的期望。因此,他们认为,女性要成为领导者,必须先成为专家,而男性在没有女性专家的情况下可能成为领导,是因为这符合人们的期望③。弗莱舍(R.A. Fleischer)和彻特考夫(J. M. Chertkoff)1986年用中性化的作业对梅加吉的研究进行了模仿。他们发现,使具有高显性女性特征的女性和低显性男性特征的男性组成一对,女性成为领导的纪录占50%。这个研究中的一个附加特征是,在高显性女性和低显性男性的组合中,一半的研究对象表现出的情况是:女性完成有关任务的情况强于男性。结果表明,了解工作情况的男性比不了解情况的男性更加愿意有一个女性领导者。他们的研究也表明,与20世纪60年代相比,20世纪80年代的女性更容易成为领导者。但是她们能够成为领导者的最佳途径在于她们能够成为公认的专家④。

(四)性别差异对领导风格的影响

性别差异是否会导致领导风格上的差异,对此研究者们有不同的观点。

1.主张性别差异导致领导风格差异的观点

一些研究者认为,性别差异会导致领导风格的差异。例如,亨宁(M. Henning)和贾丁(A. Jardin)在1977年的"管理女性"一文中承认管理行为的性别差异,他们将其归因于社会化早期的个性特点,尤其是可以通过女性和男性不同的恋母情结

---

① E. I. Megargee, Influence of Sex Roles on the Manifestation of Leadership, Journal of Applied Psychology, 1969, 53, p. 377~382.

② J. L. Carbonell, Sex Roles and Leadership Revisited, Journal of Applied Psychology, 1984, 69, p. 44~49.

③ D. K. Wentworth and L. R. Anderson, Emergent Leadership as a Function of Sex and Task Type, Sex Role, 1984, 11, p. 513~523.

④ R. A. Fleischer, and J. M. Chertkoff, Effects of Dominance and Sex on Leader Selection in Dyadic Work Groups, Journal of Personality and Social Psychology, 1986, 50, p. 94~99.

加以解释。萨金特(A. G. Sargent)在1981年的“两性兼备的管理者”一文中提出,女性和男性在工作方式方面有所区别。因此,不同性别的管理者应汲取另一性别特质中的精华,从而成为高效的两性兼备管理者。洛登(M. Loden)在1985年的“女性领导如何在经营中获得成功而又不沦落为男人中的一员”一文中认为,存在一种阳性的管理模式,其特点是:竞争、等级权威、集权领导和理智地分析及解决问题。而女性则倾向于另外一种阴性的管理模式,其特点是:协作、领导者与下级配合、非高度集权、在理性热情的基础上合理地解决问题。

明茨伯格(Henry Mintzberg)曾在1970年通过对7位男性领导者的研究发现,男性管理者在工作中缺少情感,易被一些琐碎的事务打断,而且几乎没有什么和工作无关的活动,一切围绕工作和孤独感是他们的共同感受,几乎没有时间来认真思考、详细计划,也没有时间来分享别人的信息,尽管他们在工作之外有复杂的同事关系网,但总是采取面对面的工作交流方式。

1990年,莎丽·海格森(Sally Helgesen)在《女性优势:妇女领导的时代》一书中,总结了对5位女性领导者的研究结果。她使用了20年前明茨伯格研究7位男性领导者的同样方法,但却发现女性管理者仅仅在后两种行为方式上与明茨伯格的研究结果一致,即女性管理者也有复杂的同事关系网,也总是采取面对面的工作交流方式。然而,在其他方面则表现出明显的差异。女性管理者虽然也频繁地被打断,但她们仍保持平常的稳定的工作节奏,没有因这些临时无序的打断而改变工作程序,而把这些作为正常工作的一部分;她们也有大量的和工作无关的活动;她们有多重身份,从不感到孤独;她们有时间阅读和思考,甚至在一个大型画展前沉思。此外,女性领导者也有时间和她的下属及同事共同分享彼此的信息。

海格森将这种女性领导风格称为“同心圆”式的领导风格。它是指一个部门或组织中处于中心的领导者及其周围相互作用的其他人员所构成的圆形循环,它与很多组织中存在的传统的“金字塔”形的组织结构有着巨大的差异。这种观点被大量的研究和实证所支持。在许多管理案例中,女性领导者都采取这种同心圆管理方式。在她们的组织中,以扁平的组织结构代替等级结构,她们自己处于组织的核心而不是顶端。这种结构以及她们在其中的位置,使她们变得既可亲又可信。在传统的层级组织结构中,自上而下和自下而上的信息传递方式很容易在传递过程中使信息失真;而在同心圆式组织中,处于核心的领导者直接与组织中的其他人员接触,员工也很容易接触她们。因此,在这种同心圆式组织结构中的领导者没有孤独感,保持着与员工和组织的紧密联系①。

对领导风格存在性别差异的解释,来自于以下几种观点。

第一,在个性特点和行为倾向中存在着根深蒂固的性别差异,这些差异不会被

① S. Helgesen, The Female Advantage: Women's Way of Leadership, New York, Doubleday, Currency, 1990.

组织选择和社会化抹杀。一些心理学家认为，成熟社会行为的性别差异受生理的影响；另一些心理学家则强调，儿童时期对不同性别有差别的各种事情对儿童的成长有着重要影响，比如不同性别的孩子处于不同的圈子中，女孩和男孩以不同的方式影响他人，所以他们的经历自然不同。于是，生理性别的不同和先前经历上的性别差异，就会使男性和女性成为不同类型的人。这些差异并没有被组织选择和社会化所同化，尽管组织的作用使之趋于一致，但男性领导者和女性领导者仍以不同的方式行事。

第二，人们会基于不同性别对他人的行为举止产生不同的预期，从而对工作环境产生作用。这种对性别角色的预期被称为“性别角色的外溢”（sex-role spillover）。根据这种观点，性别角色在一定程度上有损于组织的角色，它使人们对男性领导者和女性领导者形成不同的预期。一些社会科学家也认为，女性领导者在其性别角色和领导角色之间存在着冲突。领导的既定模式期望优秀的领导者应当具有的标准特点中所包含的男性特征多于女性特征，因此，女性与领导方面的期望不甚相容。性别角色溢出组织角色的另一个表现是：在组织中谋职的人对担任领导职务的女性抱有消极态度。许多研究都表明，人们通常不愿意有女性上司，他们认为女性在领导方面不太胜任，她们会对士气产生消极影响。由于这些态度和观念的存在，人们对女性的领导能力、资格以及晋升的潜力产生了疑问，所以女性领导者与男性领导者相比，更多地处于一种缺乏支持的环境中。而领导风格的性别差异也产生于这种性别角色的外溢。

第三，一些对组织行为的结构解释也表明，还存在着其他一些使组织中领导者行为产生差异的原因。由于女性领导者很少，所以她们在领导角色中经常处于象征性的地位。象征性的身份引人注目，在待人接物时会有诸多不利的影响，尤其当这一象征为女性时。女性领导者通常只占少数，而与她们处于相同地位的男性则正好相反。即使处于相同组织地位的女性和男性领导者，也会在资历、薪金、是否得到有效协助与非正式支持以及其他一些体现组织地位的方面有微妙差别。女性，尤其是许多领导角色上的新手，在这些方面常常处于劣势，这些也会影响到她们的行为。

2.否认性别差异导致领导风格差异的观点

许多社会科学家们认为，女性和男性的领导方式并没有明显的不同。例如，坎特（R. M. Kanter）在 1977 年指出，尚无研究表明，在任何一种领导倾向或风格中存在明显的性别差异①。巴斯在 1981 年指出，所能获取的证据中的多数不能一致表

① R. M. Kanter, Men and Women of the Corporation, New York, Basic Books, 1977.

明女性与男性在管理风格上存在明显的不同。尼瓦(V. F. Nieva)和古特克(B. A. Gutek)在1981年指出,与领导风格性别化的观点相反,女性领导与她们的男性同僚以相同的方式行事。巴特尔(K. M. Bartol)和马丁(D. C. Martin)在1986年也指出,对比研究显示,被研究的女性和男性在领导风格上几乎没有什么不同①。

对性别差异不会导致领导风格差异的解释主要来自以下观点。

第一,组织行为是社会化的。比较一下担任相同领导职务的女性和男性就会发现,他们之间在行为上的区别并不明显。这是因为,这些组织中的领导角色通常都是付薪的,所以他们的领导行为都遵循相当明确的准则。领导者在组织中的早期经历已经社会化。男性和女性领导者是根据组织中一致的标准被组织选定,或者他们自己选择这些角色,这些因素都降低了担任相同领导职务的男性和女性在风格上表现出实质性差别的可能性。

第二,组织中的领导行为表面上的性别差异,实际上是不同性别在各自组织地位上的行为表现。由于女性更多地处于弱势地位,缺少晋升的机会,所以她们的行为方式反映出她们缺乏权势。坎特的研究表明,把组织中不处于控制地位的男性和女性相对比,他们的性别差异十分明显,但有着同等地位与权势的男性和女性的行为方式则趋于相同。

3.伊格利的元分析

伊格利和约翰逊(Blair T. Johnson)对性别与领导风格之间的关系进行了元分析(meta-analysis)。这种研究分为4步:①寻找相关的研究并确定它们是否适合分析;②解读研究,描述它们的特性;③测定影响范围,指出研究的成果;④对影响范围进行统计分析。在1990年发表的"性别与领导风格:一个元分析"一文中,她们总结和分析了所得出的3个结论②。

首先,关于性别差异对关系风格与任务风格的影响,她们认为,如果不考虑研究的类别,那么两性在关系风格和任务风格上的差异是很微小的,女性一般对人际关系的维护和任务的完成都很关注。但如果将所有的研究分为3类,即组织的、评估的、试验的,就可以发现,组织中的性别差异比评估或试验研究的差异小。在试验性研究和某些评估性研究中,男性和女性确实有类别上的不同,男性倾向于任务导向,而女性趋向于关系导向。她们对此的解释是:用于选择管理者的组织标准和使管理角色社会化的力量,淡化了某种类型中管理者的性别倾向。在试验环境中,

---

① K. M. Bartol and D. C. Martin, Women and Men in Task Group, in R. D. Ashmore and F. K. Del Boca, eds., The Social Psychology of Female-Male Relations: A Critical Analysis of Central Concepts, Orlando, FL, Academic Press, p. 259 ~ 310.

② A. H. Eagly and B. T. Johnson, Gender and Leadership Style: A Meta-Analysis, in Jon L. Pierce and John W. Newstrom, ed. Leaders & the Leadership Process: Readings, Self-Assessments & Applications, Boston, Irwin/McGraw-Hill, 1995, p.48 ~ 56.

人们作为陌生人相互交往,不存在长期角色关系的束缚。这时,性别作用对行为的影响至关重要,它会产生不同性别类型的行为。在评估性研究中,是那些没有被选为领导者的人对领导风格作出评估。因为在这些研究中对调查问卷所作的回答不受管理角色的束缚,所以领导风格出现的类别差异来自于社会角色理论的预期。因此,从评估性和试验性的数据来看,当没有被组织挑选或培养成领导角色的人担任领导角色时,他们的领导方式的确存在着类别差异。但在组织的环境中,社会行为被他人强加以各种规则,较少地表现社会作用,行为应该首先反映其他角色的影响,并因此而失去了许多性别类型的特点。通过磨炼获得职位的领导者,大都表现出被指派的领导类别的风格。

第二,关于性别差异对民主风格与专制风格的影响,她们指出,研究证明:男性比女性更专制,更善于指挥别人;而女性比男性更民主,或更乐于让别人参与。换言之,男性采取更为专制和指示型的风格,而女性采取更为民主和参与的风格。而且,在组织研究中,这种差别并不比在评估和试验研究中的小。并且有 92% 的对比研究表明,女性向民主方向转变的幅度比男性大。她们对此的解释是:尽管融入组织领导的女性和男性符合相同的标准,但在个性特点和行为倾向方面的确有所不同。特别是,女性的交际技能使她们在履行管理职能时有别于男性。良好的交际行为(例如,了解他人的感受和意图)应该有利于民主和参与式的管理风格。在协作的风格中制定决策,不仅要求征求追随者和同级的意见,而且要在衡量和拒绝他们的意见时与之保持良好的关系。这种互动的、协作式的领导方式导致了复杂的人际关系,而专制和指示型的领导方式则不会遇到这样的问题。一项对教师的研究表明,缺乏社交技能的教师解读非言辞性表达的能力较差,通常比较专制。另一种可能的解释是,承认存在着针对女性领导者的偏见。许多人对于女性的管理能力和领导作用持怀疑态度,在这些位置上的女性如果有任何专制的态度,就会加剧这种怀疑态度。女性若要安抚下级和同级,使其接受领导,就要允许他们参与决策,并在一定程度上控制这些决策。而且,女性领导对于有关她们领导能力的传统观点已经比较适应,通过参考协作人的意见制定决策,就能够获得协作人的信任。于是,采取参考和协作的方式,使许多女性领导人赢得了他人的尊重并获得自信,从而提高了效率。既然男性不为这种偏见所束缚,所以只要他们愿意,他们就可以以专制和非参与性的方式行事。

第三,关于领导角色的性别适应性对领导风格的影响,她们指出,每种性别的领导者在担任与他们性别相适应的领导角色时,都会注重任务的完成。但当领导角色更适合男性而不是女性时,男性便比女性更偏向于任务导向;当领导角色更适合女性而不是男性时,女性便比男性更偏向于任务导向。这些发现还表明,不注意发挥性别的相关作用,对于领导者来说代价很大。因为,这使得他们组织力量去完成相关任务的能力有所削弱。对此,两位研究者的解释是:男性占支配地位的领导角色多数也与领导风格的性格差异有关；而女性领导比男性领导更倾向于关系导向和民主化的做法则会削弱男性对这一角色的支配地位。所以，当女性还是领导角色中的少数派，并因此而取得在组织或者团队中的一种象征性的身份时，她们会放弃典型的阴性风格。这种阴性风格的特征，是关心环境中人们的士气和福利，善于在决策时更关注他人的意见。研究表明，在完全由男性支配的角色上，如果女性采取独特的阴性领导风格，她们可能会因此而丢掉权威。所以，占据这种职位的女性可能不得不采取男性职业者的风格。

二、内控型与外控型

罗特(J. B. Rotter)1966 年提出了两种控制类型的区分，即内部控制(internal control)类型和外部控制(external control)类型。它反映的是个人对环境和外部事件的控制意识①。后人又将其称为“控制的内部中心”(internal locus of control)和“控制的外部中心”(external locus of control)。

具有强内部控制意识的人相信周围的很多事情是他们自己行动的结果，他们感觉对自己的生活有一种控制意识，成功与失败都归结为自己努力的结果。一些研究表明，具有强内部控制意识的人更积极，更愿意承担风险，比其他人更少焦虑，他们制定艰难的目标，较少服从权威，并会付出最大努力来实现自己的目标，比外部控制型的人更倾向于任务导向。

与此相对照，外部控制型的人把他们生活中的事件看作是一种外部因素作用的结果，这些外部因素包括诸如运气、其他有权势的人物以及宗教信仰等。他们觉得很难控制自己的生活。因此，他们对事件更加敏感，在压力之下很难振作。他们总是依赖他人的判断，比内控型的人更容易服从权威。作为一个领导者，外部控制型的人更可能使用强权，这是由于他们缺乏控制他人的意识。换句话说，由于他们没感觉到能够控制事物的进程，也由于他们较易产生反应或抵制，所以他们认为别人也与自己是一样的，结果导致对下属的过多控制。

安德森(C. R. Anderson)和施奈尔(C. E. Schneier)1978 年的研究表明，内控型的人更可能成为一个团队的领导者，由内控型的人领导的团队比外控型人领导的团队绩效更好②。D.M.米勒(D. M. Miller)等人 1982 和 1986 年的研究表明，内控型的领导者比外控型的领导者更容易选择一个具有风险和创新性的组织战略，他

① J. B. Rotter, Generalized Expectancies for Internal versus External Control of Reinforcement, Psychological Monographs, 1966, 1, p.80.

② C. R. Anderson, C. E. Schneier, Locus of Control, Leader Behavior and Leader Performance Among Management Studies, Academy of Management Journal, 1978, 21, p.690～698.

们也更趋向于积极的和未来导向型的战略①。约翰逊(Avis L. Johnson)等人1984年的研究表明,内控型的高级领导者会被团体成员所喜欢,因为他们能够对各种事件负责任,被人们感觉比外控型的领导者更有影响力②。

三、自我监控倾向

"自我监控"(self-monitoring,又译"自我反馈")的概念是由斯奈德(M. Snyder)于1974年提出的。根据他的解释,自我监控是指对社会变化的敏锐觉察并对之作出反应的能力和意志力。

高度自我监控者能敏锐地觉察社会变化,并调整自己的行为,以适应形势的需要。他们是一些典型的好演员,善于展示不易被察觉的情感,可以通过言辞和面部表情真切地表达各种情感。他们过分看重形象管理,并采用他们认为有实效的人际关系定位。他们投入大量的时间和精力观察社会环境,所以他们能准确地理解自己的听众。他们更倾向于使用复数人称(我们),而很少使用单数人称(我)。总之,高度自我监控者依靠形势因素决定自己相应的行为,而不是依靠自己内心的感情、态度和性情。

相反,低度自我监控者缺乏调整自己行为的动机和能力,他们对外界的线索几乎没有反应,并且不能调整自己的行为以适应形势的需要。他们的行为似乎是内在决定的,不随环境的变化而改变。他们不善于表达自己的情感,很少投入精力去观察周围的情境③。

多宾斯等人在1990年通过实验和实地考察,对自我监控与领导者的产生之间的关系进行了研究。他们将高度自我监控者的特征概括为4点:①关注社会行为的适当性;②留意社会信息;③相对擅长表演;④能够并愿意控制行为并使自己的表现最优化,尽管这样会使他们在不同情况下表现不同。他们进行的实验室和实地研究都证明,自我监控是领导者产生的一个重要决定因素。具体而言,与低度自我监控者相比,高度自我监控者更能成为领导者。这是因为:①他们比低度自我监控者进行了更多的建构活动;②他们对团队成员的领导形象更敏感,并能展现出那些团队成员认为领导者应当具有的行为④。

---

① D. M. Miller, M. F. R. Kets de Vries and J. M. Toulouse, Top Executive Locus of Control and Its Relationship to Strategy-making, Structure, and Environment, Academy of Management Journal, 1982, 25(2), p.237~253.

② Avis L. Johnson, Fred Luthans and Harry W. Hennesey, The Role of Locus of Contrl in Leader Influence Behavior, Personnel Psychology, 1984, Spring, p.70.

③ M. Snyder, The Self-Monitoring of Expressive Behavior, Journal of Personality and Social Psychology, 1974, 30, p.526~537.

④ 多宾斯等:《自我监控和性别在领导者产生中的作用:一项实验室和实地研究》,载皮尔斯,纽斯特罗姆:《领导者与领导过程》,第2版,北京华译网翻译公司译,129~131页,北京,中国人民大学出版社,2003。

四、A 型性格与 B 型性格

弗里德曼(M. Friedman)医生和罗森曼(R. Rosenman)医生在 20 世纪 70 年代初首先在患有早期心脏病的患者身上注意到一种重复出现的人格模式,并称之为"A 型行为"(type A behavior)①。A 型行为被描述为在最少的时间里做最多的工作,他们一般有像旋风一样的行动,常常讲话速度极快,对自己很关心,对生活不满意,厌恶无所事事,对完成任务的各种障碍缺乏耐心,带有敌视性的定向,并要求更多的控制;而"B 型行为"则比较无忧无虑,精神放松,不太关注时间压力,不会以敌对或侵犯性的方式对周围情境作出过分的反应,对控制的需求较少。生理学和管理学的研究对 A 型行为显示出极大的兴趣,并将其概括为"A 型性格"(type A personality)。施特鲁布(M. J. Strube)等人在 1984 年的"人际攻击性与易患冠状动脉疾病的 A 型行为类型——理论的区分与实践的含义"的文章中将 A 型性格特征概括为以下 4 个方面。

①时间紧迫感。他们对时间很关心,总是行色匆匆,对拖延没有耐心,整天抱怨时间的紧迫性。

②竞争性。他们在工作、社会活动和体育运动中具有高度的竞争意识,总是通过与别人对比来衡量自己的成果,始终要保持自己的成绩,走在别人前面,赢别人是他们主要考虑的问题。

③多重行为,同时做几件事。虽然每个人在压力之下都可能同时做几件事,但 A 型性格的人总是这样做,即使在工作和期限不需要这样做时,他也要这样。

④敌意。这是被研究者发现的与冠状动脉疾病有关的唯一的个性特征因素。这显然是由于激烈的言辞、愤怒、对拖延和错误的不耐烦、经常的暴躁、进攻性以及在交往中常有的恶意②造成的。

纳哈雯蒂等人对 A 型性格的行为与领导行为的联系进行了研究。她们的结论是:A 型性格影响领导者对组织战略的制定。首先,他们似乎对周围的环境有一种恐惧感,总是制定一种带有自己控制意识的挑战性的组织战略。其次,与 B 型性格的人相比,A 型性格的领导者不愿授权,通常更愿意自己一个人单独工作,他们喜欢控制自己工作的各个方面。再次,A 型性格的领导者趋向于制定一些更大的目标,对自己及周围的人有较高的预期。这种高预期用在领导中可能导致高绩效和高质量,但如果走向极端,也将带来一种过度的压力。最后,A 型性格的领导

---

① M. Friedman and R. Rosenman, Type A Behavior and Your Heart, New York, Knopf, 1974.

② M. J. Strube, C. W. Turner, D. Cerro, J. Stevens and F. Hinchey, Interpersonal Aggression and the Type A Coronary-prone Behavior Pattern: A Theoretical Distinction and Practical Implications, Journal of Personality and Social Psychology, 1984, 47, p.839 ~ 847.

者不仅有高预期,而且从来不承认自己的疲倦,他们努力工作,不理解别人缺少压力的工作方式①。

五、权谋倾向

权谋倾向(Machiavellianism,又译“马基雅维利主义”)的概念,是由克里斯蒂(R. Christie)和盖斯(F. L. Geis)在 1970 年根据马基雅维利(Niccolo Machiavelli)的著作《君主论》中的有关内容提出的②。权谋是指一个人通过影响和操纵别人达到自己的目的的偏好和能力。高权谋的人在使用各种各样的手段来达到自己的目的时,并不会感到不自在。他很少犹豫,缺乏有效领导所必须的忠诚与正直。他的目标是晋升自己,而不是支持下属,而低权谋的人倾向于过分的天真与信任,他可能没有足够的政治机智与敏锐性,因此不能给组织提供这些必需的资源。

根据卢散斯(F. Luthans)1988 年的研究,不论是高权谋的人还是低权谋的人,都不可能成为一个有效的领导者。高权谋的人太专注于自己的个人目标;而低权谋的人却不具备有效领导所必需的正当的影响技巧。大体来说,那些中等或适度权谋的人容易成为有效的领导者。这种人是优秀的协商者,能够理解和帮助别人达到他们的目标。但是他们也不滥用自己的权力。他们对组织目标的关注胜于获取个人目标。适度权谋的人是那些既成功又有效的领导者③。拉尔斯顿(D. A. Ralston)等人 1993 年进行的跨文化研究发现,中国香港地区和大陆的管理者的权谋得分要高于美国的同行④。

六、迈尔斯—布里格斯类型指数

迈尔斯—布里格斯类型指数(Myers-Briggs Type Indicator),简称为 MBTI,是一种测量个人偏好的方法。在各种领导培训和组织人事培训中,它是最常用的个性测试方法之一。根据迈尔斯(I. B. Myers)和麦考利(B. H. McCaulley)1985 年的解释,可以用 4 个偏好维度将人们区别开来。每个维度分别有两个极,分别是外向/内向(extraversion-introversion)、感知/直觉(sensing-intuition)、思考/感受(thinking-feeling)、判断/感觉(judging-perceiving)。每个人在每个维度中都会倾向于一极,而综合

① A. Nahavandi, P J. Mizzi and A. R. Malekzadeh, Executives' Type A Personality as A Determinant of Environmental Perception and Firm Strategy, Journal of Social Psychology, 1992, 132(1), p.59 ~ 68.

② R. Christie and F. L. Geis, Studies in Machiavellianism, New York, Academic Press, 1970.

③ F. Luthans, Successful vs. Effective Managers, Academy of Management Executive, 1989, 2, p.127 ~ 132.

④ D. A. Ralston, D. J. Gustafson, F. M. Cheung and R. H. Terpstra, Differences in Managerial Values: A Study of U.S., Hong Kong, and PRC Managers, Journal of International Business Studies, 1993, 2, p.249 ~ 275.

在4个维度中的倾向，就可以总结出一个人的偏好类型。这样的类型共有16种①。

对MBTI类型与成功领导之间的关系，人们存在着不同的意见。克罗格(O. Kroeger)和图森(J. M. Thuesen)在1988年指出，就成功的领导来说，没有任何一种类型必然好于另一种类型。每一种都有其独特的优点和潜在的弱点②。然而，研究发现，领导者的偏好并不是平均地分布在这16种类型中的。大多数领导者偏好思考和判断行为，而不是感受和感觉行为。根据麦考利1988年的研究，领导者的MBTI类型偏向于4种，即ISTJ型("内向—感知—思考—判断"型)、INTJ型("内向—直觉—思考—判断"型)、ESTJ型("外向—感知—思考—判断"型)、ENTJ型("外向—直觉—思考—判断"型)③。弗汉姆(A. Furnham)和斯特林菲尔德(P. Stringfield)1993年的跨文化研究发现，中国的管理者比欧洲的管理者表现出较强的内向性、感知、思考和判断力，可以概括为ISTJ型("内向—感知—思考—判断"型)，而欧洲的管理者则是ESTJ型("外向—感知—思考—判断"型)。但不管是在欧洲还是在中国，管理者的外向性都与组织绩效和员工满意度相关④。

第四节　领导者特质的相对性

一、有效领导特质的相对性

随着研究有效领导所要求的领导者特质的不断深入，许多研究者越来越注意到有效的领导者特质的相对性。

(一)领导者与追随者的相对性

领导者特质研究的一个隐含前提是：领导者具有一些被领导者所不具有的特性。但在现实中，大多数领导者同时也是被领导者，而且一个好的领导者经常同时也是一个好的被领导者。阿克森(L. Ackerson)在1942年的研究报告中提供了一个有启发性的观点。他指出，领导者的对立面并不是追随者，他们并不具有相互对立的品质。一些人在一种环境中成为领导，在另一种环境中却成为追随者。而领

① I. B. Myers and B. H. McCaulley, Manual: A Guide to the Development and Use of the Myers-Briggs Type Indicator, Palo Alto, Calif., Consulting Psychologists Press, 1985.

② O. Kroeger and J. M. Thuesen, Type Talk, New York, Delacourte, 1988.

③ M. H. McCaulley, The Myers-Briggs Type Indicator and Leadership, in Measures of Leadership, ed. K. E. Clark and M. B. Clark, Greensboro, NC., Center for Creative Leadership, 1988.

④ A. Furnham and P. Stringfield, Personality and Occupational Behavior: Myers-Briggs Type Indicator Correlates of Managerial Practices in Two Cultures, Human Relations, 1993, 46(7), p.827~848.

导的真正对立面是那些在领导和服从方面都缺乏能力或都很勉强的人，是一些既不是领导也不是追随者的不成熟者①。

（二）有效领导特质对追随者及环境的相对性

领导是一种在一定社会环境中存在于人们之间的一种关系。在一种环境中是领导者的人，在另一种环境中未必仍是领导者。换言之，根据不同的追随者的特点和不同的领导情境的特点，领导的有效性可能需要不同的特质。斯托克蒂尔在1948年所写的“与领导相关的个人因素：对文献的研究”的文章中指出，个人不会因为拥有一些特性的组合便成为领导者，但领导者个人性格的模式应该与其追随者的性格、活动以及目标有一定程度的关系。因此，必须根据不断变化的变量之间的相互关系来理解领导。环境特征是一个尤其需要注意的因素，它会随着人员的增减、人际关系的变化、目标的改变、组织外竞争的影响等因素的改变而变化。相对而言，领导者及其追随者的个人特性较为稳定。发现谁是领导者的人选并不十分困难，但把他们安排在能够发挥其领导才能的不同环境中却是另一回事。因此，对领导的全面分析不仅包括对领导者自身的研究，还应当包括对环境的研究②。

（三）有效领导特质对不同领导阶段的相对性

麦科比（M. Maccoby）在1987年所写的“我们时代的领导”的文章中指出，领导者在获得领导职位时的风格与后来进行有效管理时所要求的风格是不同的，而这体现在领导特质方面会有更大的差别③。霍兰德（Edwin P. Hollander）在1992年所写的“领导、服从、自己和他人”的文章中进一步认为，对一个领导者的发展而言，至少有4个相互区别的不同阶段，它们分别是需要、获得、开展和维持领导工作的阶段。每一个阶段中都可以发现一些特定的素质。在寻求领导职位的阶段，动机因素显然居于优先地位，包括个人权力动机、成就欲和权势欲以及自我实现的需要。在获得领导职位的阶段，重要的特质是自我表现一类的技巧，还可能包括自我监控。在连续领导和保持领导职务的阶段，所需要的特质是根据一定的工作标准来评估的，其特质更可能被追随者根据与目前和未来相关的环境背景来理解，而不是作为绝对合乎理想的东西。同情心、创造力和灵活性等特质在更大程度上成为业绩的调节力量，超过了获得职位时各种驱动力的影响。这在一定程度上解释了为什么在向往和获取领导职位阶段适用的特质，在开展和维持领导工作阶段却不能

---

① L. Ackerson, Children's Behavior Problems: Relative Importance and Intercorrelation among Traits, Chicago, Univ. Chicago Press, 1942.

② 斯托克蒂尔：《与领导相关的个人因素：对文献的研究》，载皮尔斯，纽斯特罗姆：《领导者与领导过程》，第2版，北京华译网翻译公司译，57页，北京，中国人民大学出版社，2003。

③ M. Maccoby, Leadership for Our Time, in L. Atwater, R. Penn, eds, Military Leadership: Traditions and Future Trends, Annapolis, U. S. Naval Academy, 1989, p.41～46.

令人满意①。

(四)有效领导特质对不同领导等级的相对性

很显然,不同级别的领导者由于担负的领导职责具有不同的性质,因此有效领导所要求的领导者特质也不会是完全一样的。前面已经提到,凯茨在 1955 年曾提出领导者必须具备三大领导技能,包括技术技能、人际关系技能和观念技能。但他同时也指出,不同层次的领导者对这 3 种技能的需求比例是不一样的(表 2-2)。对低层领导者来说,他们对这 3 种技能的需求结构比例是 47:35:18;对中层领导者来说是 27:42:31,而对高层领导者来说则是 18:35:47②。

表 2-2　不同层次领导者对 3 种领导技能的需求比例

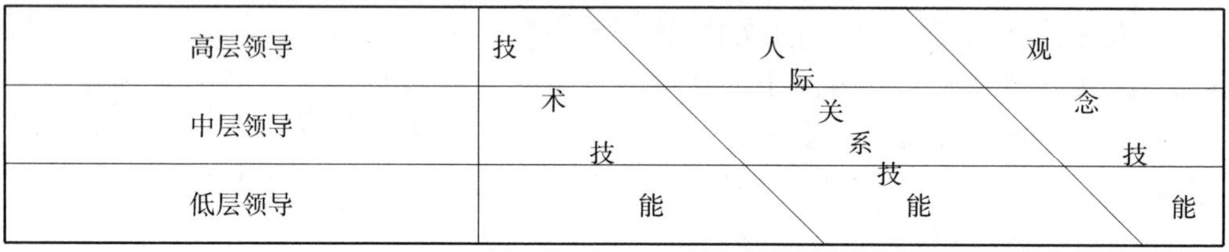

高层领导	技	人	观
中层领导	术 技	际 关 系	念 技
低层领导	能	技 能	能

二、特质模式的局限性

领导者特质模式力图从领导者所具有的特质的角度来说明什么样的人才能产生有效的领导行为。但许多研究者对这一研究角度本身提出了疑问,指出了它在解释有效领导方面的局限性。

(一)特质模式不能充分预测领导行为的有效性

领导的特质模式在成功地预测实际领导行为的有效性上是不充分的。巴斯和诺特豪斯(P. G. Northouse)等人从以下 3 个方面提出了理由。

第一,就个性特质而言,在特质与领导的有效性之间并没有一致的匹配模式。在不同的领导职位上,已确定出 100 多种不同的个性特质与成功的领导相关。比如说,成功的销售领导者的特质包括乐观、热心与支配性;成功的生产领导者的特质通常包括追求进步、性格内向以及易于合作。但许多成功的销售与生产部门的领导者并不具备所有这些特质,有的甚至连其中的一些特质都不具备。同时,关于一个有效的领导者应具备的最重要的特质,也有一些人提出了不同的看法。美国明尼苏达大学伯德教授研究若干份特质清单,发现一致的并不多:被两份清单同时

① 霍兰德:《领导、服从、自己和他人》,载皮尔斯,纽斯特罗姆:《领导者与领导过程》,第 2 版,北京华译网翻译公司译,339 页,北京,中国人民大学出版社,2003。

② R. L. Katz, Skills of An Effective Administrator, Harvard Business Review, 1955, January-February, p.33 ~ 42.

列入的个人特质仅占16%，被4份清单同时列入的只有4%～6%[①]。

第二，特质模式常试图把生理特点如身高、体重、外表、体格、精力及健康与领导有效性联系起来。但这其中的大多数因素与那些对领导有效性有显著影响作用的情境因素相关，如军队或警察执法队伍中的人员为了较好地执行一些任务就必须具备最低限度的身高与体重。尽管这些特点能帮助一个人在这样的组织中升上领导的职位，但身高和体重与领导的有效性并无较大的关联。在商业与其他组织中，身高与体重一般对绩效不起什么作用，因而不是领导职位必需的特质。

第三，领导本身是复杂的。尽管在个性与个体对某些种类的工作的兴趣之间可能存在一定的关系，但在个性与领导的有效性之间可能并不存在同样的确定关系[②]。

（二）领导特质是领导过程的体现

墨菲在1941年所写的"对领导过程的研究"的文章中指出，大多数人对领导的研究都犯了一个错误，即过分地强调了"个人"的因素，而不是把个人看作一个社会系统的组成部分。这种研究希望获得作为领导者所应该具有的与众不同的特质。但是困难在于领导的形式变化无常，而不是一成不变的。不同的形势对领导者素质的要求也是不同的。在某些情况下必要的特质，换到另外一种情况下，也许根本就派不上用场。领导者也会随着形势的变化而上下沉浮。一个人此时还是领导者，彼时就可能变成了追随者。

在他看来，领导是一种确保共同行为方向的过程。没有领导，行为就可能失去方向，并变得混乱无序。领导可以被定义为组织环境中的一个因素，它弄清情况并加以控制，为更好地满足团队的要求开创新的局面。只有从组织的领导过程的角度着眼，才能对领导特质及其与有效领导之间的关系达到恰当的理解。领导并不是因人而设的，它是对整个局势的一种职责。领导是对局势加以研究并获得解决办法的指令性因素，而不是单纯地为领导而领导。因此，领导研究的重点不应是"领导者特质"，而应是"领导过程"。这要求必须注意整个局势中各个因素之间的相互作用，正是这种局势造就了领导者。也只有在这种局势下，我们才能够理解为什么他们会得势。他们的性格预示了他们所处的时代以及那个时候的局势。组织像牙痛的病人急切需要牙医一样急切地需要领导者。当个人满足了社会对领导的需要时，领导者就产生了。领导者为其所处的环境贡献出自己的意见和立场。这些意见和立场又为组织所接受，因为它们使得问题的正确解决开始有了希望。他说："我们只有从一种非个人化的角度来看待领导时，才能最深刻地理解它的含义，因为复杂的局势本身就包含着自身的冲突，而这时领导者却能够创造出一种崭新

---

① 朱立言：《行政领导学》，118页，北京，中国人民大学出版社，2002。

② 赫尔雷格尔等：《组织行为学》，第9版，余文钊等译，521页，上海，华东师范大学出版社，2001。

的、更加符合人们愿望的新局面。”①

墨菲强调，在不同的情境之下，组织对领导者会有不同的需求。一群在树林里迷路的人，会毫不犹豫地跟着某一个人前进，他们不会关心这个人具有什么样的素质，只要这个人熟悉这片树林，知道出去的路就行。在这种情况下，个性、身材、体重和声音都没有任何用处，人们对领导者的唯一要求就是知道出去的路。而在一个社区中，组织的需要就是人员之间融洽的相互影响。这种需要就应由一个活跃的、社会活动能力很强的人来加以满足。在这种情况下，令人愉快的活泼的个性，就是最重要的因素。对一个综合了各种各样组织功能的企业来说，对领导者的需要就是要求他能够对他人产生影响。这样的一个人通过释放、引导和整合他人的能力，便成了一个领导者。在这种情况下，领导者最重要的素质就是能够把人们的积极性和愿望都调动起来，达到使整个组织的利益增加的目的。身高、体重、身材都不重要，强制力则会带来灾难。而对一个讨论小组来说，领导者必须甘于默默无闻，并且能够对他人的意见做到不露声色、耐心、镇定而且表现出兴趣。在这种情况下，通常被视为领导素质的综合能力、强制力和坚定性，都将会对预期结果造成致命的打击。他写道：“如果我们考虑到各种各样的情况，领导就是对形势的综合性处理的能力。当情况很简单的时候，对领导素质的要求就很简单；但如果面对的是很复杂的情况，对领导的要求就是多方面的了。”②

他认为，领导研究的混乱局面来源于对现实情况的抽象以及对领导者性格和特质的描述。在现实中，人们会对领导者有各种要求，如能够完成工作；解释某一件事为什么要那样做，而不是大发雷霆；做事公正无私，从不偏袒任何一方；如果下属做事总是绕开他时，他不会无动于衷；十分关心追随者的保障和福利。这几种行为的模式，是情境的要求所导致的，是对情境的反应。但人们会将这些适当的行为贴上分类标签，或者取上某种特征的名字，把它们分别称为“效率特质”、“理性特质”、“公平特质”、“严格和细心特质”。这些隐含了各种抽象意义和寓意的名称经常被用在领导者的身上，并常常带有心理学上的含义。而实际上，这些所谓的特质，只是几种用于满足组织需要的行为方式的名字罢了。

（三）特质的稳定性与行为的多样性

纳哈雯蒂认为，影响领导方式的个体特征包括个性、价值观、能力与技能。个性是遗传和环境相互作用的产物，它是形成个体差异的主要因素，而且也影响着其他特征。个性有两个特征。首先，它是“稳定的”。也就是说，在一定的时期和不同

---

① 墨菲：《对领导过程的研究》，载皮尔斯，纽斯特罗姆：《领导者与领导过程》，第2版，北京华译网翻译公司译，24页，北京，中国人民大学出版社，2003。

② 墨菲：《对领导过程的研究》，载皮尔斯，纽斯特罗姆：《领导者与领导过程》，第2版，北京华译网翻译公司译，25页，北京，中国人民大学出版社，2003。

情境中,它总是保持在同一状态。但它又不是完全不变的,在一个较长的时期内,也会逐渐发生变化。其次,个性包含一套特征而不是一两种品质。这些品质的组合构成了每个人的独特特征,而这种特征会随着时间的推移而不断发展。

尽管个人特征是"稳定的",但这种稳定性并不意味着领导者不能以和他自己个性不同的方式行动。个体差异特征没有规定人们的行为,只有在没有某种特殊要求的情境中,或是在一种宽松的环境中,个人的特征才会产生较大的影响。然而,如果情境给出了较多的行为要求,每个人的行动是可预期的,多数人的行动依据的是最初的安排而不是他的个性,那么个人特征也不起作用。比如,在一个较为机械的组织中,如果事无巨细都有规定和明确的规则,那么它不会鼓励管理者表现出自己的独特性;相反,在一个宽松的组织环境中,由于自主性的存在,给领导者提供了充分展示和表现个体差异的机会。

虽然个人特征呈现出某种稳定性,但这种稳定性并不意味着人们不能以展示自己个性、价值和态度的方式行动。相反,每一特征都有一个行为"舒适区"。"舒适区"指源于自然的行为范围,在该范围内的行为方式由于反映了个人的特征而会轻松自然。在"舒适区"之外,行动起来是非常困难的。尽管人们在自己的行为舒适区内显得很轻松,然而人们总是在自己的"不舒适区"学习与成长。这是一个巨大的挑战,它把人推向自己的极限。尽管以这种方式行为存在着困难,但一个有效的学习机会总是处在"舒适区"之外的①。

① 纳哈雯蒂:《领导力》,第2版,王新译,59~61页,北京,机械工业出版社,2003。

第三章
有效的领导行为

从历史上看,主要有两方面的因素导致西方领导学研究者将关注焦点从领导者的特质转向有效的领导行为。第一个因素是对斯托克蒂尔结论的过度反应。斯托克蒂尔1948年在全面回顾了特质研究后得出的结论是:某些个人特质的确与成功的领导具有相关性,但具有某种特定的个性特质并不保证领导的成功。这一结论对当时热衷于特质研究的西方学者来说无异于当头泼了一盆冷水,使特质研究骤然降温。第二个因素是由心理学界的行为主义学派的强势崛起导致的范式转换。起初的心理学研究感兴趣的是如何用人的个体差异来解释人的行为,而20世纪40年代和20世纪50年代崛起的行为主义心理学派更注重情境因素如何以系统的方式影响行为。这两种影响合起来,导致了领导学研究在20世纪40年代和20世纪50年代由特质研究模式转向行为研究模式。

行为研究具有特质研究所不具备的几个有利条件:首先,行为能被直接观察,而原先的特质研究则是从行为间接地推论特质的存在,因此行为研究比特质更具有客观性;其次,行为能被测量,而特质却更具有抽象性,因此行为研究比特质研究更精确;再次,与特质不同,行为不是先天的,也不是早期生活中形成的,行为能通过学习而形成;最后,与个性相比,人们对某种特定的行为更少防卫心理,并能有更多的控制,因此这种研究的结果能具体用于改善人们的领导技能。

在调查领导者行为方面,美国俄亥俄州立大学和密歇根大学进行了许多重要的开创性研究,它们确立了有效领导行为的不同维度,并对其进行了科学检验。

第一节 领导行为的两个维度

一、两个维度的确立

在对领导者行为的测定方面,首先要找到合适的测量尺度。而这一尺度的确定，经历了一个反复筛选的过程。

首先，在斯托克蒂尔的领导下，俄亥俄州立大学的一个研究小组于 1945 年着手建立一种工具来描述与有效的团队表现有关的领导行为。通过与代表不同工作情境的成员进行广泛的交谈和讨论，他们设定了领导行为的 9 个尺度，如整合、强调生产、评估、控制、交流和建构等。研究人员对这 9 个尺度进行了描述性的记载，收集了描述不同领导行为类型的 1 800 多个问卷项目。这些项目经过修饰和压缩，最后选出代表这 9 个尺度的 150 种描述，并在此基础上设计了“领导者行为描述问卷”①。

此后，亨普希尔(J. K. Hemphill)和孔斯(A. E. Coons)对主要由教育团队组成的一个样本进行了关联分析和因素分析。他们采用了 11 个评估尺度，这些尺度是从原先的 9 个尺度中产生的，其中一个是将“交流”尺度分为 2 个子项，再加上一个“全面的领导评估”尺度。这一分析总结出了 3 类与团队绩效相关的主要领导行为。①保持成员身份。一个领导者从事可使其追随者认为是好领导的行为，它是团队成员普遍可接受的行为。②完成目标的行为。它是与团队的工作成效相关的行为。例如，在确立目标时采取积极的行动，进行团队建设，使团队成员向一个目标共同努力；与外部团队、机构、力量等竞争，使团队创出佳绩。③促进成员交流的行为。从事促进成员交流的行为，创造愉快的气氛，减少团队成员的冲突②。

哈尔平(Andrew W. Halpin)和温纳(J. Winer)运用从空军官兵中收集的数据进行了一项分析，修改了原来的测量工具，使其适用于所研究的团队。他们只使用了 130 个描述，通过适当的修改，将评估尺度减为 8 个。对数据的处理表明，8 个尺度中的 5 个足以描述整个情况。并且，这 130 种描述和这 5 个尺度的相互关联被认为是一个间接因素的矩阵模型，在对该模型进行了因素分析之后，最终产生了 4 类与团队绩效相关的主要领导行为：①体恤，代表友谊、相互信任、尊敬和关怀的行为；②建构，组织和界定各种关系或角色，建立良好的组织模型、交流渠道和工作完成方式的行为；③强调生产，通过强调要完成的任务或工作，推动团队不断进取的行为；④敏感(社会意识)，领导者对社会性的相互关系和组织内外压力的敏感及其意识③。

他们对数千员工进行了问卷调查，在对所收到的问卷进行了分析之后，哈尔平

---

① J. K. Hemphill, The Leader and His Group, Journal of Educational Research, 1949, 28, p.225 ~ 229.

② J. K. Hemphill and A. E. Coons, Development of the Leader Behavior Description Questionnaire, in R. M. Stogdill and A. E. Coons (eds.), Leader Behavior: Its Description and Measurement, Research Monograph No. 88, Columbus, Ohio, Bureau of Business Research, the Ohio State University, 1957, p.6 ~ 38.

③ A. W. Halpin and J. Winer, A Factorial Study of the Leader Behavior Description Questionaire, in R. M. Stogdill and A. E. Coons (eds.), Leader Behavior: Its Description and Measurement, Research Monograph No. 88, Columbus, Ohio, Bureau of Business Research, the Ohio State University, 1957, p.39 ~ 51.

和弗莱希曼(E. A. Fleishman)等人发现,第③、④个因素情况的变化几乎没有解释力。对所有回答的统计结果表明,领导者可以用"体恤"和"建构"这两个独立的行为维度来描述。这样,这两个尺度便被确认为评价领导行为的基本尺度,被称为"俄亥俄维度"。

根据弗莱希曼的定义,体恤(consideration)行为反映领导者在多大程度上希望其与下级的工作关系具有如下特征:相互信任、尊重他们的意见、体谅他们的感受、与他们互相关怀。在体恤方面得分高表示和谐和双向交流的气氛;而低分表示个人同其团队成员的关系上无感情色彩。建构(initiating structure)行为反映个人在达到目标上限定自己和下级作用的程度。在建构方面得分高表明个人在引导团队活动中扮演一个积极的角色,采用诸如计划、交流信息、进度表、批评、创新等方式;而低分表明个人在以这些方式引导活动方面相对不够积极[①]。

这两个维度是相互独立的,也就是说,一个领导者可能在这两个维度上都取得高分数,或都取得低分数;也有可能在一个维度分数高,在另一个维度分数低。由这两个维度分数的高低组合,可以构成四种不同的领导方式,如图 3-1 所示。

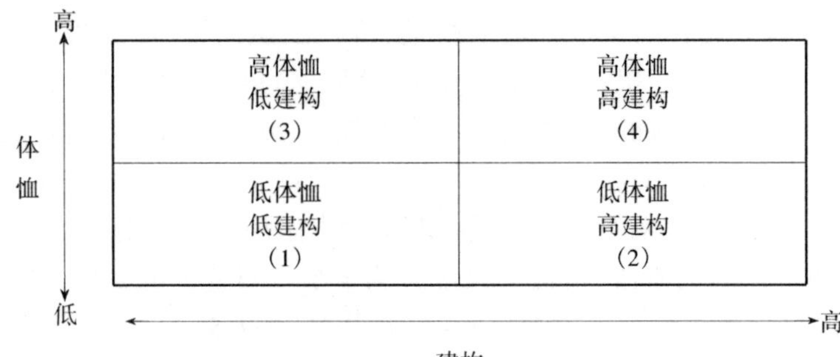

图 3-1　领导者行为的两个维度构成的 4 种领导方式组合

二、领导行为的两个维度与领导的有效性

俄亥俄州立大学的领导问卷及其修订版本被许多不同的研究者用于数百项调查研究,但研究的结果并不一致。下面选取介绍的是 3 个比较重要的调查研究结果。

(一)领导行为的两个维度与上下级满意度的关系

哈尔平对体恤和建构这两种领导行为与满意度的关系进行了研究[②]。他评估的对象是 89 名 B—29 型飞机的指挥官,他们是飞行队员的直接领导者,同时又要向

① 弗莱希曼,西蒙斯:《以色列领班领导模式和绩效评定等级之间的关系》,载皮尔斯,纽斯特罗姆:《领导者与领导过程》,第 2 版,北京华译网翻译公司译,207 页,北京,中国人民大学出版社,2003。

② 哈尔平:《领导者行为和飞机指挥官的绩效》,载皮尔斯,纽斯特罗姆:《领导者与领导过程》,第 2 版,北京华译网翻译公司译,187 ~ 195 页,北京,中国人民大学出版社,2003。

中校报告。因此,他们的职位赋予他们两方面的责任:一是向上级负责(能完成飞行任务);二是向下级负责(通过某种方式可达到目标)。这样,他们的成绩受到双重评价——被上级评价和被队员评价。这种评价被作为满意度的标志。

上级的评价主要从6个方面进行:①技术能力;②与其他飞行队员一起工作时的绩效;③符合标准操作的程度;④在压力下的表现;⑤态度和动力;⑥综合绩效。

飞行队员作出的社会人际关系的评价从5个方面进行:①自信心;②友谊;③熟练;④性情;⑤合作。

对飞行指挥官的行为,哈尔平采用体恤和建构两个尺度来衡量。建构行为用于完成团队的正式目标,即使飞行任务成功完成;而体恤行为用于维持和加强团队自身力量。这样,当把飞行指挥官在体恤和建构两方面的行为与上级和下级对他们的评价进行综合比较时,就可以发现这些飞行指挥官在两个维度上的行为表现与上下级对他们的满意度之间的关系。

哈尔平的研究得出以下结论。

①没有一个上级的评价等级与体恤成绩有重要的关系。但是,上级对个人的所有评价等级都与建构成绩有重要的关系。

②体恤成绩与队员的评价等级之间有一种正向的关系。队员认为最具有体恤行为的飞行指挥官,就是那些"友谊和合作"成绩最高的人,这样的人也是他们最想让其成为自己飞行指挥官的人。

③除了上级对指挥官综合绩效的评定与表达飞行队员对其指挥官的满意程度的指标之间具有重要关系之外,飞行指挥官被飞行队员接受的程度和上级对他的评价等级之间只有偶然的关系。建构行为多与上级的评价高相联系,体恤程度高与队员的接受相联系。

④被上级在综合绩效方面评价高的指挥官大多在两个领导者行为尺度上都超过平均分;被上级评价低的飞行指挥官在这两个尺度上的成绩都低于平均分。因此,有效的飞行指挥官不是仅仅存在某一方面的行为,而是在体恤和建构两个尺度上都超过平均分的领导者。

他的结论是:领导者行为的两个维度都是领导者行为的重要组成部分。但在评价飞行指挥官的表现时,他的上级和队员分别将一个尺度看得比另一个尺度更重要。但是,在这两种情况下,都没有对第二个尺度作负面评价。对于队员而言,如果指挥官表现出体恤行为,那么,差不多高的建构能力就是可以接受的;对于上级而言,虽然基本的要求是飞行指挥官在建构方面能力强,但一种差不多高的体恤能力也是可以接受的。总之,研究结果表明,为了选择一个令队员和上级都满意的领导者,最好选择那些在两个领导者行为维度上都超过平均分的飞机指挥官。

(二)领导行为的两个维度与员工的不满率和流动率

弗莱希曼(Edwin A. Fleishman)和埃德温·哈里斯(Edwin F. Harris)在1962年发

表的“与雇员不满和人员流动率有关的领导行为模式”的文章中总结了他们对体恤与建构两种领导行为及其各种组合对员工不满率和流动率的影响的研究①。他们的研究目标是要确定两个问题。第一，领导者行为和团队行为指标之间的关系形态如何？是直线形的还是曲线形的？换句话说，这一问题涉及体恤和建构是否存在着一个明确的范围，是否超过这一范围对团队成员的行为就不再有影响？是否中等程度的建构比大量的建构或没有建构更好？与此类似的问题是，体恤是否存在一个最优水平，高于或低于这一水平时，员工的不满和人员流动率是否会大幅增长？体恤和建构的不同形式的组合会有什么效果？体恤和建构是否有一个平衡点？换言之，是否存在着体恤和建构的最优组合？他们的研究得出了 5 个方面的结果。

由这项研究得出以下结论。首先，领导者行为和员工的不满及人员流动之间有重要的关系。一般而言，体恤行为少和建构行为多与员工的不满和流动率保持着高度一致。但它们之间的关系是曲线，而不是直线；是波浪形，而不是抛物线形。这意味着存在一段关键的区间，超过该区间后，增加体恤行为和减少建构行为对于不满和员工流动不会产生影响。同时，当体恤行为极度少和建构行为极度多时，不满和员工流动有显著的增加。其次，在员工流动出现之前先发生不满增加，只有在体恤行为更少和建构行为更多的情况下，才发生员工流动。再次，在考虑体恤行为和建构行为的不同组合所产生的影响时，体恤行为是决定性因素。当领导者的体恤能力低时，团队的不满和人员流动都是最高的，而不管这些领导者的建构行为程度如何。当领导者显示中等到比较多的体恤行为和较少的建构行为时，不满和人员流动都是最低的。体恤的领导者可以在增加建构行为的同时，几乎不增加不满和人员流动。

由此得出的一个非常重要的结论：就员工的不满和流动而言，体恤行为少比建构行为多更为关键。从另一个角度说，领导者可以通过增加体恤行为来弥补建构行为所造成的负面影响，但体恤行为少的领导者却不能通过减少建构行为来弥补较少的体恤行为所造成的负面影响。对此，弗莱希曼和埃德温·哈里斯尝试作出以下解释。首先，如果领导者与员工建立了一种相互信任、和谐和相互交流的气氛，就会使员工更易于接受程度高的建构行为。这可能是因为，员工对这种建构行为的想法与在体恤行为少的气氛下的想法有所不同。因此，在体恤行为少的气氛下，建构行为多是危险的；但是在体恤行为多的气氛下，建构行为似乎会得到支持。其次，营造这种气氛的领导者可能有能力轻易地解决由建构行为导致的问题，并在不满被记载下来之前将它们解决。有证据表明，体恤行为多的领导者可以更多地预测下级对一些问题的反应。所以，员工流动可能反映了这样一种环境，在这种环境

① 弗莱希曼，哈里斯：《与雇员不满和人员流动率有关的领导行为模式》，载皮尔斯，纽斯特罗姆：《领导者与领导过程》，第 2 版，北京华译网翻译公司译，196 ~ 205 页，北京，中国人民大学出版社，2003。

下，由于缺乏相互信任和双向交流，有些问题总是得不到解决。

(三)领导行为的两个维度与领导绩效之间的关系

弗莱希曼和西蒙斯(J. Simmons)在1970年发表的“以色列领班的领导模式与绩效评定等级之间的关系”的文章中，总结了他们对领导行为的两个维度与领导绩效之间关系的研究[①]。这次研究中的318名领班是从以色列的100个工厂中抽选的。调查问卷由每一领班的管理者填写，他们描述领班的行为，并将其作为确定这些领班的行为方式的依据。同时，管理者还要将所有的领班在熟练程度方面划分为3个层次，分别是①“非常满意”；②“满意”；③“不满意”。这种熟练程度被用作衡量绩效的标准。他们获得的结果如表3-1所示。

表 3-1 以色列领班的领导行为与绩效评定等级

建构	体恤			
	高		低	
	等级	%	等级	%
高	1	53	1	24
	2	28	2	60
	3	19	3	16
低	1	18	1	16
	2	63	2	59
	3	19	3	25

从结果上看，体恤行为多并且建构行为多的领班与其他3种领导模式的领班相比，在高的评价等级上分数更高，在低的评价等级上分数更低。由此得出的结论是：由较多体恤行为和较多建构行为的组合所产生的领导模式可能会使领导绩效达到最优化。而这一结论与在美国和日本等国作的类似研究所得出的结果相一致。

第二节 领导行为的四因素理论

一、领导行为的四因素模型的确立

与俄亥俄州立大学的研究同时，密歇根大学调查研究中心也进行了类似的领导行为研究。这种研究的最终结果，是确立了领导行为的四因素模型。

---

① 弗莱希曼，西蒙斯：《以色列领班的领导模式和绩效评定等级之间的关系》，载皮尔斯，纽斯特罗姆：《领导者与领导过程》，第2版，北京华译网翻译公司译，206～209页，北京，中国人民大学出版社，2003。

卡茨(D. Katz)等人于1950年首次在研究中提出了领导行为的“员工定位”和“工作定位”的概念。所谓“员工定位”(employee-centered dimension)是指领导者对工作的人际关系相当重视,在这样的领导者看来,应当把每个员工都视为有重要意义的独立个体。他对每个员工产生兴趣,接受他们的个性和个人需求。所谓“工作定位”(job-centered dimension)是指领导者强调工作的生产和技术方面,把员工当作完成工作的工具①。员工定位和生产定位最初被认为是同一尺度的两极表现,但后来对数据的分析使人们认识到它们是两个相互独立的尺度。

密歇根大学社会研究所的利克特(R. Likert)总结了调查研究中心先前的研究成果及其对团队动力的研究结果,以及自己早先在保险代表管理协会时在同一领域内的工作,于1961年描述了有效管理的5个条件。它们也被认为是领导者促进团体绩效的行为方式。

鲍尔斯(David G. Bowers)和西肖尔(Stanley E. Seashore)在综合了俄亥俄州立大学和密歇根大学的领导行为研究成果的基础上,特别是在利克特所提出的观点的基础上,提出了领导四因素理论②。

在他们看来,关于有效领导行为的许多已有的研究,在内容上有许多类似重合之处。事实上,在这些研究中都包含了4个尺度,它们构成了“领导”的基本框架。

①支持(support),即提高其他人个人价值和重要性的行为。

②促进互动(interaction facilitation),即鼓励团队成员发展紧密的、相互满意的关系的行为。

③强调目标(goal emphasis),即激发团队成员完成团队目标或获取优异成绩的热情的行为。

④方便工作(work facilitation),即为帮助团队完成目标而制定进度表,进行协调,制定计划,提供诸如工具、材料和技术知识之类的资源。

他们指出,这4个尺度在先前的不同研究中都出现过(见表3-2)。它们并不是不可以进一步细分的。可以根据社会形势变化的规律或调查研究者对不同概念的偏爱,对它们作进一步的划分。同时,实施这些职能的人并不限于正式任命的领导者。相反,领导可以被认为是团队中的任何人对其他人的行为,团队的每个成员都可以履行支持、强调目标、方便工作和促进互动的行为。在这种意义上,领导既可以是“监控”,也可以是“相互的”。也就是说,一个团队对支持、强调目标、方便工作和促进交流的需求的满足,可能来自于一个正式任命的领导,也可能来自每个成员,或是来自二者。

---

① D. Katz, N. Maccoby, Nancy C. Morse, Productivity, Supervision, and Morale in an Office Situation, Detroit, Mich., The Darel Press, Inc., 1950.

② 鲍尔斯,西肖尔:《用领导四因素理论预测组织绩效》,载皮尔斯,纽斯特罗姆:《领导者与领导过程》,第2版,北京华译网翻译公司译,174~186页,北京,中国人民大学出版社,2003。

表 3-2　不同研究者的领导概念对比①

鲍尔斯和西肖尔（1964）	亨普希尔和孔斯（1957）	哈尔平和温纳（1957）	卡茨（1950）	卡茨和卡恩（1951）	卡恩（1958）	曼恩（1958）	利克特（1961）	卡特赖特和赞德（1960）
支持	维持团队成员素质	体恤	员工定位	员工定位 监控力度	满足直接需求	人际关系技巧	支持性关系原则	团队维持功能
促进交流	促进团队交流行为	敏感		团队关系			管理团队方法	
强调目标	完成目标行为	强调生产	生产定位		完成目标的建构行为 影响员工目标	管理技巧	较高的工作目标	完成目标功能
便利工作		建构		区分管理角色 监控力度	促使目标完成	技术技巧	技术知识、计划、进度	

二、领导四因素与组织绩效

鲍尔西和西肖尔指出，在一种工作环境中，领导之所以重要，是因为在某种程度上它被认为并被证明与组织绩效有联系。他们对领导的 4 种行为与组织绩效的关系进行了调查统计，如表 3-3 所示。

表 3-3　领导与满意程度之间的关系

领导措施	满意程度				
	公司	成员	工作	收入	管理者
平级					
支持	0.03*	0.68	0.39	0.29*	0.47
强调目标	0.37	0.77	0.26*	0.42	0.62
方便工作	0.29*	0.68	0.34	0.51	0.45
促进交流	0.31	0.72	0.30	0.42	0.55
管理者					
支持	0.31	0.65	0.35	0.45	0.86
强调目标	0.11*	0.71	0.09*	0.43	0.31
方便工作	0.31	0.61	0.24*	0.36	0.41
促进交流	0.30*	0.67	0.10*	0.53	0.78

注："*"以外的其他项超过了平均水平的 5%。

① 鲍尔斯，西肖尔：《用领导四因素理论预测组织绩效》，载皮尔斯，纽斯特罗姆：《领导者与领导过程》，第 2 版，北京华译网翻译公司译，179 页，北京，中国人民大学出版社，2003。

表3-3中数据表明，首先，领导和绩效之间紧密关联的程度远远超过想象的水平。在40个满意程度与领导的相互关系中，有30个超过了平均水平的5%。其次，这些重要的相互关系在模型中并不是有规律分布的。某些绩效标准（如对收入满意）和某些领导措施（如方便同事的工作）之间存在着重要的关系，而其他的则几乎没有关系。

他们还发现，不仅在管理者的各种行为之间存在着一种紧密的联系，而且在管理者的领导行为与平级间的领导行为之间，也存在一些重要的关系：对平级间支持行为的最好预测指标是管理者的支持程度，对平级间强调目标行为的最好预测指标是管理者的促进互动行为，对平级间方便工作行为的最好预测指标是管理者的促进互动行为。这3种预测都会因管理者增加其他的管理措施而改善。例如，如果一个管理者希望增加他的下级之间的互相支持，他就必须增加自己对下级的支持，同时他自己还要增加对目标的强调。同样，如果他想增加下级之间对目标的强调程度，他必须首先增加自己与他们的沟通，同时还要增加他自己对目标的强调。通过促进互动，他就会增大他的下属强调目标的可能性。并且，如果他为沟通互动提供了便利，他的下级也会在他们之间增加沟通互动。

第三节　领导行为的方格模型

一、领导方格模型的提出

在总结了俄亥俄州立大学和密歇根大学领导行为研究结果的基础上，美国德克萨斯州立大学心理学教授布莱克（Robert R. Blake）和莫顿（Jane S. Mouton）于1964年提出了“管理方格”（managerial grid）模型①。它后来被称为“领导方格”（leadership grid）模型②。

该模型将领导行为划分为两个维度，即“关心人”（concern for people）的维度和“关心结果”（concern for result）的维度，后者后来被称为“关心生产”（concern for production）的维度。这里所说的“关心”，反映的是领导者对工作者和工作结果的重视程度对其领导方式的影响，因此它涉及的不只是领导者的行为，而且也涉及了领导者的价值观念和态度。

“关心人”的维度，表现为在对团队成员表示支持，通过信任和尊重来达到工作

---

① R. R. Blake and J. S. Mouton, The Managerial Grid, Houston, TX., Gulf, 1964.

② Robet R. Blake and Anne Adams McCanse, The Leadership Grid Figure for Leadership Dilemmas-Grid Solutions, Houstron, Gulf Publishing co., 1991, p.29.

结果，操心员工的就业保障这类行为；“关心结果”或“关心生产”的维度，则表现了领导者对高质量的产品和服务、企业盈亏、绩效和任务的关注程度。将这两个维度加以组合，便构成了以下的“领导方格模型”，如图 3-2 所示。

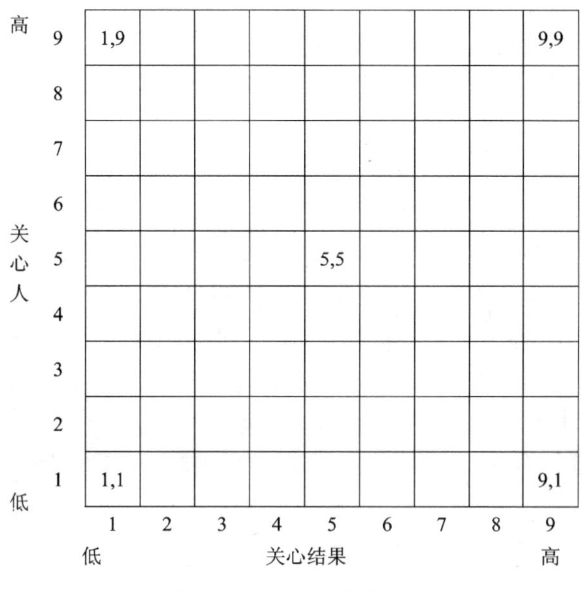

图 3-2　领导方格模型

根据领导者对领导问卷的回答情况，可以从这两个维度分别给领导者打分。将两个维度的得分组合起来，就可以在领导方格中找到一个相应的格，它反映的是相应的领导取向。每一种领导取向都反映了一种关于如何运用权力和权威将人与生产联结起来的独特观念。下面是几种比较典型的领导风格。

9,1 型，即“权威—服从型管理”(authority-compliance management)。领导者只关心工作，不关心人。人被看作完成任务的工具，领导者要求严格和全面地控制以便有效地完成任务。他们认为创造性和人际关系并不重要。

1,9 型，即“乡村俱乐部型管理”(country club management)。领导者非常关心人，但不太关心任务的完成。他们用很大的精力来创造一种友好的工作环境，甚至不惜以对生产的负面影响为代价。对他们来说，友好的人际关系比完成任务重要得多，他们的目标是使人们愉快。

5,5 型，即“中庸型管理”(middle of the road management)。领导者在关心人和关心生产方面都处于中等状态。他们依赖可靠的技术和先例，避免去冒未经检测的风险。他们的目标是将与员工的关系和工作的绩效保持在一个安全的界限之内。他们处理冲突的方法是通过妥协来转化两极的观点。即使这种妥协会削弱一种可行的解决方案，他们还是会采取妥协的方式。

1,1 型,即“贫乏型管理”(impoverished management)。这是一种自由放任的领导方式,领导者既不关心人,也不关心生产率。为了尽量少参与,领导者会避免支持任何一方,保持在局外观望。

9,9 型,即“团队型管理”(team management)。领导者对工作的关心和对人的关心都达到了最高点。他们的工作是激励员工取得最大的成就。他们以开放和进取的态度来探索各种新的方式,对变化能够作出灵活的反应。

后来,布莱克和麦坎斯(Anne Adams McCanse)又提出了 9+9 型和机会主义型的领导方式①。

9+9 型,即“父权制/母权制型管理”(paternalistic/maternalistic management)。它也被称为“父亲最明白式管理”(“father know best” management),领导者将 9,1 型和 1,9 型中的 9 结合起来,创造了一种父权式控制类型。父权主义者为高成就而努力(9,1 型中的 9),并用奖惩来维持服从(1,9 型中的 9)。忠诚会得到支持、鼓励、机会和自由的奖励,以此来贯彻父权主义的领导方式。凡是不服从父权主义者指导的人,都会受到更严格的监督和更苛刻的限制的惩罚。

机会主义型管理(opportunistic management),也称“为我所用式管理”(“what's in it for me” management)。领导者使用领导方格中任何所需的领导方式来获得自我的利益和自我宣传。他们主动适应环境以获得最大的优势。他们可能对某个人采用 9,1 型来促进他们自己目标的实现,而对另一个人则采用 1,9 型来获取信任。他们通过系统的交换来促使绩效的达成,他们努力要做的只是要对同样的人采用同样的措施。

布莱克和默顿认为,领导者一般都有一种主导的领导风格,还有一个备用的领导风格(back-up style)。当主导的领导风格不能达到所期望的结果时,他们会采用备用的风格。

二、领导方格与领导绩效

布莱克和默顿认为,在所有这些不同的领导风格中,在两个维度都获得高分的领导者是最有效的领导者,因此领导培训的任务就是要使领导者向 9,9 型(团队型管理)领导方式前进。他们提供的证据表明,团队型管理的领导风格通常会导致绩效的改善、低旷工率和低流动率,以及雇员的高满意度。在他们 1978 年的一项实验研究中,对同一个母公司的两个大体相当的子公司进行了绩效比较,比较的指标是前后的利润率。其中一个子公司参加了广泛的方格培训项目,该培训强调的是团队式管理。实验结果表明,参加实验的子公司的利润率增长比没有参加实验的

① Robet R. Blake and Anne Adams McCanse, The Leadership Grid Figure for Leadership Dilemmas-Grid Solutions, Houstron, Gulf Publishing co., 1991, p.30~31.

子公司高出4倍多①。

然而，除了布莱克、默顿和他的同事自己提供的支持证据外，并没有什么其他公开发表的验证结果支持他们的这一观点。拉森（L. L. Larson）、亨特（J. G. Hunt）和奥斯本（R. H. Osborn）在1976年对这一模型进行了研究。在他们研究的14个样本中，只有4个支持双高的变化表。因此，没有充分的证据支持双高变化表对行为的预测②。许多研究者对领导方格模型提出了批评，认为它只承认一种最佳的领导风格，而实际上它所提倡的团队式管理风格只是适应了某种团队管理的情境，并不是对所有情境都普遍适用。

第四节 专断和民主（参与）的领导模式

一、卢因的3种领导风格理论

在1938年，密歇根大学的卢因（Kurt Lewin）和他的学生利皮特（Ronald Lippitt）对美国童子军进行了一项实验，目的是发现领导风格与群体绩效之间的关系。他们将30个10岁左右的孩子分为6个兴趣小组，由受过专门训练的人分别以民主的、专断的和自由放任的模式进行管理。专断型领导者决定所有事情，指挥全局并分派任务，与孩子保持距离。民主型领导者提出决策的备选方案，由群体成员自行决策，孩子能自由选择任务和工作伙伴，领导者则参与群体事务，和孩子关系融洽。自由放任型领导者几乎不参与群体活动，至多在被询问时才提供信息。每个小组分别接受这3种模式的领导，为期6个月。

结果发现，在专断领导模式下，孩子会在严密的监视下完成工作，但容易消极怠工，产生敌意甚至公然反抗和破坏。在民主领导模式下，孩子的工作时间变长，也更加自觉地工作，产量提高，更富有创新性。而在自由放任的领导模式下，孩子的工作质量较差，数量也很少，他们有时甚至忘记了任务和目标③。

此后，卢因、利皮特和他们的同事怀特（R. K. White）又多次重复类似的实验，并在此基础上根据参与程度划分出以下3种领导风格（表3-4）。

---

① Robert R. Blake and Jane S. Mouton, The New Managerial Grid, Houston, Gulf Publishing, 1978.

② L. L. Larson, J. G. Hunt and R. N. Osborn, The Great Hi-Hi Leader Behavior Myth: A Lesson from Occam's Razor, Academy of Management Journal, 1976, 19, p.628 ~ 641.

③ Kurt Lewin and Ronald Lippitt, An Experimental Approach to the Study of Autocracy and Democrecy: A Preliminary Note, Sociometry, No.1, 1938, p.292 ~ 300.

表 3-4 专断型领导、民主型领导和放任型领导方式之比较①

	专断型领导	民主型领导	自由放任型领导
团体方针的决定	一切由领导者一人决定	所有方针由团体讨论决定,领导者给予激励与协助	完全由团体或个人决定,领导者不参与
团体活动的了解与透视	分段指示工作的内容与方法,因此员工无法了解团体活动的最终目标	员工一开始就了解工作程序与最终目标,领导者提供两种以上的工作方法供员工选择	领导者提供工作上需要的各种材料,当员工前来质询时,即给予回答,但不作具体指示
工作的分工与同伴的选择	由领导者决定后,通知员工	分工由团体决定,工作的同伴由员工自己选择	领导者完全不干预
工作参与及工作评价的态度	除示范外,领导者完全不参与团体作业。领导者采用自己喜欢的方式评价员工的工作成果	领导者与员工一起工作,但避免干涉指挥,领导者根据客观事实评价员工的工作成果	除员工要求外,领导者不主动提供工作上的意见,对员工的工作成果也不作任何评价

①专断型领导(autocratic leadership)。领导者专断独裁,把权力集中在自己手上,支配着群体的决策过程。他发号施令,要求下属服从,忽视下属的意见,凭借奖惩和权力进行领导。

②民主型领导(democratic leadership)。领导者注意让下属参与进来,进行公开的沟通,就拟议的问题同下属磋商,如果得不到下属的一致同意就不采取行动。其决策速度虽然较慢,但下属的满意度比较高。

③自由放任型领导(laissez-faire leadership)。领导者给予下属独立自主的权力,对他们采取放任自流的态度,既不加以约束,也不加以指导。下属自己决定目标以及实现目标的方法,领导者的作用仅限于为下属提供信息,充当群体与外部环境的联系人,以此帮助下属的工作。

对于这 3 种领导风格与团体绩效的关系,他们的研究结论是:民主的参与模式可能是更有效的,它会产生更多的团体意识和友谊,即使领导者不在场,拥有民主领导者的团体也能有较好的业绩。相比之下,专断的领导模式更容易产生敌意、挑衅和不满,并会导致团体成员更多的依赖性和缺乏个性②。

二、坦嫩鲍姆和施密特的领导连续模型

坦嫩鲍姆和施密特在 1958 年提出,领导方式的基本要素是领导者运用权威的程度和下属制定决策的自由权限。在以领导者为中心的专制式领导和以下属为中

① 刘建军:《领导学原理》,85 页,上海,复旦大学出版社,2001。

② R. White and R. Lippitt, Leader Behavior and Member Reaction in Three "Social Climates", in D. Cartwright and A. Zander, eds., Group Dynamics: Research and Theory, New Your, Harper & Row, 1968, p.318 ~ 335.

心的民主式领导的两极之间，存在着以上两个要素以各种不同程度组合而成的多种领导方式，这就构成了一个连续模型①，如图 3-3 所示。

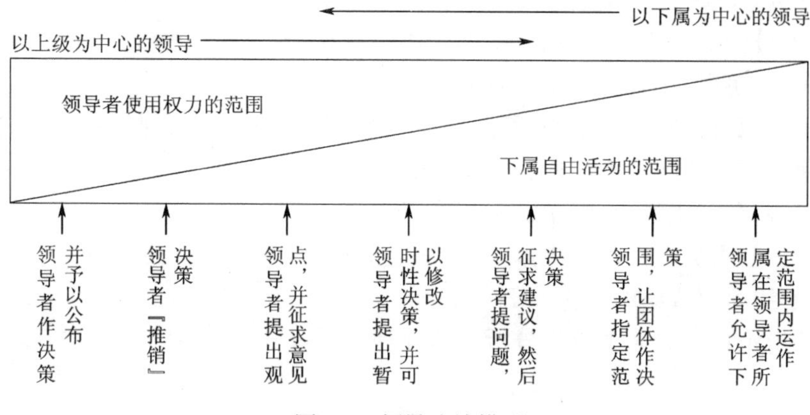

图 3-3 领导连续模型

与过去的研究不同，他们并不认为在上述 7 种领导风格中有一种唯一正确的领导风格。领导者应当采取哪一种方式，要考虑领导者的因素、被领导者的因素和环境因素。在领导者方面，需要考虑领导者的个性、价值观念体系、对下属的信任度、在领导方式上的倾向、对不确定情况的安全感，等等；在被领导者方面，需要考虑被领导者对独立性的需要程度、是否准备承担决策的责任、是否希望有明确的指示、是否对问题感兴趣、对组织目标的理解和认识程度、是否具备解决问题所必需的经验和知识、是否参与过决策，等等；在环境方面，需要考虑组织中的“管理气氛”、组织规模的大小以及组织在地理上的分布。

1973 年，他们在重新研究该模型时，又在连续模型外围加上圆圈，表示领导方式还要受组织环境和社会环境的影响②。

三、利克特的 4 种基本模式区分

美国密歇根大学社会研究所的利克特以数百个组织机构为对象，经过多年的研究，于 1961 年将领导方式归纳为 4 种基本模式。

模式一：专断式的（exploitive）集权领导

权力高度集中，下属无任何发言权，上级只对下属发号施令，从不交流与沟通，互不信任。

① R. Tannenbaum and W. H. Schmidt, How to Choose a Leadership Pattern, Harvard Business Review, 1958, 36(March-April), p.95 ~ 101.

② R. Tannenbaum and W. H. Schmidt, How to Choose a Leadership Pattern, Harvard Business Review, 1973, May/June, p.162 ~ 168.

模式二:温和式的(benevolent)集权领导

权力仍集中在最高领导层,但在有限的范围内,允许下级发表意见并作出决定。上下级之间表面上关系融洽,但实际上,上级对下级虽然谦和,但并不真正信任下级;下级对上级仍有畏惧心理,处处小心翼翼,缺乏主动性。

模式三:协商式的(consultative)民主领导

重要问题由领导层决定,一般问题授权中下层处理,上级对下级有信任感,上下级之间有较多的联系和沟通,彼此能相互支持。

模式四:参与式的(participative)民主领导

由中下层人员直接参与决策,上下级之间有良好的双向沟通,相互信任并保持友谊,齐心协力完成组织目标。

他从组织过程的 8 个方面分析了这 4 种领导模式的特点①,如表 3-5。

表 3-5　利克特对 4 种领导模式特点的分析

	专断式领导	温和式领导	协商式领导	参与式领导
Ⅰ.领导过程				
1.信任下属	无	无	很多	完全
2.下属观点	甚少被采用	有时被采用	常常被采用	总是被采用
Ⅱ.激励过程				
1.激励动机	安全、地位	经济、自我	很多	完全
2.满意度	完全不满意	有时中度满意	中度满意	高度满意
Ⅲ.沟通过程				
1.量	很少	少	中度	很多
2.方向	向下	多数向下	向下、向上	上下左右
Ⅳ.互动过程				
1.量	没有	没有	很多	完全
2.合作团队	没有	几乎没有	中度	很多
Ⅴ.决策过程				
1.决策发生	上层决定	上层决定	大决策上层决定	各个层次决定
2.下属参与	不全有	某些时候咨询	时常咨询	充分参与
Ⅵ.目标设定过程				
1.态度	命令	命令加评判	讨论后设定	团体参与
2.接纳	明显抗拒	时常抗拒	有时抗拒	充分接纳
Ⅶ.控制过程				
1.层次	上层	没有	有时由下而上	各个层次
2.信息	不完全	时常不完全	中度完全	完全
	不正确	时常不正确	中度正确	正确
Ⅷ.绩效目标	平庸	普通到好	好	卓越

① R. Likert, New Patterns of Management, New Fort, McGraw-Hiee, 1965, p.223 ~ 233.

就参与式领导模式来说，它在组织过程的这 8 个方面的具体体现是：①在领导过程方面，在上下级之间倡导互信精神，领导者和下属可以无拘无束地交换意见、讨论问题；②在激励过程方面，通过参与管理，广泛调动下属的积极性；③在交流沟通过程方面，组织内上下左右之间信息畅通而不被歪曲；④在互动过程方面，做到公开和公平，领导者和下属对于各部门的目标、方法和活动都能起到作用；⑤在决策过程方面，各级组织采取集体决策方式；⑥在目标设定过程方面，鼓励集体参与目标设置，目标要高标准并切合实际；⑦在控制过程方面，控制渗透到组织各个角落，全部参与者都关心有关信息，主要实行自我控制；⑧在绩效目标方面，目标是高标准的，并且是管理部门所期望的。

利克特的研究结果表明，高成就的领导者大都采取第 4 种的领导模式，即参与式的民主领导。模式三次之，而模式一的领导效果最差。据此，他设计了一种测量组织特性的问卷量表，进行了广泛的调研活动。根据调研结果，利克特大力提倡第一、第二种领导方式的领导者向第三、第四种领导方式转变。他认为，依靠奖惩来调动下属积极性的领导方式已经过时。只有依靠民主管理，从内心来调动下属的积极性，才能发挥他们的潜力。

四、对参与式领导优于专断式领导的各种解释

民主参与式领导是否比专断式的领导更有利于组织绩效？大多数研究者对这一问题的回答是肯定。他们从不同角度对此作出了解释。

（一）认知角度的解释

巴斯在 1970 年提出，参与使下属更清楚决策的目的与行动计划，因此比较容易执行决策，碰到意外时也知道如何修正[①]。米切尔（Terence R. Mitchell）1973 年提出，参与使下属知晓正确的奖励方式。如果他们知道努力可以导致积极结果，并避免消极结果，则这种期望将可提高下属的工作动机[②]。安东尼（W. P. Anthony）1978 年提出，下属拥有领导者所没有的相关的信息或分析能力，参与可提高决策的品质[③]。

（二）情感角度的解释

弗伦奇（J. R. P. French）等人在 1960 年指出，参与和生产率之间存在联系的主要理由，是员工高度参与与他们工作有关的决策会提高他们执行决策的积极性。当管理者给予员工参与任何重要决策的机会时，意味着员工聪明能干、值得尊重。

---

① B. M. Bass, When Planning for Others, Journal of Applied Behavioral Science, 1976, 12, p.205～213.

② T. R. Mitchell, Motivation and Participation: An Integration, Academy of Management Journal, 1973, 16, p.660～679.

③ W. P. Anthony, Participative Management, Reading, Massachusetts, Addison-Wesley, 1978.

参与反映了员工与管理者之间的更亲密的关系，使员工感到自身的价值被重新发现，感到团队目标一致，因而协力合作。它满足了员工诸多的社会需要，如被承认的需要、被赏识的需要以及自主的需要。通过参与，使员工的上述需要获得满足，工作得以改进，从而产生较高的满意度①。斯特劳斯(G. Strauss)1963年提出，当下属对于决策的实施所带来的变革感到恐惧和焦虑时，参与可使他们更加了解并接受该决策，而不至于抗拒②。安东尼也提出，参与使下属更能接受决策，并承诺有效地执行它。协助制定决策使下属认同于该决策，影响力大的下属甚至会认为该决策是"他的决策"，因而希望决策能被成功地实施。麦克格雷戈(Douglas McGregor)在1960年提出，成熟的下属有自主、成就、自我认同和心理成长等需求，高度参与可使这种下属对工作更满意并感兴趣，而专断式的领导却会造成怨恨、冷淡和退缩③。塞尔斯(Stephen M. Sales)在1966年提出，民主和专断这两种模式是通过满足不同层次的需要来实现生产率的提高。民主管理模式允许追随者自由地决定其工作的内容和形式，这意味着他们在工作中可以展现自己的个性。这样，在民主管理模式下，业绩成为满足员工自信和自我实现需求的一种手段。也就是说，增加管理和控制自己行动的机会，会提高人们表达多种不同需求的程度，并且在工作中会充分发挥他们的潜能。而由于专断管理模式使工作变成仅仅是在贯彻管理者的意志，从而降低了人们从业绩中获得满足的程度。因此，它所导致的业绩会低于民主管理模式④。

(三)组织协调角度的解释

安东尼提出，团体决策使成员有机会合作解决共同的问题，除非目标不能相容，否则它必定会增进彼此的了解，加强对团队的认同，并促进协调。他还指出，某些参与程序包含着领导者与下属的谈判过程，双方可因共识及利益交换而化解歧见。如果下属的目的与领导者不同，商量或共决将可解决冲突，下属也能最后决策。斯特劳斯也指出：参与使下属有保护自身利益的机会。他在1977年还提出，当团体决策是合法的时候，会对成员形成压力，要求成员接受该决策，或至少使本来会抗拒的成员能够服从该决策⑤。

---

① J. R. P. French, J. Israel and D. As, An Experiment in a Norwegian Factory: Interpersonal Dimensions in Decision-making, Human Relations, 1960, 13, p.3 ~ 19.

② G. Strauss, Some Notes on Power Equalization, in H. J. Leavitt, ed. The Social Science of Organizations: Four Perspectives, Englewood Cliffs, New Jersey, Prentice-Hall, 1963.

③ D. McGregor, The Human Side of Enterprise, New York, McGraw-Hill, 1960.

④ 塞尔斯：《管理模式与生产率——评述和理论》，载皮尔斯，纽斯特罗姆：《领导者与领导过程》，第2版，北京华译网翻译公司译，360页，北京，中国人民大学出版社，2003。

⑤ G. Strauss, Managerial Practices, in J. R. Hackman, J. L. Suttle, eds., Improving Life at Work, Santa Monica, California, Goodyear, 1977.

五、对参与式和专断式领导风格的绩效研究

(一)肯定性的研究结果

下述一些研究结果支持参与式领导比专断式领导更能促进绩效的观点。

1.科奇和弗伦奇的工厂研究

科奇(L. Coch)和弗伦奇1948年在一家成衣工厂作实地研究,观察工作程序改变时,全员式参与型管理与代表式参与型管理能否减少缝纫工人的抗拒心理。在“全员参与”的团体内,管理者召集工人,向他们解释为什么要改变工作程序,然后让工人参与设计、计划新的工作程序;在“代表参与”的团体内,由工人选出代表参与工作程序的变更设计,再回去向其他工人报告最后的决策,并训练工人如何运用新程序;在“无参与”的团体内,管理者一如既往地独自作决定,然后向工人宣布。

结果显示:在工作改变前,各工作团体的生产力很接近,工作程序改变后,“无参与”团体的生产力立刻下降;“全员参与”团体的生产力在初期稍微下降,但几天内就恢复到改变前的水平,而在以后4周增加了14%的生产力;“代表参与”团体的生产力在初期也是下降,但两周后就恢复到原来的水平,此后还超过原有的水平。显然,与无参与的方式相比,两种参与方式都能获得较好的绩效。在最初实验结束后,“无参与”团体被拆散,其成员被派到其他单位。两个半月后,又将这些人组合起来,赋予工作程序全新的职务,并实行全员参与。结果,全员参与的绩效显著地高于无参与时的绩效。

同时,在满意程度方面,“无参与”团体的工人不认为工作程序必须改变,而且认为管理者随便而不合理地制定每小时的产量。在改革实施后的40天内,有17%的工人辞职,抱怨新产量标准的次数也显著增加。工人对主管怀有敌意,拒绝与他合作,并且有意地限制产量。相反,在“全员参与”团体内,工人与主管相处良好,没有人辞职。工人把新工作当作“咱们的工作”,把新产量标准视为“咱们的标准”。由此可见,参与使工人认同于决策,且增加执行决策的动机;反之,专断引起对变革的抗拒、不满、敌意、退缩和动机的降低①。

2.布拉格和安德鲁斯的医院研究

布拉格(J. Bragg)和安德鲁斯(I. R. Andrews)在20世纪70年代对某医院进行了参与决策研究。医院洗衣部的工长以往一贯采取专断的决策方式,在院长的说服下,他决定允许工人参与决策。他告诉部内32名工人,部内将开会研究,使工作变得比较有趣。在其后的18个月中,只要工人希望讨论某一议案,就召开会议。

---

① L. Coch and J. R. P. French Jr., Overcoming Resistance to Change, Human Relations, 1948, I, p.512～532.

先后共开过 28 次会议，讨论工作时数、工作环境、工作程序、设备调整和安全等问题。

参与的效果是从员工的态度、出勤和生产力方面来衡量的。在员工的态度方面，每隔 2 个月测量一次。初期工人尚存有怀疑心理，在以后 14 个月中对参与方案的好感一路上升。在生产力方面，最初 18 个月的生产力，与实施参与前相比提高了 42%。在缺勤率方面，该部门在实施参与决策前缺勤率就很低，但之后更低。在该方案实施了 3 年以后，无论是主管还是工人，都不想回复到原来的专断领导方式。这一成功案例于是被引用到医院内的医疗部门，结果抱怨情况减少，离职情况大幅改善。但在引用到护理部门时，因缺乏护士长和医疗行政主管的支持，结果没有成功①。

3.劳勒等人的研究

由南加利福尼亚大学研究人员劳勒(E. E. Lawler)、莫尔曼(S. A. Mohrman)和雷德福德(G. E. Ledford, Jr.)等人在 1995 年关于员工参与的纵向研究表明，组织能够从不同类型的员工参与中获益。这些参与类型包括信息共享的方式、集体决策、团队的采用、授权、利润分享和股票期权计划，所有这些都增加了员工的参与度。研究结果表明，采用上述这些方式对绩效、竞争力以及员工满意度都有明确的积极影响②。

(二)否定性的研究结果

然而，有许多研究结果并不支持参与式领导在绩效上强于专断式领导的观点。

1.塞尔斯的研究

塞尔斯在 1966 年研究了 6 项实验室研究报告，其中只有 R.C.戴(R. C. Day)和汉布林(R. L. Hamblin)1964 年的研究报告肯定民主的管理模式更为有效。而肖(M. E. Show)1955 年的研究报告却认为专断的管理模式更有效。另外 4 份研究报告表明，两种领导模式的生产率结果之间并不存在明显的差异。而在实地进行的几项研究中，所得出的结果都支持参与式领导在绩效上强于专断式领导的观点③。

2.尤克尔的研究

尤克尔(Gary A. Yukl)对 17 项实地实验研究进行了统计。在绩效方面，高度

---

① J. Bragg and I. R. Andrews, Participative Decision Making: An Experiment Study in a Hospital, Journal of Applied Behavioral Sciences, 1973, 9, p.727 ~ 735.

② E. E. Lawler III, S. A. Mohrman and G. E. Ledford, Jr., Creating High Performance Organization: Practices and Results of Employee Involvement and Total Quality Management in Fortune 1000 Companies, San Francisco, Jossey-Bass, 1995.

③ 塞尔斯:《管理模式与生产率——评述和理论》，载皮尔斯，纽斯特罗姆:《领导者与领导过程》，第 2 版，北京华译网翻译公司译，361 ~ 362 页，北京，中国人民大学出版社，2003。

参与的管理者在6项研究中绩效较佳，在4项研究中绩效变坏，在另外7项研究中结果无差异。在员工缺勤率与流动率方面，4项研究结果认为有改善，1项研究结果是恶化，另外一项的结果是无差异。在对决策的满意方面，在11项研究报告中，有7项指出员工偏爱高度参与。结果显示，参与在某些情境下会成功，在其他情境下则可能失败。而且，参与对满意的作用大于对绩效的作用①。

3.米勒和蒙吉的研究

凯瑟琳·米勒(Katherine I. Miller)和蒙吉(Peter R. Monge)在1986年的研究报告中，搜集了有关参与效果的研究论文和书籍中的部分章节共106篇，排除了其中一些不适宜使用元分析方法的资料，其中包括没有资料基础的评述和论文12篇，有资料基础却没有将效果大小量化的论文13篇，5篇将参与作为因变量的研究报告，6篇不适宜用元分析方法的研究报告，7篇效果评估方法问题严重的研究报告或其资料来源于其他被包括在元分析方法中的报告。他们用元分析的方法对其余的文献进行了详细地分析，得出了更具体的结论②。

在参与对满意度的影响方面，在被评估的41份报告中，加权平均相关为0.34；非组织化研究的加权平均相关为0.38；在组织化研究中，实际参与的组织化研究加权平均相关为0.16；在感觉参与的研究中，参与特定事项的加权平均相关为0.21，参与多种事项的加权平均相关为0.46。这一研究表明：对在非组织化参与及组织化的对多种事项的感觉参与中，参与对满意的影响最为强烈；而在实际参与和对特定事项的感觉参与中，该影响则小得多。

在参与对生产率的影响方面，对25份研究报告的分析也采取了类似的研究方法。累加影响的加权平均相关为0.15。设定参与目标的研究表明，参与和生产率之间存在重要的、较小的正相关；非设定参与目标研究中的现场研究显示，参与与生产率之间具有较强的正相关。但在实验室环境中的控制工作性质研究表明，参与和生产率之间基本上没有联系；而实验室环境中控制领导方式的研究显示，参与与生产率之间具有较强的负相关。

4.Kiwi航空公司的案例

布莱恩特(A. Bryant)在1995年所写的“工人所有权并非天堂”一文中，将Kiwi公司的经历作为管理参与陷阱的一个案例。当该公司1992年成立时，很快成为参与领导的象征。它由前东方航空公司的飞行员与其他员工集体创建，他们许诺不

---

① 余克(尤克尔)：《领导学》，余朝权译，181页，台北，天麟文化事业有限公司，1983。

② K. I. Miller and P. R. Monge, Participation, Satisfaction, and Productivity: A Meta-Analytic Review, in Jon L. Pierce and John W. Newstrom, ed., Leaders & the Leadership Process: Readings, Self-Assessments & Applications, Boston, Irwin/McGraw-Hill, 1995, p.157～166.

再犯东方航空公司原有的错误，以给全体员工一种家庭式的环境为目标，所有员工都不同程度地持有公司的股票，所有决策都是全员参与制定，所有员工都全身心地投入到工作之中，很快就在航空服务质量调查中赢得了声誉。公司迅速膨胀，员工一度超过 1 000 名，每天的航班超过 60 个班次。该公司董事会主席埃弗森（Robert W. Iverson）把这种惊人的增长和成功归结为对员工的承诺和平等的组织文化。但到了 1994 年，泡沫破碎了。埃弗森被逐出了公司，该事件揭示出了严重的管理和组织无效的问题。参与的负面影响是管理决策的无效率。如果作为所有者的员工不同意决策，对他们的指挥就会失效。员工要求进入每一项决策，需要知道导致决策停滞的任何一个因素，需要了解解决问题的任何一种可能性。埃弗森也承认："我做的一件最愚蠢的事情就是让员工都成为所有者……而所有者认为他自己能实施某种控制。实际上，这些控制是完全没有必要的。"该案充分揭示出管理无效的情况，由所有员工参与制定的决策如果只由一小部分人来制定，将会更为有效①。

（三）对参与绩效研究结果的各种解释

关于参与对领导绩效的影响的各种研究结果并没有取得一致的结论，这使得赞成参与式领导的许多学者努力提出自己对这种差异的解释。

1.从研究环境角度作出的解释

塞尔斯认为，两种不同领导风格之间不存在效果上的差异，其原因似乎在于，在实验室所进行的工作完全不能满足产生不同生产率的条件。民主领导模式之所以被认为是一种有效的领导模式，其原因在于，它在很大程度上使得生产率成为一种获得自我满足的手段。而在实验室环境下所作的研究并不能满足这些条件。在这些实验中，民主领导不可能被认为允许被实验者将其业绩视为自我实现的途径。由于这些研究没有提供能够证实这种假设的必要条件，因此没有理由认为这些调查能够证实民主领导更有效的观点②。

就参与对生产率的影响来说，凯瑟琳·米勒和蒙吉的研究结果支持这一观点。在非目标设定研究中，现场研究表现出中等程度的相关，实验室研究则表现出要么是不相关，要么是负相关。他们将这种差异归因于实验室环境中所开展的工作只具有象征性。从总体上看，参与和满意之间的联系强于参与和生产率之间的联系，这使他们肯定了从情感方面来解释参与对绩效的影响。但是，就参与和满意的关系来说，凯瑟琳·米勒和蒙吉的研究似乎又与这种解释相矛盾。在实验室的环境下

---

① A. Bryant, Worker Ownership Was No Paradise, International Herald Tribune, 1995, 23 March, p.16.

② 塞尔斯：《管理模式与生产率——评述和理论》，载皮尔斯，纽斯特罗姆：《领导者与领导过程》，第 2 版，北京华译网翻译公司译，363 页，北京，中国人民大学出版社，2003。

对非组织化的学生的研究表明,二者的加权相关相对高于在组织环境下的实际参与和对特定事项的感觉参与。他们的解释是:严格控制外部变量,可以使参与和满意之间真实联系的指标呈现出较高的相关。而在现实生活中,许多组织因素会淡化参与对满意的影响①。

2.从情境角度作出的解释

尤克尔总结了弗伦奇、布拉格和安德鲁斯、鲁尼恩(K. E. Runyon)以及洛什(J. W. Lorsch)和莫尔斯(J. J. Morse)等研究者提出的各种影响参与效果的情境因素。它们包括:①所参与的决策的重要程度;②参与的合法性;③下属的需求与特质;④任务或决策问题的性质;⑤上级鼓励和支持主管采用参与程序的程度;⑥领导者对参与的信心及对下属贡献潜力的肯定②。

尤克尔进一步提出,在某些情况下,参与可能无效,甚至有害。他列举了下列情况。

①参与程序通常比专断决策费时较长,因此可能浪费时间,在紧急时刻也不适用。

②参与某些决策使下属产生影响其他决策的期望。因此,下属可能得寸进尺,超出领导者所愿意允许的参与程度。

③过度使用参与方式,使人觉得领导者没有能力,缺乏主动与自信,从而使上上下下都认为该领导者是个柔弱的领导者。

④极端参与(如共同决策或授权)可能使决策质量降低,尤其是在下属不具有有关的专业知识、不关心决策或其目标、价值观与领导者不符时。

⑤共同决策使责任不明,无法知道应由谁来负成败之责。因此,最后的抉择可能是相当冒险并且是组织所不喜欢的。而如果决策有效,也不知应当奖励和提拔谁。

⑥领导者要有效地运用参与决策,特别是共同决策时,本身须具备许多能力。如果能力不足,反而会坏事,不如独自作出决策③。

弗鲁姆所提出的情境决策模型,对参与和专断在不同情境下的决策效果提出了更具理论意义的解释。他提出,被领导者的个性、决策的组织层次以及决策的各种情境,都可能抵消参与对满意和生产率的影响。这一决策模型将在下一章专门分析。

---

① K. I. Miller and P. R. Monge, Participation, Satisfaction, and Productivity: A Meta-Analytic Review, in Jon L. Pierce and John W. Newstrom, ed., Leaders & the Leadership Process: Readings, Self-Assessments & Applications, Boston, Irwin/McGraw-Hill, 1995, p.163.

② 余克(尤克尔):《领导学》,余朝权译,181 页,台北,天麟文化事业有限公司,1983。

③ 余克(尤克尔):《领导学》,余朝权译,178 页,台北,天麟文化事业有限公司,1983。

但凯瑟琳·米勒和蒙吉却不支持这种情境解释。他们的研究在所有的分析阶段都将工作类型和组织类型作为可能的调节因素予以考虑，但是，基于这些变量所作的进一步的子群分析却并未降低影响差异。因此，他们认为，并不能证明参与对不同层次和不同机构的效果存在差异①。

---

① K. I. Miller and P. R. Monge, Participation, Satisfaction, and Productivity: A Meta-Analytic Review, in Jon L. Pierce and John W. Newstrom, ed., Leaders & the Leadership Process: Readings, Self-Assessments & Applications, Boston, Irwin/McGraw-Hill, 1995, p.162 ~ 163.

第四章
领导情境与领导方式

一些学者很早就开始意识到不同的领导情境对领导有效性的影响。例如,早在20世纪30年代末,卢因等人在研究专断型和民主型的领导方式时就已经提出,这两种领导方式可能都是有效的,但能使其产生效果的领导情境可能不一样。在20世纪40年代后期,斯托克蒂尔在总结领导特质的研究时,将包括精神状况、资历、技能、追随者的需要和利益以及要完成的目标在内的"环境"作为与领导相关的因素之一。他特别提出:"个人不会因为拥有一些特性的组合便成为领导,但领导者个人性格的模式应该与其追随者的性格、活动以及目标有一定程度的关系。因此,必须根据不断变化的变量之间的相互关系来理解领导。环境特征是一个尤其需要注意的因素,它会随着人员的增减、人际关系的变化、目标的改变、组织外竞争的影响等因素的改变而变化。相对而言,领导及其追随者的个人特性较为稳定。人类行为个别方式的持续性面临着环境的不断改变,这似乎不仅是领导实践中遇到的问题,而且在选择和安排领导时也会遇到。发现谁是领导的人选并不十分困难,但把他们安排在能够发挥其领导才能的不同环境中却是另一回事。很明显,对领导的全面分析不仅包括对领导者自身的研究,还应当包括对环境的研究。"① 但在当时,对领导情境的研究还没有引起研究者的足够重视,许多研究者仍然致力于去发现一种普遍有效的领导行为。就像费希尔(Aubrey B. Fisher)1985年所指出的,许多神话依然主宰着对领导的研究,其中包括领导有着典型的"风格",或者专断型,或者民主型,或者自由放任型的说法。但领导并不在于领导者的一贯风格,而在于他们在不同情境下的不同领导方法。直到20世纪60年代,随着菲德勒的领导权变模式的提出和受到研究者越来越广泛的关注,对领导情境的研究才得到全面的发展,并被纳入主流的学术研究领域。

① 斯托克蒂尔:《与领导相关的个人因素:对文献的研究》,载皮尔斯,纽斯特罗姆:《领导者与领导过程》,第2版,北京华译网翻译公司译,57页,北京,中国人民大学出版社,2003。

第一节　情境可控制性与菲德勒权变模型

菲德勒是第一个对领导情境与有效的领导方式之间的关系进行认真和系统研究的人。他所提出的领导权变模型成为领导学研究的一个典型范例①。

一、问题的提出:领导培训是否有效

菲德勒认为,领导的有效性可以定义为领导者的组织或团队完成事关团队生死存亡的首要任务的程度。评价一个足球教练是否有效,是根据他的球队赢得了多少场比赛,而不是根据他如何组建球队;评价一个乐队指挥是否有效,是通过他的乐队的演奏,而不是他所感受到的音乐家的快乐或他作为音乐家的能力。同样,对领导者工作的评估,也要依据他的部门或团队在完成所分配的工作时的效力。

为了改善领导的有效性,普遍采取的方法就是对领导者进行培训。这种培训通常是通过角色扮演、讨论、对领导行为方式的详细指导,以及对领导中所需要的技术和管理技巧的指导等手段,达到开拓领导者视野、改善领导行为方式的目的。但这种培训确实能增加组织工作的成效吗?

菲德勒指出,对领导培训计划的结果的经验研究表明,这种培训的结果通常是令人失望的。他自己和他的合作伙伴对经营性组织所进行的两种研究,都未能证明培训能增加组织工作的成效。纽波特等人在对 121 家大公司进行调查后所得出结论是:没有一个公司获得了任何在科学上可接受的证据,可以证明对公司中层管理者的培训确实提高了工作绩效。坎贝尔、邓纳特和豪斯对有关在工商业中相当流行的 T 团队和敏感性训练的文献的考察表明,没有发现有说服力的证据证明这种形式的培训增加了组织的效力。弗莱希曼、埃德温·哈里斯和伯特在国际哈维斯特公司所进行的关于监管培训效果的著名研究中认定:监管培训在调整行为上的效果是短期的,它不能提高工作绩效。菲德勒认为,这些发现是不同寻常的。

对领导者的在职培训在某种意义上讲是为了扩展领导者的领导经验。人们一般会倾向于认为,领导者的经历会使他的领导更有效力。但菲德勒对此提出疑问。在他看来,有经验的指挥官并不比那些没有经验的士兵做得更好,有经验的官员也并不比那些没有经验的官员做得更好。他分析了从各种不同组织中获得的数据,包括一个大型物理研究室的研发队伍的领导者、手工作坊的头儿、重型机械制造公司的普通工头、肉店的老板、零售市场和一家大型超市连锁店的管理者、邮局的监

---

① 菲德勒:《怎样使领导者更有效?》,载皮尔斯,纽斯特罗姆:《领导者与领导过程》,第 2 版,北京华译网翻译公司译,235～242 页,北京,中国人民大学出版社,2003。

管者和管理者以及警察,等等。根据所获得的可靠的业绩评价和客观的团队效力标准,他发现,在所有的团队和组织中,领导经历与领导成绩的中位相关系数(median correlation)仅为 - 0.12,这表明二者之间并不存在明显的正相关。

总结这些发现,菲德勒的结论是:传统的领导培训、领导经历或者敏感性培训,似乎都不能对团队或组织的效力作出贡献。因此,他首先要研究为什么会出现这种情况,在此基础上,他要进一步考察提高领导工作绩效的不同替代方法。

二、领导的权变模型

(一)领导者的动机模式——LPC 量表

菲德勒认为,影响团队工作效力的因素有两个方面:其一是领导者的动机模式;其二是环境给予领导者的权力及影响力的程度。

为了确定不同的领导者所采取的不同动机模式,他在 1953 年提出了一个领导激励尺度,称为“对最不喜欢的合作者的尊重”。应用对“最不喜欢的合作者”(the least preferred coworker, LPC)的态度量表,可以测量一个人的领导风格。首先让领导者回想与他曾经一起工作过的所有同事,确定其中工作最差的一个人,然后让他给这个他最不喜欢的同事在一个由若干问题组成的问卷上打分。根据领导者所获得的分数,菲德勒区分了两种领导风格。

1.低 LPC 得分者——任务驱动型

LPC 得分低的领导者用消极的术语描述他们最不喜欢的同事。他们通常将这样的同事描述为不能胜任、冷淡、靠不住、好斗等。这样的领导者是任务驱动型的(task motivated),即以完成任务为首要动机,将人际关系作为次要动机。换言之,他们主要靠任务与完成任务中获得的满意感来激励自己,凭借完成任务的好坏来实现自我。只有在完成任务的动机得到满足后,搞好人际关系的次要动机才变得重要起来。他们最不愿意与之合作的人是那些不能胜任工作的人。如果他们领导的团队没有成功地达到工作目标,他们很可能苛刻地对待下属,其方法通常是高惩罚性的。如果下级令人满意地完成了分配的任务,他们就会试图与他们建立并保持良好的关系,并满足于对细节和常规事件的控制。因而,他们是在确信下级完成了所分配的任务后,才着重去改善与下属的关系。

2.高 LPC 得分者——关系驱动型

LPC 得分高的领导者对他们最不喜欢的同事给予了积极的描述并且对他人比较敏感。他们通常将这样的同事描述为忠诚、诚挚、热情、遵守承诺等。这种领导者是关系驱动型的(relationship motivated),即以搞好人际关系为首要动机,将完成任务作为次要动机。换言之,他们主要靠建立并维持较亲近的人际关系来激励自己,通过与其他人的良好的人际关系来实现自我,只有在人际关系的动机得到满足后,完成任务的次要动机才变得重要。他们最不愿意与之合作的人是那些不忠诚、不支持的人,而不是那些不胜任的人。一旦他们与下属建立了较好的人际关系,他们就会集中精力完成任务。但他们容易对琐碎的细节产生厌恶的情绪,而更加关注社会交往。

那些处于这两个范围中间的人被称为“社会自立主义者”,他们倾向于较少关心他人的评价。他们既具有任务驱动型的某些特征,也具有关系驱动型的某些特征。这类人在面临压力时,由于关注任务的倾向和关注关系的倾向同时起作用,会陷入某种危机。

(二)对领导环境的划分

为了确定环境给予领导者的权力及其影响力度,菲德勒设立了 3 个情境变量,即领导者—员工关系、任务结构和职位权力。领导风格的有效性标准是绩效。其模式如图 4-1 所示。

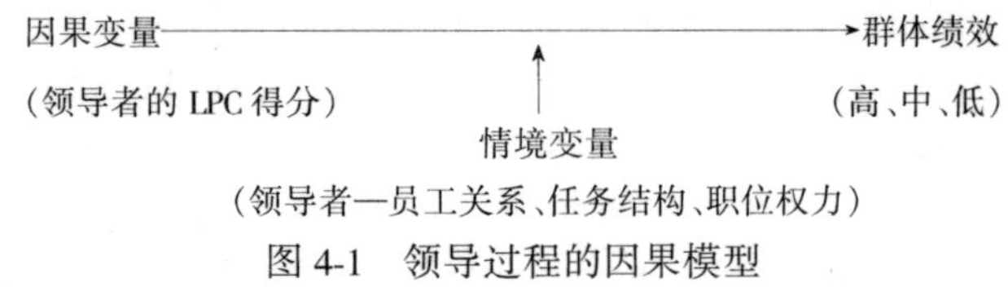

图 4-1　领导过程的因果模型

1.领导者—员工关系(leader-member relations)

它也被称为“群体气氛”。如果领导者与员工有良好的关系,或者他们被喜欢、尊重、信任,与有不好的人际关系相比,他们就将有更大的权力和影响力。领导和成员之间一种好的人际关系意味着团队具有凝聚力、相互支持,在这种情况下,领导者可以通过高度控制来实施自己的想法;在团队松散或缺乏对领导的尊敬与支持时,领导者的控制程度就较低。

2.任务结构(task structure)

高度结构化的、有详细说明或计划的任务和作业,比那些模糊的、含糊不清的和缺乏组织性的任务能给予领导者更多的影响力。一项组织得较好的任务有清楚的目标及程序,有一种或有限几种正确解决问题的路径、一种或有限几种正确答案,并且易于评价。一项未组织的任务,它的目标是不明确的,几乎没有或很少有执行任务的程序,存在许多执行的方法,有众多的权变答案,很难证明哪个答案是正确的。当领导者执行一项有组织的任务时,他可以进行相当好的控制,但对一项未组织的任务,他们的控制难度就会加大。

3.职位权力(position power)

职位权力是由领导者对他的追随者有多少权力所决定的,它通常是指奖赏性、强制性与合法性的权力。如果领导者所处的位置被授予更多的特权(如能够雇用和解雇、训练、惩戒员工等),领导者就会有更多的权力和影响。拥有较多正式权力的领导者比那些权力少的领导者会感到更容易控制任务的执行。

在这 3 个变量中，领导者—员工关系是最重要的，其次是任务结构，最后是职位权力。它们合在一起构成了情境控制指数。在三者都好的情况下，对情境的控制达到最大程度；在三者都差的情况下，对情境的控制达到最低水平。根据这 3 个情境变量的高低、好坏和强弱情况，可以区分出 8 种情境组合。其中，有 3 种情境是对领导非常有利的，有 3 种是中等有利的，有 2 种是不利的。如图 4-2 所示。

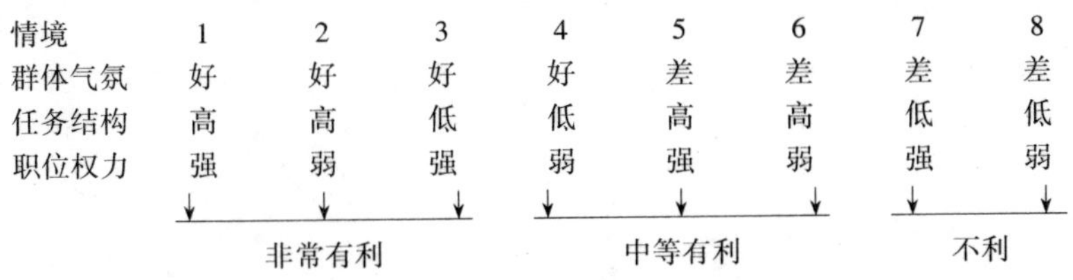

图 4-2 领导情境的 8 种组合

（三）权变模型的建构

依据领导者的动机模型和情境控制指数这两个变量，并在对各种不同类型群体作了大量研究的基础上，菲德勒提出了团体的工作绩效与领导者动机模型及情境控制变量之间的关系模型，它被称为菲德勒权变模型（contingency model）。这个模型在不同的研究阶段有不同的概括方式。菲德勒在 1972 年发表的“怎样使领导者更有效”的文章中，根据对 454 个独立团体的 63 项分析结果，其中包括对轰炸机和坦克部队、防空炮兵部队、消费者管理合作公司、董事会和调查队，以及对创造性和解决问题的能力有不同要求的团队，总结出如图 4-3 所示的模型①。

图中横轴表示环境的有利程度，纵轴表示领导者动机的不同类型。虚线以上的相关系数中位数表示关系驱动型领导者比任务驱动型领导者做得更好；虚线以下的相关系数中位数表示任务驱动领导者比关系驱动领导者做得更好。

该模型为理解使领导者更有效力的原因提供了两个重要的启示：首先，在非常有利和非常不利的环境中，任务驱动型领导者比关系驱动型领导者做得更好；在中等有利的环境中，关系驱动型领导者比任务驱动领导者做得更好。换言之，关系驱动型和任务驱动型领导者都是在一些条件下比另一些条件下做得更好。所以，将任何人视为一个在一般意义上好的领导者或是差的领导者，都是不正确的。不能依据一个领导者的品行，或者通过了解他先前完成某个任务的情况，来预测其工作情况，除非完成任务的环境条件是相似的。其次，领导者的工作情况依赖于环境的有利程度与依赖于领导者的程度是同等的。组织能通过改变个人的个性或动机模式，或通过改变领导者环境，来改变领导者的工作情况。

---

① 菲德勒：《怎样使领导者更有效？》，载皮尔斯，纽斯特罗姆：《领导者与领导过程》，第 2 版，北京华译网翻译公司译，235 页，北京，中国人民大学出版社，2003。

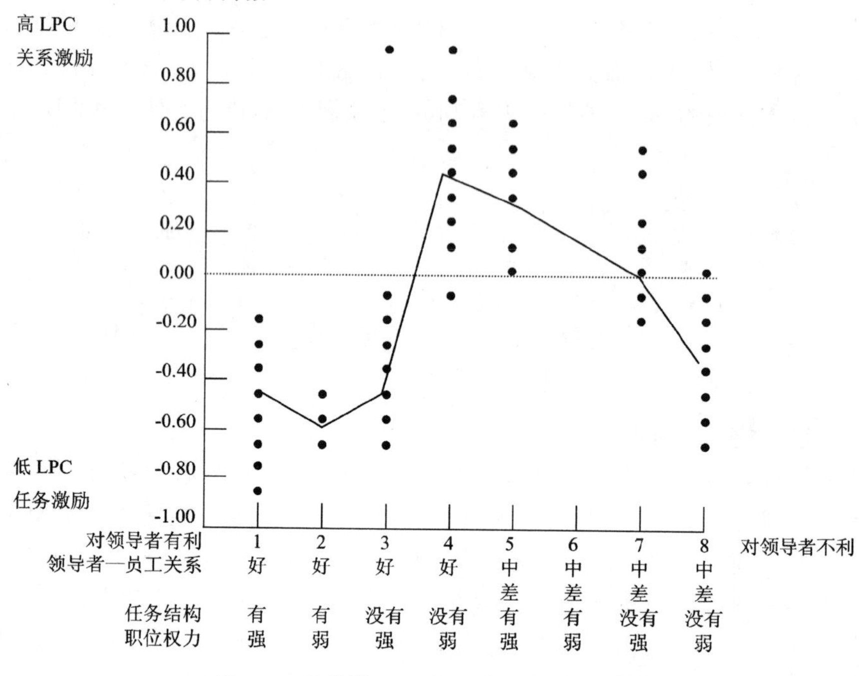

图4-3　菲德勒1972年总结的权变模型图

但目前使用频率比较高的菲德勒模型，是一种简化了的更容易理解的模型①，如图4-4所示。

菲德勒模型自提出以来，得到了大量其他研究的有力支持，特别是在西点军校所作的研究，其结果几乎重现了菲德勒模型的曲线。只有少数的研究结果与菲德勒模型预测的不一致。

对于为什么会出现这种结果，许多人作出了进一步的研究和解释。其中，纳哈雯蒂的解释是比较清楚的②。她指出：在强控制情境下，较少关注人际关系的任务驱动型领导者会感觉轻松，领导者的自尊心不会受到伤害，从而促进了任务的顺利完成。这样他可能很从容，也比较关注细节，帮助下属完成他们的工作。同样的强控制情境对那些关系驱动型的领导者却有不同的效果，这类领导者可能感觉很无聊，无所事事，没有人需要他们的关心。由于团队凝聚力高，任务明确，只要求领导者提供团队所需的资源，关注细节，清除障碍。显然这类活动不能吸引高度关注人

① Richard L. Hughes, Robert C. Ginnett, and Gordon J. Curphy, Leadership: Enhancing the Lessons of Experience, Boston, Irwin McGraw-Hill Company, Inc., 1996, p.504.

② 纳哈雯蒂：《领导力》，第2版，王新译，127～129页，北京，机械工业出版社，2003。

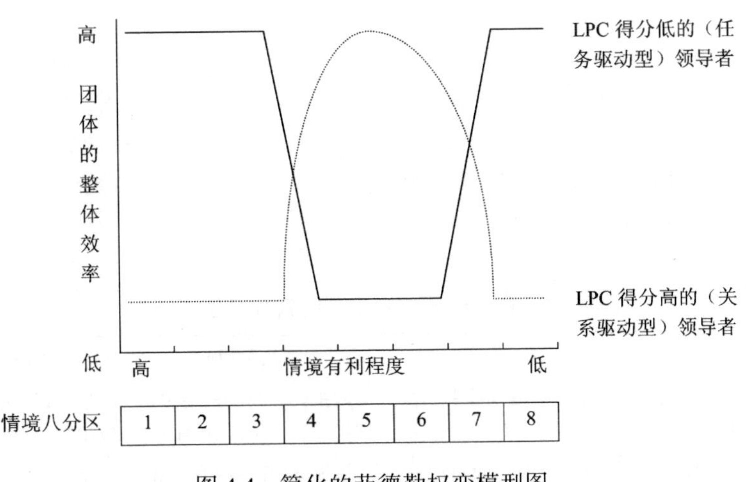

图 4-4　简化的菲德勒权变模型图

际关系的领导者的注意力，因而他们很可能实行高度控制，干扰团队的任务，以证明自己的存在。

中间控制情境不是团队缺乏凝聚力，就是任务的组织性较差。不论是哪种情况，都表现出情境模糊而不确定，任务的完成情况面临困难。关系驱动型领导者由于擅长处理人际关系和调动员工参与，因而比较适合这种情境。他能使下属参与其中，关注任务与关系之间的冲突。但这种吸引关系驱动型领导的中间控制情境却对任务驱动型的领导构成威胁。由于缺乏团队支持，任务也不是很明确，二者使领导者—员工关系较差的领导者感到任务很难完成。关注任务的领导者会变得专断，忽视任务和关系之间的冲突，只是努力完成任务从而获得一种成就感。资源的不恰当使用可能使团队更缺乏凝聚力，而且妨碍了对模糊任务的创造性的解决，结果使任务驱动型领导者的团队在中间控制情境中绩效很差。

当情境混乱到危机时刻，而又没有凝聚力、没有明确的任务以及没有强大的位置权力时，任务驱动型领导完成任务的压力迫使他们作出一种专断型的决策。这样做的结果是，虽然绩效不好，但在这种混乱和危机的情境中，团队也圆满完成了任务。对一个关系驱动型的领导者来说，面对弱控制情境是一件可怕的事。团队本来就缺乏凝聚力，执行任务能力的缺乏使这种状况进一步恶化，要达到和解也不可能，因而这些领导者争取团队支持的努力毫无效果。为了维护自尊心，他们很可能退缩，只靠团队自己的努力来解决问题，从而导致低绩效。纳哈雯蒂用表 4-1 来概括在不同情境下不同类型的领导者的行为方式。

纳哈雯蒂以美国的几任总统为例来说明这种解释。尼克松和卡特都是任务驱动型的领导者，他们都很聪明，关注任务，能够对大量的细节作出分析。他们都对控制力有需要，对报刊的观点从不让步、从不妥协，对不成功的下属态度强硬。两位总统在强控制的情境中都干得很好。尼克松总统在外交政策上相当成功,因此受到广泛的尊重,他面临的任务很明确,他也紧紧把握着权力。但随着他的合法权力与声望的降低,强控制情境变成了中间控制情境,这使他变得喜欢控制,经常惩罚,结果他的领导没有效果。而卡特总统几乎在刚刚当选之后,就发现自己处于一种中间控制情境,他和美国国会关系较差,缺乏外交经验,专注于人权问题以及缺乏妥协使他的领导缺乏有效性。

表 4-1 在不同控制水平下的领导类型与行为

	强控制情境	中间控制情境	弱控制情境
任务驱动型领导(低 LPC 得分)	自信;体谅和支持;清除障碍,不介入	紧张;关注任务;专横,过度控制;坚持完成任务	指示;关注任务;严厉;较少关心他人
关系驱动型领导(高 LPC 得分)	厌烦;冷漠,关心自我;有点专断;可能妨碍集体	体谅;公开各种意见和建议;关心冲突解决	紧张;易被集体冲突伤害;没有决定权

里根和克林顿则是另外的情形。两人都是高 LPC 得分者,注重人际关系,厌烦细节,有不断妥协的能力,有满足他人的愿望,有执行和"表演"给公众看的特殊才能,他们两人都喜欢与他人一起工作,深受大众的欢迎。里根总统当时拥有中等权力,面临不明确的任务;克林顿总统也是面对一种异常的没有条理的情境,但他得到了空前的支持。这两位关系驱动型领导人都处于中间控制情境之中,根据美国公众与报纸的评价,他们都做得很好。

三、改善领导效果的方式

传统的特质理论认为,一些人生来就是领导者,培训、经历或条件都不能实质性地影响领导者的技能。传统的领导行为理论认为,有一种最好的领导风格,或者有一些在各种环境中都能做得很好的领导者。而菲德勒的观点是:领导者的工作情况既依赖于领导者本身的特点,也依赖于环境的有利程度。只要将领导者放在一个适合其个性的环境中,了解怎样将对他的培训与现有的工作环境相匹配,这些领导者就能有效地工作。

他进一步认为,要提高领导绩效,既可以通过培训,也可以通过改变领导环境。但领导者能否提高工作绩效,取决于领导者的动机模式和环境之间的匹配程度。一方面,就培训来说,一个提高领导者控制力和影响力的培训方案,可能对关系驱动型的领导者有利,但对任务驱动型的领导者却不利,同时也需要看环境的状况。另一方面,也可以通过提高或降低环境的有利程度来提高一个领导者的工作绩效。通常来说,改变一个人工作的各个方面,比改变这个人要容易得多。给予一个工作成绩不佳的领导者更多的权力、更多明显的指令、更多的志趣相投的合作者,就是提高环境的有利程度的措施。同时,如果一个领导者对他的工作太厌烦,没有新鲜感,不感兴趣,一个最常见的解决办法就是交给他一项更具挑战性的工作,该工作缺少组织,具有很少的职位权力,或要求与难相处的人一起工作,这就是降低环境有利程度的措施。一些人在压力下工作得最好,而在生活太平淡时反而会陷入困境。这些人应当被分配到需要摆脱困境的分支机构或部门去做"故障检修员"。

菲德勒认为,为了提高领导的有效性,组织应当采取如下行动:第一,需要判断哪些领导者是任务驱动型的,哪些是关系驱动型的;第二,需要对领导工作环境的有利条件进行仔细的分类;第三,在改变环境还是改变领导者行为方式二者之间作出选择。可以选择领导者换岗的方法,改变领导者的工作环境,这是一个最经济、最有效的方法;也可以选择领导培训,但要确定究竟是只培训某些领导者,还是培训所有领导者。在多建构的任务中,培训一个被团队接受的任务驱动型的领导者,可能会提高他的工作效率;而对同一项工作,培训关系驱动型领导者可能会使他更加缺乏效力。另外关系驱动型而不是任务驱动型的领导者,应当为争取环境中等有利的工作条件而接受培训。

表 4-2 改变情境变量的领导行为

	增加环境的有利性	减少环境的有利性
改变领导者—员工关系	• 花更多时间与下属在一起 • 安排工作场所以外的活动 • 把有问题的成员撤出团队 • 通过更多的回报与资源来提高团队士气 • 获得人际关系技能的培训	• 减少与下属在一起的时间 • 使下属不便与你接触 • 直接参与而不需要难缠的下属
改变任务结构	• 要求转移到你熟悉的工作中去 • 避免转移到一种与现在极为不同的工作中去 • 自愿承担可使你增加专业知识的长期任务 • 寻求清晰而有详细说明的任务 • 主要通过请教专家来了解任务的属性,或获得组织内外的各种培训 • 积极寻找与利用各种可用的组织文件或资料 • 把任务分解为小而简单的工作 • 自己制定一步一步的程序并记录	• 要求频繁的调动,以保持工作的新鲜度 • 志愿到一种困难而不寻常的环境去工作 • 要求新鲜而不寻常的任务 • 把问题带到团队中,寻求建议与意见 • 更多人员参与讨论
改变职位权力	• 改进与下属之间的人际关系 • 履行组织的全部权力 • 成为一个工作上的专家 • 收集信息 • 要求增加权威性	• 让团队成员参与决策 • 分散信息 • 下放责任

根据这一模式开发的主要培训手段被称为"领导者匹配法"(leader match)。培

训的主要着眼点首先是使领导者认识自己的领导类型；其次是评价他们面临的各种领导情境。培训将使领导者懂得如何改变情境以满足领导类型的需要。根据菲德勒 1987 年所提出的方法，纳哈雯蒂将这种调整环境的具体方式总结如表 4-2①所示。

但也有一些研究者对菲德勒领导权变模型提出了疑问。批评主要集中于用“最不喜欢的合作者”的方法来测量领导行为是否是一种适当的方法。有些人认为 LPC 是一种一维的概念，它意味着任务驱动型的领导者不关心他们与员工的关系，而这并不符合实际情况。有些人质疑菲德勒将领导者的 LPC 得分作为在时间上不会改变的常量，并且完全独立于任务结构。然而，任务的性质却能够受到领导者风格的影响，比如说，一个领导者很可能会在把任务下达给团队之前已经把任务本身的性质搞乱了，使人们无法确定其中的问题与任务的结构。

四、认知资源理论

菲德勒和加西亚在 1987 年提出了认知资源理论②，探讨情境压力对领导者智力和经验发挥作用程度的影响。菲德勒又在 1995 年对该理论予以了进一步阐述③。

所谓“认知资源”(cognitive resource)，主要是指领导者的智力与经验，同时也涉及团体成员的智力与经验。智力是指可以在标准智力测试中加以衡量的行为效果；经验则是指在执行各种任务时已经学到的行为方式与技能。认知资源理论关注这两种领导者特征对在一定压力下的领导者绩效和团队绩效所具有的影响，而压力(stress)是指人际关系冲突、对绩效的关注以及组织所处的变革状态等情况。一个领导者如果高度关注绩效，或面临着与上司之间的人际关系冲突，或组织正处于一种合并与重组期，那么他可能正承受着一定的压力。

首先就智力资源来说，在一种无压力的情境下，领导者的智力是一种“资产”。特别是如果领导者属于指示命令型，他的智力可能对团队绩效起到一种积极作用。指导型领导者的智能与群体绩效的相关性，要大于那些非指导型领导者的智能与群体绩效的相关性。而在团队执行一个复杂任务时，领导智力与团队绩效显著相关。但压力使领导者的智力与绩效之间的关系变得不明显：处于一个高压环境中时，特别是在人际压力下，智力可能发生转移或对团队绩效不产生影响。在这种情况下，领导者的智能和技能量度与工作绩效是不相关的。

---

① 纳哈雯蒂：《领导力》，第 2 版，王新译，146 ~ 148 页，北京，机械工业出版社，2003。

② F. E. Fiedler and J. E. Garcia, Improving Leadership Effectiveness: Cognitive Resources and Organizational Performance, New York, John Wiley, 1987.

③ F. E. Fiedler, Cognitive Resources and Leadership Performanace, Applied Psychology: An International Review, 1995, 44 (1), p.5 ~ 28.

就经验资源来说，情况正好相反。在一种高压环境下，领导者的经验与绩效正向相关。有经验的领导者可能凭借他们已有的可靠方法，帮助团队做得更好。特别是在面对危机时，大多数组织都会寻找那些曾经经历过相同危机的领导者。然而在一个没有压力的环境中，同样一个经验丰富的领导者可能对经验有太多的依赖，因而对绩效产生不利影响。在一个压力较小的环境下，对领导者有用的是智力，而非经验。

就群体气氛来说，只有在群体成员服从领导者的指导时，领导者的计划、决策才能贯彻执行。因此，当群体全力支持领导者时，领导者的才能和工作绩效的相关性要大于群体不支持领导者的情况。而在领导者为非指导型，同时群体成员对其领导为支持型的情况下，群体成员的智能与工作绩效相关。

认知资源理论所提供的启示是：必须考虑压力在领导情境中的作用。压力会减弱领导者智力对组织绩效的正面影响，因此领导者培训中应当包括的一个重要组成部分就是所谓的"压力管理"(stress management)，即鼓励具有高认知资源的领导者更好地控制压力，使他们在压力时期能更有效地领导团队。由于智力和经验在不同压力情境下对组织绩效具有不同的影响，组织在为不同岗位选派领导者时，应当考虑到领导者的智力和经验状况。

第二节　追随者的准备程度与赫—布情境领导模型

一、对追随者状况的各种研究

领导是领导者引导追随者的过程。要确定什么样的领导方式是适当的，不能脱离开追随者的实际状况。许多研究者深入研究了追随者的状况及其对各种不同领导方式效果的影响。

(一)凯利对追随者的5种类型的分析

罗伯特·凯利(Robert Kelley)对追随者的追随方式进行了专门研究[①]。他从两个维度来评价追随者。一个维度是独立和批判性思维(independent, critical thinking)与依赖和非批判性思维(dependent, uncritical thinking)，另一个维度是主动(active)与被动(passive)。从这两个维度他区分出追随者的5种类型，如图4-5所示。

1.疏远型追随者(alienated followers)

这种类型的追随风格是独立和批判性思维与被动性的组合。这种追随者就像组织中的脓疮，是"刺儿头"，总是津津乐道地指责组织目标、政策和过程中的阴暗

① R. Kelley, The Power of Followership, New York, Doubleday Currency, 1992.

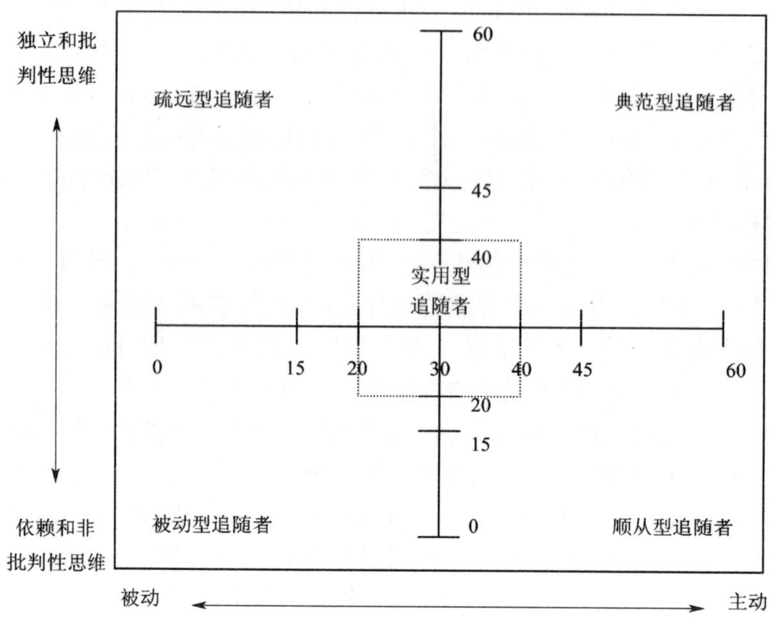

图 4-5 追随者的 5 种类型

面，而对积极方面视而不见。他们约占组织追随者的 15%～25%。人们都认为他们有能力，但太愤世嫉俗，经常抑制自己不尽最大努力。他们对自己的看法与领导者对他们的看法经常具有极大的差距。他们经常将自己说成是具有独立思考的标新立异者，具有健康的怀疑精神，是组织的真正良心。但领导者却经常认为他们是找麻烦的，喜欢挑刺，不起好作用，刚愎自用而又缺乏判断力，不能同团队成员合作，总是采取敌对的态度。罗伯特·凯利认为，疏远型追随者过去大多是典范型追随者，但由于挫折或受阻而导致不满。因此，如果他们能自我检讨，以建设性的方式解决问题来减少消极性，就会重新变为典范型追随者。

2. 顺从型追随者（conformist followers）

这种类型的追随风格是依赖和非批判性思维与主动性的组合。这种追随者是组织中唯命是从的人。他们是主动性的，随时准备毫无异议地去执行命令。但他们又是危险的，因为他们所积极执行的命令可能与社会的行为标准或组织的政策相矛盾。他们的问题在于不去批判性地评价给予他们的命令。导致这种追随者风格的原因，或是领导者的苛求和专断的风格，或是过分僵化的组织结构，有 20%～30%的追随者具有这些类型的风格，他们在个性上具有卑躬屈膝和自我轻视的倾向或回避冲突的倾向。他们被认为是忠实的工作者，是积极的参与者。但他们也需要认识到，组织也需要他们有批判性的见解。要使他们发生积极的转变，一是要使他们开始以批判性的角度去评价其他人的意见，包括领导者的意见；二是要对他们自己的观点抱有更多的自信。

3.被动型追随者(passive followers)

这种类型的追随风格是依赖和非批判性思维与被动性的组合,有 5% ~ 10% 的追随者属于这种类型。他们完全没有典范的追随者的那些特征。领导怎样想,他们就怎样想。他们在完成所分配的任务时没有任何热情。他们缺乏主动性和责任感,在完成交给他们的任务时总是需要不断的指导,从不做任何超出本分的事情。领导者经常认为这种被动的追随风格是追随者的个性所致,他们认为这种追随者是懒惰的、无能的、缺乏动力的或愚蠢的。一些被动的追随者可能具有这些特质,但如果领导者期望追随者以这种风格来行为,那么为了适应这种领导者的期望,会有更多的追随者成为被动的追随者。要改善被动型追随者的工作效率,既需要提高他们的主动性,又需要使他们进行独立的思考。

4.典范型追随者(exemplary followers)

这种类型的追随风格是主动性与独立和批判性思维的组合。他们被合作者和领导者看作是独立的,有创新精神,有创造力,愿意维护和支持上级领导。他们将才智用于为组织作贡献,即使在面对官僚风格的阻碍或被动的、实用主义的合作者时,仍是如此。他们能够提出别人不曾想到的问题,能够站在每一件事情的对立面来考虑,但又是能与他人达成共识的人,而不是破坏共识的人。有效的领导者欣赏典范的追随者的价值。这种追随者对组织的成功具有关键性的作用,因此领导者不仅应该选择这种追随者,更重要的是,他们应该创造能够激励这种行为方式的条件。

5.实用型追随者(pragmatic follower)

这种类型的追随者很少忠实于工作团体的目标,但懂得不要制造麻烦。因为不想表现突出,所以他们甘居中游,阻塞着许多组织的"血脉",有 25% ~ 35% 的追随者属于这种类型。他们阻碍着组织的发展。由于难以确定他们在各种问题上究竟会采取什么立场,因此他们表现出一种模棱两可的形象,具有正面和负面两方面的特征。就正面来说,他们有时被认为能够审时度势,知道如何利用体制来完成任务,能够保持中立,使组织不走向极端,按游戏规则行事。但同样是这些行为,又被解释为玩政治把戏,讨价还价来谋取个人私利,回避风险和掩人耳目,照章办事的官僚作风。导致这种风格的原因可能是由于组织环境、个人偏好或二者的结合。在不稳定的特别是动荡的组织环境中,这是一种躲避风暴的生存方式。但实用型追随者会感到这种生存方式很舒适,以至于在风暴过后仍然采取这种生存模式。另一种可能性是他们只是不想冒任何风险。他们可能有能力做好工作,但如果这使他们成为出头人物,他们宁可不做。对他们来说,回避失败比从成功中取得的任何可能的收获都更加重要。在组织环境中,实用型追随者可能成为利用那些能够保护他们的官僚规则的专家。如果要发起行动,他们要等到所有合作的人都签字后才肯开始行动。要改变他们的行为方式,取决于他们是否满足于仅仅在组织中求生存。如果是在危机时期,这就足够了。但如果是在机会更丰富的时期,这就不够了。如果实用型追随者不仅仅满足在组织中生存,还要追求更多的发展,那么他就会愿意在独立性和主动性两方面都加以改善。

(二)米切尔对员工控制类型的分析

在第二章中,我们曾介绍了控制类型的概念。那些认为自己能够掌握自己命运的人属于"内部控制型",而那些相信他们是受命运摆布的人则属于"外部控制型"。米切尔等人在1975年分析了员工的控制类型与领导风格的关系。他们对1 000名公用事业单位的员工的研究显示,下属的控制类型影响他们对其上级的行为方式的偏好。内部控制类型的人喜欢参与型的管理风格,而外部控制型的人却喜欢指导型的管理风格①。而杜兰德(D. E. Durand)和诺德(W. R. Nord)在1976年所作的另一项研究显示,外部控制型的上级领导者比内部控制型领导者给下属提供更多的指导②。将这两个发现综合起来,结果应当是外部控制型的下属偏爱外部控制型的领导者展现的行为。

(三)阿吉里斯对员工成熟性的分析

阿吉里斯(C. Argyris)认为,影响组织绩效的一个重要因素,是员工的成熟程度(maturity)。员工的不成熟表现为消极、依赖、对工作缺乏兴趣、行为的单一化、目光短浅、缺乏自知之明,等等;而员工的成熟则表现为积极、独立、对工作的兴趣浓厚、行为的多样化、目光长远、自我意识强,等等。阿吉里斯认为,帮助员工从不成熟转向成熟,可以更好地为组织服务,有利于提高组织的绩效。

二、生命周期模型

卡曼(A. K. Karman)吸取了阿吉里斯对员工成熟性的分析,于1966年创立了生命周期理论。该理论强调,领导的风格要与下属的成熟度相适应,在下属逐渐成熟的过程中,领导的风格应当逐渐调整。这样,在确定什么是有效的领导行为的过程中,应当把工作行为、关系行为和被领导者的成熟度结合起来考虑。在此基础上,他们建立起了领导的生命周期模型③ 如图4-6所示。

三、赫西与布兰查德的情境领导模型

赫西与布兰查德在生命周期模型的基础上,进一步发展出情境领导模型(situ-

---

① R. R. Mitchell, C. M. Smyser and S. E. Weed, Locus of Control: Supervision and Work Satisfaction, Academy of Management Journal, 1975, 18, p.197~234.

② D. E. Durand and W. R. Nord, Perceived Leader Behavior as a Function of Personality Characteristics of Supervisors and Subordinates, Academy of Management Journal, 1976, 19, p.427~438.

③ 刘建军:《领导学原理》,94页,上海,复旦大学出版社,2001。

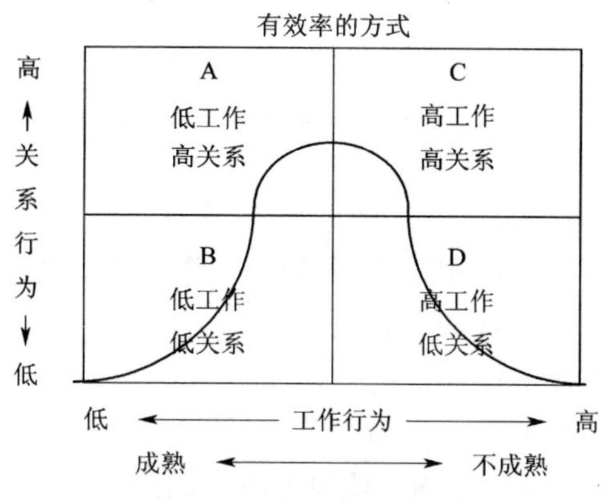

图 4-6　领导生命周期模型

ational leadership model,简称赫—布情境领导模型)①。该模型考虑了以下 3 个因素之间的相互作用:①领导者给予的指导或指示的数量;②领导者给予的关心支持的数量;③追随者在执行特定任务、职责或目标时表现的准备程度(readiness)。根据该模型的理论,不存在领导或影响他人方式的最佳风格。使用何种风格取决于领导者要影响的那些人的准备程度。

(一)领导行为的类型

1.两种领导倾向

该模型表现了两种独立的、不同的领导倾向的相互作用。一种是任务行为倾向,另一种是关系行为倾向。

任务行为(task behavior)被定义为领导者能清楚地说明个人或团队的职责和责任的程度,是指一个领导者详细地向下属说明做什么、在哪儿做、如何做和由谁做的程度。这是一个领导者的指导职责。

关系行为(relationship behavior)被定义为领导者执行的双向或多向交流的程度。这些行为包括倾听、提供方便和支持行动。

2.4 种风格

两种领导行为的相互作用产生出 4 种领导风格。

(1)告诉的风格(telling)　这种风格表现为高度的任务行为和低度的关系行为。领导者告诉下属做什么以及如何去完成不同的任务,提供具体的指导和严密的监督。

(2)推荐的风格(selling)　这种风格表现为高任务行为和高关系行为。领导者解释决定,鼓励领导者与追随者之间进行双向沟通,并帮助下属树立起自己完成任

① 赫西:《情境型领导》,载皮尔斯,纽斯特罗姆:《领导者与领导过程》,第 2 版,北京华译网翻译公司译,243 ~ 246 页,北京,中国人民大学出版社,2003。

务的信心。

(3)参与的风格(participating)　这种风格表现为高关系行为和低任务行为。领导者分享信息,以便于作决定。领导者保持双向沟通并鼓励、支持追随者运用自己的能力。

(4)授权的风格(delegating)　这种风格表现为低任务行为和低关系行为。下属被授予决策权。他们自己决定完成任务的方式与时间,并知道如何去完成任务。领导者几乎不提供任务行为或关系行为。

(二)追随者准备程度的类型

1.追随者的准备程度的两个方面

在对追随者准备程度的评估中,必须考虑下面两个独立的因素。

(1)能力(ability)　这是工作上的准备程度,是指个人或团队参与一个特定的任务或活动的知识、经历和技能。

(2)意愿(willingness)　这是心理上的准备程度,是指个人或团队有信心、赞成和努力完成一项特定任务的程度。

这两方面的因素是相互作用的,个人意愿不仅影响能力的运用,而且影响能力提高的程度。

2.追随者准备程度的4种组合

追随者的能力和个人意愿的高低程度可以构成4种组合,每个组合代表了一种准备水平(readiness level)。

(1)准备水平1　追随者没有能力并且缺乏信心和意愿去完成任务。

(2)准备水平2　追随者缺乏完成任务的能力,但愿意完成任务,也自信能完成任务。

(3)准备水平3　追随者有能力完成任务,却对自己没有信心,不确定、不放心、不愿意使用这种能力。

(4)准备水平4　追随者既有能力又愿意,还自信他们自己能完成任务。

(三)情境领导模型及其应用

在区分追随者的准备程度和领导者行为类型的基础上,他们建立起了情境领导模型。该模型有许多不同的图示方式。为清楚起见,作者采用在达布林的领导学著作中所用的扩展情境模型①,如图4-7所示。

在该模型中,追随者个体的准备水平是从水平1到水平4逐级提高的,而领导者的领导风格也随之改变。通过4个领导象限的领导风格曲线表示出与追随者准备水平相适宜的领导风格。

---

① A. J. DuBrin, Leadership: Research Findings, Practice and Skills, Boston, Houghton Mifflin Company, 1995, p.131.

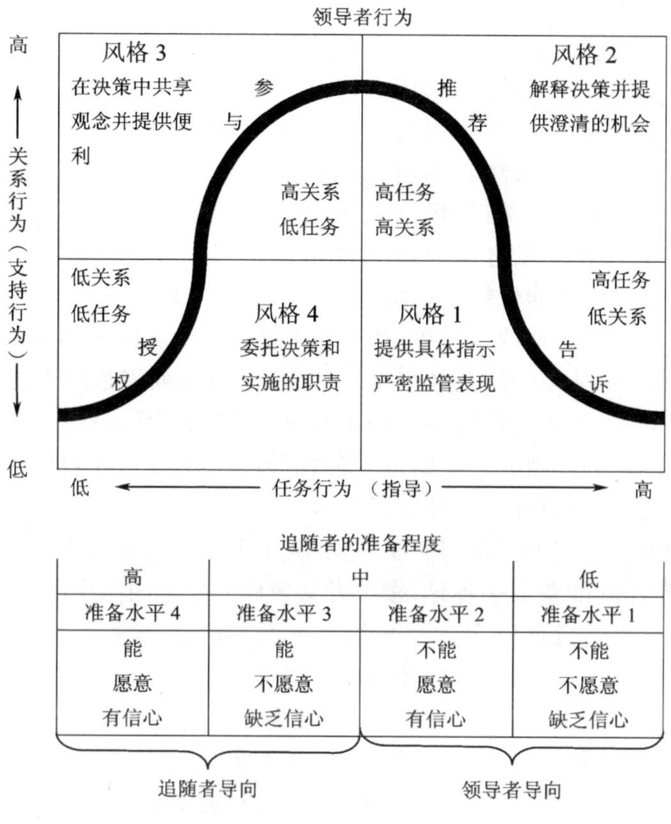

高	中		低
准备水平 4	准备水平 3	准备水平 2	准备水平 1
能 愿意 有信心	能 不愿意 缺乏信心	不能 愿意 有信心	不能 不愿意 缺乏信心

图 4-7　情境领导模型

当追随者或团队处于准备水平 1 时，要求领导者告诉人们做什么。指示、指导和建构都是适当的。

当追随者或团队处于准备水平 2 时，要求领导者使用推荐方法，回答是什么、怎样、何时、哪里和谁这样的问题。尽管领导者主要的方式是解释、说服和澄清，但他也通过这种与追随者的对话来发现问题并寻找答案。

当追随者或团队处于准备水平 3 时，要求领导者运用参与风格，同时强调任务和关系两个方面。领导者通过支持性的交流来鼓励有能力的人，并更多地采取合作的、促进的行动。

当追随者或团队处于准备水平 4 时，要求领导者下放权力。追随者或团队能够、有信心并且愿意完成任务，他们需要的只是去做的机会。尽管仍然需要一些关系行为，但追随者需要为自己确定的目标和实施行为承担责任。领导者可能只需观察，只对寻求帮助的要求作出反应，并监督结果。

赫西和布兰查德指出，以上所谈到的在每一种追随者准备水平上的领导风格，只是最可能成功的领导风格,但这也并不完全排除其他领导风格在该情境下的应用,只是其成功的可能性相对降低。他们根据在每一种准备水平下4种领导风格成功可能性的大小为它们排出了顺序。

准备水平1:风格1,风格2,风格3,风格4。

准备水平2:风格2,风格1,风格3,风格4。

准备水平3:风格3,风格2,风格4,风格1。

准备水平4:风格4,风格3,风格2,风格1。

(四)情境领导模式的优势与局限

情境领导模型具有独特的优势,几十年来被大量的美国公司所使用,获得了广泛的认可,已成为一种通行的领导模型。首先,作为一种规范的方法,它告诉领导者如何评价追随者,如何选择所定义的4种领导风格;其次,它是一种灵活的方法,没有硬性的和固定的规则。它依据每一种领导风格成功的可能性,建议通过采取适宜的领导风格,取得更好的领导绩效。

但该模型也有一定的局限性。尤克尔从4个方面对该模型提出了质疑。第一,如果每个个体的准备水平各异,领导者又怎样去处理团队中的这些不同的准备水平呢?领导者是否应该假定一个平均水平而相应地选择一种领导风格呢?第二,这种模式集中在一个情境因素即追随者的准备水平上。在大多数情境中,其他一些因素,如时间和工作压力,也影响到领导者的行为选择。当选择领导风格时,领导者也应把这些因素考虑进去。第三,该模式假定领导者能轻易地改变领导风格去适应情境,事实上,这是很难做到的。第四,对追随者准备水平的考虑,对领导专业员工的领导者来说可能意义不太,它或许对领导非专业的员工的领导者来说具有更大的意义①。格雷夫(C. L. Graeff)也对该模型所定义的追随者的准备水平提出质疑②。巴斯则认为,高关系行为和高任务行为的领导风格几乎在任何情境下都会产生最好的结果③。此外,尽管该模式得到广泛的应用,从而帮助人们提高自己的诊断能力,但是此后的许多研究却不能对其给予完全的支持。一些研究结果支持了该模式,但另一些研究却没能证实该模式的基本假设。维奇奥(Robert P. Vecchio)通过对303名教师和他们的校长的研究来全面检测情境领导模型,结果显示该模型仅适用于某些类型的员工。他发现,越是新近雇用的员工,越是需要来自

---

① G. A. Yukl and D. D. Van Fleet, Theory and Research in Organizations, in M. D. Dunnette, L. M. Hough, eds., Handbook of Industrial and Organizational Psychology, vol.3, Palo Alto, Calif., Consulting Psychologist Press, 1992, p.147~198.

② C. L. Graeff, The Situational Judgement Theory: A Critical Review, Academy of Management Journal, 1983, 8, p.285~296.

③ B. M. Bass, Bass & Stogdill's Handbook of Leadership: Theory, Research, & Managerial Applications (3rd edition), New York, Free Press, 1990, p.493.

领导者的更多的任务行为①。

第三节 决策阶段和执行阶段的不同领导方式的组合

马可吉克(Jan P. Muczyk)和赖曼(Bernard C. Reimann)在1987年发表的"指导型领导案例"的文章中② 提出:以往的研究者将指导型领导与参与型领导作为两种对立的领导方式,但在他们看来,这二者可以结合在一种领导方式中,彼此相互补充。而这种结合的关键,是要将决策过程与决策的执行过程区别开来。一个领导者在决策阶段是指导型的,并不妨碍他在执行阶段是民主型的。

一、不同阶段的领导方式

(一)决策过程的领导方式

根据决策过程中的参与程度的高低,可以将领导方式区分专断型和民主型或参与型。专断的领导者认为组织聘用他们是来作决定的,而雇用追随者则是来执行决定的。因此,在完全专断的领导中,追随者不参与作决定。与此相反,民主的领导者则认为追随者参与作决定是合法的,尽管他们可能保留作出最后决定的权力。参与并不意味着从追随者那里征求意见,在偶然的情况下,情境可能要求否定追随者的意见;有时,追随者可能必须被排除在决定之外。然而,一个真正的参与型领导者会感到有义务向追随者解释为什么他们的建议会被拒绝。

(二)执行过程的领导方式

根据在执行过程中给予追随者自主权的大小,可以区分指导型领导与许可型领导。一个高度指导型的领导者会限定追随者怎样完成任务,并在实际执行和达成结果的每一个阶段严密地进行督促;而一个许可型的领导者却会让追随者对结果负责,允许他们用自己选定的任何方式自由地执行这些任务。可以看到,这两个阶段的领导方式都涉及授权的问题。在决策过程中的参与型领导强调领导者让追随者承担为特定的任务、方案或要达到的结果作决定的某些责任;在执行过程中的许可型领导反映领导者授权追随者选择完成任务、方案或结果的方式。

二、领导方式的4种组合及其适合情境

根据对两个阶段领导方式的区分,马可吉克和赖曼提出领导者行为方式的4

① Robert P. Vecchio, Situational Leadership Theory: an Examination of a Prescriptive Theory, Journal of Applied Psychology, 1987, August, p.444~451.

② 马可吉克,赖曼:《指导型领导案例》,载皮尔斯,纽斯特罗姆:《领导者与领导过程》,第2版,北京华译网翻译公司译,247~256页,北京,中国人民大学出版社,2003。

种组合。至于这 4 种组合中哪一种是最有效的,他们的回答是:“都是有条件的”。同时,这 4 种领导方式组合的概括也是一种简化的方式,它将关键因素精简为两个对领导环境的变化最敏感的因素,如图 4-8 所示。

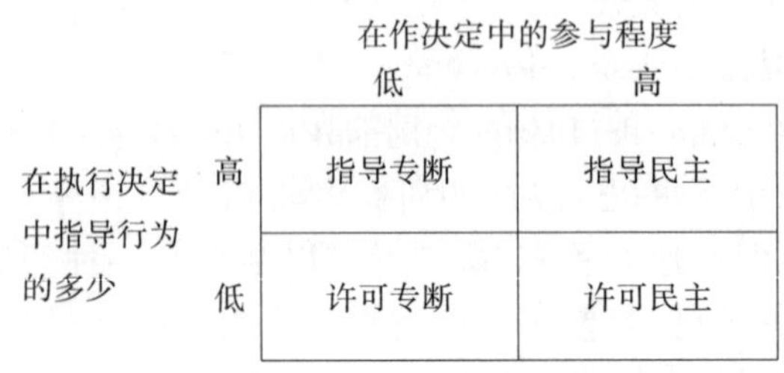

图 4-8　决策过程和执行过程领导方式的 4 种组合

(一)指导专断型(directive autocrat)

这种类型的领导者单独作决定,并经常和严格地督促追随者的活动。它适合要求快速行动、没有时间扩大员工的参与程度的环境。他们在范围和规模有限、任务结构相对较差的组织中有效,而在更大、更复杂的组织单位中,这种低程度的授权与全面的督促会让指导专断型的领导者不堪重负。它特别适合领导新的、无经验的或不能胜任的追随者。在追随者反对管理、必须经常强制他们工作时,也需要这种领导者。然而,指导专断型的领导者必须在组织或团队任务的所有方面知识丰富,并乐于成为独裁的角色。

(二)许可专断型(permissive autocrat)

这种类型的领导者也是单独作决定,但是允许追随者在完成任务时有较多的自由。它也非常适合于要求快速反应的环境,但其任务必须相对简单和有组织,其员工必须有符合要求的经验、能力和独创性。虽然仍有专断倾向,但这种许可型领导者相信,追随者能开展自己的工作,而不需要经常督促。但这种许可也可能只是由于领导者不愿意在经常督促上花时间。专断型的领导者必须确信他们的追随者是服从的,因此他们很难不考虑许可的后果,除非他们能找到某些可以用来替代个人指导的方式,如明确界定的或常规化的任务、技术、激励系统、职业标准,以及强有力的组织文化,等等。

(三)指导民主型(directive democrat)

这种类型的领导者在作决定时邀请追随者充分参与。然而,他们仍然经常和严格地督促员工,以确信他们恰当地执行了被民主分配的任务。当员工参与决策过程是重要的时,这种领导方式的组合就是适当的。例如,一项非常复杂的任务,涉及许多相互依赖的活动,在这种环境中,时间概念不如技术重要。这时需要广泛的指导,因为员工缺少经验和能力,缺乏可靠性和独创性。如果领导者倾向于分享作决定的权力，但又不真正相信追随者的可靠性，指导和民主联合起来也是必要的。在这4种领导行为组合中，指导民主型的组合可能在绝大多数的领导环境中都是最有效的。这种组合要求领导者必须具有非常的指导性，才能弥补他们的追随者在能力和独创性上的欠缺。

(四)许可民主型(permissive democrat)

在一定意义上，这是一种理想的领导类型，因为它使员工参与作决定并在执行决定时享受到很大程度的自由。许可民主型适合于员工参与能够带来信息和激励的任何组织。然而，这种领导行为要求高度称职的员工，要求一些可以替代个人指导的有效方式，以及达成一致意见的足够时间。另外，领导者必须重视民主过程，并相信追随者的能力、判断和动机。

三、组织生命周期的变化与领导方式的变化

由于大多数组织在成长时会经历一些根本性的变化，这便产生了一个问题：是否某种领导风格和手段在一个组织的整个生命周期内都适合？马可吉克和赖曼的回答是否定的。他们认为，一个组织会经历不同的发展阶段，而适合的领导风格也会变化。许多在一个阶段内成功的领导者发现，他们的领导风格在下一阶段内不再有效。当组织处于规模较小、结构较简单的发展初期，或面临极大的困境和危机时，容许领导者采用更多的指导和专断的领导方式。但当组织到了成熟期，规模急剧扩大、结构日益复杂时，就要求领导者采用更多许可和参与的领导方式。他们用一些公司领导者的成败实例来说明自己的观点。

福特汽车公司领导者亨利·福特一世(Henry Ford)在所有方面都是一位指导专断型的领导者。这种领导方式挽救了福特汽车公司，但当公司的规模和复杂性已经超越了一个人绝对管理的极限时，他继续采用指导专断型方式领导，结果使公司接近破产。

当民达航空公司(People Express)在其新航线刚开始建立时，其创建者和首席执行官伯尔(Don Burr)是许可专断型的领导者。他通过强调自主工作团队、不断地轮换工作、薪水与利润挂钩和给予每个人以管理者的头衔，将许可专断型领导行为发展到了极限。这种高度革新的组织方式受到了广泛的赞扬，公司在创业阶段的一步登天也被归功于此。然而，该公司在试图用这种方式走入成长的下一个阶段时，却遭遇了极大的困难。公司的爆炸式的扩展无疑增加了组织的复杂性，也使公司在寻找和聘用称职的高级人员时越来越困难。不幸的是，领导层并不愿意改变那些导致公司早期成功的基本要素。不可避免的结果是：工作状况严重恶化，巨大损失达到顶点，公司最终被得克萨斯州航空公司接管。

罗伯特·哈泽德(Robert C. Hazard)是百思特西方国际公司(Best Western International)的首席执行官，他是位指导专断型的领导者。他的领导风格在百思特西方

国际公司的创业和成长阶段的迅速增长中获得了巨大成功，他将无利润的汽车旅馆连锁店在 1974—1980 年间从 800 个增加到 2 597 个。然而，这种在组织创业时成功的领导风格在组织成熟时却表现出消极的结果。当百思特公司已经发展成一个成熟的、高度规范化的组织时，其管理者都是有信心、有能力的管理人员。它的下属旅馆公司的管理者现在比快速增长时期更加关注利润和独立性，并希望能有一个最出色的领导者来管理日常工作。而哈泽德的指导专断型作风却不能满足他们的要求。最后，哈泽德被迫辞职，而这被下属旅馆公司的管理者看作是一种解放。新任首席执行官罗纳德·埃文斯是一位许可民主型领导者，公司对他非常满意，他也受到各下属公司的“高度重视”。但哈泽德又在担任处于创业阶段的夸利提国际旅馆公司（Quality Inns International）的首席执行官时重新获得了成功。这家公司具有快速成长的雄心，是百思特公司的竞争者。它刚刚经历了一个下降和几乎破产的阶段。它的下属旅馆公司需要一个强有力的领导者，来告诉它们去哪里和怎样去，这需要指导型的领导者，而哈泽德正是公司实现转型所需要的“创业型”领导者。

在美国银行，先前的 AW 首席执行官克兰森（Tom Clansen）被描述为独裁者，他是一个不愿听从他人意见的人。但当这家公司成为敌意收购者的目标时，他被重新起用来拯救这个公司。这说明，当组织处在极度困难时期时，会寻求指导专断型领导的救助。

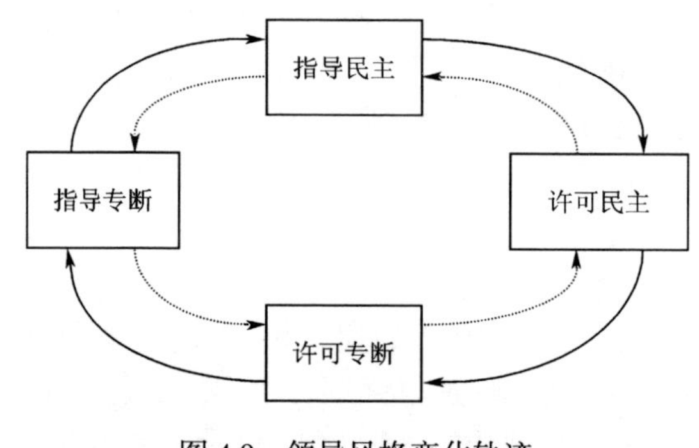

图 4-9　领导风格变化轨迹

马可吉克和赖曼认为，像百思特公司那样直接从指导专断型的领导变更为许可民主型的领导，只是一个极端的例子，这种突然的和极端的转换是一种例外。当组织从成长阶段的早期向更成熟、更复杂的阶段发展时，领导者可以采取渐变的方式改变自己的领导风格：可以先改变领导风格的一个维度，再改变另一个维度。如先从指导专断型转变为许可专断型或指导民主型，然后再转变为许可民主型。同时，每一个方面的转变也都可以采取渐变的方式。他们用一种循环图来表示这种领导变化的轨迹，如图 4-9 所示。

第四节　情境对领导作用的抵消、加强与替代

鲍尔斯和西肖尔在1966年曾经提出，某些行为对于有效的团体运作来说非常重要。在某些情况下，这些行为（如支持、工作及相互作用的便利条件、目标重点）需要由领导者作出。然而，他们进一步指出，并不是必须由领导者作出这些行为，这些行为可以被某些因素所替代，如同事、自我以及组织的特征，技术和工作设计等①。

克尔等人在1974年发表的一篇文章中指出，大多数领导理论都暗含有这样一个假设，即在任何环境中，必然有某种领导方式是有效的，但现有的研究并不必然支持这种假设②。进一步指出，就追随者的满意和表现而言，有许多个人、工作和组织因素可以替代或抵消领导者行为。在1978年克尔与杰米尔所写那篇经典的《领导的替代者：意义及其衡量》③ 文章中，提出了领导的"替代者"（substitutes for leadership）和"抵消者"（neutralizers for leadership）的概念，并对其意义和测定进行了具体的分析。此后，他们又提出了与领导的替代者和抵消者相对应的"加强者"（enhancers for leadership）的概念。但在他们的研究中，实际涉及的并不是对整体意义上的"领导"的抵消和替代因素，而是对某种具体的领导行为的抵消和替代因素。

一、领导的替代者、抵消者和加强者的概念与种类

（一）替代者、抵消者和加强者的概念

"领导的抵消者"是指在工作环境中那些阻碍着领导者按照自己的意志行事，或者会抵消某种领导者行为的影响的因素。

"领导的替代者"是指在工作环境中那些可以替代某种领导者行为的因素，它们不仅使领导行为不可能，而且使其变得不必要。它们涉及组织的特征、技术、工作及其追随者等因素，由于它们可能提供有效开展工作的某种激励、指导、奖赏及满足感，从而使得领导者的行为变得不那么重要。

"领导的加强者"是指在工作环境中那些可以加强某种领导者行为的影响的因

---

① D. G. Bowers and S. E. Seashore, Predicting Organizational Effectiveness with a Four-Factor Theory of Leadership, Administrative Science Quarterly, 1966, 11, p.238 ~ 263.

② S. Kerr, C. Schriesheim, C. Murphy and R. Stogdill, Toward a Contingency Theory of Leadership Based Upon the Consideration and Initiating Structure Literature, Organizational Behavior and Human Performance, 1974, 12, p.62 ~ 82.

③ 克尔，杰米尔：《领导权的替代者：意义及其衡量》，载皮尔斯，纽斯特罗姆：《领导者与领导过程》，第2版，北京华译网翻译公司译，401 ~ 415页，北京，中国人民大学出版社，2003。

素，如工作压力和追随者对领导行为的期望。

抵消者和替代者都会降低领导者行为对追随者的表现和满意程度的影响。但二者之间确实存在着理论上的区别，因为抵消者的影响是一种"影响真空"，并由此产生了许多功能失调问题；而替代者则提供了某个人或某个事物来取代已经无效的领导者的影响。这一重要的区别首先是由冯格利诺(M. A. Von Glinow)在其博士论文中提出的。

(二)替代者与抵消者的种类

克尔和杰米尔进一步从追随者的特征、工作的特征和组织的特征 3 个方面确定了那些对两类具体的领导者行为具有抵消和替代作用的因素[①]，如表 4-3 所示。

表 4-3　领导的抵消者和替代者

特　征	将会抵消关系取向的、支持性的、以人为中心的领导行为(如体恤、支持以及相互方便的行为)	将会抵消任务取向的、指导性的、以工作为中心的领导行为(如建构、强调目标重心及提供工作便利的行为)
追随者的特征		
1.能力、经验、教养、知识		×
2.需要独立	×	×
3.专业方向	×	×
4.不在乎组织奖励	×	×
工作的特征		
5.没有歧义的日常工作		×
6.方法单一		×
7.自身可以提供成就反馈		×
8.内在的令人满意的特性	×	
组织的特征		
9.规范化(明确的计划、目标和责任范围)		×
10.不可变易性(严格的、不可改变的规则和程序)		×
11.非常明确的咨询和参谋功能		×
12.紧密结合的、团结的工作小组	×	×
13.组织奖励不受领导者控制	×	×
14.上下级之间存在空间距离	×	×

他们对表中涉及的一些因素的替代功能进行了具体的解释。

---

① 皮尔斯，纽斯特罗姆：《领导者与领导过程》，第 2 版，北京华译网翻译公司译，403 页，北京，中国人民大学出版社，2003。

1.专业方向

具有某种专业方向的员工主要发展的是横向关系而非纵向关系,更多地信任同事的非正式评价过程而不是正式评价,并且倾向于在组织外寻求肯定评价。这种态度和行为在很大程度上削弱了等级制领导权的影响。

2.方法单一

这种工作源于一系列的相互依赖,源于固定的、机械的操作,或者源于高度标准化的工作方法,它会形成工作的"推动力",从而充当等级制领导权的替代者。

3.内在的令人满意的特性

一主一特性会成为工作的"牵引力",从而充当等级制领导权的替代者。

4.由工作本身提供绩效反馈机制

由工作本身提供绩效反馈机制,尤其是对于那些有着高度发展需要的员工来说,明确直接地获知绩效结果,会使他们达到一种有利的心理状态(内在激励、总体满意、追求效率)。由工作提供的反馈信息常是:①最直接的反馈渊源,假定不能经常召开表彰会议;②最准确的反馈渊源,假定存在要权衡别人表现的问题;③最能激发自我评估和内心积极性的反馈渊源,假定别人的反馈受到信息方面的限制。相比之下,正式的领导者提供反馈的功能可能是微不足道的。

5.团结的相互依赖的工作小组以及积极的咨询和参谋人士

这样的工作小组和参谋人士也能够提供正式的领导者所能提供的不太重要的绩效反馈功能。在一个成熟的组织机构中,固定的绩效标准和职务分工是其内在特性。源于他人的工作指导和反馈,可能由正式的领导者直接提供,也可能由领导者通过工作小组中的其他成员间接提供,或者由工作小组中的主要成员、全体职员或顾客直接提供。如果后四种情况较为普遍,那么正式领导者的作用可能微不足道。当然,具有凝聚力的工作小组也是满足归属需要的重要渊源。

6.组织规范化和组织的不可变易性

根据研究,在工作的易变性程度中等偏低、工作的相互依赖性程度较低的条件下,非个人化的计划安排是最常用的协调策略。因此,书面的工作目标、指导大纲、基本规范(组织规范)以及严格的原则和程序(组织的不可变易性),在某些情况下会代替领导者进行协调。只有当低成本的非个人化的策略不适宜时,包括正式领导者在内的个人和小组协调模式才有可能变得很重要。

需要注意的是,表 4-5 中 14 个特征都是领导的抵消者,但并不都是替代者。例如,追随者的"能力、经验、教养以及知识"可能削弱领导者的影响,至于是否能充当领导权的替代者却并不明确。真正的知识和能力能够充当替代者的角色,而能力错觉及虚幻的自尊心所产生的可能仅仅是一种抵消效果。另外,"空间距离"、"不在乎组织奖励"、以及"组织奖励不受领导者控制",并不能使正式的领导权变得不必要,只能产生某种环境使有效的领导变得不可能。如果奖励明确地为他人所控制，这些人就有可能充当正式领导者的替代者。然而，当没有人知道奖励由谁控制，或奖励与上级紧密相关，或与人为控制之外的其他因素紧密相关，或奖励对人们根本就没有吸引力时，由此导致的影响真空必然会引起功能失调。

（三）抵消者和替代者的作用范围

首先，他们指出，要区别所抵消或替代的是领导者行为的"直接影响"还是"间接影响"。例如，由于工作"能够自身提供反馈"这一特征，可以为追求成就感的追随者提供即时的满足（直接影响），但是并不能抵消上级帮助下级获得将来奖励的能力（间接影响）。与此相反，追随者的经验、知识可能会妨碍领导者改善追随者的表现，从而取代以工作为取向的领导行为的间接影响，但可能不会抵消直接影响，如表 4-4① 所示。

表 4-4　对领导行为的直接影响或间接影响的抵消或替代

特　征	将会抵消或替代关系取向的、支持性的、以人为中心的领导行为（如体恤、支持及相互方便的行为）		将会抵消或替代任务取向的、指导性的、以工作为中心的领导行为（如建构、强调目标重心及提供工作便利的行为）	
	直接	间接	直接	间接
替代者：				
追随者的特征				
1.能力、经验、教养、知识			×	×
3.专业方向	×	×	×	×
工作的特征				
5.没有歧义的日常工作			×	×
7.自身可以提供成就反馈			×	
8.内在的令人满意的特性	×			
组织的特征				
12.紧密结合的、团结的工作小组	×		×	×
抵消者：				
4.不在乎组织奖励		×		×
13.组织奖励不受领导者控制		×		×

其次，他们认为，对替代建构的更精细的解释，还应确定其他领导者行为，并确定其他可能替代领导者行为的因素，而不应局限于体恤和建构这两个领导维度。

他们指出，领导的替代者有助于说明领导者行为与追随者行为之间的相互影响。一方面，领导者行为可能引起追随者行为的变化，在这种情况下，领导者的行

① 皮尔斯，纽斯特罗姆：《领导者与领导过程》，第 2 版，北京华译网翻译公司译，409～410 页，北京，中国人民大学出版社，2003。

为是原因，而追随者的变化是结果，领导的替代者作为一种调节变量或抑制变量会降低由领导者行为引起追随者态度和行为变化的程度；另一方面，领导者行为的变化可能是由追随者的某种态度和行为引起的，在这种情况下，追随者的态度和行为是原因，领导者行为的变化是结果，而领导的替代者会成为改变领导者行为的促进原因之一。

一般来说，任何组织都不希望领导的替代者太强大，以至于完全取代领导者；也不希望领导的替代者太弱，使得追随者不得不完全依赖领导者。在大多数组织机构中，某些领导者行为可能存在替代者，而在另一些组织机构则不存在。因此，他们认为有效的领导可以被描述为能够为追随者提供其他渊源所不能提供的必要的指导和良好的感觉的能力。就这一观点而言，那种认为不管情况如何，领导者都应该自己为追随者提供指导和良好感觉，否则即为无能的观点，显然是不正确的。因此除非不存在提供指导和良好感觉的替代者，否则，领导者没有必要总是以“9，9”型领导风格行事。

二、对替代者和加强者的建构

前面对替代者和抵消者的分析，只是将他们作为抑制领导行为影响力的一种客观现象。领导者能否主动地构建替代者与加强者，使之成为一种领导工具呢？

乔恩·豪威尔（Jon P. Howell）等人在1990年发表的“领导权的替代者：有效的选择到无效的领导方式”的文章中认为①，领导方式替代者可以用来作为开展工作、提供指导和激励的可选择方案之一。特别是当存在组织问题时，领导方式替代者能起到重要的补救作用。而当领导者并不是问题的根源所在，或者领导者是问题的根源所在，但是更换、培训领导者以及改善领导者与环境之间的协调关系花费过高、政治上不可行或者耗费时间过长时，构建领导方式替代者的补救作用尤为明显。

（一）替代者的建构

乔恩·豪威尔等人认为，领导方式的替代者使得领导者对其追随者的满意和表现施加影响的可能性和必要性减少，它们用自己的影响取代了领导者的影响。建构领导方式替代者的一个主要优点，在于它对源于领导方式薄弱的问题能够提供除更换、培训或环境设计之外的其他补救措施。关键是应当承认，领导者自身以外的其他来源形成的工作指导和激励也能产生有效的结果。当缺乏其他有效激励来源时，上级领导能发挥主导作用；当存在着能够产生有效激励的其他来源时，上级领导很少有机会而且也没有必要施加影响。

① 乔恩·豪威尔等：《领导权的替代者：有效的选择到无效的领导方式》，载皮尔斯，纽斯特罗姆：《领导者与领导过程》，第2版，北京华译网翻译公司译，416～425页，北京，中国人民大学出版社，2003。

他们提出了以下7个方面的替代者建构。

1.由受过专门训练的人组成的紧密结合的小组

在一个紧密结合的工作小组中,每一个人的工作经验与训练都比命令式的领导方式重要得多。特别是在高度危险的状态下,需要小组的每个成员都具有在应对紧急情况过程中密切合作的能力。要对小组的每个成员进行广泛的训练,不论他们之间是否具有上下级的等级关系,这种训练也可能包括无视远离现场的管理者的命令而独立决策和工作。在这种情况下,每一个人的经验和训练,以及工作小组成员的密切联系,取代了管理者的命令权。

2.提高内在满意度

对位于美国西部的一家大型工厂的研究发现,雇员从自己的工作中获得的内在满意是领导方式强有力的替代者。这个公司生产的睡袋包括高级和低级两种。工厂要求全体员工在所有的生产线上轮流作业,任何一个工作小组都不可能要求独立生产某种产品。但管理报告指出,工人在填充高级睡袋时,上级的命令是不必要的,而产量和质量却超过管理部门的预期。据报道,在这种生产线上工作,工人会感到很骄傲,并且通常能够自己或与同事一道解决困难。而低档生产线上生产睡袋的情况则完全不同,质量问题随处可见,工人很少会协力解决困难,也不在乎是否能达到产量或质量标准。这表明,工人从生产高档产品中获得的内在满意弱化了对监督式领导方式的需要。

3.计算机技术

劳勒指出,拥有计算机控制的一体化生产线和网络计算机系统的公司,依靠计算机取代了许多管理者的领导功能。产品的数量和质量资料由计算机反馈;对某项工作的指导通过计算机系统进行;就连对错误的检测和对目标的设定也能反映在某些相互作用的计算机系统之中。当单个的工人能够使用该资料,并且能够进入某个网络,请求不在工作现场的领导者解决问题时,他们变得越来越独立于领导者,并自己解决问题。因此,计算机化的信息技术替代了某类领导权。领导方式替代者通过为追随者提供领导者所不能提供的工作指导和激励,有助于提高组织效率。就这一点而言,对于一个组织领导者来说,当他经常不在时,创造某种具有广泛控制作用的替代者,或者赋予替代者临时性的非管理职责,是非常有意义的。当一个领导者离任而又没有确定继任者时,或者当有必要对地域上比较分散的追随者进行管理时,或者追随者在文化上对等级制领导方式比较抵触时,替代者的作用也非常大。

4.广泛的职业教育

专业员工在未到公司之前就受过正规教育,他们能够完成很多工作任务,而无须借助于上级的技术指导。他们的教育也包括许多社会化的成分,包括对自主和自我控制的需要。其结果可能是,他们既不需要也不会接受领导者的指导。在这种情况下，职业教育和社会化能够替代正式的领导方式。杰弗里·福特（Jeffrey Ford）1981 年的研究发现，在出版社、银行支行以及中西部的大学中，追随者所受到的广泛的职业教育可以充当指导性的、支持性的领导方式的替代者。如果一个领导者认同这一观点，并就工作指导和人际支持建立同事权力的平等系统，那么职业教育就可以对领导行为产生积极的替代作用。在运作良好的医院和大学中可以发现这种方法的运用。在这些地方，精心设计的领导方式替代者随处可见。因此，对医生渎职行为的指控，经常由同事组成的检查小组进行调查；大学中的职位升迁和终身职位的授予决定，在很大程度上取决于同事的评价，而他们并没有正式的领导权。事实上，许多校长已经认识到，人们强烈抵制的批评意见，如果来自由同事组成的检查小组，则会被勉强接受。运用这种方法的诀窍在于建立一定的准则和建构，当需要反馈时能随时提供反馈，而不是在情况变得不可收拾时才提供反馈。

5.选择和培养独立能干的个人

即使追随者没有受过很多的正规教育，但与其经验相联系的工作能力也可以充当等级制领导方式的替代者。卡明斯工程公司、通用汽车公司以及宝洁公司都减少了凌驾于工人之上的管理人员，而选用和发展了一批独立能干的工作人员，他们很少需要监督，或者说根本就不需要监督。

6.取代等级制反馈

工作指导中最重要的因素之一是绩效反馈。在缺乏反馈时，执行工作的能力不可能提高，也不可能保持其积极性。大多数组织机构都为其管理人员设定了提供反馈的责任，即使是他的工作不同于其追随者的工作，或者他不能充分了解追随者的专业技术知识因而不能提供值得依赖的反馈。然而，许多组织机构已经意识到，来自顾客、同事以及工作自身的反馈，都能充当等级制反馈的强有力的替代者。查理·曼茨和汉克·西姆斯对一家美国公司进行了研究。这家公司是按照自我管理的工作小组的理念组织起来的，每个小组有 8 ~ 12 人不等，他们被安排从事彼此密切相关的生产。小组之间相互独立，每个小组自己编制预算，进行内部分工，监督质量控制统计和工时数，处理成员的缺勤和纪律问题。小组成员自己召开会议解决问题。有一个上级领导者负责各个小组，但他并不提供工作指导或支持，仅仅是鼓励工人进行自我监测、自我评估和自我提高。他们发现，事实上，最有效的工作小组是那些领导者完全不提供任何指导和支持的小组。有效的领导者将大量的时间花在更高一层的管理上：为小组争取各种资源，培训新员工，指导小组进行同事间的反馈和评估等。

7.程序替代

在许多组织机构中，详细的工作规则、指导大纲、政策及工作程序，在某种程度上都能成为非领导者重要的工作指导源泉，从而取代等级制领导方式。这类领导方式替代者对紧急情况下的持续工作尤为适用。例如，如果某个公司的分支机构的管理者在雇用、解雇、请假、提拔以及人力资源方面前后不一致，会使公司被起诉的机会增加。再如，在管理商品购销时，其差价可能是合法的，但会增加成本。在这些情况下，组织机构通常都会规定程序、规则及指导大纲，以取代或排除管理者的处理权限。

表4-5列出了一些建构领导行为替代者的具体策略。

表4-5 创设领导者的指导和支持行为的替代者的策略

发展同事之间的指导系统： ·同事的认可提高了追随者对反馈的接受程度 ·相互检查的"质量圈"增加了工人对产品质量的控制 ·建立同事支持网络，在同事间建立良师益友机制 ·通过机构内部的出版物及其他方法树立领导者的形象	提高追随者的专业知识： ·根据员工的专业知识配备人员 ·提高员工能力和经验的计划 ·鼓励积极参与专业知识的交流
完善组织的行为规范： ·自动的组织奖励制度(如佣金或分红) ·集体目标管理计划 ·公司的任务说明及行为规则	重新设计工作： ·用以提高来自工作的绩效反馈 ·用以提高对工作重要性的认识
提高行政人员的功效： ·专门化的培训人员 ·解决人际问题的高手 ·帮助生产者的技术顾问	开展小组活动以发展如下的管理技巧： ·自己解决工作中的问题 ·自己解决成员间的人际冲突 ·为成员提供相互间的支持

(二)加强者的建构

领导方式加强者的特征在于，它能够扩大领导者对追随者的影响。当领导者具有有效管理的能力，同时其个人目标又与组织目标一致，但其领导的有效性却因某一个或几个抵消者而受阻时，创设领导方式的加强者便极富意义。加强这类领导者权力的一种方法，是改变组织的奖励机制。例如，使之能够使用其他资源，赋予其更大的分配现有资源的权力，或者使追随者为了获得更多的物质和财政资源而增加对领导者的依赖。另一种加强方法，是给予该领导者获得关键信息和与有威信的高层人士接触的机会，例如使其成为人所共知的、有威信的工作主力中的一员。在这种情况下，权力的加强来自于领导者与权力和重要信息来源之间的联系，同时也来自于对他人的某种暗示，即该领导者可能会对高层人员产生重要影响。同时，对4家大医院的研究发现，发展一种有着严格的行为准则的文化，能够极大地加强护士长命令式领导方式的影响。表4-6列出了一些建构领导行为加强者的具体策略。

(三)利用领导方式的抵消者

领导方式的抵消者会妨碍领导者对其追随者施加影响，但并不能取代领导者对其追随者的影响，因而形成一种"影响真空"。乔恩·豪威尔等人进一步确认了三种领导方式的抵消者。

表 4-6　创设领导者的指导和支持行为的加强者的策略

提高追随者对领导者的影响力和专业知识的了解： ·为领导者提供一种人所共知的支持 ·赋予领导者一种重要的组织责任	增加领导者的职务权力： ·改变头衔以提高其地位 ·增加奖励的权力 ·增加资源基础
建立组织环境： ·小小的奖励会增加追随者自信心 ·强调组织仪式和神秘性以鼓励团队精神 ·为追随者设定目标以鼓励团结及良好的行为规范	建立具有良好行为规范的团结的工作小组： ·提供有利于小组工作的物质环境 ·鼓励追随者参与对问题的集体解决 ·提高小组地位 ·开展小组之间的竞争
提高追随者对领导者的依赖程度： ·制造某种需要采取紧急措施的危急情况 ·提高领导者提供信息的中心地位 ·取消层级审批制度	

1.空间距离

当追随者从事的工作远离其领导者时，许多常用的领导实践变得作用有限，有时几乎不可能进行领导。随着跨国经营的公司越来越多，空间距离作为潜在的领导方式抵消者，其作用变得越来越重要。

2.奖励机制

公司严格按照资历给予奖励，或严格限制员工可能获得的奖励的数额，或通过集体合同使做同一类工作的所有员工薪酬相同，或奖励完全由更高层的管理机构控制，严格限制直接领导者对员工薪酬水平的影响能力，在这些情况下，领导者行为的影响力就会受到很大限制。

3.越权管理

当处于高位的领导者不断地越过某个层级的管理者而直接处理其追随者的事务时，就会产生一种迥然不同的抵消者类型。而如果较高层级的领导者连续地废止某个管理者的命令和指示，则会产生另外一种抵消类型。这通常是由于上级领导者对下级管理者行为的担心造成的。

在一般情况下，领导方式的抵消者会使组织失调，导致严重的消极后果。但乔恩·豪威尔等人认为，在某种特殊情况下，它也能产生积极的后果。例如，在一家石化公司，某工种的设计指挥者具有专业知识，并且负责几个重要项目的工作。他虽然不能胜任工作，却又不可能被替换。在找到能够替换他的人选之前，作为一种临时的解决办法，就是限制他与员工之间的日常交往，给他安排许多技术性而非领导性的工作，从而使他对决策的影响被极大地削弱。在这种情况下，由领导方式抵消者引起的“影响真空”状态要优于先前存在的领导状态。

(四)对领导无效问题的解决思路

如何运用以上理论来解决领导无效的问题呢？乔恩·豪威尔等人以决策树的形式表达了他们所提出的克服问题领导者的无效领导方式的思路，如图 4-10 所示。

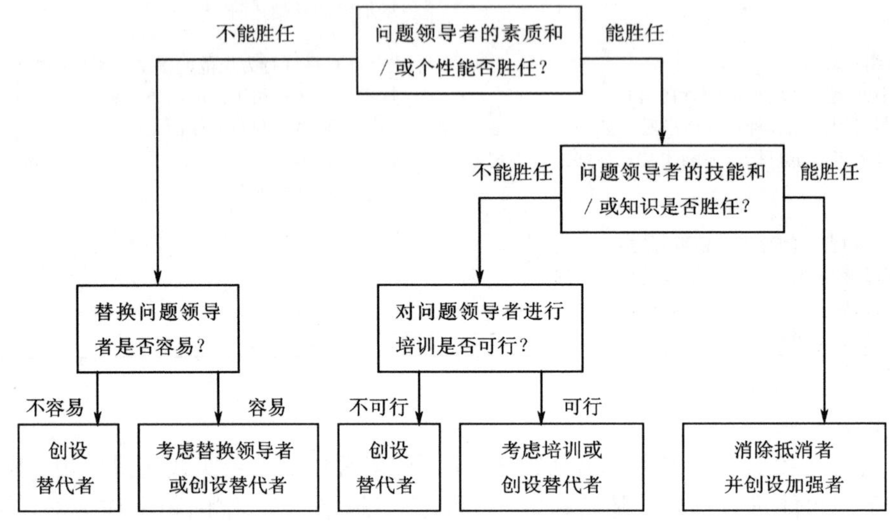

图 4-10　克服管理方面无效领导的决策树

他们通过回答 11 位管理者提出的领导问题，显示如何利用替代者、加强者和抵消者来解决领导问题，如表 4-7。

表 4-7　利用领导方式的替代者、加强者和抵消者解决领导问题

领导问题	加强者	抵消者	替代者
领导者不能获知本部门的详情；追随者之间很难合作	不起作用	不起作用	发展自我管理的工作小组，鼓励小组成员在部门内部或跨部门交流
领导者能胜任工作，但其领导不被服从或受到消极抵制	通过加强领导者对奖励和资源的控制而增加追随者对他的依赖；增加他们对领导者在工作小组以外的影响的了解	不起作用	发展同事之间指导制定决策的体系
追随者工作做得很好，而领导者却不能赏识	不起作用	不起作用	发展某种独立于领导者而运作的奖励体系；丰富工作内容，使其具有内在的令人满意的特性

续表

领导问题	加强者	抵消者	替代者
领导者没有设定目标或明确员工之间的职务分工	不起作用	不起作用	在选用追随者时,强调其经验和能力;建立集体设定目标体系;发展一种期待良好绩效的组织文化
领导者的行为长期以来反复无常	不起作用		建立集体设定目标和集体奖励的制度
高层管理者经常越过某领导者而直接处理员工方面的事务,或者撤销该领导者的命令	加强领导者对奖励和其他资源的控制;通过本部门的支持或可见的“重要”责任树立领导者的形象	扩大追随者与上层管理者的距离	增加雇员的专业化程度
某一部门混乱不堪或失去控制	不起作用	不起作用	建立高度正规的计划、目标、惯例和责任领域
领导方式粗鲁、专制	不起作用	使追随者远离该领导者;使奖励脱离该领导者的控制	建立集体设定目标机制以及同事对绩效的认可机制
组织的不同分支机构之间不一致	不起作用	不起作用	增加标准化制度;建立一种以行为为基础的奖励制度
领导方式长期不稳定;领导者不停地调换,并且/或者离开岗位	不起作用	不起作用	设立能干的顾问小组;提高雇员的专业化程度
责任管理非常薄弱;也没有明确的继任者	不起作用	安排有问题的领导者从事非领导性工作	在选用员工时强调其能力;对员工进行更多的培训

三、该理论的经验验证及进一步发展

领导替代者理论引起了研究者们的极大兴趣。许多研究者通过进一步的研究来检验和发展该理论。

组织学的研究表明,工作环境中有许多不同的力量构造着组织成员的行为和思想,同时又是成员的动力和满意的渊源。这些力量包括社会系统设计(如组织和工作单位)、技术、工作设计以及领导者的动议建构,它们代表着 4 个环境建构渊源。皮尔斯(J. L. Pierce)等人 1984 年通过考察每一种建构渊源对员工态度(如满意程度、工作介入程度、认同感)、内在动力及行为(如工作表现和缺勤率)等的相对影响,发现技术、工作设计及工作单位建构均可替代领导动议建构。除非其他环境建构渊源很弱,否则领导动议建构与员工的反应之间几乎不存在什么特殊的联系。

最强的替代者通常出现在员工的工作设计中①。

波得萨阔夫(P. M. Podsakoff)及其助手 1993 年发表的研究成果发现,许多替代因素(如追随者的工作及组织特征)对雇员的态度、感觉和表现均有实质性影响。他们认为这一研究结果有力地支持了克尔和杰米尔的观点,即领导者的行为并不能完全解释员工的态度、感受和行为差异,其原因之一在于员工的态度、感受和行为差异受到领导环境的影响。这种领导环境涉及追随者的特征、工作的特征和组织的特征。但他们的研究结果对领导替代者理论的证明是有保留的,他们的结论是:①在决定工作满意、支持及角色感觉方面,替代者比领导行为更重要;②在雇员表现方面,领导者行为似乎比替代者更重要;③在角色冲突、奉献精神、出勤及尽责方面,替代者与领导者行为有同样的影响②。波得萨阔夫等人于 1994 年采用心理测试的方法来检验该理论,1996 年又对该模式进行了大范围的组织测试,但都没有得出完全支持该模式的结论③。他们对领导替代者研究又进行了元分析,结果支持了克尔和杰米尔 1978 年的观点。他们的研究结果表明:一般说来,领导替代者比领导者行为更能独立解释标准变量方面存在的差异。通过对 10 名雇员反应的分析,领导的替代者平均能解释标准差异的 20.2%,而领导者行为仅能解释其中的 7.2%。但他们认为,这并不能表明领导者行为不重要,它的确影响其追随者的态度、角色感觉及行为④。

查尔斯·曼茨在 1986 年提出的“自我领导”概念,在某种意义上是领导替代者的一个应用。具有自我领导意识(如自我指导和自我控制)的追随者在从事某种行为时,可能使得来自于领导者的同样的行为变得没有必要。根据曼茨的结论,可以假设,具有强烈自我意识的人(基于组织的自尊心和广义的自我效能)更有能力进行自我领导,并且成为指导性领导的替代者。该方法的特色是:让员工以自我领导的方式来执行自我激励的任务以及完成自我管理的必要工作。它要求员工应用自我观察、自我设定目标、暗示管理、自我回报以及自我批评的行为技巧。能够自我

---

① J. L. Pierce, R. B. Dunham and L. L. Cummings, Sources of Environmental Structuring and Participant Responses, Organizational Behavior and Human Performance, 1984, 33, p.214～242.

② P. M. Podsakoff, B. P. Niehoff, S. B. MacKenzie and M. L. Williams, Do Substitutes for Leadership Really Substitute for Leadership? An Empireical Examination of Kerr and Jermier's Situational Leadership Model, Organizational Behavior and Human Decision Processes, 1993, p.1～44.

③ P. M. Podsakoff and S. B. MacKenzie, An Examination of the Psychometric Properties and Nomological Validity of Some Revised and Reduce “Substitutes for Leadership” Scales, Journal of Applied Psychology, 1994, 79, p.702～713. P. M. Podsakoff, S. B. MacKenzie and W. H. Bommer, Transformational Leadership Behaviors and Substitutes for Leadership as Determinants of Employee Satisfaction, Commitment, Trust, and Organizational Citizenship Behaviors, Journal of Management, 1996, 22, p.259～298.

④ P. M. Podsakoff, S. B. MacKenzie and W. H. Bommer, Meta-analysis of the Relationships between Kerr and Jermier's Substitutes for Leadership and Employee Job Attitudes, Role Perceptions, and Performance, Journal of applied Psychology, 1996, 81, p.380～399.

影响的员工可以利用自我激励和自我导向，圆满地完成工作。而领导者也通过支持员工学习成为自我领导者而执行超级领导的职责。领导者通过开始时的示范、引导下属的参与，逐渐发展员工的自我领导能力，积极释放下属的自我管理能力①。

第五节 不同的文化价值与领导方式的差异

一定的领导行为是否有效，在一定程度上还受到不同社会和组织文化价值的影响。对此，一些研究者进行了较深入的研究。

一、评价文化差异的各种不同尺度

（一）霍尔的交流语境尺度

霍尔（E. T. Hall）在1976年从语言交流方式的角度区分了"高语境文化模式"和"低语境文化模式"，用来解释不同民族文化群体在交流方式上的差别②。所谓"语境"（context），是指互动和交流的环境和信息背景。处于"高语境"（high-context）文化环境中的领导者，高度依赖交流中的环境信息，包括非语言的暗示和情景因素，达到相互交流、理解与认识的目的，同时他们也高度依赖个人的人际关系进行沟通。而处于"低语境"（low-context）环境中的领导者，则主要通过明确的、特定的口头和书面方式理解人和环境。

根据他的划分，沙特阿拉伯、意大利、法国、越南、朝鲜和中国属于高语境文化的国家。在这些国家中，微妙的身体姿势、语调、过程细节、个人的头衔和身份都在很大程度上传递着行为的信息。要达到沟通，不必总是需要明确而特定的方式，彼此间的信任被认为比正式书写的文件和具有法律效力的合同更为重要。相比较而言，德国、北欧诸国、瑞士、美国、英国和加拿大属于低语境文化的国家。在这些国家中，人们注意字斟句酌的语言表达，口头陈述和写在纸上的东西比非语言的信息和情景显得更为重要，人们彼此之间的交往也由此变得更加明确而简单清晰。

高语境和低语境文化之间的差别，能够解释很多领导者在跨文化交流和沟通过程中遇到的问题。当领导者在领导与自己具有不同语境文化的下属时，可能会遭遇挫折。一个注重特定指令而不注重人际关系的低语境文化的领导者，可能在高语境文化环境中无法使下属尽心尽力地贯彻其指令。同样，具有低语境文化的

① C. C. Manz, Self-leadership: Toward an Expanded Theory of Self-Influence Processes in Organizations, Academy of Management Review, 1986, 11, p.585 ~ 600.

② E. T. Hall, Beyond Culture, Garden City, N Y., Anchor Press, Doubleday, 1976.

下属可能会以率直的谈吐冒犯具有高语境文化的领导者，他们的言谈举止被认为是粗鲁的。

（二）法泰克的两个尺度

法泰克（Arvind V. Phatak）1983 年提出了评估文化差异的两个价值尺度。

1. 注重形式—不注重形式（formality / informality）

这一尺度反映的是人们对传统、仪式、社会准则和等级排序的重视程度。注重形式的文化非常重视传统、仪式、社会准则和等级排序；而不注重形式的文化则对传统、仪式、社会准则和等级排序持一种随便的态度。根据他的调查，拉丁美洲国家的工人是非常注重形式的，而美国和加拿大的工人却不注重形式。

2. 紧迫的时间取向—闲适的时间取向（urgent time orientation / casual time orientation）

这个尺度反映的是人们对时间的重视程度。具有紧迫时间取向的人将时间视为一种稀有资源，并缺乏耐心；而具有闲适时间取向的人却将时间视为不受限制的、无限可用的资源，他们更具有耐心。美国人被认为是具有紧迫时间取向的，他们经常设定最后的时间期限，并急于将工作完成。而亚洲人和中东人被认为是具有闲适时间取向的，他们在谈判中更具耐心①。

（三）霍夫斯泰德的 5 个价值尺度

格尔特·霍夫斯泰德（Geert Hofstede）历时 18 年，涉及 15 万多人，跨越 64 个国家，确认了用于解释领导跨文化差异的 5 个价值尺度②。他先是对 40 个国家的 IBM 员工进行了超过 10 万次的访谈调查，随后又补充对儒家文化国家和地区的 IBM 员工进行了调查。他认为，管理不是孤立的，它与在家庭、学校和政府里等各种场所发生的事情息息相关。文化就是一个群体或种族与其他群体或种族相区别的一种心理表现的集合体。它是一种构造，这一方面意味着它并不能仅通过观察而被轻易理解，但是却能够从一些口头的表达和其他的行为中被推断出来；另一方面这又意味着它在预测其他的可观察和可测量的口头和非口头的表述时通常是有效的。

霍夫斯泰德主要研究的是国家文化，而不是组织文化或企业文化。在他看来，国家文化和组织文化是两个非常不同的现象。国家文化的不同在于每个国家的大部分成员在其童年时代就获得的那种基本的、不可见的价值观。然而，组织文化则是一种更肤浅的现象，它主要来源于组织可见的实践。国家文化改变得非常慢，而组织文化则可能不断改变，尽管这也并不是非常容易的。文化差异使得跨国公司

---

① Arvind V. Phatak, International Dimensions of Management, Boston, Kent, 1983, p.22 ~ 26.

② 霍夫斯泰德：《管理理论中的文化约束》，载皮尔斯，纽斯特罗姆：《领导者与领导过程》，第 2 版，北京华译网翻译公司译，275 ~ 288 页，北京，中国人民大学出版社，2003。

有别于普通的国内公司,他所作的 IBM 公司的案例显示,这些跨国公司雇用那些有着极度不同国家文化价值观的雇员,而将这些雇员联系在一起的是建立在共同实践基础之上的企业文化。

霍夫斯泰德通过对不同国家的雇员和管理者的价值观所作的比较分析,总结出跨文化差异的 5 个尺度。

1.个人主义—集体主义(individualism / collectivism)

该尺度反映的是个人的利益和集体的利益何者具有优先权的价值情感,霍夫斯泰德将其定义为一个国家的人们更愿意作为个体去行动而不愿意作为群体去行动的程度。在一个个人主义的社会里,一个孩子很早就开始考虑“我”而不是“我们”。他希望有一天自己能够自立而不再需要群体的任何帮助。因此,他们也不需要对群体保持忠诚。集体主义是低度的个人主义,在集体主义社会里,一个孩子要学会尊重他所从属的群体,并且要能够区别群体的内部人和外部人。当孩子长大时,他依然是这个集体内的一员,当陷入困境时,他希望这个集体能够保护他。作为回报,他必须终生对组织保持忠诚。在他的调查中,加拿大、英国和美国的文化更偏重个人主义,而中国的香港、希腊、日本和墨西哥的文化更偏重集体主义。

2.权力差距(power distance)

权力差距反映的是社会成员对成员间具有不同的权力水平的接受程度。霍夫斯泰德将其定义为在人口比较适中的国家里人们之间不公平的程度:从相对的平等到绝对的不平等。高的权力差距表明,领导者单独作出决定是因为他们是领导者;低的权力差距表明,社会体系的成员不会自动地承认特权阶层的权力。在他的调查中,法国、日本、西班牙和墨西哥属于高权力差距;德国、以色列、日本和意大利属于低权力差距。

3.不确定性规避(uncertainty avoidance)

不确定性规避反映的是人们对不确定性和模糊性的容忍程度。霍夫斯泰德将其定义为一个国家喜欢非制度性社会或制度性社会的程度。所谓制度性社会是指在那里有明确的规则,人们也知道如何去按照规则处事。这种规则可能是书面的,也可能是非书面的,但受传统文化或习惯制约。在那些不确定性规避高的国家里,人们表现得更为紧张和忧虑,人们的感觉是“不同的是危险的”;在那些不确定性规避比较低的国家,人们表现得更为轻松和灵活,人们的感觉是“不同的是值得好奇的”。在他的调查中,澳大利亚、加拿大和美国属于低不确定规避的国家,而阿根廷、以色列、日本和意大利属于高不确定性规避的国家。

4.男性化—女性化(masculinity / femininity)

霍夫斯泰德认为,这一尺度反映的是那些与坚强有关的价值观超过那些与脆弱有关的价值观的程度。男性化通常包括果断、成绩、成功以及竞争;女性化通常包括生活的质量、保持平和的人际关系、服务、关心弱者以及团结。在他的调查中,意大利和日本属于男性化高的国家，而丹麦和瑞典属于女性化高的国家。

5.时间取向(time orientation)

霍夫斯泰德认为，在时间上的长期取向是朝向未来的，如节俭和坚持，抱有并不急切期望投资立即获得回报的长远观点；短期取向是朝向过去和现在的，如遵守文化传统和履行社会职责，具有即刻出结果的需要和较低的储蓄倾向。在他的调查中，环太平洋国家属于长期取向的国家，加拿大和美国属于短期取向的国家。

他对一些主要国家和地区的调查结果总结在表4-8中。

表4-8　10个国家或地区的文化维度得分表

国家或地区	权力差距	个人主义	男性化	不确定性规避	长期取向
美国	40低	91高	62高	46低	29低
德国	35低	67高	66高	65中	31中
日本	54中	46中	95高	92高	80高
法国	68高	71高	43中	86高	30*低
荷兰	38低	80高	14低	53中	44中
中国香港	68高	25低	57高	29低	96高
印度尼西亚	78高	14低	46中	48低	25*低
西非	77高	20低	46中	54中	16低
俄罗斯	95*高	50*中	40*低	90*高	10*低
中国内地	80*高	20*低	50*中	60*中	118高

注：①高=排序在前1/3；中=排序在中间1/3；低=排序在后1/3。(前面四个因素是研究了53个国家和地区得出的，第5个因素是研究了23个国家和地区得出的。)

②*表示该数值为估计值。

二、不同文化对管理思想和管理方式的影响

霍夫斯泰德认为，一种管理思想总是在一定的文化背景下产生的。因此，在一个国家适用的管理理论，并不一定适用于其他国家。特别是美国的管理理论并不适用于与美国文化不同的其他国家。对此，他进行了具体分析。

(一)美国的管理理论与美国文化

霍夫斯泰德认为，美国的管理理论反映了美国的文化。美国文化具有其他国家不具备的3个因素。一是市场进程上的压力。美国的管理理论将市场作为基本出发点或基本模型，将组织看作是市场失灵的结果。组织最理想的控制原理是个体之间的竞争。这种哲学适合于一种将不太大的权力差距和不太强的不确定性规避结合起来并具有集体主义的社会。二是个体上的压力。美国的管理文化中有一种趋势，即从树木看森林，并且将文化上的不同归因于个体之间的相互作用。三是以管理者为中心而不是以工人为中心的压力。在美国的企业文化中，管理者被认

为是核心元素。这可能是那些带有极强男性化的极端个体联合的结果，它已经将管理者变成了文化英雄，他被设想在任何时间都在作决定。在这个国家中很少对雇员进行调查，而更多的调查是在管理者当中展开的。

霍夫斯泰德认为，管理的理论和实践都只在国界内有效。他写道："人们越来越痛苦地发现，发展不是靠外力、压力就可以实现的，它需要构建一种基础文化体系，而这需要花时间。本地的管理人员是这个基础文化体系的一部分，他们不可能从外国照搬照抄。认为国外所谓的先进管理技术和理论能够发展国家的这种假设，事实上证明是一种可叹的缺乏根据的妄称。其实，最好的方法是能够和当地管理者平等地作一次协商，由西方伙伴提供他们的技术，由当地伙伴提供当地的文化、习俗和情感特点。"①

1. 德国的技术文化与管理方式

霍夫斯泰德认为，美国的管理理论不适用于德国。在德国，管理者不是文化英雄。如果有英雄，那也是工程师充当此角色。美国人弗雷德里克·泰勒（Fredric Winslow Taylor）的"科学管理"是设想在一个移民的社会里，来自不同文化背景、拥有不同技艺的大量工人一起工作。而德国不存在这个前提条件，从中世纪以来持续存在的非常有成效的学徒训练体系，是一种将实践工作和教学授课相结合的训练体系，它适用于工厂的经营和管理。学徒期结束，工人可获得一个证书，这在全国是通用的。大约有 2/3 的德国工人持有这种证书，并以此为骄傲。实际上，有相当一部分德国公司总裁就是从学徒身份慢慢升上来的。相反，在英国，有 2/3 的工人几乎没有任何工作资格证书。技艺高超又负责任的德国工人与美国工人不同，他们不需要管理者来激励自己，他们希望老板分配任务，在解决技术问题上他们是行家。对德国、英国和法国相似组织的比较表明，德国人在个人生产力作用上排名第一，而在领导才能和人际关系作用方面排名最后。

2. 日本的团队文化与管理方式

霍夫斯泰德认为，美国型的管理者在日本也不存在。在美国，企业的核心是管理阶层，而日本企业的核心则是终身制的工人阶层。那些为了工作目的而被雇用的工人都希望被终身雇用。他们与临时性的员工截然不同：大部分被老板临时雇用的妇女和承包小组在萧条时期便被解雇。日本的大学毕业生起初会加入永久性工人组织，随后填补各种各样的位置空缺。虽然酬金是根据资历深浅而不是位置高低领取的，但他们一有机会就从生产线跳到管理层。在需要作重大的决定时，他们就参加日本式的咨询团体，尽管这会延长作决定的期限，但能保证决定作出后迅速地被执行。日本人很大程度上是受他们同阶层的集团而不是他们的经理控制

① 霍夫斯泰德：《管理理论中的文化约束》，载皮尔斯，纽斯特罗姆：《领导者与领导过程》，第 2 版，北京华译网翻译公司译，281 页，北京，中国人民大学出版社，2003。

的。美国的领导理论并不适合日本的团队氛围。日本人建立了他们自己的PM理论,P(performance)代表工作业绩,M(maintenance)代表维护或保持。后者包括对于员工个人的关心,但更多的是对保持社会稳定的关注。

夏威夷大学的3位研究员对中国、日本和美国典型的学前教育作了观察研究,并制作了录像带。在日本人的学前教育中,一个教师带28个4岁小孩。录像里一个特别讨厌的男孩广木和其他小孩打架,将教学用具从阳台上扔下去。当一个小女孩报告老师时,老师回答说:“找我干什么?你应该知道怎么做!”在美国的学前教育里,每个教师带9个孩子,这个班级也有个问题小孩格伦,他不肯收拾他的玩具,一位教师就把他带到一个角落里与他长谈,直到他改变主意。不难想象,30年后管理广木与管理格伦的过程和方式还将是不同的。

3.法国的等级文化与管理方式

霍夫斯泰德认为,美国型的管理者也不存在于法国。根据法国研究员菲利普(Philippe d'Iribarne)在1989年对在法国、美国和荷兰的3家子公司进行的深入研究,法国的原则就是社会各阶层各有尊卑。社会总是保持着明显的层次性:上层人士表现得像上等人;下层人士接受并期望能成为上层人士,他们意识到在等级中处于低层次,但也尊敬同阶层的人。法国人考虑身份时,并不根据一个人是否是管理者,而是根据他是否是“cadrer”(政府和企业中负有责任的高级人员)。通过进入正规学校,一个人可以成为cadre并永远保持其地位。不论cadre的实际目标如何,他有进入高层社会的优先权,而非cadre跻身上层社会则是非常罕见的。工人出身的美国人弗雷德里克·泰勒的管理理论1913年被译为法文,cadre出身的法国的管理理论先驱法约尔读后感觉一般,但为泰勒以“8工序体系”代替“联合操作原则”而感到震惊。他写了一篇评论,指出在20世纪初法国和美国的管理理论冲突越来越明显了。泰勒的理论一点也不关心权力的问题,他关心的是效率。他建议将第一线管理人员的任务分解成8道工序,每道工序由不同的人完成。这种思想最终产生了矩阵组织的观念。而法国人洛朗(Ahdré Laurent)在一项调查中发现,法国管理者强烈反对这种矩阵组织中一个员工可以向两个管理者报告的做法,而美国管理者在同项调查中没有这么多担忧。矩阵组织理论在法国不会像在美国那样受欢迎。

4.荷兰的自由文化与管理方式

霍夫斯泰德认为,荷兰的激励体制和领导体制与美国的不一样。荷兰是西欧第一个共和国,一直是也仍将是利益平衡的多党制国家。荷兰的领导者被认为是谦虚的,美国的领导者则是过分自信。没有一种美国的领导理论能在荷兰立足。在荷兰工作并非都很惬意,荷兰的管理体制对平庸之才有一种内在的包容,而对优秀人才则会产生嫉妒。荷兰的领导者会长时期地讨论以便达成一致意见,并且假装很谦虚。菲利普的研究发现:在荷兰,管理原则是各群体意见取得一致的需要,它既不由缔约关系也不由阶级差别预先决定,而是建立在观念的开放互换和利益平衡的基础之上的。对来访荷兰大学的美国商科学生与荷兰学生进行比较,让他们描述毕业后的理想工作,使用22个关于工作特征的词汇。美国人强调的是收入、晋升、利益、与老板良好的工作关系以及职业的稳定性;荷兰人则更注重适应工作方法的自由、在作决策时能得到老板的建议、培训机会、为组织成功所作的贡献、充分发挥才能和技术以及帮助他人。

5.海外华人家族文化与管理方式

霍夫斯泰德当时的调查显示,在美国的海外华人企业几乎都缺乏现代管理的所有特征。它们一般都比较小,其特征是在私人关系的基础上和其他的小型组织合作。它们是家庭所有制企业,管理权和经营权没有分离。而两权分离的企业在西方是非常典型的,即便在日本和韩国也是如此。华人企业通常集中在一种产品或一个市场上,随着机会的不断变化而不断发展。在这方面,它们非常灵活。决策的制定权主要集中在家族中主要的领导者手中,但是其他的家族成员也可能被赋予机会去发挥他们的技能。他们不注重企业外表,并具有极强的成本意识,在实践中他们持有儒家的节俭和坚持的信念。他们认为非家族成员缺乏对企业的忠诚度,那些优秀的非家族成员都会等待和积累,直到创建自己的家族企业,所以他们的企业一般都只能保持很小的规模。海外华人更喜欢从事像日用品贸易和房地产之类的经济活动,在那里用很少的人力就能够获得巨大的收益。除了他们的儿子以外,他们很少雇用专业管理人员,有时候他们也让他们的儿女来管理企业。他们的儿女一般都被送往国外著名的大学学习,但是回国后一般都能用中国人的方法继续管理他们的企业。这种缺乏系统性的运作体系,是建立在中国人的社会历史传统之上的。在中国的传统社会中,缺乏正规的法律制度,仅有建立在儒家道德理论基础之上的正式的权力网络。当权者的喜好能改变一切,因此除了自己的亲属,没有人值得信任。

最后,霍夫斯泰德还谈到了俄罗斯和中国。他认为,要理解俄罗斯,可以看托尔斯泰的《安娜·卡列尼娜》。俄国农民过去是农奴,农奴制在1861年废除,但是小说中的农民,准确地说是佃农,仍然像以前一样十分消极。列文想通过将田地分割成许多小块分别出租给农民,并以收取租金(一般指谷物)的形式来改变这种消极状况。但是这些农民却让土地进一步荒芜。同样,他认为,要理解中国,可以看曹雪芹的《红楼梦》。当探春接管了大观园之后,她说:“不如在园子里所有的老妈妈中,拣出几个本分老成能知园圃的事,派准他们收拾料理,也不必要他们交租纳税,只问他们一年可以孝敬些什么。一则园子有专定之人修理,花木自有一年好似一年的，也不用临时忙乱；二则也不致作践，白辜负了东西；三则老妈妈们也可借此小补，不枉年日在园中辛苦；四则亦可省了些花儿匠山子匠打扫人等的工费。将此有余，以补不足，未为不可。”① 在霍夫斯泰德看来，20 世纪 80 年代在中国农村实行的联产承包责任制，也是按照这种思路操作的，它进行得非常成功。

通过对各种不同文化差异的考察和对比，霍夫斯泰德并没有对在各种文化背景下什么是最合适的领导方式提供各种具体的答案，而只是对那种忽视文化差异的领导研究提出了挑战。他写道："我并不是在提供一种答案，我仅仅是在辩驳反对那种幼稚的普遍主义思想，这种思想认为对于发展只有一种方法，那就是美国人理解的工作方法。"②

三、国家和群体文化对组织文化的影响

纳哈雯蒂在《领导力》一书中区分了文化的三个层次，即国家文化、民族和群体的文化，以及组织文化。国家文化是指在一个国家范围内所有人共同拥有的价值观和信念；民族和群体的文化包括国家内的各种亚文化，如不同民族、宗教、性别、地区的文化；组织文化是由一个组织的所有成员共同拥有价值观、标准和信仰的集合。国家文化存在于生活的各个不同方面，不论是在个人的日常生活中还是在组织活动中，都给人们的行为形成强烈而无时不在的影响，而组织文化的影响则通常限于与工作相关的观念和行为范围。然而，组织文化受到国家整体文化和各种分支文化的深刻影响③。

然而，国家文化和群体文化对组织文化究竟有何种影响呢？特朗潘纳斯（F. Trompenaars）对此进行了专门的研究。他对 47 个国家的 1.5 万人次进行了调查，并于 1994 年提出一种模型，用以解释国家文化对组织和公司文化的影响④。在他看来，尽管需要根据许多不同的因素来理解不同的国家文化，但对多文化型组织的文化而言，以下两种因素的区分是更为重要的：①平等主义或等级主义；②个人取向或任务取向。将它们放在一个坐标系中考察，会得出 4 种不同的多文化型组织的文化，它们是国家文化和组织文化特征的组合（见图 4-11）。领导者在每种文化类型中的角色是不同的，领导者对员工的激励方式和评价标准也应以此为参考。

---

① 曹雪芹、高鹗：《红楼梦》，785 页，北京，人民文学出版社，1988。

② 霍夫斯泰德：《管理理论中的文化约束》，载皮尔斯，纽斯特罗姆：《领导者与领导过程》，第 2 版，北京华译网翻译公司译，283 页，北京，中国人民大学出版社，2003。

③ 纳哈雯蒂：《领导力》，第 2 版，王新译，8～9 页，北京，机械工业出版社，2003。

④ F. Trompenaars, Riding the Waves of Culture: Understanding Culture and Diversity in Business, London, Nicholas Bresley, 1994.

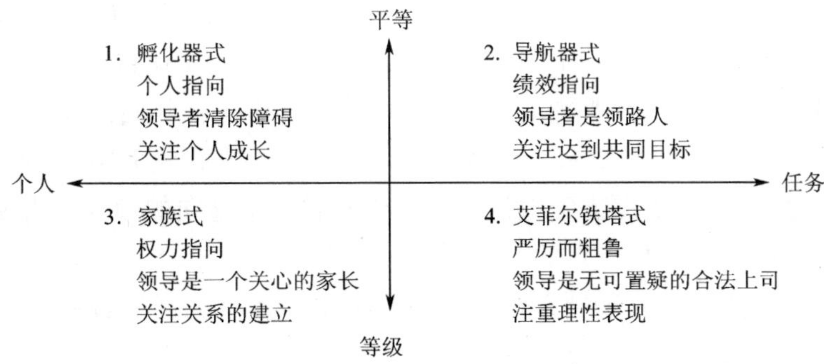

图 4-11　多文化型组织的 4 种文化组合

1."孵化器式"(incubator)文化

这种文化具有平等主义色彩,关注个人需求,在美国和英国的许多处于开始成长的高技术公司中,经常可以看到这种文化的表现。这种自由主义文化典型地表现为专家有相当的自由,来随心所欲地从事自己的工作。在这样的组织中,领导者应该从事组织协调而非指挥命令,领导必须是专家才能胜任,他的角色是提供资源,解决管理冲突,解决行动中的障碍。

2."导航器式"文化

这也是一种平等文化,但它关注的是任务的完成情况,而非个人需求。作为一个结果,组织文化是非个人的,它必须以组织的名义,而且是任务取向型的。在这类组织中,领导者被期望以专家或共同参与者身份出现,人们工作在一个平等的团队组织中,遵从效率标准。特朗潘纳斯把美国国家航天航空管理局作为这种文化的典型代表。

3."家族式"文化

这种文化强调多等级和多层次,它关注个人,更像一个传统的家庭。领导者扮演着一个极具权威的父亲的角色,对所有成员的福利负责。它主要在希腊、意大利、新加坡、韩国和日本等国家存在。

4."艾菲尔铁塔式"文化

这种文化也是多等级、多层次的,它注重于任务,兼具等级层次和任务指向的特征。多数法国公司组织具有这种文化特征,它追求严厉、稳定、高大、神圣而不可侵犯,注重通过合法而又无可非议的领导权威,关注命令和命令下达后执行的结果。这种文化环境中的领导者是一个组织的绝对权威,对所有的事情负全部责任。

四、各种领导方式在不同文化中的有效性

在文化对领导方式有效性的影响这一问题上,存在着两种对立的观点。情境

主义主张,有效的管理和领导过程必须反映它们所在的文化。在区别不同国家团队的领导方式时,必须注意每个国家所具有的独一无二的文化特征,如语言、信念、价值、宗教和社会组织。而普遍主义主张,领导过程存在着共同的倾向。例如,史密斯(P. B. Smith)和彼得森(M. F. Peterson)1988 年的研究就力图证明:通常在许多美国的领导模式中,占据支配地位的任务导向和关系导向的领导行为模式,在集体主义文化的研究中也是有效的①。

为了具体弄清有效的领导方式在不同的文化中具有怎样的普遍性和差异性,一些研究者进行了具体的研究。

(一)克莱特纳的总结

克莱特纳(Robert Kreitner)综合了罗德里格斯(Carl A. Rodrigues)1990 年发表的研究成果②和霍夫斯泰德与邦德(Michael Harris Bond)1988 年的研究成果③,根据路径—目标理论模型提出的 4 种领导方式,对比了 14 个国家和地区对这些领导方式的接受性。并将研究结果制成表 4-9④。

表 4-9　14 个国家接受 4 种领导方式的情况

国家或地区	指示型	支持型	参与型	成就导向型
澳大利亚		×	×	×
巴西	×		×	
加拿大		×	×	×
法国	×		×	
德国		×	×	×
英国		×	×	×
中国香港	×	×	×	×
印度	×		×	×
意大利	×	×	×	
日本	×	×	×	
菲律宾	×	×	×	×
瑞典			×	×
中国台湾	×	×	×	
美国		×	×	×

① P. B. Smith and M. F. Peterson, Leadership, Organizations and Culture: An Event Management Model, Beverly Hills, CA., Sage, 1988.

② Carl A. Rodrigues, The Situation and National Culture as Contingencies for Leadership Behavior: Two Conceptual Models, in S. Benjamin Prasad, ed., Advances in International Comparative Management, Vol.5, Greenwich, Conn., JAI Press, 1990, p.51~68.

③ Geert Hofstede and Michael Harris Bond, The Confucius Connection: From Cultural Roots to Economic Growth, Organizational Dynamics, 1988, Spring, p.4~21.

④ Robert Kreitner, Management, 5th ed., p.647, Boston, Houghton Mifflin, 1992.

(二)多尔夫曼的研究

多尔夫曼(Perter W. Dorfman)等人对日本、韩国、中国台湾、墨西哥和美国5个国家或地区的大型跨国公司和国家级的公司总共1 598个管理者和专业人员进行了调查。选择这些国家和地区,主要是因为它们代表了在各种尺度上(如个人主义/集体主义、不确定性规避、权力差距、工业化程度、家长制作风、东方与西方对工作和权威的态度上)相当多的文化变量。

在领导方式的选择上,他们主要综合了豪斯的路径—目标理论模型和尤克尔1994年提出的多样化联系模型。在他们所提出的模型中,组织行为和工作情况是最终变量,工作满意程度和职责的模棱两可性影响组织行为和工作情况,领导行为影响工作满意程度和对职责的解释,而文化既是影响领导方式的偶然变量,又是影响整个领导效果的中间变量。在图4-12的图示中,实线代表因果关系,虚线代表调节关系。

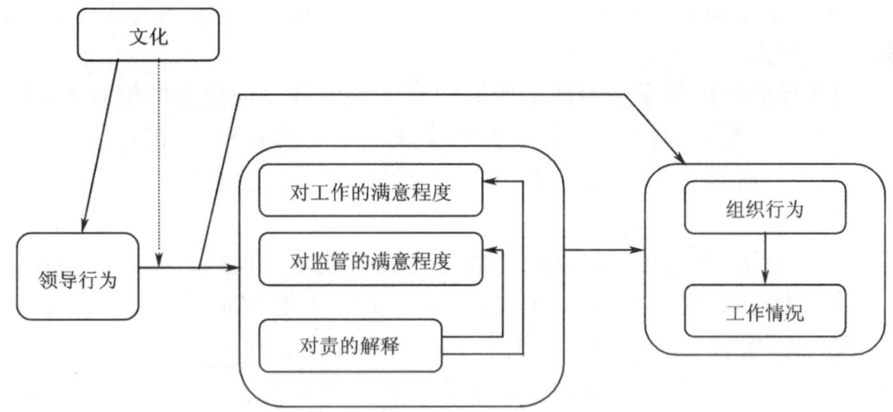

图4-12 文化对领导过程的影响

根据这一模型,他们主要考察了以下6种领导方式在各种不同国家中的使用频率和效果。

①直接式:阐明工作预期和分配任务。

②支持式:表明对追随者福利的关注,表现热心、尊重和信任。

③突然的奖赏:领导者提供奖赏、积极的反馈和对好的工作情况的突然承认。

④突然的惩罚:宣布对不好的工作情况的不满意和提供突然的负面反馈。

⑤个人魅力:在追随者之间激励和发展信心,设置有挑战性的目标,鼓励高期望值。

⑥参与式:咨询,要求建议,从追随者那里获得与重要决策有关的信息。

总的来看,在所研究的6种领导者行为中,支持、突然的奖赏和个人魅力这3种领导行为在所有5种文化中都产生了同样的积极影响;参与、直接式和突然的惩罚这 3 种领导行为只在两种文化中有积极影响。突然的惩罚只在美国能取得理想的效果,在其他文化中只有不确定或不理想的效果。多尔夫曼等人进一步对支持、突然奖赏和魅力领导效果的普遍性及直接的、参与的和突然的惩罚的效果的文化差异性进行了分析。

(1)关于支持、突然奖赏和魅力领导效果的普遍性　他们认为,领导者的支持行为和突然的奖赏的效果普遍性是不奇怪的。支持的领导者关注追随者,体恤并乐意听从追随者的建议。突然奖赏的领导者表现出对追随者好的工作成绩的欣赏并给予认可和赞赏。在 5 种文化之间,这两种行为之间的关系系数是 0.65 或以上;在对亚洲 3 种文化的因素分析中,存在两种行为模式间的重复。表现出支持性的、和蔼和关心他人的领导,在所有文化中都是有价值的和有影响力的。集体主义文化的奖励制度,通常被认为是团队导向的,但是即使在集体主义文化中,领导者明显地行使突然的社会奖励是个人化的,并有积极的效果。这些发现支持了法尔(J. L. Fahr)等人 1987 年提出的领导者突然的奖赏行为是高度的无文化差异的领导模式这一观点。

魅力领导的积极效果普遍性是他们没有预料到的。但他们的解释是:领导行为在本质上是感情化的,并对追随者的跨文化测量的满意程度有持续的影响。显然,在所研究的所有文化中,个人魅力式领导导致了中层管理者和专业人员的积极的追随者态度。

(2)关于直接、参与和突然性惩罚的影响的文化差异性　直接式领导在美国、日本和韩国没有直接影响。在美国,这是由于美国文化非常高的个人主义和中低程度的权力距离,再加上在美国组织中受过高等教育的管理者和专业人员的普遍的参与风气所致;在日本,这是由于日本管理者只是简单说明一般目标,而允许追随者运用自己的方式来实现这些目标。直接式领导在中国台湾和墨西哥具有高度的影响。在中国台湾,这是由于中国文化中的家长制和等级制的影响;在墨西哥,这是由于身份意识与高权力距离所致。

参与式领导在美国和韩国有积极效果。在美国,这是由于高个人主义倾向所致;在韩国,这可能是由于韩国管理者向追随者咨询作决定的趋势正不断加强所致。参与式领导在墨西哥和中国台湾没有积极影响,这是由于它们历史上长期的武装冲突形成了强有力的中间领导,较低的个人主义降低了个人影响组织过程的愿望。中国台湾的管理者倾向于谨慎地控制信息,使用独裁的决定方式,与他们的追随者保持权力距离。在墨西哥,缺少可供参与的公司建构、高度的集体主义和缺少信任使参与式领导没有效果。

参与式领导在日本没有作用,这是完全出乎他们意料的。他们认为这可能是由于日本的工人参与的实践形式与美国实践的参与式领导的形式不同,结果也会不同。在日本,领导者将问题交给团队并让团队解决,领导者在实施前会听取团队的意见,但是问题属于团队,领导者要为团队的努力提供便利。在美国,解决问题通常是管理者的责任,他们征求追随者的意见和建议,并帮助追随者解决它。此外,群体的建议是供领导者选择时参考的。

领导的突然惩罚行为在美国有显著的积极作用,这是由于美国在管理培训中强调对个人追随者的反馈。这种行为对日本和墨西哥的追随者满意程度具有负面影响。在墨西哥,这是由于墨西哥高度的集体主义;在日本,这是由于在组织中个人的负面反馈通常被淡化和压制,以保持团队协调和保持面子。

第六节　领导行为的差异及其效果

在前面各节的研究中,主要涉及的是各种领导行为的有效性依赖于不同的领导情境。根据这种研究角度,领导者需要在不同的情境下采用不同的领导方式。但是,这种行为差异能否产生理想的领导效果呢?对此,胡艾伯格(Robert Hooijberg)进行了专门的研究,并在1996年发表的"领导的多向手段:行为复杂性概念的扩展"的文章中总结了研究的结果①。

他首先提出了"行为复杂性"这一概念,它指的是个人调整他们的行为以适应环境要求的能力。区别行为复杂性有两个尺度:一是"行为指令表",它是指一个领导者能执行的各种领导职责的组合。他根据奎因1988年提出的竞争价值框架,区分了4种不同的领导职能。

(1)调整型领导职能　以灵活的导向和对单位外部环境的重视为特征,它强调发展革新和从单位获得资源。

(2)任务型领导职能　以控制导向和对单位外部环境的重视为特征,它强调设置目标、明确目标和保证目标能够完成。

(3)稳定型领导职能　以控制导向和对单位内部职能的重视为特征,它强调监管和统一单位的工作。

(4)人事型领导职能　以灵活导向和对单位内部职能的重视为特征,它强调监管追随者和便利单位的团队过程。

区别行为复杂性的另一个尺度是"行为差异",它是指领导者对领导职责的执行情况取决于组织环境要求的程度。

他提出了以下两个假设。

假设1:较大的领导者职能行为指令表和这些领导职能的经常的执行,与领导

---

① 胡艾伯格:《领导的多向手段:行为复杂性概念的扩展》,载皮尔斯,纽斯特罗姆:《领导者与领导过程》,第2版,北京华译网翻译公司译,257~268页,北京,中国人民大学出版社,2003。

效力积极相关。换言之,能执行一系列领导职能,并且经常在与他们的关系网中不同的人的相互作用中执行这些职能的领导者,比那些不经常执行多种领导职能的领导者更有效。

假设 2:行为差异与领导效力积极相关。换言之,依据与追随者关系的变化来执行领导职能的领导者,比不这样做的领导者有效。

他研究的对象包括两组样本。一组是由《财富》50 强公司中的 282 个管理者组成;另一组是由公用事业单位的 252 个管理者组成。他对领导效果的检验涉及上级、平级和下级三个层面的不同反应。

研究的结果显示,假设 1 受到强有力的支持。管理样本中所有的模型表明,行为指令表和追随者、平级以及上级对效力的感觉有极强的积极关系。被调查的追随者、平级及上级认为,被组织中不同职位的所有成员感觉到经常执行 4 种领导职能的管理者,比那些没有被感觉到经常执行所有这 4 种领导职能的管理者更有效。另外,行为指令表清楚地解释了它在独立变量中比其他变量更容易变动,这说明行为指令表的执行,会积极地影响追随者、平级和上级对领导效力的感觉。这些结果表明,领导者要想有效力,不仅在他们与追随者的相互作用中,而且要在平级和上级之间的相互作用中,经常执行各种领导职责。一个可以根据情况来执行的较大的领导职能指令表,会增加一个人有效地满足其组织中各级成员要求的可能性。

然而,假设 2 只得到部分的支持。研究结果表明,行为差异的各种量度与感觉到的效力有明显的关系。行为差异与对效力的感觉的关系是因领导职能而异的,但这种关系并非都是积极的。人事型领导职能的行为差异与上级感觉到的效力的积极关系在两种管理样本中都得到了支持;任务型领导职能的行为差异与同事感觉到的效力的积极关系在《财富》50 强公司的管理样本中得到了支持;稳定型领导职能的行为差异与上级感觉到的效力的积极关系在公用事业样本中得到了支持。

与假设 2 的预测相反,一些领导职能的行为差异与感觉到的效力消极相关。人事型领导职能的行为差异,在两种管理样本中与追随者感觉到的效力有消极关系,在《财富》50 强公司的管理样本中,与同事感觉到的效力有消极关系。另外,调整型领导职能的行为差异,在《财富》50 强公司的管理样本中与追随者以及同事感觉到的效力都有消极关系。这表明,行为差异消极地影响追随者和平级对效力的感觉,但是积极地影响监管者对效力的感觉。对此,他们的解释是:追随者可能感到自己的老板是"巴结上级的",这反过来可能消极地影响他们对老板效力的想象。另一个可能的解释是人们对一致性的需要。斯塔(B. M. Staw)和 J.罗斯(J. Ross)在 1980 年的研究中曾发现,当管理者的行动保持一致时,会得到最高的评价。这个影响在实践的管理者中是最强的,在学习心理学的学生中是最弱的①。

---

① B. M. Staw and J. Ross, Journal of Applied Psychology, 1980, 65 (3), p.249~260.

第五章
权力与领导过程

领导并不仅仅是领导者个人的一种行为，而是领导者影响追随者的一个过程。在这种影响过程中，追随者的状况、需求和价值反过来又影响着领导行为的选择。在这个意义上，领导过程并不是一个单向的影响过程，而是领导者和追随者之间的双向交互影响的过程。"影响"是改变其他人的过程，而能够影响或改变他人的能力，又被称为"权力"(power)。因此，对领导过程的研究，涉及权力的形成、获得、使用、对抗和丧失。本章的主题是：以权力为中心线索，以动态的方式来研究以双向影响为特征的领导过程。

第一节 领导的形成和领导者的产生

一、领导的形成是一个基于权力的构造过程

斯默希克和摩根在 1982 年发表的"领导：意识管理"的文章中提出，领导行为不是一个行动或行为的简单过程，也不是一个控制收益的过程，而是一个权力的实际构建过程。在他们看来，对领导的理解，要从没有领导的状态开始①。

领导的概念和实践已经根深蒂固，以至于缺少领导经常就会被看作是缺少整个组织。许多组织在问题面前陷入瘫痪，这时人们希望得到指导。他们感到缺少动力，工作杂乱无章，所有这一切，都是因为他们感到失去了领导。另一些组织则因为相反的情况而苦恼，它们面临的情况可以用一句话来概括："每个人都是主管，没有人是追随者。"在这种情况下，大多数人都想成为领导者，没有什么人愿意被领导。因此，成功的组织方案应当是发起行为与接受意愿的有效平衡，是领导者的行

① 斯默希克，摩根：《领导：意识管理》，载皮尔斯，纽斯特罗姆：《领导者与领导过程》，第 2 版，北京华译网翻译公司译，38～46 页，北京，中国人民大学出版社，2003。

为与下级的接受和反应程度的有效平衡。

因此,他们对领导的定义是:“领导是在一个或者更多的个人成功地限制并规定了其他人行为的过程中得以实现的。事实上,领导可以被看作是某一部分特定的个人在规定他人行为的过程中所享有的强制力或者被认同的权力。”①

他们指出:领导行为,表现为一个人在变化的情境中的一系列言行。它之所以与众不同,在于它是寻求解决问题的行为,而这种解决是通过影响人和情境之间的关系从整体上发挥作用的。它通过对形势的阐释,引导组织成员对情境达到全面的了解,从而为组织行为创造一种重要的基础。领导的言行通过某些途径引导情境中的人们,这些途径都是领导者有意或者无意设计好的,用来赋予情境以意义。领导的言行把人们的注意力引向全部经历的特定方面,从而把可能复杂而又模棱两可的事物转化为更直接、更具有某种特定意义的东西。这就是被舒茨(A. Schutz)称为经历的“托架”,被戈夫曼(E. Goffman)称为经历的“框架”的东西,贝特森(G. Bateson)和韦克(K. Weick)又把它称作“情境的标点”。领导的言行提供了行为方式的框架,处在同样情境下的成员会以此作为标准,来理解和指导自己的行为。当领导者行事时,他们会提醒大家注意方法的创新,并以这种方式不时地影响和改变环境。

领导者通过自己的行为对情境作出某种解释,为一些有意义的做法奠定了基础。而领导者的竞争者可能会对情形作出一种不同的解释,为另一些做法提供“意义”,并对领导产生“逆反应”。这种逆反应是造成组织内部紧张的渊源之一,可能为组织的创新或某种分裂埋下伏笔。

二、领导的地位依赖于追随者的确认

霍兰德在1958年提出了“特质信誉”(idiosyncrasy credit)这一概念②,它代表着从他人的积极评价中体现出的领导潜能,即在帮助组织实现其目标,达到其他组织成员的合理期望,以及贡献出自己潜能的过程中所体现出来的一种能力。有了这种特质信誉,领导者的影响力就会被大家所接受,而不是被忍受。它是通向成功领导的一条重要途径,因为它为一个新上任的领导者取得合法地位奠定了基础③。

在1964年发表的“突然出现的领导和社会影响”的文章中,他依据“特质信誉”的模型,对追随者如何确认领导者的地位进行了更具体的实验分析。

在他看来,领导者作为领导者,就在于他所处的特定地位。他写道:“领导者就

① 斯默希克,摩根:《领导:意识管理》,载皮尔斯,纽斯特罗姆:《领导者与领导过程》,第2版,北京华译网翻译公司译,38~39页,北京,中国人民大学出版社,2003。

② E. P. Hollander, Conformity Status, and Idiosyncrasy Credit, Psychological Review, 1958, 65, p.117~127.

③ 霍兰德,朱利安:《当代研究领导过程的趋势》,载皮尔斯,纽斯特罗姆:《领导者与领导过程》,第2版,北京华译网翻译公司译,30~31页,北京,中国人民大学出版社,2003。

是指一个人,该人拥有一定的地位,可以对特定的其他人施加影响。"所谓地位,"是指根据一定的价值标准,个人在一定范围或一个等级制度内的位置"①。说一个人有"地位",并不是描述他的行为的一个固有的属性或一个稳定的模式,而是描述这个个人与其他特定个人之间的关系和他们对他的追随行为。人与人之间的了解是这一过程的一个必要部分。

一些人认为一个人具有中心地位,这不仅仅是指该人具有等级上的中心地位,而且是指人们对他的一种期望。一个人是否具有中心地位,不仅要看该人的行为,还要看这种行为是否与其他人的期望一致。一个人地位的明显出现,一方面取决于社会期望的要求,另一方面取决于转向该人的信息流。这二者缺一不可。特别是当人们既可能通过直接交往来了解该人,也可能通过第二手资料来了解他时,就有可能导致一种认知上的差异,从而使确认其领导地位的行为倾向转变难以实现。例如,在西方社会,根据人们对地位差异的经济标准和期望,一个亿万富翁通常拥有一个相当正式的高地位。但如果他不修边幅、衣衫不整而且显得无知,当他在陌生人中间走来走去时,他无法体会到身份的存在。这是因为人们缺乏直接的信息来根据自己的期望确认他的地位。

他的研究涉及两个方面:一是人与人之间的认知如何影响地位差别;二是人与人的认知如何被地位差别所影响。

关于第一个方面,已有的调查结果显示:一个人要想取得领导地位,尤其要注重两件事。第一,在团队的中心工作中,他应当被认为是有竞争力的;第二,广义地说,他应当被认为是团队的成员。C. A. 吉布(C. A. Gibb)指出,追随者不会追随他认为与其绝对不同的个人,而是追随他们团队中的一个成员。该成员在这段时间内表现出了优越性,他们认为该成员和他们基本相同,而且是一些随时准备被追随的个人。霍兰德指出,任何团队成员都要受到一些既定时期盛行的期望的约束,这种期望可能来自于既定的准则,也可能是根据对角色的要求。是否符合团队中盛行的期望,决定着一个成员是否被团队所接受。

但从第二个方面来说,如果一个人具有极强的竞争力,并且更重要的是他应当被认为确实如此,他就拥有了一种"特质信誉",其产物就是地位。这种地位是在特定时间下致力于具体工作并达到期望目标时,由其他人认可的一种累积的结果。这些"信誉"实际上是别人对这个人的积极印象,它们提供了影响判断及其被接受程度的基础。只要这个人能够维持这种"特质信誉"或地位,他就拥有另一层信誉,即允许他与团队中盛行的社会模式分离,甚至于挑战它们。达到这种层次后,适用于他的特定期望将发生改变,如果再按相同的方式行动就不合适了。他可以不受

① 霍兰德:《突然出现的领导和社会影响》,载皮尔斯,纽斯特罗姆:《领导者与领导过程》,第2版,北京华译网翻译公司译,114页,北京,中国人民大学出版社,2003。

限制地挑战组织中既有的准则，而且被完全接纳。

以这一信誉模型为指导，他们进行了一项实验，目的是检验一个在工作中非常具有竞争力的实验对象在不接受团队准则后，是否影响到团队成员对他的接受。

实验要求作为实验对象的成员在行为上与先前经团队讨论同意的行为有一定程度的不一致。实验被分成早期、中期和晚期三个时间段。实验使用了六种方法：三个时期都不一致、前两个时期不一致、只有第一个时期不一致、最后两个时期不一致、只有最后一个时期不一致、三个时期全部一致。

实验结果揭示了工作胜任能力对长时期增加接受度的影响。现在的不一致没有产生显著的影响，过去的不一致却产生了显著的影响。在那些第一个时期刚过去实验对象就开始采取不同行为的团队，他的建议和不一致毫不费力地就被其他团队成员接受了。在第三个时期，实验对象对多数准则的批评建议被其他团队成员不加考虑地接受了。而且，如果他增加了信誉，其他不同意的人就会简单地模仿他人接受他的建议。但是，如果他从一开始就表现出不一致，其他人就会产生相反的反应，最突出的反应就是责难。

实验表明，当一个人具有竞争力，并且遵守团队标准达到一定阶段后，他就拥有了“个人信誉”，这些信誉允许团队内的革新作为其影响力的见证。这样，具有竞争力的追随者在一个阶段符合了团队的期望，在下一个阶段就可能成为领导者。如果领导者不能达到与其职位相适应的期望，他将会在追随者中失去信誉，并被他们中的一个人所取代。哪个人能获得并维持领导地位，取决于其他人对这种不断进行的社会作用的认识。

第二节　领导权力的来源

一、权力的概念

从广义上说，权力是指一个人影响别人的能力。从这个意义上说，权力并不是领导者所独有的，因为组织内部各个层次的个人，甚至组织外部的人，也能在一定程度上对他人的行为和态度产生影响，因而可以说具有某种权力。因此，在领导研究中，权力和权威这两个词是区别使用的。权威是比权力更窄的范畴，它是指处在某一特定位置上的合法的权力。

权力有哪些具体的来源？对此，许多研究者进行了专门的讨论，并对权力来源作出了许多不同角度的区分。早在 1916 年，法国的管理学创始人法约尔就在《工业管理和一般管理》一书中，将权力划分为职位权力和个人权力。他说：“在一个领导人身上，人们应把属于职务规定的权力和由于自己的智慧、博学、经验、精神道德、指挥才能、所做的工作等决定的个人权力区分开来。作为一个出色的领导人，个人权力是规定权力的必要补充。”[①]德国社会学家马克斯·韦伯（Max Weber）将权力划分为三种类型。

（1）法理权力　被授予权位的人拥有发号施令的权力，其基础是法律、法规。

（2）传统权力　由世袭、继承、血缘关系而来的发号施令的权力，其基础是传统观念。

（3）魅力权力　由个人的英雄业绩和高尚品德而来的权力，其基础是心理的虔诚信仰。

而最具影响力的大概要属弗伦奇和雷文（Bertram Raven）在 1959 年发表的“社会权力的基础”的文章中对权力来源的分类。他们区分了 5 种权力来源，其中 3 个是职位权力，即奖酬权、强制权和合法权；另外两个是个人权力，即参照权和专家权[②]。达布林则总结了 7 种类型的权力来源，包括被组织授予的权力、来自个人特征的权力、来自所有权的权力、由提供资源得来的权力、由利用机会得来的权力、由处理严重问题得来的权力以及由接近权力而得来的权力[③]。

二、领导者权力的来源

根据前述研究者对权力来源的各种分析，我们可以将领导者的权力来源大致概括为三类，即职位权力、个人权力以及由特殊的关系和行为而来的权力。

（一）职位权力

职位权力也就是被组织授予的权力。它包括五个方面的来源。其中，合法权、奖酬权、强制权是由弗伦奇和雷文提出的，信息权是由尤克尔提出的，制定标准的权力是纳哈雯蒂提出的。

1.合法权（legitimate power）

根据弗伦奇和雷文的解释，合法权所基于的假设是一个人有权规定另一个人的行为，也就是说，他影响另一个人是合法的，而另一个人有义务接受这种影响。这种权力在客观上来源于个人在组织中的位置，也可能来自另一个合法者的授权，还可能来自于一种普遍化了的文化价值准则，如在一些文化背景中，年长者有合法的权力规定年轻人的行为。从主观上说，合法权的效力取决于接受者的价值观。合法权行使的范围较广，但这种范围仍然是具体的和有限的。企图超范围使用合法权，将导致合法权效力的降低；不合理地使用合法权，也将减损领导者的吸引力。

---

① 朱立言：《行政领导学》，36 页，北京，中国人民大学出版社，2002。

② 弗伦奇，雷文：《社会权力的基础》，载皮尔斯，纽斯特罗姆：《领导者与领导过程》，第 2 版，北京华译网翻译公司译，141～151 页，北京，中国人民大学出版社，2003。

③ Andrew J. DuBrin, Leadership: Research Findings, Practice and Skills, Boston, Houghton Mifflin Company, 1995, p. 143～148.

合法权不仅被作为权力的一个基础，而且被用来描述其他权力行为的性质，如“贿赂”一词就表示“不合法”的奖酬权。

2. 奖酬权(reward power)

奖酬权是当被领导者服从领导的要求时领导者能够给予奖赏或酬劳的权力。奖酬权的大小，在客观上取决于领导者有权提供的奖酬，如提升、加薪、红利、个人发展的机遇及其他诸如此类的利益，在主观上取决于被领导者认为领导者可以提供上述奖酬的可能性程度。对被领导者来说，这种权力的效力取决于他改变自己行为时领导者遵守诺言给予奖酬的可能性，减去他保持现状时领导给予其奖酬的可能性。由于奖酬权依靠的是奖酬对被领导者的吸引力，所以只要被领导者认为这种奖酬是合法的，一般就不会加以抵制。奖酬权的范围限定在领导者因被领导者遵守规定而可以给予酬劳的领域内。超范围地使用奖酬权将降低该权力的水平。例如，如果领导者许诺被领导者如果做某一不可能的行为就会被给予酬劳，就将降低被领导者愿意得到领导者所许诺的酬劳的可能性。

3. 强制权(coercive power)

强制权是一个人给予另一个人惩罚的权力。这种惩罚包括降职、训诫、不加薪以及终止合同等等形式。强制权的力度取决于因不服从而给予惩罚的可能性减去因服从而免于惩罚的可能性。强制权能制止或减少不宜的行为，但并不一定会激发出合适的行为。从表面上看，接受奖酬与避免惩罚似乎只是从不同方面说的同一件事情，即不给予奖酬就相当于惩罚，而撤销惩罚就相当于给予奖酬。但弗伦奇指出，为获得认可(酬劳权)而遵守团队准则的行为，应与规避抵制(强制权)而遵守准则的行为区分开来。首先，二者的动力不同。奖酬权最终可能导致个人形成独立的动机系统，而强制权却可能使个人的行为一直受外在因素的影响。其次，二者的结果不同。奖酬权倾向于增加领导者对被领导者的吸引力，而强制权可能削弱这种吸引力。换言之，强制权导致吸引力的减少和抵抗力的增加，而奖酬权却导致吸引力的增加和抵抗力的减少。一个人的行为可能因从威胁性的惩罚中获得消极因素而变得更消极，而且这种惩罚性的消极因素将延伸到生活空间的其他领域，并可能与其他消极因素形成迫使行为者离开该领域的合力。当被领导者有离开领导者管辖的领域的打算时，强制权的效力就变得最小，甚至根本无效。但强制权越合法，就越不容易产生抵抗力和减少吸引力。

4. 信息权(information power)

根据尤克尔和法尔伯(Cecilia M. Falbe)的解释，信息权是从对人们工作所需信息的正式控制而得来的权力。这些信息有的是通过正式组织系统而传递的，只要拥有一定的领导职位就会自动获得。但大多数信息是因同上级、同事和外界人士建立的有效关系而获得的。领导者控制信息流通程度的能力，决定了他向下属解释外界事件以影响他们的态度和知觉的可能性程度①。

阿斯特雷(W. G. Astley)和萨赫德瓦(P. S. Sachdeva)在1984年也指出,领导者权力的来源之一就是其对组织结构和信息流的集权。不管是传统等级制还是网络型组织结构,首席执行官总是处于获得信息和资源的战略性位置。事实上,新任的高层管理人员总是将自己信任的同事放在战略性位置上,以确保自己获得信息②。

5.制定标准的权力

纳哈雯蒂指出,领导者可用的一种独一无二的权力来源是对决策标准的控制。领导者通过安排任务、布置总体战略和可操作的组织目标,来限制其他管理者和员工的行动。例如,如果一个市长提出打击犯罪和提高教育水平的目标,那么在他在任期间,城市的工作和决策都将被这一目标所影响。那些符合市长提出的决策标准的项目,因为有市长的支持,得以通过的机会就会增加;反之,就很难进入议事日程③。

(二)个人权力

个人权力不是来自于组织,而是来自于个人的特征或行为。它包括两个方面的来源,即专家权和参照权,它们是由弗伦奇和雷文提出的。

1.专家权(expert power)

专家权是通过专门的知识、技术和能力影响他人的能力。这些知识、技术和能力是达到组织目标所需要的,与解决组织所面临的问题相关。但使用专家权对追随者的领导,只局限在领导者的专业范围之内,并且依赖于追随者对领导者的知识、技术和能力的认知。拥有专家权的人并不限于居于一定组织职位的领导者,甚至不必是组织内的成员。例如,在法律问题上,人们可能去听一位律师的建议。专家权与信息权是不同的,信息权是基于交流内容的事实性,而专家权是基于信任,即相信所讲的是真话。

专家权的效能可以用所谓的"睡眠者效应"的实验来说明。一个有消极的参照权但有积极的专家权的人所说的一些事实,最初因消极的参照权而遭到强烈的抵制。但随着时间的推移,人们会逐渐忘记说这些事实的人的身份,但却不会忘记他所说的内容,而这些内容对人们的信念会产生一系列滞后的影响,这种影响被称为"睡眠者效应"。但当对具有消极参照权的交流者的身份进行实验性的恢复后,这些抵制力量也就恢复了,并且引起人们对这些信息内容的信任向消极方向变化。

---

① Gary Yukl and Cecilia M. Falbe, Importance of Different Power Sources in Downward and Lateral Relations, Journal of Applied Psychology, 1991, June, p.416.

② W. G. Astley and P. S. Sachdeva, Structural Sources of Intraorganizational Power: A Theoretical Synthesis, Academy of Management Review, 1984, 9, p.104~113.

③ 纳哈雯蒂:《领导力》,第2版,王新译,104~105页,北京,机械工业出版社,2003。

2.参照权(reference power)

参照权是通过人们所渴望的特质和特征影响他人的能力。他是基于追随者对领导者的认可和敬佩,即对领导者具有赞同的感觉,并希望得到领导者的确认。领导者对追随者越有吸引力,领导者的参照权就越大。参照权的影响范围是最广泛的,但这种影响力也许并不是领导者所意识到的。通过参照权引起的追随者心理和行为的变化,往往后来就不再依赖于领导者的存在,而成为一种独立的心理动机和行为方式。但具有参照权的人并不限于领导者。

(三)由特殊的关系和行为而来的权力

许多研究者从不同角度研究了由各种特殊关系和行为而来的权力,达布林在他所写的《领导:研究发现、实践和技能》一书中对这些研究结果进行了总结。

1.来自所有权的权力(power stemming from ownership)

这是由芬克尔斯坦提出的一种权力。公司的执行官的权力产生于他们代表股东的利益来行为的能力,而股东是资产的所有者。来自所有权的权力的大小,依赖于执行官与股东及董事会关系的远近,也取决于他自己有多少钱投资于公司。如果执行官是主要的股东,那么他就比那些没有优先股权的执行官更不容易被董事会解聘①。

2.由提供资源而来的权力(power from providing resources)

这是由普费弗提出的一种权力。组织需要有持续的人力资源、资金、客户、技术和物资流以继续其功能。而那些能够提供这些资源的下属单位和个人,就获得了权力。与资源相关的权力所产生的一个重要后果是:当领导者开始失去对资源的控制权时,他的权力就开始减少②。

3.由利用机会而来的权力(power from capitalizing on opportunity)

权力也可能来自在正确的时间和正确的地点采取的适当的行动。人们同样需要具有合适的资源来利用这种机会。为了通过抓住机会而赢得权力,应当设法去寻找活动最活跃的地方。例如,在一个有许多下属分支机构的公司中,最好的机会总是在那些处于增长阶段的分支机构中。

领导者能够通过满足不同时间阶段的不同需要来提升自己的权力。罗斯柴尔德(William Rothschild)区分了四种类型的领导人,每一种类型都能在与时机相匹配时行使最大的权力。第一种是冒险型(risktaker),这种领导者是梦想家,是事业的开创者,像比尔·盖茨一样。第二种是精心照看型(caretaker),这种领导者使生意制度化,以使它平衡发展。通常,精心照看型领导者会被冒险型领导者聘作主要执行

---

① Sydney Finkelstein, Power in Top Management Teams: Dimensions, Measurement, and Validation, Academy of management Journal, 1992, August, p.508.

② Jeffrey Pfeffer, Managing with Power, Boston, Harvard Business School Press, 1990, p.100~101.

官，以便用专业化的方式从事经营。第三种是承担型（undertaker），他要逐步缩减失败的业务，他有时是在公司宣布破产后被聘用。第四种是外科手术型（surgeon leader），他们是分析型的和客观型的，与组织的过去没有任何瓜葛。他们无所畏惧，这使他们能够像做外科手术那样清除那些不能盈利的业务，即使这种生意是人们在感情上恋恋不舍的。当一个组织变得过于庞大，自满自足，而且反应迟缓时，这种外科手术型的领导者就会获得最大的权力①。

4. 由妥善处理严重问题而来的权力（power stemming from managing critical problems）

希宁斯（C. R. Hinings）等人在1971年提出的“权力的战略权变理论”指出，公司中那些能最好地处理公司的严重问题和不安定因素的部门，会获得相对大份额的权力，而这种部门的领导者的权力也会相应扩大。例如，在组织面临重大的法律诉讼时，法律事务部就会获得权力影响组织的决策。法律事务部这种突然而来的权力和影响，是基于它处理这种特别的法律诉讼的专门能力。战略权变理论还关注一个下属单位由于其“中心性”而来的权力。所谓“中心性”（centrality）是指一个部门的行为与组织行为系统的联系程度。当一个部门所做的工作是另一个部门所做的工作的一个重要的、内在的组成部分时，该部门就具有较高的中心性，而那另一个部门就要因此依赖于它。在公司中，销售部具有高中心性，而雇员信贷部就具有低中心性②。

5. 由接近权力而来的权力（power stemming from being close to power）

达布林指出，越是接近权力的人，就越能行使更大的权力。同样，一个部门在组织系统中向上报告的级别越高，它就越是具有更多的权力。例如，现在许多的质量保证部门的管理者对上报告的级别比以前有了很大的提高，这种权力的提高部分地是由于组织在战略上对质量的重视程度的不断提高③缘故。

三、追随者权力的来源

尤克尔将下属对领导的潜在影响力称为“对抗权”（counterpower）。对抗权会限制领导权力的行使。下属的对抗权主要来自于领导者对下属的依赖，尤克尔在他所写的《组织中的领导》一书中，总结了领导者对追随者的各种依赖形式，它们构成

---

① William Rothschild, Risktaker, Caretaker, Surgeon, Undertaker: The Four Faces of Strategic Leadership, New York, John Wiley, 1993.

② C. R. Hinings, D. J. Hickson, C. A. Lee, R. E. Schneck and J. M. Pennings, Strategic Contingencies Theory of Intraorganizational Power, Administrative Science Quarterly, 1971, 16, p.216～229.

③ Andrew J. DuBrin, Leadership: Research Findings, Practice and Skills, Boston, Houghton Mifflin Company, 1995, p.148.

了追随者对抗权的不同来源①。

1.由选举和更换领导者而来的权力

如果领导者是由下属选举产生的,而且下属有权更换领导者,就形成了领导者对下属的依赖。在这种情况下,领导者必须满足追随者,才能保持领导地位。一个基于其专门才能、魅力和合法地位行使权力的领导者,一旦无法满足追随者的期望和需要,其权力就会很快丧失。在群体中,如果被选举的领导者缺乏相当的职位权力,那么下属就具有了明显的对抗权。

2.由领导者对员工评价和绩效的依赖而来的权力

米坎尼克(D. Mechanic)的研究指出,如果领导者的绩效是由下属正式评估,且评估结果影响领导者的薪酬、名誉和升迁时,就会产生领导者对追随者的依赖现象。但组织很少正式赋予下属评估领导者的职能。在大多数情况下,下属只能间接地影响领导者被评估的结果。例如,如果下属表现优良,就可促使上级领导者获得善于管理的名誉;反之,如果他们限制产量、怠工、罢工、向上级抱怨或示威游行,就会破坏上级的名誉②。

3.通过集体行动产生的权力

A. J. 李(A. J. Lee)在1977年的研究中指出,如果下属采取集体行动,其对抗权就比较明显和有效③。普费弗在同年发表的“组织中权力和资源的分配”的文章中也指出,被领导者即使只是要成立下属联盟或工会,也会限制上级的作为。当一位或多位下属与组织中某位有权力的人(如领导者的同僚或上级)有某种关系,或与能够对领导者及其上级施加压力的外界团体有某种联系时,都可以增强下属的对抗权④。

4.通过控制信息产生的权力

领导者如果掌握重要信息,便可由此获得权力。佩蒂格罗(A. M. Pettigrew)认为,下属也可以通过掌握重要信息而获得权力。当下属能够获得上级作决策所需的信息时,他们可通过歪曲信息内容而对上级决策产生微妙的影响。对信息的控制可使下属采用理性的说服而不是简单的对抗来影响上级的决策和行为⑤。科达(M. Korda)的研究认为,当下属担负起收集、分类和报告有关信息的责任时,便可增加领导者对他的依赖性。如果准备的报告中含有大量复杂的分析的报表,使上

---

① 余克(尤克尔):《领导学》,余朝权译,27~30页,台北,天麟文化事业有限公司,1983。

② D. Mechanic, Sources of Power of Lower Participants in complex Organizations, Administrative Science Quarterly, 1962, 7, p.349~364.

③ J. A. Lee, Leader Power for Managing Change, Academy of Management Review, 1977, 2, p.73~80.

④ J. Pfeffer, Power and Resource Allocation in Organizations, in B. Staw, G. Salancik, eds., New Directions in Organizational Behavior, Chicago, St. Clair Press, 1977.

⑤ A. M. Pettigrew, Information Control as A Power Resource, Sociology, 1972, 6, p.187~204.

级无法很快了解，而有赖下属的进一步解释时，下属就可能受邀直接参与决策①。

5.来自特殊才能和资源的权力

米坎尼克指出，下属在处理组织中的重要问题时，如果表现出特殊的技巧或专业才能，也可以获得影响力。当下属能执行某些领导者自己也无法完成的职能时，可以增加领导者对下属的依赖性。普费弗也指出，当下属与外界有特殊的接触，能获得领导者所需的资源时，也会增加领导者对下属的依赖性。当没有人能取代这个下属，而他又具有跳槽的机会时，来自这种依赖的权力达到最大。一旦该人所掌握的特殊知识和专业技能被组织中的其他成员学会了，该人所具有的权力便会迅速消失。

6.由掌握规定和法规而产生的权力

在高度官僚化的组织里，懂得组织的规则和法规，也是一种专业才能，可成为一种对抗权的来源。雅克布斯(T. O. Jacobs)指出，规则与传统是下属合法要求的基础。如果领导者是刚从外界聘来的新手，下属将有一段时间比新领导者更了解规则和法规②。米坎尼克指出，即使上级领导者熟悉规则和法规，如果某些规则已经陈旧或相互矛盾，下属也能找到借口不执行上级领导者交给他完成的任务。如果正式的规则和作业程序异常的复杂，也会使下属能采取一种强制的战术，而不至于被开除或处罚。由于成文的规则和程序通常无法涵盖所有的情况或指明有效工作所需的全部行为，这使得下属可以“照章办事”而严重破坏绩效。

7.通过逢迎和维护领导者而获得的权力

对上级领导者表现赞同和忠诚，是下属对领导者影响力的又一个来源。达布林指出，权力和地位都很低的人，常以恭维赞美来迎合地位高的人。如果恭维赞美没有诚意，就没有什么效果。但如果有技巧地行使一段时间，就可以帮助下属与上级领导者建立起密切的关系，并会对领导者产生一定的影响。另一种改善与上级领导者关系的技巧，就是在上级领导者遭他人批评时挺身而出，显示忠诚可靠③。

四、组织权力的来源

不仅个人会获得权力，而且组织中的各个单位和部门也会获得权力。一方面，个人可以依赖这种组织权力来源来扩大自身的权力，但另一个更重要的方面是，一个团队所获得的权力会增强它对组织中其他团队的影响力。

组织权力的来源，是通过对所谓的“战略偶然性”(strategic contingencies)的控

① M. Korda, Power! How to Get It, How to Use It, New York, Ballantine Books, 1975.

② T. O. Jacobs, Leadership and Exchange in Formal Organizations, Alexandria, Virginia, Human Resources Research Organization, 1970.

③ A. J. Dubrin, Human Relations: A Job Oriented Approach, Reston, Virginia, Reston Publishing Co., 1978.

制。希克森(D. J. Hickson)及其他人在1971年提出了组织内权力的战略偶然性理论(strategic contingencies theory of intra-organization power)①,萨兰西克和普费弗也在1977年提出了权力的战略偶然性模型(strategic-contingency model of power)②。根据这一理论,个人、团队或部门基于提出对组织目标的建设性建议的能力而获得权力。比如,如果一个团队为其他人解决障碍,帮助他们完成了目标,该团队的领导者和成员就将获得权力。

(一)希克森的分析

根据希克森等人的分析,有四种战略偶然性构成了组织权力的来源。

1.处理不确定性

第一种团队权力来源是帮助别人处理不确定性的能力。希克森等人的研究认为,一个团队可以通过三种相互关联的方式来减少不确定性。第一,通过市场调查、抽样统计、相关群体接触、专家访谈等形式,来获得所需的信息,以减少不确定性;第二,通过预测未来的变化避免不确定性,比如,团队通过研究来预测竞争者的未来行动;第三,通过他人对意见的采纳而降低不确定性,为此团队将采取特定的步骤阻止或影响其他组织和部门发生某种变化。通过上述三种方法的应用,团队及其领导者能够为其他人降低不确定性,从而获得权力。

2.职能的集中

组织权力的另一个来源是生产或服务交易中职能的集中,这使某些团队的活动方式成为整个组织完成任务或目标的关键。比如,与客户之间的紧密关系,将使团队获得权力。如果一个执行团队的成员与其他组织的首席执行官有亲密的工作关系,那么这种关系也将使他们获得权力。

3.依赖

这种权力来源是基于其他个人和团体必须依靠某个团体所具有的能力才能完成自己的工作,没有该团体的帮助,他们便无法完成目标。这种权力来源主要依赖于团队的专业知识。他人依赖该团队提供的信息和知识越多,该团队的权力越会不断增加。依赖该团队的人数和部门越多,该团队的权力就越大。依赖性的情况总是出现在一个高技术的团队,诸如计算机部门,它帮助其他部门和人员从事正常工作。虽然个人计算机已经得到更加广泛的应用,但多数人还必须在很大程度上依靠他人的帮助,才能更好地使用计算机。这一因素使计算机部门获得权力和资源。

---

① D. J. Hickson, C. R. Hinings, C. A. Lee, R. E. Scheneck and J. M. Pennings, A Strategic Contingencies Theory of Intra-organizational Power, Administrative Science Quarterly, 1971, 16, p.216~229.

② 萨兰西克,普费弗:《谁获得权力并且如何保持权力:有关权力的一个战略性-偶然性模型》,载皮尔斯,纽斯特罗姆:《领导者与领导过程》,第2版,北京华译网翻译公司译,120~126页,北京,中国人民大学出版社,2003。

4.替代

这种权力来源基于可以为他人提供唯一的不可替代的服务和产品的能力。如果团队执行的任务具有唯一性和不可替代性,其他组织和个人就会更加依赖团队,从而使团队的权力更大。但是,如果另外的组织和个人能够轻而易举地从事该团队的专业,承担它的功能,那么该团队对别人的影响力就不大。

(二)萨兰西克和普费弗的分析

萨兰西克和普费弗提出的权力的战略偶然性模型认为,权力是组织单元为应付重要的组织问题而自然产生的。它们通过对稀缺资源的控制,通过把同盟军安排在关键岗位上,通过现实组织的问题和政策等等,提高自身的生存能力。权力并不一定能导致组织目标的最优化,但是却能导致它的次优化。也就是说,如果是其他标准而不是权力决定着一个组织如何作出决定,结果就会更糟。

他们进一步指出,组织面临的关键的偶然事件可能改变。当这种改变发生时,个人和下属单位的权力自然而然也会发生变化。人们可以从美国高层主管的历史变动中看到这一点:直到20世纪50年代初期,许多大公司由生产线的管理者和工程师领导,他们能获得权力是因为他们拥有应付生产问题的能力。但是,当生产变得定型化和机械化以后,许多公司面临的问题是如何销售自己生产的所有产品,于是销售主管开始频繁出入公司的董事会会议室。当情况的变化需要保持市场和生产的稳定时(这种需要来自战胜竞争者和供应者或开发越来越多的有吸引力的产品),公司需要大量的资本,这使得在20世纪60年代财务主管登上了权力的宝座。然而当法律调查和反托拉斯案例在70年代变得越来越普遍时,法律顾问处于公司权力的前沿,去处理由于前任管理者的成功扩张而导致的法律诉讼。在不久的将来,跨国公司可能处于主导地位,人们可能看到,先前的州政府中的秘书和他们的亲信将成为公司名义上的领导。

第三节 权力的获取、竞争与控制

一、强化组织中权力竞争的各种因素

人们为了许多不同理由而要求权力,这使得在组织内通常都存在着广泛的为获得权力而进行的竞争。在西方的概念中,"政治"(politics)一词指的是获取权力的行为,它涉及获取权力的各种方式以及为权力而开展的竞争。组织中总是会存在权力的竞争,但值得研究的是,一些个人的和组织的因素,会加剧组织中为争夺

权力而进行的政治活动。达布林将这些因素总结为6个方面①,一些学者也提出了其他的因素。本书可以将这些因素归纳为客观和主观两个方面。

(一)强化组织中权力竞争的客观因素

1.金字塔形的组织结构

将组织作为一种政治结构,其功能就是分配权威,并为行使权力建立一个舞台。大型组织的结构形式是驱动组织成员从事竞争权力的政治行为的最根本的原因。一种金字塔形的组织结构将权力集中在最上层,这样,可分配的权力非常有限,而想得到更多权力的人却很多。每一下层都比它的上层权力更少,到了组织的最底层,员工实际上完全没有了权力。

艾森哈特(Kathleen M. Eisenhardt)和布儒瓦(L. J. Bourgeois III)通过对8家计算机公司的最高层成员的逐个研究发现,金字塔形结构会促进权力竞争。根据他们的研究,权力竞争产生于权力的集中化,而权力的集中化是金字塔形组织结构的结果。此外,那些倾向于将权力集中化的专断型领导者不仅从事权力的竞争,而且还导致了其团队成员间的权力竞争行为②。

纳哈雯蒂认为,受文化影响的权力距离和对不确定性的容忍度这二者的结合,决定了一个组织的权力结构。权力距离越大以及对不确定性的容忍度越小,领导者就越可能获得一个较大的权力,下属对他们使用权力的预期也就越高。在这种文化中,实施权力分享可能会遇到更多的障碍③。因此,在这种环境中,人们更渴望获得权力。

2.资源的稀缺

金字塔形的组织结构造成了对最高层职位的有限资源的竞争。而其他资源的稀缺同样会导致人们采取政治手段来争夺有限的资源。这种竞争使人们的行为政治化。穆尔黑德(Gregory Moorhead)和格里芬(Ricky W. Griffin)的研究注意到,当资源稀缺时,就会有一些人不能获得他们想得到或应当得到的。结果,他们可能采取政治手段来提高他们可能获得的资源的份额④。

萨兰西克和普费弗认为:权力涉及稀缺性和关键性的活动。就稀缺性来说,在美国,一个人不可能因为他可以开车就拥有权力,在那里,许多人都可以开车。但是,在墨西哥的一些农村,一个人拥有了汽车,就得到了很高的社会地位,并能在社

---

① Andrew J. DuBrin, Leadership: Research Findings, Practice and Skills, Boston, Houghton Mifflin Company, 1995, p.152~158.

② Kathleen M. Eisenhardt and L. J. Bourgeois III, Politics of Strategic Decision Making in High-Velocity Environments: Toward a Midrange Theory, Academy of Management Journal, 1988, December, p.737~770.

③ 纳哈雯蒂:《领导力》,第2版,王新译,96页,北京,机械工业出版社,2003。

④ Gregory Moorhead and Ricky W. Griffin, Organizational Behavior: Managing People and Organizations, 3rd ed., p.302, Boston, Houghton Mifflin, 1992.

区中发挥重要作用。就关键性来说，社会上很少人具有赛车手那种在每小时 80 英里的情况下转 90 度弯的能力，但这并没有使赛车手在社会上拥有很大的权力，因为这种能力在社会活动中并不能起什么核心作用。权力涉及稀缺性和关键性的活动，这一事实使控制和组织这些活动成为权力之争的一个重要基础。如果一个人可以组织和控制它们的分配，并决定什么是重要的，那么，即使是较多的或者不重要的资源，也可以构成权力的基础。在现代经济中，许多职业团队都想做到这一点。律师组成自律性团体，规定见习期的入门要求，并通过法律规定什么情况下需要律师进行服务。同样，除非工人加入工会，否则他们在工作中的权力就很小。近些年来，妇女和黑人用法律确保他们的地位，努力在社会系统中获得重要地位。

他们对学院中的权力使用情况进行了分析，发现权力会影响稀缺的重要资源的分配。学院所需的最重要的资源，就是总预算。州立法机关授权后，学院管理部门将总预算分配给不同部门，以适应各部门领导的需要。他们对有助于部门得到该笔预算的因素进行的分析表明，下属单位的权力是主要的影响因素，它压倒了学生对课程的要求、学院的名声，甚至学院的职工规模等因素。而且，另有研究显示，当总的预算减少或比原预算低时，即资金变得稀缺时，预算分配就更准确地反映了各学院的权力①。

3. 主观的绩效标准

如果领导者没有客观的方式来将工作效率高的人与效率低的人区别开来，领导者就会根据自己的好恶来决定奖酬和升迁。如果人们认为组织没有客观和公平的方式来评判他们的业绩和是否适合提升，他们就会诉诸组织政治策略。

4. 环境的不确定性

当人们工作在一个不安定和不可预测的环境中时，他们倾向于以政治的方式来行为。由于这种不确定性使他们很难决定真正应当去完成什么，因此他们只能利用政治手段来博得一个好的印象。

公司规模的缩减所造成的不安定、动荡和缺乏安全性，是导致组织中人们采取更多的政治策略的一个最主要原因。许多人直觉地相信，领导者个人的好恶在决定谁将在组织规模缩减中得以生存的问题上起着主要的作用。基于这种考虑，组织成员会努力使自己迎合有权势的人。

(二)强化组织中权力竞争的主观因素

1. 情绪上的不安全感

一些人采取政治的策略去迎合上级领导者，是因为他们对自己的才智和技能

---

① 萨兰西克，普费弗：《谁获得权力并且如何保持权力：有关权力的一个战略性－偶然性模型》，载皮尔斯，纽斯特罗姆：《领导者与领导过程》，第 2 版，北京华译网翻译公司译，124 页，北京，中国人民大学出版社，2003。

缺乏自信。一个业绩优秀的人会因对自己能力的充分自信而不必使自己的行为过于政治化;反之,一个人如果选择政治的策略,就可能表明他在感情上缺乏自信。他可能会对领导者所讲的每一个笑话都报以放声大笑。

2.权谋倾向

一些人采用政治手段是因为他们要操纵其他人,这有时只是为了他们个人的利益。这被称为“权谋性格”或“马基雅维利主义”。由比伯曼(Gerald Biberman)所作的研究表明:在权谋性格和政治手段的采用之间存在着关系。他发现,在权谋态度测试中的分数和组织政治量表中的分数之间具有很高相关性①。施明克(Marshall Schminke)所作研究也表明,具有很强的支配他人倾向的人,更容易寻求权力和感到自己在组织环境中的权势。他用计算机所做的职业模拟实验,研究了支配的需要对权力感知的影响。所实验的职业的结构特征是不变的,但个体在职业表现上的成功和失败却是变化的。具有高支配需要的人,不论他们在职业上是否成功,都会感到自己更有权势②。

3.妨碍理性决策的意见分歧

许多领导者在作出重大决策时,试图采用理性的标准。但在员工的意愿与组织应当采取的观点之间所存在的重大分歧,往往限制了理性的决策。除非组织的主要成员在组织战略和目标上达成一致,否则在组织决策中的政治动机就无法避免。普费弗在分析这一问题时指出,必须以某种方式确定各种需要和标准的相对重要性。因为,如果没有理性的方法来消除意见的分歧,联合体中的政治力量对比就会决定什么标准和谁的偏好将会流行③。萨兰西克和普费弗在“谁获得权力并且如何保持权力”的文章中也指出:“当个人对于组织应该做什么或怎样做意见不一致时,权力和一些社会因素将影响决定的作出。原因很简单,即如果没有解决利益冲突的可行标准,唯一的解决方案就是一些社会因素,包括权力、地位、社会阶层和一些武断的过程,如掷币决定或抽签决定。在不确定的情况下,有权力的经理可以以任何理由主张并获得权力。由于没有真正的统一意见,其他的竞争者也不可能形成反驳论据或充足的反驳意见。而且,由于他拥有权力,并控制着他们所需的资源,大家很有可能同意他的观点。”④

---

① Gerald Biberman, Personality Characteristics and Work Attitudes of Persons with High, Moderate, and Low Political Tendencies, Psychological Reports, 1995, 57, p.1309.

② Marshall Schminke, A Dispositional Approach to Understanding Individual Power in Organizations, Journal of Business and Psychology, Fall 1992, p.63~79.

③ Jeffrey Pfeffer, Power and Resource Allocation in Organizations, in Barry M. Staw, Gerald R. Salancik, eds., New Dimensions in Organizational Behavior, Chicago, St. Clair Press, 1977, p.239.

④ 萨兰西克,普费弗:《谁获得权力并且如何保持权力:有关权力的一个战略性-偶然性模型》,载皮尔斯,纽斯特罗姆:《领导者与领导过程》,第2版,北京华译网翻译公司译,124页,北京,中国人民大学出版社,2003。

二、获取权力的各种方式

费里斯(Gerald R. Ferris)和托马斯·金(Thomas R. King)曾经指出:“政治是发生于理性模型(效率)的完美工作方式与人类互动的混乱之间的事情。这二者之间的鸿沟越大,越是需要采取政治策略。”①达布林将符合道德的政治策略行为分为三类,即直接获取权力,与上级和同事建立关系,避免政治策略上的失误。这三个方面的具体策略,会有助于领导者获得和保持权力,并应对组织并非完全理性化这一事实。同时,他也指出了一些不道德的政治策略。

(一)为直接获取权力所采取的策略

实际上,所有的政治策略的目标都是获得和维持权力,但以下的六种策略的目的在于直接获取权力。

1.发展权力联系

当确认了谁是有权力的人之后,就必须建立起与他的联盟。同有权力的组织成员和组织外的人培植起友好和合作的关系,会使领导者的事业更容易顺利进展。这些联系会为他在会议和其他公众场合中的观点提供支持。发展这种联系的一种方式就是开展更多的社交活动,邀请有权力的人作为客人。但一些组织和高层人士厌烦这些社交仪式,而一些有权力的人会接到很多邀请,因而经常无暇光顾。

2.掌握至关重要的信息

那些控制至关重要信息的人,其权力会增长。在美国,许多先前在政府和军队任职的高官,离职后在业界为自己找到了称心的职位。这种人通常被那些与政府做生意的公司雇用,作为公司驻华盛顿的代表。他们掌握的至关重要的信息是:他们知道与谁联系可以使与政府的合同获得批准的复杂程序会被简化和缩短。许多政府试图削弱这种对重要信息的不正当利用,他们建立了时间延迟制度,使政府官员从离职到任职于某种类型的工作之间要有一定的时间距离。

3.保持消息灵通

消息灵通在政治上具有重要意义。管理顾问施穆克勒(Eugene Schmuckler)写道:尽管消息不是很确切,但能够接触到公司的小道消息,也是一种权力的提升。成功的领导者会发展一些消息管道,以帮助他们与公司的发展同步,甚至先于公司的发展。正是由于这个原因,一个在政治上机敏的人会善待总裁的助理。没有其他的来源能比总裁的行政助理提供的消息更多②。

4.掌握交流渠道

与掌握信息相联系的是掌握交流渠道,特别是接触关键人物的渠道。行政助

① Gerald R. Ferris and Thomas R. King, Politics in Human Resources Decisions: A Walk on the Dark Side, Organizational Dynamics, Autumn 1991, p.60.

② Eugene Schmuckler, Book Review in Personnel Psychology, Summer 1982, p.497.

理和人事助理经常掌握着总经理的日程表。无论是组织内的人还是组织外的人，都要讨好这些“渠道”，以便能够见到重要的领导人。行政助理还能控制领导者回复电话和传真信息的速度。

5.引入外来专家

许多领导者为了使自己的立场合法化，经常会雇用顾问来进行研究或调查民意。许多顾问有意或无意地不愿以相反的观点来“回报”领导者的盛情邀请，因此会经常支持这些领导者的立场。而领导者反过来会用顾问的发现来证明他是正确的。

6.迅速展示成果

根据纽曼(William H. Newman)的研究，迅速展示变化的成果有助于使个人或团体的努力获得承认①。一旦一个人在他解决第一个问题的能力方面给管理层留下深刻的印象，他就可以期望去解决那些会带来更大权力的问题。

(二)建立关系的策略

组织中相当一部分政治策略行为涉及与那些现在或以后能对自己有所帮助的成员建立积极的关系。这个关系网中包括上级、下属、其他低级别的人、合作共事者、客户和供应商，等等。而下面就是与他们建立积极关系的一些有代表性的策略。

1.显示忠诚

忠诚的员工在组织中会受到重视，因为组织的兴盛靠的更多的是那些忠诚的员工，而不是不忠诚的员工。但以为组织不会犯错误的这种盲目的忠诚是不应当提倡的。大多数理性的组织欢迎建设性的批评意见。对组织忠诚的一个明显的表现形式就是不跳槽，长期在一个组织中工作。根据《商业周刊》1990年的统计，在美国，最大的公司的首席执行官在本公司工作的年限平均为22.5年。在一些公司中，90%的高层经理都是从公司内提拔的②。

2.注意给别人的印象

所谓的“印象管理”(impression management)，包括注意自己的行为，使之能够提高自己的形象，因为别人直接注意的通常是你的外在的方面，如衣着和外表。印象管理还包括将你的成功告诉别人，或透露出你是“圈内人”的意思。展示出良好的言谈举止和交往礼节，也是印象管理的重要方面，它会使人们对你刮目相看。

3.请满意你的客户与你的上司联系

客户的好评会受到相当的重视，因为客户的满意是公司的首要原则。客户的

---

① William H. Newman, Administrative Action: The Techniques of Organization and Management, Englewood Cliffs, N J., Prentice-Hall, 1963, p.90.

② The Corporate Elite: Chief Executives of the Business Week 1000, Business Week, 1990, October 19, p.11.

好评会比来自同事和下属的评价更被重视，因为同事和下属对你的赞扬可能是为了政治原因。而顾客并不考虑如何讨供应商的欢心，因此他们的动机被认为是单纯的。

4.保持谦恭、亲切和积极

根据就业专家哈尔夫(Robert Half)的研究，在专业合格的条件下，谦恭、亲切和积极的人是最先被录用而最后被解雇的①。

5.寻求建议

在与工作相关的问题上寻求建议，有助于与其他雇员建立关系。向一个人寻求建议，并且如果提建议并不属于他的职责，那么这通常会被理解为对他的敬重。寻求建议实际上传达了这样一个信息，就是对他人的判断表示信任。

(三)避免政治策略上的失误

保持权力的一个策略，是避免犯那些会削弱权力的错误。政治上的疏忽行为也会妨碍一个人获得权力。下面列举的是一些主要的政治策略上的失误。

1.在公众场合批评上级领导者

处理人际关系的最古老的原则就是"当众表扬，私下批评"。但是，当情绪激动时，我们可能按捺不住冲动而在公众场合批评自己的上级领导者。这将导致严重后果。例如，在克林顿当选美国总统不久，阿拉巴马区的参议员希尔比(Richard Shelby)公开批评克林顿的经济政策，而克林顿立即作出反应，反对联邦政府向阿拉巴马州的一个狩猎城项目投资。

2.绕过上级领导者

在等级化的组织中，礼仪是受到高度重视的。绕开上级领导者去决定问题的解决方案会导致灾难性的后果。你可能能够成功地绕开你的上级领导者，但你的职业生涯会因此受到损害，你的资源会因此受到限制。

3.拒绝最高管理者的邀请

回绝最高管理者，特别是不止一次地回绝，是政治策略上的失误。因此，你必须小心地控制你的时间，尽量避免拒绝最高管理者的邀请或要求。

4.过河拆桥

与先前的管理者或过去曾帮助过你的人交恶是一种重大的政治策略上的失误。过河拆桥(burning your bridge)的行为常常发生在一个人离开组织的时候。特别是当一个人是非自愿离开时，他非常容易向负责辞退他的人发泄怒气。发泄怒气会暂时有助于你的精神健康，但从长期来看，它是有害的。

① Robert Half, Career "Insurance" Protects DP Professionals from Setbacks, Encourages Growth, Data Management, June 1986, p.33.

（四）不道德的政治策略

任何获取权力的方法如果用到极端都会成为不正当的。例如，为支持上级领导者而向他提供影响公司股票价格的内部消息就是不道德的。下面所列举的手段是明显不道德的。从长远的观点看，它们会降低领导者的信誉，从而削弱领导者的效能。不正当的策略甚至会导致对领导者和组织的法律诉讼。

1.暗箭伤人

许多地方存在着背后伤人(back stabbing)。它表现为假装友好，实际上却一直试图置人于死地。经常出现的暗箭伤人的形式，是主动与竞争对手谈论共同的上级领导者缺点，鼓励他发表对上级领导者的负面评论，并仔细记住他所说的话。当这些评论传到上级领导者的耳朵里时，这个竞争对手就会被认为不忠和愚蠢。

2.顺我者昌，逆我者亡

顺我者昌，逆我者亡(embrace-or-demolish)是一种古老的策略。它努力清除遭受打击的有能力的竞争对手，以防这个受伤的对手在控制不住时会进行报复。这是在恶意收购公司后经常采取的策略。许多经理因反对被收购而失去了职位。

3.升至死地

升至死地(setting a person up for failure)这一策略的目标，是将一个人提升至一个或者会失败或者无能为力的位置。例如，首席执行官会将自己不喜欢的经理派去负责一个市场正面临崩溃的困难部门，而他的上任并不能阻止这种业绩的下滑，最后会因不良的业绩而被辞退。

4.分而治之

分而治之(divide and rule)是一个古老的军事和政治策略，有时也被用于商业。其目标是让下属之间互相争斗，从而导致与另一个人的权力平衡。当团队成员之间无法结成联盟时，那么他们就更可能与共同的上级领导者结成联盟。使下属相互争斗的一种方式是让他们处于对资源的激烈竞争之中。例如，让他们证明他们的预算何以比竞争对手要求的预算更值得拨付。

三、控制政治权术的运用

政治手段的过分运用，会伤害组织及其成员。太多的政治权术行为会导致时间和精力的浪费，从而降低生产率。而且，过度地使用政治手段对人力资源也会带来有害的后果，它会降低人们的道德水准，并使那些不喜欢政治权术的人离开组织。因此，当运用政治手段达到过分的地步，并影响了组织的正常功能时，领导者就要对其采取以下制止的措施。

1.识破政治权术

要控制政治权术，领导者就要了解它的原因和手段。例如，在公司缩减规模时，总经理就要警惕暗箭伤人，识破那些故意讨好的企图。

2.公开交流

根据穆尔黑德和格里芬的观点,公开的交流也能够限制政治权术的影响。例如,公开的交流可以让每个人都知道分配资源所根据的原则,从而减少采用政治手段的行为①。

3.领导者以身作则

组织的高层领导者以身作则,树立良好的榜样,也有助于减少组织中搞政治权术的频率和密度。如果领导者不搞权术,就表明搞政治权术在组织中是不受欢迎的。领导者在员工大会上宣布搞不正当的政治权术是令人厌恶和缺乏职业精神的,也会起到积极的限制作用。

4.公开讨论值得怀疑的信息

有时,通过要公开讨论那些值得怀疑的信息,也会对政治权术有所限制。因为,那些搞不正当政治权术的人通常希望以隐蔽或私下的方式进行,他们故意丢下一些线索和暗示,造成人们对另一个人的负面评价,但却不愿意让人们将他视为消息的来源。因此,根据维奇奥的建议,制止这种贬低他人的有效方式,就是提出要公开讨论这些小道消息。这样,那些试图传播这些令人怀疑的信息的人通常就会有所收敛,并使自己的话更接近实际情况②。

第四节　领导权力的运用

领导的过程,就是领导者运用权力的过程。权力的运用应当选择什么样的策略? 这些策略会产生什么样的效果? 这些效果是否随情境的变化而变化? 领导者的权力运用策略为什么会产生不同的效果? 对这些问题,许多研究者进行了具体的研究。这种研究涉及领导者针对不同目标、为了不同目的而使用的不同影响策略,这些策略的使用频率,以及这些策略所产生的效果。其中比较著名的有基普尼斯(D. Kipnis)、施密特(S. M. Schmidt)和维金森(I. Wikinson)等人 1980 年和 1984 年的研究③,埃雷兹(M. Erez)、里姆(Y. Rim)和凯德(I. Keider)等人 1982 年和 1986

① Gregory Moorhead and Ricky W. Griffin, Organizational Behavior: Managing People and Organizations, 3rd ed., Boston, Houghton Mifflin, 1992, p.306.

② Robert P. Vecchio, Organizational Behavior, 2nd ed, Hinsdale, Ill., Dryden, 1991, p.282.

③ D. Kipnis, S. M. Schmidt and I. Wilkinson, Intraorganizational Influence Tactics: Explorations in Getting One's Way, Journal of Applied Psychology, 1980, 65, p.440~452. S. M. Schmidt and D. L. Kipnis, Manager's Pursuit of Individual and Organizational Goals, Human Relations, 1984, 37, p.781~794.

年的研究①，安萨里（M. A. Ansari）和卡普尔（A. Kapoor）1987年的研究②，布斯（David M. Buss）等人1987年的研究③，尤克尔和法尔伯1990年的研究④，尤克尔和特蕾西（J. Bruce Tracey）1992年的研究⑤，以及达布林1991年和1995年的研究等。

一、权力运用的各种策略

自20世纪80年代以来，一些学者开始对权力运用的策略进行系统的研究。他们首先区别了权力运用的各种策略类型。尤克尔和达布林对这些类型进行了概括。

（一）尤克尔对权力运用策略的概括

尤克尔在20世纪80年代将领导者运用权力的策略总结为11种，其中包括合法的要求、用允诺促使服从、强制、理性劝说、理性的信任、鼓舞、教化、歪曲信息、操纵情境、个人认同和决策认同⑥。

到了20世纪90年代，尤克尔对权力运用策略的类别进行了重新的修订，它集中在那些与领导者影响他人的绩效有关的行为。他将这样的策略分为9种，其中保留了理性劝说、鼓舞、协商（决策认同）、交换（用允诺促使服从）、合法化（合法的要求）和强制6个策略，将个人认同和理性的信任两个策略合并为"个人魅力"，取消了操纵情境、歪曲信息和教化这3个不完全正当的策略，增加了"逢迎"和"结盟"这两个新策略⑦。

到2002年，尤克尔总结的策略又扩大到了11种，其中包括原有的理性劝说、鼓舞、协商、交换、逢迎、合法化、联盟这7个策略，将强制修改为压力，将个人魅力修改为个人诉求，增加了告知和协作两个策略⑧。这些策略的基本内涵如下。

---

① M. Erez and Y. Rim, The Relationship Between Goals, Influence Tactics, and Personal and Organizational Variables, Human Relations, 1982, 35, p.877~878. M. Erez, Y. Rim, I. Keider, The Two Sides of the Tactics of Influence: Agent vs. Target, Journal of Occupational Psychology, 1986, 59, p.25~39.

② M. A. Ansari, Organizational Context and Upward Influence Tactics, Organizational Behavior and Human Decision Processes, 1987, 40, p.39~49.

③ David M. Buss, Mary Gomes, Dolly S. Higgins and Karen Lauterbach, Tactics of Manipulation, Journal of Personality and Social Psychology, 1987, December, p.1222.

④ G. Yukl and C. M. Falbe, Influence Tactics in Upward, Downward, and Lateral Influence Attempts, Journal of Applied Psychology, 1990, 75, p.132~140.

⑤ Gary Yukl and J. Bruce Tracey, Consequences of Influence Tactics Used with Subordinates, Peers, and the Boss, Journal of Applied Psychology, 1992, August, p.525~535.

⑥ 余克（尤克尔）：《领导学》，余朝权译，14~20页，台北，天麟文化事业有限公司，1983。

⑦ 尤克尔，特蕾西：《用于下级、平级和上级的影响策略的效果》，载皮尔斯，纽斯特罗姆：《领导者与领导过程》，第2版，北京华译网翻译公司译，154页，北京，中国人民大学出版社，2003。

⑧ Gary Yukl, Leadership in Organization, 5th edition, Eaglewood Cliffs, NJ., Prentice Hall, 2002, p.159~164.

(1)理性劝说(rational persuasion) 用逻辑证据和事实证据,使被影响者相信所建议的行为是其满足需要或达成目标的最好方法。

(2)告知(apprising) 解释贯彻一项要求或支持一个提议如何会使被影响者个人受益或有助于被影响者个人的职业生涯。

(3)鼓舞(inspirational appeal) 诉诸价值和理念,或试图激起被影响者的情感以获得对一项要求或提议的承诺。

(4)协商(consultation) 对需要被影响者个人支持或协助的行动或变革,鼓励被影响者对提议提出改进建议,或帮助计划这种行动或变革。

(5)交换(exchange) 提供奖励,建议交换互利,或说明如果被影响者按照影响者的要求去做,便会在以后给予回报。

(6)协作(collaboration) 向被影响者提出,如果其愿意执行一项所要求的行动或同意被提议的一项改革,就会向其提供相应的资源和协助。

(7)个人诉求(personal appeals) 出于友谊而要求被影响者执行一项所要求的行动或支持一项提议,或在说出要求内容之前就请求被影响者给予支持或帮助。

(8)逢迎(ingratiation) 在试图影响之前或影响过程中,采用颂扬或吹捧的手段,或表达对被影响者执行一项困难要求的能力的信心。

(9)合法化的策略(legitimating tactics) 通过引证规则、正式的政策或官方文件,寻求确立要求的合法性,或证明提出该要求的权威性。

(10)施压(pressure) 通过要求、威胁、频繁的检查或不断的提醒来对被影响者施加影响。

(11)联盟的策略(coalition tactics) 通过寻求他人的帮助来说服被影响者去做某事,或用他人的支持作为使被影响者同意的理由。

(二)达布林对权力运用策略的概括

达布林在1995年将领导者运用权力的策略分成两类,一类是不违反道德的诚实的策略;另一类是不诚实、不道德的策略[①]。

1.不违反道德的诚实的策略

在他所概括的不违反道德的诚实的10种策略中,有8种基本上来自尤克尔所提出的策略,如以身作则地领导(个人认同)、理性的说服、交换好处和讨价还价(交换)、建立专家的声誉(理性的信任)、使要求合法化、鼓舞和动情的演说、咨询(协商)、联合。此外,他又提出了建立资源人士网络(Developing A Network of Resource Persons)和团队配合(Team Play)两个策略。

① Andrew J. DuBrin, Leadership: Research Findings, Practice and Skills, Boston, Houghton Mifflin Company, 1995, p.172~182.

2.不诚实、不道德的策略

他所列举的9种不道德的策略,按可能被视为不道德的程度由高向低排列。

(1)直接的强权(direct machiavellianism) 就像马基雅维利笔下的专制君主那样,无情地控制和操纵他人,经常采取欺瞒、诳骗和其他控制性的手段。例如,借就业困难的机会,迫使员工无偿地超时工作,并威胁要开除那些拒绝加班者。

(2)对人和情境的温和操控(gentle manipulation of people and situations) 这种控制方式比直接的强权在不道德的程度上要轻一些。它通过一些不真实的陈述,或假装的某种行为,取得另一个人的服从。例如,一个领导者可能作出这样的暗示:如果一个同事会在团体的意见冲突中支持他的观点,他也许会推荐提升他。另一种被广泛使用的手法是"随大流"(bandwagon technique),即要做某件事只是因为别人也做了同样的事。例如,一位经理要扩大质量研讨会的预算,他向上级打报告所提出的理由只是"因为其他的公司都这样做"。

(3)不适当加压(undue pressure) 有效的领导者经常采用激励的方式,如奖励和适当的惩罚。但如果奖励变成对服从的收买,惩罚的威胁变得异常严厉,就会使对象感受到不适当的压力或强迫。在布斯等人所做的问卷调查中,与此相关的手段包括要求、训斥、批评、咒骂或以某事相威胁等①。

(4)耍手段(game playing) 领导者经常以耍手段的方式来影响他人,这种耍手段的把戏是在那些看起来似乎头头是道但实际暗藏心机的人之间反复进行的一系列交战。耍手段之所以能产生影响力,是因为被领导者手段耍弄的人会产生卑微感。

(5)挑剔(blemish) 这是领导者为使团队成员保持一致,经常玩弄的一种简单的把戏,他总是要在团队成员完成的每一项任务中找到一些缺陷。他高居于评判者的位置上,发出类似这样的评论:"你的报告写得非常好,但只是在结论部分有点问题,它似乎与报告整体不太一致。"但被领导者也经常利用领导者的挑剔而采取另一种影响策略。例如,为了使新的预算获得通过,先提交一份很容易被否决的大额预算。在被否决之后,再提交一份经过修订的数额较小的预算,在这种情况下,这个表达真正需求的预算就很容易被通过,因为对第一个预算的否决会使领导者有一种内疚感。

(6)屈尊俯就(debasement) 这种控制方式是通过自贬或自辱来控制另一个人的行为。在布斯等人的问卷调查中,与此相关的行为包括允许他人贬低自己、自降身份或显示谦卑,以使他人按照要求去做②。

---

① David M. Buss, Mary Gomes, Dolly S. Higgins and Karen Lauterbach, Tactics of Manipulation, Journal of Personality and Social Psychology, 1987, December, p.1222.

② 同①。

(7)诉诸上级领导(upward appeal) 一个领导者可以通过将一个团队成员交给更具权威的人处理来施加影响。例如,当一个团队成员不服从时,就将其交给上级处理。但经常使用这一手段,会削弱领导者在团队成员和上级眼中的地位,从而有损于其领导效力。但领导者也可以采用另一种方式来诉诸上级领导,他可以告诉下级,自己的要求已经被上级管理层批准,以此来说服下属。他或者可以要求上级通过对该下属的直接要求来迫使其服从。

(8)冷处理(silent treatment) 领导者采用一言不发、愠怒或其他被动形式来进行冷处理,直到被影响者服从。在布斯等人所作的问卷调查中,与冷处理相关的做法包括不回答、不理睬、不说话或拒绝做被影响者所喜欢做的事,直到被影响者按照要求去做①。

(9)逢迎、讨人喜欢和注重装束(ingratiation, charm, and appearance) 使他人喜欢以便对其产生影响,它包括基普尼斯的研究中发现的以下手段:使被影响者感觉到自己很重要,赞扬,以非常谦卑的态度提出要求,对提出的要求所带来的麻烦表示歉意,等到其面露悦色再开始提要求,以有礼貌的方式提要求,假装让他来决定我要做什么②。讨人喜欢是因为许多人都喜爱令人愉快的人。注重着装在这里指的是着装职业化和跟随时尚。

(10)玩笑和戏谑(joking and kidding) 当直接的表达会被理解为粗暴的批评时,善意的玩笑就特别有效。玩笑和戏谑能够传达信息,又能降低被影响者向影响者动怒的风险。由于它们使批评的口气软化,所以它们既可以被解释为不坦率,也可以被解释为非常机智和圆滑。

二、各种影响策略的运用频率和方式

一些研究者研究了领导者使用不同影响策略的频率。其中比较典型的有达布林 1991 年的统计和尤克尔 1992 年的统计。

(一)不同性别的领导者在使用影响策略频率上的差距

达布林在 1991 年对 523 名职业成年人进行了调查,包括 292 名男性和 231 名女性。其中绝大多数都是经理和专业人士。他请他们对自己使用 16 种影响策略的频率进行评估,并以 5 分制来打分,1 分代表极不经常使用,5 分代表特别经常使用。最后统计的平均分数如表 5-1③所示。

---

① David M. Buss, Mary Gomes, Dolly S. Higgins and Karen Lauterbach, Tactics of Manipulation, Journal of Personality and Social Psychology, 1987, December, p.1222.

② D. Kipnis, S. M. Schmidt and I. Wilkinson, Intraorganizational Influence Tactics: Explorations in Getting One's Way, Journal of Applied Psychology, 1980, 65, p.445.

③ Andrew J. DuBrin, Sex and Gender Differences in Tactics of Influence, Psychological Reports, 1991, Vol. 68, p.635 ~ 646.

表 5-1 不同性别的人使用各种影响策略的频率

影响策略	男性	女性
1.团队配合	4.1	4.2
2.讨人喜欢	3.3	3.5
3.注重装束	3.3	3.5
4.操纵情境	3.1	2.7 *
5.操纵人	2.6	2.3 *
6.专断	3.9	3.9
7.玩笑和戏谑	3.7	3.5
8.利益交换	2.9	3.0
9.许诺奖赏	2.5	2.2 *
10.惩罚的威胁	1.8	1.5 *
11.逢迎	3.2	3.2
12.逻辑或理性	4.3	4.1 *
13.联合	3.3	3.5
14.威胁上交	1.5	1.6
15.恭维	3.6	3.5
16.妥协	3.4	3.5

* 表示手段之间差异的显著水平等于或大于 1%。

(二)各种策略的运用方式

尤克尔和特蕾西在 1992 年对 9 种策略在用于上级、平级和下级的使用频率进行了研究。根据他们的研究模型,从策略使用者的角度看,下列的相关因素决定了在某一特定背景中影响策略的使用频率:

①与盛行的社会准则和在该环境下使用策略的角色期望一致;

②行为者拥有该背景下使用策略的合法权力基础;

③影响所要达到的目标合法;

④所要面对的被影响者的抵制水平;

⑤使用与收益有关的策略的成本。

据此,他们假设:大多数行为者倾向于采用的策略,是社会接受的、行为者的职位和个人权力所允许的、经济的(时间、精力、资源等),并且在被影响者的抵制水平既定的情况下,针对一具体目标可能是有效的。

尤克尔在 2002 年总结了对不同策略的运用方式和可能的效果的研究成果如表 5-2①所示。

① Gary Yukl, Leadership in Organization, 5th edition, Eaglewood Cliffs, NJ., Prentice Hall, 2002, p.167.

表 5-2 各种影响策略的使用方向、次序、方式和可能效果

影响策略	使用方向	使用次序	单独或联合使用	可能的效果
理性劝说	广泛用于各个方向	更多用于最初要求	经常单独或联合使用	高
鼓舞	更多向下使用	无差别	主要与其他策略同用	高
协商	更多向下和平行使用	无差别	主要与其他策略同用	高
协作	更多向下和平行使用	无研究	无研究	高
告知	更多向下和平行使用	无研究	无研究	中等
逢迎	更多向下和平行使用	更多用于最初要求	主要与其他策略同用	中等
交换	更多向下和平行使用	主要用于中间和后继策略	单独或联合使用	中等
个人诉求	更多平行使用	更多用于最初要求	单独或联合使用	中等
联盟	更多平等和向上使用	主要用于缓用的后继策略	单独或联合使用	低
合法化	更多向下和平行使用	主要用于中间和后继策略	主要与其他策略同用	低
施压	更多向下和平行使用	主要用于缓用的后继策略	单独或联合使用	低

三、各种影响策略的运用效果

尤克尔在 1990 年曾经提出，一种影响努力的成功程度，可以用一个由 3 个定位点构成的连续尺度来确定。这 3 个定位点是承诺(commitment)、服从(compliance)和抵制(resistance)。而领导者所希望的最佳效果，当然是增加被影响者对工作的承诺。“承诺”表示最高程度的成功，在这种情况下，要影响的目标者热情地执行要求，并全力以赴；“服从”意味着影响的努力只有部分的成功，被影响者对执行要求缺乏热情，不是非常高兴，只是作中等程度的努力；而“抵制”则表明影响的努力是不成功的，被影响者对执行要求持反对态度，他们设法不服从，或消极怠工。

他进一步提出，影响策略能否成功，与领导者的权力基础有关，还与领导者的领导能力有关。这两个因素会调节影响策略的效果。他据此提出了一个权力效果模型①，如图 5-1 所示。

尤克尔和特蕾西在 1992 年对 9 种策略对上级、平级和下级的实施效果的研究中，从被影响者的视角将影响这些策略效果的因素进一步扩展为 5 个方面，具体如下：

①与盛行的社会准则和在该环境下使用策略的角色期望一致；

②行为者拥有合法的权力基础，以便在那种环境下使用该策略；

③该策略的被影响者对被要求行为的态度和潜力；

④影响者使用策略的水平；

⑤被影响者对要求本身的内在抵制。

① Gary Yukl, Skills for Managers and Leaders: Text, Cases and Exercises, Englewood Cliffs, NJ., Prentice-Hall, 1990, p.58 ~ 62.

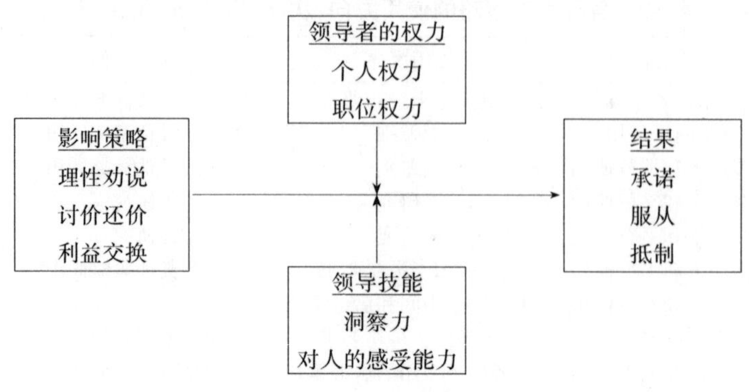

图 5-1　权力效果模型

根据这一扩展的模型,他们的基本假设是,一项策略在下述情况下更容易成功:即如果被影响者认为它是社会可接受的影响行为,影响者有充分的职位和个人权力来实施该策略,该策略能够改变被影响者对被要求行为的态度,该策略被熟练使用,采用该策略所作出的要求是合法的,并与目标者的价值和需求一致。

据此,他们提出了关于 9 个策略在向上的、向下的和平行的方向对被影响者承诺的影响效果假设并对这些假设进行了检验。检验的结果如表 5-3。

表 5-3　各种影响策略的影响方向

影响策略	产生影响的方向
理性劝说	在向上、平行和向下 3 个方向都增加了工作承诺
鼓舞	在向上、平行和向下 3 个方向都增加了工作承诺
协商	在向上、平行和向下 3 个方向都增加了工作承诺
逢迎	与下级和平级的工作承诺显著相关,其相关系数大于向上影响的相关系数
交换	与下级和平级的工作承诺显著相关,其相关系数大于向上影响的相关系数
个人魅力	与下级和平级的工作承诺而不是上级的工作承诺显著相关
联合	在影响任何方向的工作承诺时都无效
合法化	与平级的工作承诺负相关
强制	与下级和平级的工作承诺负相关

他们根据这一研究结果得出了如下的结论。

首先,在多数情况下,理性劝说、鼓舞和协商在任何方向上对工作承诺都呈中等程度的影响,而这 3 种策略都试图改变被影响者对所要求行为的态度,并且这些策略在 3 个方向上都被认为是社会可接受的。

其次,强制、联合和合法化通常无效。这些策略与工作承诺的负相关可能表明,它们常用于被影响者抵制了行为者的直接影响或先前的影响失败之后,而且在许多情况下,这些策略可能被认为是社会不可接受的影响行为。如果影响者企图强迫或操纵被影响者,被影响者可能会反感或生气。

再次，逢迎和交换在影响平级和下级时效果一般，但在影响上级时无效。影响者在向上的影响中，没有足够的权力基础使用这些策略。在这种环境中，这些影响行为被认为具有操纵性。逢迎在影响上级方面，作为一项长期策略比作为短期策略更有效。

最后，个人魅力对下级和平级的影响也是一般的，但是这一结果是无说服力的，并且很难解释①。

四、建立和运用各种权力的具体方法

尤克尔针对弗伦奇所提出的五种权力的建立和运用方法提出了一些具体的建议②。

（一）合法权的建立与运用

为了尽量减少下属对领导者行使合法权的抗拒，领导者应注意以下事项。

1. 礼貌地要求

傲慢的要求不会使下属承诺，而且会引起抗拒。礼貌地要求通常比较有效，因为它不强调地位差距，不暗示下属对领导者的依赖。有些比领导者年长的下属，或隶属于数位主管的下属，会对地位差距和权力关系特别敏感，在这种情况下，礼貌地要求就显得特别重要。因此，最好在要求前加上"请"字，而不要说："不管你喜欢还是不喜欢，你一定要做！"

2. 以坚定的语气要求

礼貌地要求并不是哀求，或显得很抱歉，因为这样会使所提出的要求给人以不合法或不重要的印象。同样，不热切、不认真的请求，也会使下属怀疑是否必须得服从，因而降低服从的可能性。在危急时，领导者更应显得沉着，此时的要求应斩钉截铁，而不只是礼貌。有时，以军队下命令的方式，有助于使下属在危急时立即行动。

3. 要求明确，使下属理解

领导者提出合法要求时，应简单明了，使用下属能懂的字眼。如果指示相当复杂，最好采取书面形式，或要求下属记笔记。要求如果模糊不清，下属将踌躇不前，唯恐做错。领导者应注意下属未能理解要求的迹象，例如表情迷惑、行动踌躇混乱等。要检查下属是否理解，可问他问题，或请他复述刚才的指示。

4. 确定要求是合法的

非法的要求会被忽视或抗拒，特别是下属反对去做的事。如果下属可能怀疑

① 尤克尔，特蕾西：《用于下级、平级和上级的影响策略的效果》，载皮尔斯，纽斯特罗姆：《领导者与领导过程》，第2版，北京华译网翻译公司译，152～165页，北京，中国人民大学出版社，2003。

② 余克（尤克尔）：《领导学》，余朝权译，44～56页，台北，天麟文化事业有限公司，1983。

领导者是否有权提出某一要求，领导者应加以澄清，如引用规定、政策、章程、雇用契约条款或传统先例等。如果权威来自上级授权，或因改组后由上级赋予，则应请上级证实其权威。领导者对于在权限边缘的要求，应特别注意。在提出不寻常的要求时，应另外用其他影响方式来补充，如个人诉求、鼓舞激励、团体决策等。

5.解释要求的理由

如果下属理解领导者所要求的行动是达成他们和领导者的共同任务目标所不可缺少的，则这种合法要求更有可能使下属服从甚至承诺。除非时间紧迫或理由显而易见，否则领导者应向下属解释每一合法要求的理由。这种解释本身就是运用理性的说服来加速下属接受合法的要求。有时，向下属解释达成某一行动计划的决策过程，使下属知道为什么选择这一方案而放弃其他方案，会非常有助于下属的服从和承诺。这使原本看起来有很多问题的决策，被下属理解为唯一可行的行动计划。当然，如果决策本来就很愚蠢，再怎么解释也无法令下属信服。

6.通过适当的渠道

领导者应通过适当的渠道下达正式命令和指示。如果通过第三者传达合法的要求，可能引起不必要的问题。如果让一位下属告诉另一地位相同或较高的下属去做某事，后者可能感到愤恨不平，或怀疑其要求是否真正来自领导者。用第三者传达口头要求，也可能扭曲信息，而且领导者将没有机会观察下属的反应和评估下属理解与接受的程度。

7.定期行使权威

使下属接受领导者权威的方法之一，是定期行使权威，使下属习惯被领导者指挥，而且更可能视这种指挥为正常合法。一个新领导者或权威不明确的领导者，最好从最可能被接受并明显合法的命令或要求开始，这样才不会引起下属抗拒。然后，领导者应逐渐扩大命令和要求的范围，直到双方能确定其权限为止。在某些情况下，这一权限可能远远超过下属最初所能接受的。不过，运用这种方式，并不意味着领导者应严密监督或干涉下属的活动。指挥的适当程度，要看任务的性质以及下属和组织的类型而定。过度的指挥会使下属产生压迫感，甚至心生怨恨。下属不希望领导者总是用命令下属服从的方式来炫耀其权威，不喜欢他随意下达不必要的命令。

8.坚持服从，并作检查

领导者应避免下属明显地拒绝贯彻某一命令或要求的事例发生。如果恶例一开，立刻会降低领导者在下属眼中的权威，将来不服从的事件也会增加。领导者应坚持要求下属执行合法要求。下属时常会故意拖延，看看领导者对此事认真的程度。如果领导者不迅速跟踪最初要求的执行情况，并再度坚持，下属将认为那个要求可以被忽略。领导者应注意这种可能性，并确定下属是否立即服从。

9.回应下属的需要

即使领导者一再坚持,下属也可能无法执行权威式的要求。对付这种"全无反应"的情况,是有效领导的重要条件。方法之一是施加压力使下属屈服,例如运用理性的说服,答应事后给予奖赏,或威胁要对不服从者加以惩罚等其他影响方式。但是,当下属有强烈的私人理由拒绝领导者的要求,或领导者所提供的好处或说法不为下属所关心时,这些方式就不太有效。因此,与其立刻施加压力,不如试着去发现下属抗拒背后的真正理由。领导者可采用非指导性的访问方式,去了解下属的兴趣、价值观、焦虑或渴望,鼓励他们说明为何反对,而领导者应耐心倾听,不打断或批评下属,不急于为自己作出辩解。然后,领导者可通过共同讨论,重新定义问题,使下属有机会对解决方案提供意见,最后达成一致的看法,同时满足任务要求和下属的需要。

(二)奖酬权的运用

有条件的奖酬,在使下属服从组织的规定或领导者的特定要求方面,通常很有效。许诺奖赏,可以是明白的表示,也可以只是隐约暗示。在下列情况下,行使奖酬权最可能使下属服从。

1.服从能被证实

除非下属的行为能够被正确地衡量,以确定下属是否真正服从或达到绩效标准,否则就不能运用奖赏。换言之,行为本身必须可被观察,或是行为的结果有办法衡量。

2.要求不过分

除非下属认为他们能够达到要求并获得奖赏,否则他们将不会努力按要求去做。下属认为所要求的行为或绩效标准是否可以达成,要视任务的性质、下属的技能、下属的自信心,以及外在因素而定。

3.奖赏要有吸引力

奖赏必须对下属有吸引力。由于不同的奖赏可满足不同的需要,而下属的需要又时常改变,所以在企图影响下属时,先要决定每位下属最需要的是什么。领导者不可视金钱为万能,也许下属更希望的是增加休假、责任或更多的重视。奖赏不仅要有吸引力,而且其利益要超过执行所要求的工作时所付出的代价。此外,奖赏必须是下属无法用其他更简易的行动获得的。

4.奖赏有信

下属必须认为领导者能兑现承诺,奖赏的承诺才能激励下属。所以,领导者必须有足够的权威,能影响上级颁发下属所看重的奖赏,并使下属相信领导者一定会按承诺的话去做。

5.要求合情合理

要求合于情理,奖赏才会有效。如果奖赏是在"贿赂"下属去做不正当的事,下属可能不乐意受摆布。例如,下属可能不愿意帮助领导者掩饰过失以获得加薪。

但在领导者试图使用奖赏权时,还会遇到许多问题,需要引起领导者的注意。

首先,使用奖赏的理想情况并不总是存在的。很多领导者无法控制有吸引力的奖赏;下属的任务时常是相互依赖的,他们无法控制自己的绩效,从而使对个别人的奖赏十分困难,只能采用团体奖赏;许多任务无法客观衡量其绩效,或无法明确地观察其行为。

第二,即使情况有利于使用奖赏,还是会遇到很多问题。奖赏虽然可使下属服从,但很难使其真正承诺;即使下属很想得到某一奖赏,他也可能把所要求的行为或绩效当作达成目的的手段,因而设法抄捷径,忽略任务中不容易被看到的部分,以便迅速完成任务获得奖赏;奖赏也无法激励下属在要求范围之外多作努力或主动去执行任务。

第三,如果领导者以操纵方式使用奖酬权,可能引起下属抗拒。如果给或不给奖赏全凭领导者自己高兴,会使讨厌依顺掌权者的下属或那些认为领导者在任意摆布他们的下属产生愤恨。

第四,领导者经常使用奖赏,会使下属认为双方关系仅限于纯经济因素。每当领导者要他们去做新的或不寻常的事时,他们就会期望特别的奖赏。如果领导者制定过分机械式的奖赏制度,将下属在每一种绩效水平上应得的奖赏都明确规定下来,那么下属将完全把领导者与自己的关系视为不含任何感情因素的有形利益的交换。

因此,领导者与其把奖赏定得很明确,不如用更微妙的方式表扬和强化所期望的行为。领导者可以明白地告诉下属,他们将因其贡献、成就和努力而受到奖赏,但无须订立明细的奖励制度。领导者需要找出合理正确的绩效指标,也需要建立绩效标准与目标,但不一定详细地确定奖赏的具体内容。绩效评估反馈会议在一般情况下应与加薪讨论分开。如果可能,领导者应利用奖酬权来辅助其参照权,在给予奖赏时,应表示领导者个人对下属的努力与成就非常欣赏。这样的做法可加强参照权,使下属喜爱给予他奖赏的人而非奖赏本身。与将双方关系视为不含个人因素的经济交换相比,将双方关系视为彼此的友谊与忠诚会使领导者和下属都更加满意。

(三)强制权的运用

除非绝对必要,成功的领导者应尽量避免使用强制权,因为它会引起愤恨,并有损于参照权。下属不可能因强制而承诺,连服从都很困难。面对强制,下属通常采取身体上的退却,如离职,避开工作;下属也可能采取心理上的退却,如做白日梦、酗酒;下属还可能采取敌视和攻击的方式,如罢工、偷窃、怠工、偷懒。从历史上看,在维持纪律和对付敌人、叛徒和罪犯时,采用强制方式最有效。在大多数社会制度里,强制和惩罚只有在施行于少数成员而大多数成员认为合法的情况下才显得有效。如果领导者大量采用强制方式,其权威将受损,人们将产生仇视而设法限制其权力,甚至将他推翻。在工作组织内,能够有效强制的可能性很小。强制通常用于维持纪律,最适于用来制止对组织不利的行为,如偷窃、抵制、违反安全法规、打斗、直接违抗命令等。如果领导者用强制来积极维持纪律,下属会服从而不会抗拒。但领导者不可用威胁或处罚作典型来恐吓下属,而应引导下属负起帮助维持纪律的责任。在使用强制权时要注意以下几点。

1.将规定和罚则告诉下属

用强制方式来制止不良行为时,应先明确指出何种行为是不对的,否则下属可能不知道有哪些规定。应让下属知道违纪是相当严重的事。无须指明各种违纪行为将受什么处罚,但必须让下属知道违纪的后果很严重。

2.纪律的行使要迅速而一致

领导者不应忽略任何违纪行为,或是拖延太久而不处理,否则下属将认为违纪无关紧要,因而还会再犯。维持纪律要前后一致,不要让人以为是随便乱罚,也要对所有下属一视同仁,不可让人觉得偏心。

3.在处罚前有足够的忠告

对少数非常严重的违纪行为,须将违纪者即刻革职或送交司法机关。但对大多数一般性的违纪行为,最好采取逐步的方式,即先用一两次口头警告,然后书面警告,最后才采取正式惩戒、停职、降级或革职等惩罚形式。逐渐的强制可使下属服从,而不必采取惩罚措施。领导者在警告时,必须明确指出对下属的期望,以及下属应如何做才不致受到惩罚。不过,领导者的要求应当是下属经过努力后能够达到的。

4.在惩戒之前先了解事实

领导者在惩戒之前,须先做调查,了解实情,不可草率地下结论。即使是明显的违纪,也可能是迫于环境。仓促的惩戒而事后才发现不对,将使领导者陷于尴尬的境地,并且会严重伤害与下属的关系。

5.保持镇静,避免敌视

惩戒过程中充满着感情作用,很容易失去控制。如果领导者怀有恨意和侮辱的味道,下属也会激动和愤怒。警告时要心平气和,以免下属敌视或抗拒。下属对于任何行为不当或绩效不佳的指控,应有适当的申诉机会,领导者应有诚心帮助下属去符合角色期望,尽量避免处罚。

6.维持威信

领导者在处罚时也要有信用。如果威胁警告都用过了,而违纪依旧,则不施以适当的惩罚将使领导者威信大减。但如果领导者做过分的威胁,而事实上无权做类似的惩罚,也会丧失威信。此外,宣称要惩罚,然后又改变心意,不了了之,也会使威信受损。

7.使用适度的惩罚

施罚的种类须与组织的规定、政策和传统一致。惩罚的大小须与违纪的严重性相称。如果惩罚和现行做法一致且不过分,下属就比较容易接受。如果下属尽职尽责,则不应因不可控制的因素而受罚。

8.警告和惩罚应私下为之

最好不要在他人面前惩戒下属。公开受窘的下属会变得愤恨而有攻击性。他可能公然对抗,以便向同事表示他不怕领导者的威胁。此时,服从的可能性会大大降低。

(四)专家权的建立和运用

领导者要影响下属,不仅要拥有卓越的专业能力,而且必须让下属认识到领导者的专业才能,并相信他能提供可信的信息和忠告。就短期效果来说,下属认为领导者有无专业才能,比领导者实际有无专业才能更重要。新领导者可在初期表现得很有自信,并假装是个专家,从而欺骗下属。不过,时间一久,领导者的知识受到考验,下属的看法也会得到纠正。建立和运用专家权应注意以下问题。

1.建立专家形象

在许多职业里,所谓的专家是和一个人的教育和经验联系在一起的。领导者应使下属、同事和上司确知自己的教育背景、相关工作经验和显著的成就。常用的方法就是在办公室明显的地方摆放文凭、证书、奖状及其他专业才能的证明。另一种方法是巧妙地提起以前的教育或经验。不过,这种方式很容易变得过分,不如让别人推荐来得更有效。对新领导者来说,最好避免实施不太会成功的计划,而应去实施容易成功且醒目的计划。这种计划可增进新领导者的声望和专家权。

2.维持信用

专家形象一旦建立,应精心维护。领导者对于不太了解的事,应避免随意评论。如果下属发现领导者的论点不正确,或其建议不佳,领导者的专家权将大打折扣。专家权也视下属相信领导者的程度而定,如果下属发现领导者欺骗他们,或为了个人私利而利用他们,领导者将迅速丧失信用。一旦发生严重的"信用差距",下属将开始怀疑领导者的话,而领导者将很难恢复最初的信用。

3.危急时应果断而自信

在危急时刻,下属总希望领导者挺身而出进行指挥,并知道如何指挥团体应付问题。此时,下属会将沉着镇定的领导与专业知识联系在一起。即使领导者并不确知应付危机的最佳方式,也不可稍露困惑犹豫之色,以免丧失对下属的影响力。

4.保持信息灵通

专家权是通过理性的说服和理性的信任而行使的。对领导者来说,理性的说服是最常见的程序。领导者说服下属靠的是自己的技术和知识。因此,领导者必须了解工作的技术面和组织内其他单位的有关发展情况。如果下属都是专家,而领导者跟不上领域内的发展，不能在专业上不断更新，将很难维持专家的形象。

5.重视下属的感受

领导者需有相当的说服能力，以克服下属对政策改变的疑虑。不过，说服力过强的领导者，可能以一连串的事实和逻辑推论逼使下属就范，而未考虑下属对情况的看法。结果可能是不切中要害。利用理性的说服，不能被认为是领导者对下属的单向沟通。领导者要想利用这种方式获得成功，就一定要双向交流，细心关注下属的感受和态度，并通过耐心的说服解决问题。高明的领导者不会只安慰下属说“没有什么好担心的”，而会去发现下属真正担心的是什么，并设法解决。如果下属担心某一政策或行动计划会带来不利的后果，领导者应建议避免之道。如无法避免，则应妥善处理。

6.避免伤害下属的自尊心

专家权是基于领导者与下属之间的知识差距，但是，领导者在运用专家权时，如不注意这种差距，则可能造成下属的反感。下属不喜欢在地位差距很大时被人比较地位。如果领导者自认优越，傲慢地夸耀自己能力较强，下属将感到沮丧。许多领导者在作理性论证的过程中，常表现出一副“屈尊就教”的姿态，仿佛下属个个都很无知。如果领导者完全不接受下属对其计划的反对、批评或建议，也会让人产生轻视下属的印象。即使领导者的技能和经验比任何下属都多，能力强、信息灵的下属也会对领导者的计划多少有所贡献。如果领导者粗鲁地打断下属的反对意见，或认为任何下属的反对都很可笑，下属就会产生敌意。领导者要想成功地运用理性的说服，必须尊重下属的意见和所关心的问题，并加以考虑，调整行动计划。

理性的说服即使运用得很高明，也不是每次都很管用。它最适用于下属和领导者有共同的任务目标，而且真正想有效地做事的情况。在这种情况下，领导者可采取理性的说服，使下属相信他的行动计划能达成共同的任务目标。如果下属反对领导者的目标，或是领导者的行动计划需要下属作太大的牺牲，理性的说服将不会成功。

(五)参照权的建立和运用

参照权来自下属对领导者的忠诚、敬仰和个人情怀。这种忠心必须长时间培养，只有极少数的领导者具有强大的魅力，使下属能在短时间内迅速认同。建立和使用参照权应采取下述方式。

1.关心下属

领导者如何对待下属，通常是决定参照权的最主要因素。能使下属忠心耿耿的领导者，一定很关心下属的需要和感受，对每个人都很公正，对外代表他们，保护他们的利益。领导者应抽出部分时间，与每位下属当面交谈，以建立适度的关系。如果领导者大部分时间都只与少数“亲信”混在一起，将与其他人逐渐疏远。领导者表现得喜爱、信任和接受下属，并关心他们的幸福，将会改善彼此的关系。相反，如果领导者表现得仇视、不信任、拒绝或不关心下属，他们之间的关系自然会被破坏。领导者在赞扬下属时应采用真诚的方式，在必要时要挺身而出为下属辩护和提供支持，主动向下属提供帮助，并在必要时作出自身牺牲来显示对下属的关心。

2.采用个人诉求

个人诉求的方式，是领导者以个人的名义发出呼吁。如领导者向下属表示，如果下属为他去做某事，他将会很高兴；再如，领导者告诉下属，他依赖他们，需要他们的支持合作来解决问题。提出个人诉求时，领导者必须指出该要求对他很重要。如果下属认为领导者不是真正关心某一政策或行动计划，他们就不会努力去执行它。在这种情况下，个人诉求虽然会使下属服从，但不会使他们积极地承诺。基于强大参照权的个人诉求通常会成功，但也有其限制。要求下属做的事，须与下属忠心爱戴的程度相关。如果领导者要求下属作太大的牺牲，可能会激怒下属，使他们不再那么看重领导者的夸奖。个人诉求如果用得太频繁，也会降低领导者的参照权，下属会认为领导者是在利用他们。一位领导者持续地作个人诉求，会很快用光其“信用”而来不及补充。而个人诉求所要求的行为，不能被下属认为对领导者有害，因为忠心的下属不会去做任何伤害他深深爱戴的领导者的事。

3.角色塑造

下属认同于一位领导者，就会去模仿他的行为，因此领导者应该为下属树立适当的角色行为范例。领导者应该以巧妙的方式执行任务，以聪明的方式履行职责，维持积极的工作态度，避免不当的行为。领导者还必须言而有信，使追随者感到值得信赖。

第五节　领导过程中领导者与追随者之间的交换

在1994年发表的“领导的7个悖论”的文章中，德怀尔（Edward J. Dwyer）提出一个问题，即究竟是下属更需要领导，还是领导更需要下属？他对这个问题的回答采取了悖论的方式，指出领导者就是那些强烈要求帮助的人；就是那些分享权力、获得权力的人；就是那些给予很多，并得到很多的人；就是承受责备，并避免责备的人；就是花费时间，并节约时间的人①。这种观点实际上表达了领导者与追随者之间相互依赖和相互交换的关系。对这种交换关系的分析，可以进一步加深我们对实际的领导过程的理解。

---

① Edward J. Dwyer, Seven Paradoxes of Leadership. Journal for Quality and Participation, 1994, March, p.46～48.

一、领导过程的交换理论

(一)霍兰德的社会交换理论

在本章第一节中,已经涉及了霍兰德从社会学的交换理论出发对领导者产生过程的分析。在后来的研究中,他进一步用社会交换的观点解释领导的过程。在1969年他与朱利安(James W. Julian)发表的“当代研究领导过程的趋势”的文章中,他们强调指出:在领导者的角色中,非常重要的一点就是他被认同的合法性,即他是如何得到这个职位的,以及他在这个职位上是怎样做的。对领导者职位合法化过程的一种理解方式,就是把它看成一种互惠的交流过程,这个过程使得领导者的职位和权力被大家所接受①。

从社会交换的角度来讲,处于领导者职位的人为了实现组织目标,会以身份、尊重以及更多关注的形式给追随者以回报。领导体现了一种双向交流的关系,影响的给予可能会带来影响的回报。正像霍曼斯(G. C. Homans)1961年指出的,人们对他人施加影响的代价,就是要受到他人的影响。追随者所给予的影响,就是对领导者的要求。权威人物获得影响力,依赖于他人的尊敬。如果一个处于领导职位的人希望获得他人的尊敬,他就必须更加积极地进行领导。要维持这种交换关系,有赖于双方共同的努力。他们强调,应当认真地考虑领导过程的双向性,更加重视追随者们对于领导者的期望。理解领导的关键,在于把它看作一个每时每刻都包含了一种内在交流关系的影响过程。

霍兰德在20世纪70~90年代的研究中进一步指出,领导者是在追随者提供的约束和机会的范围内开展工作。这些约束就是追随者的期望和感觉,它们能够对领导者产生影响。追随者并不是由领导者为之定位的被动听众,而是用各种方式影响着领导者。领导和服从应当是同步进行的互动体系。追随者对领导者的感知和认同开始于领导者获得职位的时候,而这是领导者权威的基础。

他们特别对选举和任命这两种领导的产生方式进行了比较。他们的研究表明,这两种领导产生方式会对追随者产生不同的效果,同时也对领导者产生不同的约束。一般来说,选举的领导者在他们追随者的评分中得到更积极的评价。选举创造了一个对领导者增强的心理认同,但易被追随者撤销支持和给予批评。选举使追随者感到对领导者的产生负有更大的责任,但同时他们也可能对领导者寄予厚望。选举上来的领导者在未满足追随者期望时比任命的领导者更易受到批评,特别是如果他们最初看起来颇为胜任而后来却难以满足追随者的期望时,更是如此。如果一位脱颖而出的领导者所提出的新建议事后被证明成功,则追随者对其

① 霍兰德,朱利安:《当代研究领导过程的趋势》,载皮尔斯,纽斯特罗姆:《领导者与领导过程》,第2版,北京华译网翻译公司译,27~37页,北京,中国人民大学出版社,2003。

才能的信任将再一次得到肯定,其地位和影响力也会与日俱增。但如果他的建议造成失败,则会导致相反的结果。如果失败是由领导者所不能控制的外部原因造成的,而人们又不需要找个替罪羊,那么领导者将不会受到责备。但如果失败是由于领导者判断错误或能力不足,那么领导者与追随者之间的交换关系就会被重新考虑。如果追随者发现领导者当时是牺牲团体利益来满足个人私利,他们对领导者的反应就会趋于消极。如果领导者有意背弃群体规范和传统,则更易被指为自私和不负责任。因此,领导者的创新是一把双刃剑:成功将带来更大的信誉,而失败则带来更大的责难。

但他们在 1988 年的研究中也发现,如果追随者对领导者的行为给予的反馈是积极的,那么对选举的领导者和任命的领导者的反应没有什么差别;但如果追随给予的反馈是消极的,那么任命的领导者会将这种消极的反馈看得更为重要,这可能是对其地位的更大的威胁①。

(二)领导者—员工交换理论

领导者—员工交换理论(leader-member exchange theory, 简称"LME 理论")是由丹瑟劳(F. Dansereau Jr.)和格兰(G. B. Graen)等人于 1975 年提出的②。它早期被称为"垂直双向联系理论"(vertical dyad linkage theory)。它是社会交换理论的一种,主要说明不同交换关系的发展过程。

所谓"垂直双向",是指一位领导者与一位下属之间的一对一关系。领导者与下属之间的交换行为具有不同的类型,因而形成了不同的关系,并使下属在组织中的角色有所不同。该理论特别区别了"圈内的"下属与"圈外的"下属。

所谓"圈内的"(the in-group)下属,是指与领导者有特别亲密关系的一小群下属。这种亲密关系一般是由于双方情投意合、下属的能力强或具有依赖关系。他们充当领导的助手、副手或顾问。他们与领导者有大量的交换行为,双方互相信任、喜欢与尊重。这样的下属受到领导的信赖,他们往往被安排承担有趣而又富于挑战性的任务,被给予更多的权力和责任,使他们能接触一些"内部信息",参与某些决策,被分派物质的奖赏,被提供特别的利益,被给予更多的提升机会,并被给予更多的支持和赞成。领导者可能会忽略他们的过错,也可能把他们的错误归结为外部因素。作为交换,这些圈内的下属会对组织目标给予更大的承诺,更努力地工作,更忠诚和支持领导,他们的工作很可能超过正常规定的工作范围。随着这种相互交换关系的发展,领导者与圈内成员之间的相互依赖、忠诚和支持程度会越来越

---

① 霍兰德:《领导、服从、自己和他人》,载皮尔斯,纽斯特罗姆:《领导者与领导过程》,第 2 版,338 ~ 352 页,北京,中国人民大学出版社,2003。

② F. Dansereau, Jr., G. B. Graen and W. J. Haga, A Vertical Dyad Linkage Approach to Leadership within Formal Organizations: A Longitudinal Investigation of the Role Making Process, Organizational Behavior and Human Performance, 1975, 13, p.46 ~ 78.

高。

所谓"圈外的"(the out-group)下属,是指与领导者之间相互交换和影响水平比较低的下属。领导者可能认为他们缺乏能力与动机,给他们表现的机会也少,很少提拔他们。他们的作用被限制在正常规定的工作范围之内,对他们的绩效与忠诚的期望很低。领导者对他们更多地使用合法权、强制权,有时用一些奖酬权。圈外的员工很可能自生自灭,生活在他们自己的圈子里。

领导者可以从与圈内成员的关系中获得许多利益。当领导者没有时间执行全部责任时,忠心耿耿的下属的协助就显得尤为可贵。在大群体内,要达成工作组织的目标,有时需要一些下属的帮助才能成功。但领导者与圈内成员的特殊关系,也给领导者带来某些义务和限制。为了维持这种圈内的关系,领导者必须不断提供支援和关心,而且要满足下属的需要和感觉。领导者对圈内成员不能采取强制和权威的影响方法,否则就会危害彼此的关系。他必须靠参与决策时的协商和说服,而这种咨询方式也要耗费相当的时间和精力,特别是在决策引起矛盾时。

对圈内成员来说,与领导者的密切交换能给他们带来很多好处,如较高的地位和影响力,较有兴趣的工作,与上司的问题较少,升迁的机会较大,得到更多的奖赏等。这有助于自我实现,也会导致高满意度与高绩效。韦恩(S. J. Wayne)等人1997年的研究表明,积极的交换进一步加深了员工对组织支持的理解与感觉①。但这些结果是要付出代价的,他们必须更努力地工作,承担较大责任及随之而来的失败风险。此外还有一些其他的风险,如可能疏远不在圈内的老朋友,或过分接近明天可能失势的老板。

根据领导者—员工交换理论。领导者与下属的关系是在早期就已定形的。因此,领导者与员工关系的开发要在适当的阶段进行。格兰和乌尔宾(M. Uhl-Bien)1991年提出了开发领导者—员工关系所要经历的三个阶段。

(1)检验与评估阶段　在此阶段,关系仍没有定型。领导根据各种决定圈内成员的主观与客观标准,确定哪些下属不是圈外人。下属的各种潜质、能力、技能及其他心理因素(如忠诚),需要得到检验。

(2)发展信任阶段　该阶段是领导者与圈内人发展关系的阶段。领导者为圈内下属安排挑战性的任务,提供表现的机会,这进一步加强了信任感。反过来,下属的表现也证明了他们对领导者的忠诚。

(3)建立感情盟约阶段　在该阶段,领导者与圈内下属之间的关系与联盟进一

① S. J. Wayne, M. Shore and R. C. Liden, Perceived Organizational Support and Leader-Member Exchange: A Social Exchange Perspective, Academy of Management Journal, 1997, 40 (1), p.82~111.

步增强，并带有情感色彩，下属高度服从于领导者的意愿①。

纳哈雯蒂指出，在圈内成员的安排上，文化起着很重要的作用。比如，在美国或德国这样具有成就导向型文化的国家，对个人的评价是根据他们的绩效与成就作出的，而不看他们的成员资格与过去的情况；在中东或法国这样具有高度颂扬型文化的国家，评价是基于像社会等级与出生这样的观念而作出的。在成就导向型文化的国家中，我们可以期待的是领导者根据员工的能力、绩效以及对组织的承诺，而不是依赖个人关系(包括偏爱与裙带关系)来选择圈内的成员。这样的文化关注公平，有平等的参与机会，实行基于个人能力的用工制度来聘用最优秀、最胜任的人才，这样会形成一种正规的人力资源政策与程序，鞭策全体员工不断努力上进。在颂扬型集体主义文化中，对村庄、部族与家庭的忠诚是首先要考虑的因素，管理者聘用自己的熟人或别人推荐的熟人，而能力是推荐时的一个次要的因素。比如，在香港和马来西亚，领导者就有首先关心自己人的义务。在很多中东国家，一个聪明的领导者不会让陌生人进入他们的核心圈子，不管他可能是多么胜任、多么优秀。外部人员可以用来帮忙，而进入圈内则要考虑社团的因素。

纳哈雯蒂进一步认为，发展人们之间的相互交换，有助于保证组织目标的完成。但这种圈内圈外的划分也可能是一种巨大的危害，主要的问题在于这种关系是被固定化的。从理论上说，个人或员工的能力应该是选择的基础，但实际的情况却并不总是能够符合理论的要求。领导者也会受到人性弱点的制约，领导者与员工关系的建立经常是以个人积极或消极的感觉、习俗和冲突为基础的。由于个人的好恶和组织政治的需要，许多高素质、能力强的员工被排除在领导者的圈内人之外。另一方面，对友谊的类型和人的吸引力的研究表明，人们一般倾向于和那些与自己非常相像、有相同背景或拥有共同价值观与信念的人交往。由于圈内成员在很多方面具有相似性，他们之间又有凝聚力，领导者和他们在一起工作会感到轻松、安逸而又具有效率。但是，这种同质性又会导致创造性的缺乏，使决策的视角受到限制。理想的情况是没有圈内与圈外之分，所有下属接近领导的机会都是平等的，能够平等地参与项目，平等地利用各种资源，表现不好的人或者应该得到帮助，或者让其彻底离开团队。然而，现实却是另外一回事。要避免产生圈内外的差别很难，那么主要问题就应该是怎样选择圈内外不同的成员了。为了形成高效的个人关系，领导者在划分圈子、选择圈内外成员时，应遵循的基本的原则是：①根据能力及其对组织的贡献来选择圈内成员；②对圈内与圈外成员的选择标准进行周期性评价；③不考虑是否是圈内成员，把任务安排给最有能力、最适用的人；④给圈

① G. G. Graen and M. Uhl-Bien, The Transformation of Work Group Professionals into Self-Managing and Partially Self-Designing Contributors: Toward a Theory of Leadership-Making, Journal of Management Systems, 1991, 3, p.33 ~48.

内成员制定明确的与绩效相关的行动指南；⑤尽量避免圈内与圈外的差别；⑥保持成员流动，允许圈内与圈外成员的互相变动；⑦对圈内人要就事论事[①]。

二、追随者的状况对交换关系的影响

（一）追随者的个人倾向与交换质量的关系

菲利普斯（Antoinette S. Phillips）和贝迪安（Arthur G. Bedeian）在1994年发表的“领导者—追随者交换质量”的文章中，根据领导者—员工交换模型，进一步研究了追随者的4个方面特征与交换质量的关系。这4种特征是态度相似性、内向与外向、内控型与外控型、增长所需的力量。他们的研究得出了如下结论[②]。

第一，态度相似性与领导者—员工交换质量有最密切的联系。对此，他们的解释是：在管理领域中，相似性互相吸引的效果为组织人口统计学的大多数研究提供了概念性的基础。同时，根据领导者—员工交换模型，态度相似性对领导者和追随者的相互影响有重要的作用，是成功的交换关系的首要决定因素。但他们的这个研究结果与莱登（R. C. Liden）等人1993年的研究结论相反，根据他们的研究，领导者对相似性的感觉与领导者对交换关系的评估水平相关，却与追随者对交换水平的评估无关[③]。

第二，相关与回归分析表明，追随者性格外向与领导者—员工交换水平积极相关。对此，他们的解释是：首先，根据领导者—员工交换理论，领导者试图揭示追随者的相关才能和动机，而追随者的性格外向使领导者能很清楚地认识他们；其次，行为理论认为，性格外向者比性格内向者更可能寻求相互作用，而在高质量的领导者—员工交换关系中，领导者与追随者的相互作用更频繁，因此，性格外向者更倾向于与自己的领导者建立更紧密的关系；再次，性格外向者对新鲜经历的渴望，使他们更可能为增加责任而与领导者谈判，这是高质量交换中追随者的特征。但领导者应当意识到这个现象，从而注意不忽略那些具有高技能但性格内向的追随者。

第三，追随者的控制类型和增长所需的力量，不是明显地与领导者—员工交换相关。

（二）追随者的表现对交换关系的影响

查尔斯·格林（Charles N. Greene）在1975年发表的“领导者和追随者之间的相互影响”的文章中指出，在追随者状况是否影响领导者风格的问题上存在着争论。

---

① 纳哈雯蒂：《领导力》，第2版，王新译，164～165页，北京，机械工业出版社，2003。

② 菲利普斯，贝迪安：《领导者—追随者交换质量：个人的作用和个人间的贡献》，载皮尔斯，纽斯特罗姆：《领导者与领导过程》，第2版，北京华译网翻译公司译，331～337页，北京，中国人民大学出版社，2003。

③ R. C. Liden, S. J. Wayen and D. Stilwell, A Longitudinal Study of the Early Development of Leader-Member Exchanges, Journal of Applied Psychology, 1993, 78, p.662～674.

杰克逊(J. M. Jackson)1953年发现,监管者的领导风格即使在他们管理的团队的工作情况明显不同时也没有改变。由此表明,追随者工作情况不影响最终的领导者行为。与此相反,霍索恩(W. W. Hawthorne)等人1956年的研究,洛因(A. Lowin)和克雷格(J. R. Craig)1968年的研究,法里斯(G. F. Farris)和利姆(G. F. Lim Jr.)1969年的研究,以及克罗(B. J. Crowe)等人1972年的研究,都提供了关于追随者工作情况引起领导者行为变化的证据。

查尔斯·格林认为,有合理的理论基础让人们可以认为,追随者的工作情况以及追随者的满意程度能使领导者转换自己的领导风格。例如,组织偶然会因为追随者的工作情况而给予领导者一定程度的奖赏,在这样的组织中,领导者可能对工作成就高的追随者表现出更积极的态度。可以预期,当一个人的行为能对他人产生积极的援助作用时,作为回报,他也会得到其他人的报答。另一个更深入的预期是,追随者较差的工作表现会导致领导者为提高追随者的工作表现或者为表达自己的不赞成而对他们更加严格,在领导方式上,这会表现为减少体恤而增加建构。相反,对工作成就高的追随者,可以预料领导者不太需要建构,并因此而减少建构活动。此外,在某种程度上,追随者对工作满意的表达,被认为对领导者具有援助作用,因而可以预期领导者会采取更多的体恤行为。

对上述预测,他进行了实验验证。数据是从103个一线管理者和每一个管理者的两个直接追随者那里收集到的。研究的结果发现,在体恤和追随者的工作表现之间具有很强的相关性,它表明,追随者的工作情况导致领导者看重体恤。领导者可能对工作情况良好的追随者予以积极的增援,表示自己的支持和赞成;而对工作情况差的追随者予以消极的增援,并较少体恤。同时,体恤导致追随者满意程度的相关系数也是很高的,这表明,领导者对体恤的看重构成了追随者满意程度的诸多原因之一。

另一方面,在实验中也发现,追随者较差的工作表现导致领导者采取更多的建构行为,而追随者较好的工作表现显然会导致主动建构重要性的减少。这二者之间的相关是明显的,但是数值太低,因而不排除发现影响这个关系的其他变量的可能性①。

这项调查的结果提供了体恤导致追随者满意程度的证明;或者反过来,它证明追随者的工作情况导致领导者的体恤和建构依环境而变化。尽管这项研究表明的是领导者怎样通过增加对体恤和建构的重视来积极影响追随者的工作情况,但它也反映了领导者与追随者之间的交换关系。

① 格林:《领导者和追随者之间的相互影响》,载皮尔斯,纽斯特罗姆:《领导者与领导过程》,第2版,北京华译网翻译公司译,319~324页,北京,中国人民大学出版社,2003。

三、归因模式对领导者与追随者交换关系的影响

领导者认识与理解下属行为以及运用这些理解决定未来行动的方式，是领导者与下属交换过程的一个有机组织部分。当下属的工作没能达到预定目标时，领导者就需要了解失误的原因，以便决定下一步该做什么。如果领导者认为问题的起因是员工的懒散或缺乏对工作的高度重视，就会对员工进行责备或实施惩戒；如果领导者认为问题的起因是领导者对工作缺乏应有的重视，那么领导者就要承担一部分责任，而不能惩戒员工。这一过程被称为归因过程(attribution process)。

对归因过程的研究首先是从社会心理学领域展开的。在琼斯(E. E. Jones)、戴维斯(K. E. Davis)和 H. H. 凯利(H. H. Kelley)等人的研究中，归因过程被作为人们行为的起因①。此后，在管理学和领导学领域，许多研究者对领导者和员工的归因模式及其对他们之间交换关系的影响进行了更具体的研究，如 S. G. 格林(S. G. Green)和米切尔 1979 年的研究②，米切尔和伍德(R. E. Wood)1980 年的研究③，阿什坎纳西(N. M. Ashkanasy)与加洛伊斯(C. Gallois)1994 年和 1997 年的研究④，以及古丁(R. Z. Gooding)和基尼克基(A. J. Kinicki)1995 年的研究⑤。

(一)领导者的归因过程

领导者对员工较差业绩的归因，关键是要确定这种较差的业绩是由员工的内部原因造成的，如员工能力较差或工作不努力，还是由外部原因造成的，如任务的艰巨、缺乏培训与支持、运气不好等。在此基础上，领导者必须决定采取相应的纠错行为。

领导者通过观察员工每天的工作，收集到员工及其行为方面的信息。在这些信息的基础上，领导者对员工行为的原因作出解释。而这一归因过程要从三个维

---

① E. E. Jones and K. E. Davis, From Acts to Dispositions: The Attribution Process in Person Perception, in L. Berkowitz, ed., Advances in Experimental Social Psychology, vol.2, 1965, p.219~226. H. H. Kelley, Attribution Theory in Social Psychology, in D. Levine, ed., Nebraska Symposium on Motivation 1967, Lincoln, University of Nebraska Press, 1967, p.192~238.

② S. G. Green and T. Mitchell, Attributional Processes of Leaders in Leader-Member Interactions, Organizational Behavior and Human Performance, 1979, 23, p.429~458.

③ T. R. Mitchell and R. E. Wood, Supervisor's Responses to Subordinate Poor Performance: A Test of An Attributional Model, Organizational Behavior and Human Performance, 1980, 25, p.123~138.

④ N. M. Ashkanasy and C. Gallois, Leader attributions and Evaluations: Effects of Locus of Control, Supervisory Control, and Task Control, Organizational Behavior & Human Decision Processes, 1994, 59, p.24~51. N. M. Ashkanasy, Across-National Comparison of Australian and Canadian Supervisors' Attributional and Evaluative Responses to Subordinate Responses, Australian Psychologist, March 1997, p.29~36.

⑤ R. Z. Gooding and A. J. Kinicki, Interpreting Event Causes: The Complementary Role of Categorization and Attribution Process, Journal of Management Studies, 1995, 32, p.1~23.

度对行为信息进行加工。

(1)特殊性　与绩效相关的行为只发生在该任务而不是其他任务上的程度,也就是说,该任务的特别结果是否不同寻常?

(2)一致性　与任务相关的行为与下属的其他行为相类似的程度,即这种较低的能力表现水平对员工或团队来说是典型的还是新异的?

(3)普遍性　在类似的情境中,其他员工或团队有类似表现的程度,即这种类型的工作表现对其他员工或团队是否是常见的?

通过对这三个问题的回答,领导者便可以确定导致员工行为表现的因素究竟是内部的还是外部的。这种对原因的确定对建立良好的领导者与员工之间的关系起着决定性的作用。如果领导者把下属较差的绩效归因于内部因素,就会采取严厉的措施,较少可能给他们以支持、辅导与资源。当下属发生失误或很难完成任务时,领导者更倾向于对他们加以责备,而不是从情境或领导者自身去找原因。

赫尔雷格尔等人在其《组织行为学》一书中用图 5-2 表示领导者的归因过程①。

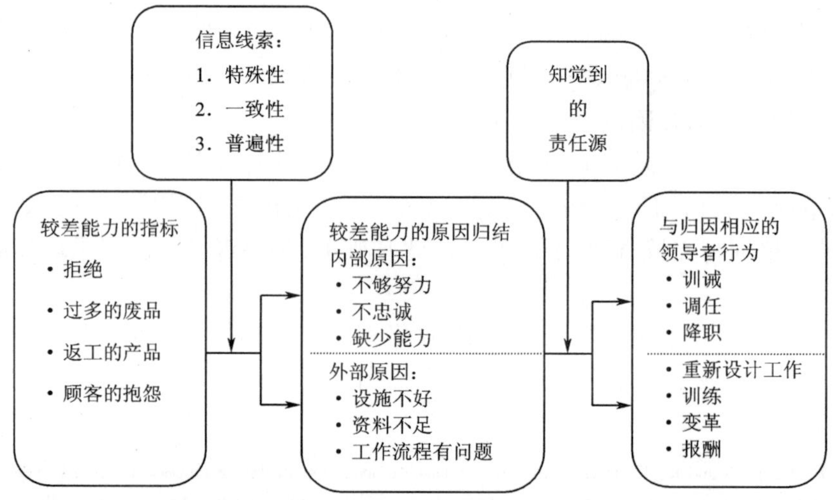

图 5-2　领导者的归因过程

(二)员工的归因模式

赫尔雷格尔等人认为,不仅领导者的归因模式会影响领导者与员工的交换关系,而且员工的归因模式也同样会影响他们与领导者之间的关系。把成败归结于个人能力的员工,更可能与领导者之间有与众不同的人际关系。而另一方面,员工也可能会把他们的绩效归因于领导者,从而导致对他们的领导者形成积极或消极

① 赫尔雷格尔等:《组织行为学》,第 9 版,余文钊等译,568 页,上海,华东师范大学出版社,2001。

的态度。员工对领导者影响自己的绩效的思考,会影响到他们对领导有效性的知觉。当员工成功地完成了任务,他们倾向于认为领导者也是成功的。当员工没能获得成功,他们也倾向于认为领导者也是无效率的。他们的失败被归因于领导者的措施,而不是他们自己的事情。例如,在体育竞赛中,被解雇的通常是管理者而不是运动员。同样,在组织中,被解雇的通常是首席执行官。

(三)文化差异和偏见对归因的影响

纳哈雯蒂指出,领导者的归因模式会受到民族文化的影响。例如,一个加拿大籍的领导者在决定购买设备前征求其约旦籍助手的建议,而该助手的态度暧昧,没有具体的答复,但又似乎建议另一厂家的较好。经理订了该厂家的货,但被证明是既浪费又不实用。经理认为助手不合作,没有积极性,能力不强,缺乏忠诚。但助手也很困惑,认为领导者缺乏领导的能力与自信。这种差距的原因是文化背景。加拿大是权力差距小的国家,在不完全了解信息的情况下,领导者会向下属征询意见,并希望接受来自下属的反馈。拒绝提供帮助的下属一定会被认为是不胜任且不忠诚的。而约旦是权力差距大的国家,下属认为只有没有主见的领导者才会寻求员工的帮助,因此会将领导者看作智能低下而不胜任工作。即使在相同的文化背景中,归因也受到偏见的制约。在认识具有不同文化背景的个人行为时,如果个人仅从一种文化角度来认识,就会进一步增加曲解与偏见的可能性。

领导者的归因会受到各种偏见的影响,这些偏见包括陈规老套的影响,愿意接受成功时的表扬,而拒绝失败时的批评,自我防御,以及荣誉光环的影响,等等。比如,领导者很可能把他喜欢的下属的不佳绩效解释为由外部因素造成的,也可能对他不喜欢的下属所犯的错误说成是懒惰造成的。一位女性员工的努力工作可能被看作是她的进取心过度,而一位男性员工的同样行为则被认为是一种适当的竞争行为。一个黑人员工的失误很可能被认为是懒惰的结果,而白人犯同样的错误则往往被人忽略。

对上述问题,纳哈雯蒂提出的解决办法是:①理解各种偏见对领导者正确认识下属行为的潜在影响,特别要认识到习惯因素以及各种个人偏见对归因的影响;②依靠明确的行为要求与客观的评价标准,比如采用一个设计好的绩效评价体系,而不是根据印象或感觉;③在进行责备之前,与员工进行开诚布公的交流。下属可能已经得到解释自己行为的有关信息,领导者在对下属的行为定性之前,应尽可能使用这些收集到的信息及其他有关数据①。

① 纳哈雯蒂:《领导力》,第2版,王新译,159~162页,北京,机械工业出版社,2003。

第六节　授权与委托

从某种意义上说，权力是需要分享的，而且如果方式得当的话，权力的分享会扩大分权者的权力。这个问题涉及"授权"(empower)或"委托"(delegate)的概念。所谓授权，就是将权力交给下属分享，促使员工参与决策的制定，在尽可能低的层次上施行权力，从而增加组织中所有员工的权力和自主性。在英文中，empower 和 delegate 这两个词都含有授权之意，但侧重点略有不同。empower 强调的是权力的分享，delegate 强调的是任务和职责的委托。从二者的关系上说，权力的授予当然伴随着相应职责和任务的委托，而职责和任务的委托通常也应当伴随着相应权力的授予。但实际情况却并不总是如此，有时会出现职责与任务的委托并没有伴随相应权力的充分授予的问题。在这种情况下，需要将授权与委托作出区别。

自 20 世纪 70 年代开始，西方领导学界对授权的讨论逐渐热烈起来。这种讨论与西方管理学界对日本管理经验的学习有关。一些研究者发现，在日本的管理中，领导者把权力分给那些需要用他来完成工作的人，这种权力分享增加了人们对能力的自信心，增强了人们的效率意识。

一、授权与不授权的理由

对于是否应当授权，人们有着许多不同的看法。有些人主张应当尽量授权，有些人则持完全相反的看法。

(一)授权的理由

赞成授权的研究者对授权的好处给予了不同角度的论证。

萨兰西克和普费弗从权力的"战略性—偶然性模型"出发，认为权力之所以在组织中得以分享，是因为有这种必要，而不是因为组织发展的需要或民主参与的原则。权力之所以被分享，是因为没有人可以控制组织中的所有活动。工厂老板可能雇用工人从事枯燥的机器操作，而一旦被雇用，工人就控制了机器的使用。这样，工人对老板便拥有了一些权力，就像老板对他们的权力一样①。

科特从领导者职业生涯的周期来论证授权的必要时机。他提出，在管理者职业生涯的早期阶段，必须开发一个足够的权力基础，管理者在各种各样的个人权力基础的帮助下，才可能达到这一点。在职业生涯的中期，大部分成功的领导者通过

---

① 萨兰西克，普费弗：《谁获得权力并且如何保持权力：有关权力的一个战略性—偶然性模型》，载皮尔斯，纽斯特罗姆：《领导者与领导过程》，第 2 版，北京华译网翻译公司译，122 页，北京，中国人民大学出版社，2003。

正式的头衔已经发展了某种程度的合法权力，并且也积累了其他能够证明自己权力的身份符号。他们早期的努力，可能已经建立起下属、同事和上司对他的信任，形成了良好的工作网络，而且他也能够胜任自己的工作。因而，中期职业生涯的领导者已经具有相当大的权力。他所面临的主要挑战是：如何明智而积极地使用这些已经积累的权力来完成组织目标，获得个人利益。在职业生涯后期的领导者必须学会体面地放权，到那时，他们已经接近退休的年龄，成功的领导者已经享有相当大的权力和影响力。在职业生涯的这个阶段，为了更好地使用权力，一个领导者需要对权力的有序转移作出计划①。

坦嫩鲍姆(A. S. Tannenbaum)和库克(R. A. Cooke)1974 年对分权的研究②，本尼斯与纳努斯 1985 年对领导者的观察研究③，以及布洛克(P. Block)1987 年对领导者的观察研究④都明确地表明，平等的权力分享有益于提高组织效率。对员工的授权可能也是一个权力激励工具，它既给员工提供了控制权，又使员工拥有成就感。

尤克尔从更具体的方面阐述了授权的好处。首先，他指出，授权可用来增进决策的品质与接受性，并达到有效的分工。当管理者工作负荷太重时，宜将部分决策权授予下属。如果下属的职责须迅速回应变动的形势，而领导者又无法密切注意其发展且迅速作出调整时，也应利用授权。由于下属比较接近行动地点，所掌握的信息又比领导者多，因此他们更能在较短时间内作出较佳的决策。其次，授权也是一种有效的管理发展方法。如果要训练下属以便将其提升做管理工作，就可以将下属以后须熟悉的事情多交予下属负责，增加其历练。最后，授权也是一种工作丰富化的方式。给予下属更大的权威和责任，可使其工作更有趣，以吸引或留住人才，特别是在组织内的晋升机会有限时，更需要授权。给予基层主管更大的权责，加上适量的加薪，可以避免基层主管在彼此竞争的过程中跳槽到别的公司去⑤。

柯克帕特里克和洛克认为，权力是一块“可以做大的馅饼”，而不是体积固定的。聪明的领导者会通过授予追随者权力来扩大自己的权力。他们并不把权力看作是只能争来夺去的东西，而是可以被创造出来并分给追随者，而不使自己的权力减少⑥。

---

① J. P. Kotter, Power and Influence, New York, Free Press, 1985.

② A. S. Tannenbaum and R. A. Cooke, Control and Participation, Journal of Contemporary Business, 1974, 3 (4), p.35 ~ 46.

③ W. G. Bennis and B. Nanus, Leaders: The Strategies for Taking Charge, New York, Harper and Row, 1985.

④ B. Block, The Empowered Manager, San Francisco, Jossey-Bass, 1987.

⑤ 余克(尤克尔)：《领导学》，余朝权译，189 ~ 190 页，台北，天麟文化事业有限公司，1983。

⑥ 柯克帕特里克，洛克：《领导：素质很关键吗?》，载皮尔斯，纽斯特罗姆：《领导者与领导过程》，第 2 版，北京华译网翻译公司译，69 页，北京，中国人民大学出版社，2003。

(二)不授权的理由

然而,授权并不是在任何情境下都会产生积极的反应。许多研究发现,授权经常会带来高绩效,但当领导者频繁地将任务委托给追随者时,追随者并不总是高兴的。巴斯认为,这可能由于3个方面的原因:其一,是追随者感到领导者并没有授予他们完成任务所需要的权力;其二,是由于领导者过于密切的督察;其三,是领导者只授权那些他们自己不想干的事。尤克尔认为,对那些缺乏自信、害怕失败、成就需求与独立需求都很低的追随者来说,他们宁可接受他人命令,也不愿自己作决策,因而不会欢迎领导者授权给他们。同时,如果下属的工作负荷过重,又缺乏有效承担额外责任所需的信息、时间和资源,他们也会抗拒领导者的授权。

从领导者的角度看,一位领导者是否应当授权,要看领导者自身的情况以及领导情境的性质。特里(P. T. Terry)在其1972年的研究中将管理者不愿授权的理由归纳为3个方面①,H. L. 泰勒(H. L. Taylor)在1989年《授权:成功管理的关键》一书中从5个方面分析了领导者通常不愿意授权的理由②。他们的观点可以综合为以下几点。

1.不信任下属

一些领导者不愿意授权,是因为他们相信自己作决策,或只与下属稍作商量,会做得更好。有时,则是因为害怕由于下属犯错而自己受责罚。特别是当授权具有重大责任的任务时,领导者会感到失去对个人的直接控制是非常危险的。为了避免发生错误,领导者可能只对个别心腹授权,或者根本不授权。这种对下属的缺乏信任可能导致恶性循环。一方面,下属越是没有机会承担更大的责任,其能力越是得不到锻炼,因而领导者越是不敢向下属授权;另一方面,当下属由于受到过度控制而使自身的发展受到阻碍时,会变得冷漠无情,甚至怀恨在心。而且领导者应当意识到,对领导者的评价,不仅要看他本身的工作如何,而且还要看整个团队是否成功。同时,授权并不需要也不应当完全失控,领导者有责任在授权过程中建立高的绩效期望,确保所委托任务被理解和接受,还要提供培训,并对所委托任务的完成情况进行定期的检查。

2.希望维持绝对控制

某些领导者希望对部门的全部工作维持绝对的控制。当下属全都依赖领导者来决定工作程序、人员分派、时间安排、资源分配、工作目标及标准的设定时,领导者会从中享受到行使权力的乐趣,并产生自己非常重要而不可或缺的感觉。领导者拒绝将那些作为权力和声誉来源的任务授权给下属,而可能愿意授权那些相对不重要的责任。但领导者应当意识到,所授权的任务越是重要和显眼,下属所获得

① 余克(尤克尔):《领导学》,余朝权译,190~191页,台北,天麟文化事业有限公司,1983。

② H. L. Taylor, Delegate: The Key to Successful Management, New York, Warner Books, 1989.

的发展和收获就会越大。而且，领导者愿意将重要的责任授权给下属，传达了对下属的信任和诚意，这是任何言辞所无法表达的。

3. 担心引起协调问题

授权会引起协调问题，无法运用标准化作业。如果下属的任务之间存在相互依赖的关系，那么他们就不应就共同问题各自为政，而应采取单一的决策程序，以符合协调的要求。在这种情况下，由领导者单独决策或与下属共同决策，可能会比授权更为合适。即使在下属的工作流程不存在相互依赖的情况下，以集权决策实施标准化作业，有时会比下属各行其是来得更经济。

4. 授权本身需要花费太多的时间

尽管从长远来说授权可以为领导者节省时间，但就短期来说，它要花费领导者更多的时间，领导者要用更多的时间来培训下属如何履行新的职责。但如果所授权的任务再次出现或重复出现，那么这种培训所耗费的时间就是合算的。

5. 下属已经很忙了

如果下属已经满负荷地工作，领导者再授权给他们新的任务会感到不安。但领导者有责任权衡组织中所有任务的轻重先后，在这种权衡中可能会发现一些领导行为可以被取消、调整或重新安排，也可以同下属讨论工作负担和职业目标问题，这有助于决定下属是否能够应对新的工作。新的工作也许是下属想要和需要的，他可能会对处理现有职责的其他可能方式提出一些有益的建议。

二、授权的准备步骤

纳哈雯蒂指出：一旦领导者决定把授权作为一种管理技巧，他们就必须相应地调整组织文化和组织结构。这种调整涉及领导方面和组织方面①。

（一）领导方面的调整

1. 营造支持和信任氛围

当给员工授权时，领导的作用是营造一种支持和信任的氛围，鼓励员工分享想法、参与决策、彼此合作和承担风险。领导者可以通过各种手段实现这一点，比如角色模拟和公开表达对下属的信任。一个想要成功实施授权的领导者必须言而有信，意识到自己的语言和非语言信号是授权过程中信任的传递载体。他们必须鼓励试验，容忍错误。

2. 建立高标准

授权并不意味着缺乏绩效或标准，相反，它为员工提供了制定高目标的机会。领导者需要有一个高预期标准，表达自己对下属能力的信心，这样才会导致高绩效。领导者可以鼓励员工自己寻找自己所需的资源，对员工决策与行动给予支持，

① 纳哈雯蒂：《领导力》，第2版，王新译，110～113页，北京，机械工业出版社，2003。

在目标完成后进行奖励。较高的工作标准和绩效标准,明确的组织任务和目标,以及对正当行为表现和合乎要求的绩效结果的明确而平等的回报与领导者为授权所创造的信任气氛是相辅相成的。

(二)组织方面的调整

为了授权的成功,不仅领导者方面要作出调整,组织方面也要作出调整。这种调整包括3个方面。

1.打破等级结构

组织必须打破正式的、严格的等级限制和集中决策,促进权力分享。当组织结构与授权的要求不相一致时,领导授权下属进行决策是很困难的。传统的权责界限对他们的授权过程会产生不良的影响。在采用授权方法之前,必须用新的眼光评价组织结构,根除官僚主义。

2.选择和培训

对愿意参与分权的领导者和员工要进行选择。同时,由于领导者和下属会对授权过程感到不适应,使授权和相应的结构变革出现困难。因此,必须提供适当的培训,使相关人员学会合作、鼓励和参与这些新的行为方式。

3.建立配套措施

授权的成功还有赖于相应的配套措施,如合理的报酬结构,允许试错的公平政策,以及激励、纠错和合作等各方面措施。同时,只关心短期的财务效果,将对需要相对长时间来执行的授权是一个致命的打击。因此,在着手实施授权时,首先应当识别阻碍授权的潜在障碍,并采取适当措施。

三、授权的过程及要遵循的原则

H. L. 泰勒在其1989年的著作中,提出了授权的基本过程,以及有效授权所应遵循的一些基本原则①。

(一)决定授权内容

在决定授权内容时,领导者要做的第一件事,就是确定自己现在所做的究竟有哪些事情,这包括那些正常要执行的职能和要作出的决策。然后,领导者要估算这些行为实际要花费的时间。在收集了这些信息之后,领导者需要评估每一种行为是否值得为其花费那么多的时间。这样就会发现起码有一些最花费时间的并且需要重复做的行为应当授权给其他人去做。这一过程也会确定哪些工作能够被更有效地完成,哪些工作并没有带来收益,因而应当完全取消。

(二)决定授权给谁

在确定被授权的人选时,领导者要注意的是不要只使某些人工作负担过重,因

① H. L. Taylor, Delegate: The Key to Successful Management, New York, Warner Books, 1989.

为这样的人经常是最好的员工。领导者需要平衡所有员工的发展机会，并根据每个人的需要、技能和目标，给他们安排相应的机会，使每个员工获得最优的发展方式。

（三）作出明确和具体的指派

就确定目标来说，领导者在指派任务时必须确保下属准确地理解所涉及的任务和期望他们达到的目标。但领导者有时对所授权的任务只提供很简短的解释，这种常出现的交流上的失误是由于领导者过高地估计了自己表达的清晰性。在授权时，这种错误特别容易发生，因为领导者对所授权的任务的每一细节往往都是了如指掌。但为领导者所熟悉的，却并不一定为新承担任务的人所熟悉。所以，领导者应当欢迎下属提出问题，并对所授权的任务作出充分的解释。领导者在这一阶段所付出的时间和精力，会在下属以后的工作中获得回报。领导者对所授权的任务的解释应当包括：①任务与组织目标的关系；②下属对该任务何时开始负责；③该任务过去是怎样完成的；④该任务在过去遇到过什么问题；⑤在哪里可以获得帮助；⑥将来可能会出现什么不寻常的情况；⑦什么是下属的权限；⑧领导者如何监察任务，如提供反馈。在解释以上各点时，领导者要传达对下属的高度信任和期望。

（四）指定目标，而不是程序

领导者要指明需要完成的是什么任务，而不是如何完成任务。最终的结果总是比方法更重要。说明以前使用过的方法是有益的，但不应当死板地指定在以后也要照这种方法去做。领导者不应认为自己所采用的方法不仅过去是最好的，而且以后也是最好的。领导者需要明确检验成功的标准，但应当允许下属以他们自己的方式去达成目标，这会增加他们的满意感，并会鼓励新想法的产生。

（五）允许自主，但监督表现

有效的授权既不是对下属所做的每一件事情都予以微观式管理，也不是对下属的绩效放任自由，毫不在意。在下属执行一项新职责时，领导者不仅应给予下属时间、资源和权力，还要给予他们一定程度的自主权，这其中包括犯某种错误的自由。惩罚错误的组织气氛会压制主动性和创造性。而且，错误也是发展的重要资源。

一旦将任务委托，即使下属的培训和发展还在继续，领导者也要小心不要在没有被请求时提供过多的建议，或参与过多的“拯救”活动，除非下属的失误会导致组织的重要资产受到威胁。此外，领导者应建立具体的程序定期检查下属的绩效。领导者需要保持所有被委托任务的完整记录，包括每一项任务的完成标志和完成日期。

（六）给予信任，而不是责备

当领导者进行委托时，他必须在给予责任的同时给予下属权力。但在最后的总结分析中，领导者却要对任何被授权的任务承担完全的责任。如果出现了失误，那么领导者应当对失误承担完全的责任，而不要试图去责备下属。如果任务完成得很顺利，领导者应当将公开的荣誉给予下属。当在私下向下属反馈其绩效时，应强调做的好的方面而不是做的不好的方面。在作出判断和补充时，领导者不应当忽略错误，但不要揪住不放。一种有效的反馈方法被称为“三明治法”（sandwich technique），即负面的反馈要夹在正面的反馈之间。它先肯定下属的工作成绩，起码使下属感到放松，然后使负面评价与正面评价的比例保持平衡。

第六章
领导过程中的激励与沟通

领导职能有许多方面，本章主要涉及领导的四大主要职能，即用人与激励、沟通与交流、创造性决策和团队建设。

第一节　对需求的激励

如何激励员工，是现代西方领导研究的重点问题之一。这种激励是基于对人的需求的刺激和满足。但对于什么是人的基本需求，西方学者却有着许多不同的理解。对需求的不同理解导致了他们所提倡的激励方法也存在很大的差异。

一、需求理论中的人性假定

对人的需求的理解，是建立在人性假定基础上的。在对人性的假定方面，西方学者存在着不同的理解。

（一）“经济人”假定

弗雷德里克·泰勒在其管理理论中，将人的需要假定为对经济利益最大化的追求。企业主追求的是利润的最大化，工人追求的是工资收入的最大化。因此，金钱和物质利益是刺激积极性的唯一动力。这被称为“经济人”假定。

根据这种假定，他提出的绩效激励方式是将任务和奖金联系起来，为员工规定一定的任务定额，超过与没有超过任务定额的计件工资，以不同的单价计算。这被称为差别计件付酬制。

（二）“社会人”假定

梅奥在 1933 年发表的《工业文明的人类问题》一书中提出了与泰勒的“经济人”假设不同的“社会人”假设。在他看来，人作为社会动物，并不是只有物质需求，而且还有社会和心理方面的需求，即追求人与人之间的友情、安全感和受人尊敬等，后者更为重要。因此，在决定组织效率的因素中，首要的是士气，工作条件和工资报酬只是第二位的。士气取决于员工的满意感，满意感来源于员工个人需要的满足和良好的人际关系。因此，应当通过满足员工的需要和创造良好的人际关系，提高员工的满足度，以提高士气，从而提高工作效率。梅奥的社会人假定为人际关系学派的建立奠定了基础，后来马斯洛所提出的需求理论正是在这种人际关系学派理论的基础上进一步展开的。

（三）X 假设—Y 假设理论

麦克格雷戈在 1960 年发表的“企业中人的方面”的文章中提出，对于人性可以有两种完全相反的假定，他分别称其为 X 假定和 Y 假定。管理者正是基于他们对人的本性的不同假定，采取不同的管理方式。

所谓 X 假定，就是认为人天生懒惰，缺乏雄心壮志，不愿承担责任，以自我为中心，对组织需要漠不关心，反对变革，易于受骗。因此，只有通过积极的外部控制，才能消除人们对组织需要的消极甚至对抗的态度。

所谓 Y 假定，就是认为一般人并非天生不喜欢工作，因为工作中所耗费的体力与脑力实质上与娱乐或者休息时所耗费的体力和脑力是一样的。因此，外部控制并非是导向组织目标的唯一手段。人只要作出承诺去完成一项工作，他就会自我指挥、自我控制。人们根据完成任务所能获得的回报对任务作出相应的承诺，而这类回报中最为重要的是自我满足和自我实现需要的满足。因此，只要条件恰当，人不是仅仅被动地接受责任，而且能够积极地寻求责任①。

二、需求的多种层次

从“经济人”假定向“社会人”假定的转变，使研究者开始关注人的需求的多种不同层次，因而出现了各种不同的需求层次理论。

（一）马斯洛的需要层次理论

马斯洛（Abraham Maslow）在 1954 年《个性与激励》以及后来的《人类动机理论》等一系列著作中，归纳了人的五大基本需要，这些需要是按重要性和发生的先后次序以阶梯式排列的。

①生理需要（physiological needs），包括人类最原始的基本需要，如衣、食、住、用、行。如果这些需要不能满足，生存就发生问题。

②安全需要（security needs），即生活稳定，免于灾难，未来生活有保障，以及劳动安全、生活安宁等。一个人安全得不到保障，生命随时都有危险，他就时时处在恐慌状态而不得安宁。

③爱的需要（Eric's needs），即社交的需要，属于个人对情感和归属的需要。个人在生活中感到需要朋友、爱人、孩子，渴望与同事之间有着深厚情谊，希望归属于

---

① D. McGregor, The Human Side of Enterprise, New York, McGraw-Hill, 1960.

某一集团或群体而得到相互承认和关心。对于满足了基本生理需要的人来说，交往的需要如果得不到满足，就会影响人的心理健康程度，感到孤独和压抑。

④尊重的需要(esteem needs)，即需要自尊、尊重别人和被别人尊重。这种需求导致人们一方面渴望有知识、有实力、有能力、有成就，能胜任工作，渴望独立的人格和自由的天地；另一方面渴望个人成就有人认可，行为有人欣赏，为人得到好评，以及同性的尊重，异性的羡慕，社会的赞誉等，以期提高自己在社会中的地位和影响。尊重的需要一旦受挫，便会使人产生自卑感，失去自信心，觉得自己软弱无能，低人一等。

⑤自我实现的需要(self-actualization needs)，就是实现自己的潜在能力，希望自己越来越成为自己所期望的人物，完成与自己的能力相称的一切事情。

马斯洛并没有以严格的金字塔的形式来排列这些需求，而只是确定了这些需求层次的相对顺序。在他看来，人的行为选择是由处于主导地位的需要所支配的。每一时期内总有一种需要占支配地位。当较低层次的需求被满足时，其他较高层次的需求就会立刻出现，并开始处于主导地位。同时，任何一种层次的需要并不因为下一个高层次需要的发展而告消失。被满足的生理需求从本质上来说仍作为一个激励因素而存在，只是影响的比重相对降低。五种需要得到满足的人叫做基本满足的人，他具有最充分、最旺盛的创造力。习惯于某种需求被满足状态的人，当这种满足在将来被剥夺时仍然能够承受，但那些曾被剥夺这种满足的人对现在被满足状态的反应，可能不同于那些从没被剥夺过的人。

马斯洛模式并不是一个绝对的法则，他自己提到了很多例外：如有些人可能会认为被爱的需求比自我尊重的需求更重要；创新的需求可能会比其他基本需求更重要，而不是在别的需求被满足之后才出现；以前的经历可能会永久地减弱一个人对高层次需求的渴望；有心理障碍的个性可能会永久失去对爱的需求(如果没有在个性发展的特定时期被爱，以后的爱往往无法弥补由此带来的心理损伤)；对一种需求的长期满足可能会导致对其重要性的低估；尽管某个特定的需求理应有巨大的推动力，但是一个人可能不按推理去做；崇高理想、高标准、高社会准则可能会代替其他需求。高层次需求可能会比已经满足的低层次需求更能发挥激励作用。

除了以上所提到的五种需求之外，马斯洛还提到了认知需求和审美需求。关于认知需求，他认为，任何时候人们都有无法满足的好奇心、求知欲，渴望寻找答案、探索和实验。强烈的求知欲会驱使人们去冒险，人们甚至在面临巨大危险时也要找到疑难问题的答案。人们喜欢神秘的感觉，喜欢在混乱中寻找解决问题的方法，甚至喜欢出乎意料的震撼。幼年和童年时对探求外部事物的需求，到了成年会更加强烈。遭遇认知需求的挫败会造成心理上的影响，没有实现的认知需求可能会给个体带来许多明显的问题，包括对事物冷漠，失去生活的兴趣，讨厌自己并显得颓废；审美的需求反映了人们对秩序、对称、结合、完善、系统和结构的渴望。对美的渴望体现在壁画和人类早期的手工艺品上。这些制品不只为了存放东西,还是艺术与实用的结合。对于研究人员来说,在研究原始人类需求中最大的困难就是没有合适的方法去衡量,因为研究人类对食物和水源的需求比研究人类对美感的需求要容易得多。尽管缺少科学根据,马斯洛仍然认为对美感的需求在人类行为中具有重要的作用①。

(二)奥德弗的 ERG 理论

奥德弗(C. P. Alderfer)在 1969 年发表的“对人类需求新理论的检测”的文章中,根据经验研究的结果,将马斯洛的五种需要层次概括为三种核心需要,即生存(existence)、联系(relatedness)和成长(growth)。他所谓的生存需要,类似于马斯洛的生理需要和安全需要;联系需要类似于爱的需要和尊重的需要;成长的需要类似于自我实现的需要。但他与马斯洛在观点上的差别在于:首先,他发现人们有时试图同时满足多种需求,例如,即使一个人的生存需求没有得到完全的满足,但他仍可能被激励去追求个人的成长;其次,他发现,当高需求的满足遭遇挫折时,可能导致满足低层次需求的努力。他称此为“挫折倒退假设”(frustration regression hypothesis)②。

三、需求的个体差别

阿特金森(J. W. Atkinson)在 1957 年提出,个体努力完成任务的倾向,一方面取决于其实现成功的动机的强度;另一方面也依赖于其成就取向(achievement orientation)③。麦克利兰(D. C. McClelland)在 1975 年发表的《权力:内在的经验》的著作中进一步发展了阿特金森的观点。他区分了三种需求。

(1)成就需求(need for achievement) 成就需求体现在追求卓越,实现目标,争取成功的内驱力。它追求的是个人成就,而不是成功的报酬本身。具有成就需求的人寻求这样的环境:个人能够为解决问题的方法承担责任,及时获得对自己绩效的反馈,以便于判断自己是否有改进,可以设置有中等挑战性的目标。

(2)权力需求(need for power) 权力需求,即影响和控制其他人的欲望。具有高权力需求的人喜欢承担责任,努力影响别人,喜欢处于竞争性和重视地位的环境。与有效的绩效相比,他们更关心威望和获得对其他人的影响力。

(3)合群需求(need for affiliation) 合群需求,即建立友好亲密的人际关系的欲望。具有高合群需求的人努力寻求友爱,喜欢合作性的而非竞争性的环境,渴望有

---

① A. H. Maslow, Motivation and Personality, New York, Harper & Row, 1954.

② C. P. Alderfer, An Empirical Test of a New Theory of Human Needs, Organizational Behavior and Human Performance, 1969, 4, p.142 ~ 175.

③ J. W. Atkinson, Motivational Determinants of Risk Taking Behavior, Psychological Review, 1957, 64, p.359 ~ 372.

高度相互理解的关系。

他指出，具有高成就需求的人是竞争型的，喜欢为解决问题承担责任，努力完成那些为社会所接受的职责和活动。他们也偏好那些会迅速提供大量反馈并具有中等难度的任务，在成功地解决了工作中的难题或完成了工作任务时，他们会感到满足。相反，成就需求弱的人一般不是竞争型的，偏好更容易的任务，在解决了问题或完成了工作任务时并不感到满足。但具有高成就需求的人不一定就是一个优秀的领导者或管理者，他们感兴趣的是他们个人如何做好，而不是如何影响其他人做好。一个人在工作中的努力程度，主要取决于其成就需求的强弱。因此，激发下属的成就需求是提高工作绩效的极为有效的激励手段。

另一方面，合群需求和权力需求与领导者的成功也有密切关系。最优秀的领导者或管理者一般都有高权力需要和低合群需要①。

四、需求的激励方式

根据不同的人性假定和需求理论，研究者们提出了不同的激励方法。

（一）行为修正方法

"行为修正"（behavior modification）是要通过控制奖赏和惩罚来改变行为，它也被称为"操作性方法"（operant approach）。它直接产生于强化理论（reinforcement theory）。强化理论强调强化塑造行为是激励过程的核心，认为人的行为是由环境引起的，控制行为的因素是外部强化物，它在激励过程中具有最为重要的作用。行为修正方法的基本原则是效果律，即那些导致对个体具有积极意义的结果的行为会继续重复；相反，那些会导致消极结果的行为将不再被重复。因此，领导者的激励方式，是要将追随者的行为与积极的结果联系起来。例如，对圆满完成的工作应当表示赞赏。

行为修正技术包括四种策略。

(1)正强化（positive reinforcement） 奖励正确的反应，提高该行为被重复的可能性。

(2)负强化（negative reinforcement） 通过消除行为的令人不快的后果来对人们进行奖励。

(3)惩罚（punishment） 对不能接受的行为提供使行为者不快的后果，或消除人们所希望的后果。

(4)弱化（extinction） 通过消除领导者所不希望的行为的那些人们所希望的后果，来减少该行为的频率。

根据卢散斯和克莱特纳 1984 年对行为修正技术的经典研究，采用这种方式要

① D. C. McClelland, Power: The Inner Experience, New York, Irvington, 1975.

遵守一些基本规则①。

规则一　要选择适当的奖励和惩罚的方法。所谓“适当”，一方面是指能够对团队成员产生有效的激励，如果一种奖励不起作用，就应当尝试使用另外一种；另一方面是指从组织的标准来说是可行的，可行的奖励包括金钱、认可、具有挑战性的新指派，以及像具有私密性的工作空间这样的地位象征。当正向激励因素不起作用时，有必要采用负向激励因素，即惩罚。惩罚一般最好采用可以激励团体成员的最温和的形式。如果最温和的惩罚形式不起作用，就应当采取更严厉些的惩罚形式。

规则二　提供充分的反馈。行为修正只有通过经常的反馈才能产生作用。反馈可以采取简单的形式，如当人们作出正确或错误的事情时提醒他们。也可以采用短信或电子信息的形式。但要注意：许多员工对在自己的计算机屏幕上看到负面的反馈信息会产生反感。

规则三　不要给每个员工同样多的奖励。如果对所有的成就都给予同样的奖励，那么就会鼓励员工表现平平。对那些作出突出贡献的员工，应当比那些作出较少贡献的员工给予更多的认可或奖励。

规则四　有间断地给予奖励。不应对每一次好的绩效都给予奖励。间断性地给予奖励可以使所希望的行为持续更久，而且也会减缓当没有奖励时该行为消失的进程。如果对每一次好的绩效都给予奖励，那么员工就会保持绩效水平直到得到奖励，然后就松懈下来。同时连续给予奖励也会使奖励失去影响力。而且，领导者也很少有时间对团队成员的每一个好的行为都给予奖励。

规则五　奖惩应当及时。应当在员工作出正确的行为或错误的行为后，尽快给予奖励或惩罚，这样会使其效用最大化。为此，应当通过计算机程序建立内部的反馈系统，在员工做出突出成就时，及时给予祝贺。

规则六　定期改变奖励。奖励并不能无限地保持其效用。如果一种奖励被获得许多次，就会使获得者失去为这种奖励而努力的兴趣。领导者应当列出各种可行的奖励形式，然后不时地变换运用。

许多研究证据都表明，行为修正方法是改变追随者的动机和表现的一种有效方式。同时，一些研究表明，奖励比惩罚与满意度和绩效有更强的相关性，有条件的（contingent）奖惩比无条件的（noncontingent）奖惩与满意程度和绩效有更强的相关性。

（二）内在激励与外在激励

工作行为既可以被外部的因素所激励，也可以被内部的因素所激励。所谓“内

---

① Fred Luthans and Robert Kreitner, Organizational Behavior Modification and Beyond: An Operant and Social Learning Approach, Glenview, Ill., Scott, Foresman, 1984.

在激励”(intrinsic motivation),是指行为由行为本身所激励。内在激励具有个体差异,对一个人具有内在激励的因素,对另一个人可能就不具有内在激励。

德西(E. L. Deci)1975 年的研究发现,个体经常自愿地努力去从事那些他们乐于去做的事情。当一个人已经从事了一种具有内在激励的活动时,如果再对这种行为施加外在的奖励,那么导致的结果可能与期望的恰恰相反,它们会降低对该任务的内在激励。对这种“过正效应”(overjustification effect)的进一步研究表明,当外部的奖励被感受为是对自己的控制时,也会导致内在激励的降低。但那些看上去具有提供“信息”价值的奖励,如让该人知道他做的的确非常好,或那些与报酬和福利方面的社会规范相一致的奖励,一般就不会导致对该任务的内在激励的降低①。

哈克曼和奥德哈姆(G. R. Oldham)1976 年提出了工作特征模型(job characteristics model)。根据该模型,具有一定特征的工作或任务会比其他的工作或任务提供更大的内在激励。这些特征涉及对任务的认同、任务的意义、反馈、自主和技能的多样性 5 个方面。他们认为,如果追随者的任务是有意义的,能够提供丰富的反馈,在决定如何完成任务方面允许更多的自主权,并需要使用多样化的技能,那么追随者就会更努力地工作,并更能得到满足。他们还指出,具有高成长需求的人,特别希望自己所要完成的任务在上述 5 个方面都具有更高的水平,而且具有这 5 方面特征的任务对他们有更大的激励作用和满足作用,而不具有这些特征的任务对他们则具有更小的激励作用和满足作用②。但对这一模型的经验检验结果呈现出很大的分歧。劳尔(B. T. Loher)等人 1985 年对 28 项研究的考察表明,这些研究对该模型的满足假设给予了强有力的支持③。但格里芬等人 1981 年的研究却表明,没有什么证据表明那些其工作具有这些有利特征并具有高成长需求的员工,与那些其工作具有更少有利特征且成长需求较低的员工相比,实际会更努力工作或在完成任务的过程中坚持更长的时间④。

(三)目标设置理论

洛克和拉萨姆(G. P. Latham)所提出目标设置理论(goal-setting theory)认为,目标是任务行为的最有力决定因素。目标吸引人们的注意力,推动人们去努力,帮助人们形成达到目标的战略,帮助人们不断努力直到任务的完成。而任务的完成又会导致更高的目标。他们对 8 个不同国家的近 400 个案的研究,为目标设置理论

---

① E. L. Deci, Intrinsic Motivation, New York, Plenum, 1975.

② J. R. Hackman and G. R. Oldham, Motivation through the Design of Work: Test of a Theory, Organizational Behavior and Human Performance, 1976, 16, p.250~279.

③ B. T. Loher, R. A. Noe, N. L. Moeller and M. P. Fitzgerald, A Meta-Analysis of the Relation of Job Characteristics to Job Satisfaction, Journal of Applied Psychology, 1985, 70, p.280~289.

④ R. W. Griffin and A. Welsh, T. G. Moorehead, Perceived Task Characteristics and Employee Performance: A Literature Review, Academy of Management Review, 1981, 6, p.655~664.

的下列方面提供了支持:第一,那些具体而又困难的目标,与那些让人"尽力去做"的目标相比,导致了持续更高的努力和绩效;第二,只有目标是不够的,还必须有对目标的承诺。尽管追随者对设置目标过程的参与是提高承诺的一种方式,但无论是领导者单方面设定的目标,还是通过追随者的参与设定的目标,都可以导致所需要的承诺水平。只要领导者具有合法的权威,表达对追随者的信心,并提供清晰的绩效标准,对指派目标的承诺经常可以达到由追随者帮助设定的目标同样高的承诺水平;第三,当目标伴随有反馈时,追随者会尽更大的努力,因为反馈能帮助他们认清自己已做的和要做的之间的差距。追随者如果只具有目标,或只得到反馈,其努力程度会较小①。

奥利里—凯利(A. M. O'Leary-Kelly)等人 1994 年的研究表明,目标设置理论不仅对个体的绩效是有效的,而且对群体的绩效具有同样的效果,并且目标确定对改善群体的绩效具有特别关键的作用②。萨吉(A. Sagie)1994 年的研究表明,参与和反馈具有增值的效用。高效群体的领导者既与追随者共同制定目标,又对目标进程给予具体的反馈。那些只提供反馈或只使用参与式目标设定方法的领导者,其群体绩效的水平就相对较低。而那些既不提供反馈又不允许群体成员参与目标制定的领导者,其群体绩效是最差的③。

(四)期望理论

期望理论首先是由图尔曼(E. C. Tolman)于 1932 年提出的④,弗鲁姆于 1964 年对其进行了修订,并将其用于工作环境⑤。

该理论建立在两个假设基础之上:第一,被激励的工作表现是有意识选择的结果;第二,人们愿意做他们相信会提供给他们更高或更确定的奖励的事情。可见,它是从更理性的角度来理解激励的过程。它假设人们是以使他们获得有价值的结果的期望最大化的方式行动,因此能够影响这种期望的因素便能够可靠地预测行为的可能性。有 3 个因素是关键性的。

①对努力与绩效关系的期望(effort-to-performance expectancy)。它是指个人估计其被要求付出的努力能够正确地达到任务所希望的行为表现的概率。该期望的取值范围是从 0~1,0 代表对正确地完成任务不抱任何希望;1 代表对能够正确地

---

① E. A. Locke and G. P. Latham, Work Motivation and Satisfaction: Light at the End of the Tunnel, Psychological Science, 1990, 1, p.240~246.

② A. M. O'Leary-Kelly, J. J. Martocchio and D. D. Frink, A Review of the Influence of Group Goals on Group Performance, Academy of Management Journal, 1994, 37, p.1285~1301.

③ A. Sagie, The Effects of Leader's Communication Style and Participative Goal Setting on Performance and Attitudes, Manuscript submitted to Human Performance, 1994.

④ E. C. Tolman, Purposeful Behavior in Animals and Men, New York, Appleton-Century-Crofts, 1932.

⑤ V. H. Vroom, Work and Motivation, New York, Wiley, 1964.

完成任务有绝对的把握。自信度高的人比自信度低的人具有更高的期望。而良好的培训可以提高个人对其能否完成任务的主观预期。

②对绩效与结果关系的期望(performance-to-outcome expectancy)。它是指个人估计绩效所能导致的一定结果的概率。这里所说的"结果"可以是由绩效所导致的任何东西,如奖励。该期望的取值范围也是从0~1,0代表没有机会得到所希望的奖励;1代表相信一定会得到奖励。

③效价(valence)。它是指结果的价值或吸引力。每一种工作情境都会有许多结果,每一种结果都会有其自己的效价。效价的取值范围从-100~+100,+100代表一个人非常渴望该结果;-100意味着一个人有强烈的动机要避免该结果;而0意味着该结果没有任何差别,因此不能作为激励因素。

根据期望理论,以上3个因素必须同时存在,激励作用才会发生。首先,对努力与绩效关系的期望必须相当高,个人必须相信努力能够导致任务的完成;其次,对绩效与结果关系的期望也必须相当高,如果得不到奖励,没有什么人愿意努力工作;最后,要使一个人努力工作,所有效价的总和必须是正值。如果所有效价的总和是负值,个人就会努力去避免这种结果。

豪斯综合了期望理论与内在激励和外在激励的观点,提出了一个激励模型。其代表公式是:

$$M = V_{it} + E_{ia}(V_{ia} + E_{ej}V_{ej})$$

其中:M代表激励水平;V代表效价;E代表期望;i代表内在的;e代表外在的;t代表任务本身的;a代表完成;j代表结果。

由此,V_{it}代表由任务本身所提供的内在报酬效价;E_{ia}代表对该任务能否完成的期望值;V_{ia}代表完成任务的内在报酬效价;E_{ej}代表对外在结果的期望;V_{ej}代表外在结果的效价。

这样,该公式可以表述为:某项工作任务的激励水平=工作任务本身的效价+对完成任务的期望所起的内激励作用+对完成任务所能获得的各种外部报酬的期望的效价①。

达布林总结了运用期望理论激励员工的8条具体技巧。

①确定所需要的绩效水平和种类。激励过程的顺利展开,依赖于员工对所需要完成的任务有清楚的理解,同时所要达到的绩效水平必须是可能的。

②培训和鼓励员工。领导者应当给予团体成员必需的培训和鼓励,使其有信心完成所要求的任务,一些团体成员缺乏动力,只是因为缺乏正确的技能和自信。

③明确奖励与绩效之间的联系。要使团体成员确信,如果他们的工作达到了标准,就会得到领导者所许诺的奖励。

---

① 刘建军:《领导学原理——科学与艺术》,227~228页,上海,复旦大学出版社,2001。

④确保奖额足够大。一些奖励不能激励员工,是因为尽管它们是恰当的奖励种类,但却不具有恰当的数额。

⑤解释结果的意义。使员工理解某种结果的意义是有益的。例如,说明良好的绩效评估分数会导致增加工资、转入地位更高的工作团队或职位提升。

⑥理解评估效价的个体差异。要有效地激励团体成员,领导者必须理解个体在对奖励态度上的差异或偏好,要设法给予每个员工那种他们会赋予高效价的奖励。

⑦运用"皮格梅隆效应"(Pygmalion effect)① 来提高员工对努力与绩效关系的预期。通过表达对员工能够高水平地完成任务的信心,会逐步提高他们的期望水平,而这又会反过来提高其绩效水平。高期望由此成为一种"自行实现的预言"(self-fulfilling prophecy)。

⑧确保激励体系对每个员工都是公平的。取得同等水平绩效的员工应当获得同等的奖励。同样,不能达到某一绩效水平的员工应当受到同等的惩罚②。

第二节　对公平感的满足

需求激励理论的主要目的是提高组织绩效,但如果组织成员对组织产生不满,特别是组织中那些最优秀、最聪明的成员对组织产生不满情绪,就会阻碍组织绩效的提高。因此,如何提高员工的满意感,就成为领导者需要考虑的问题之一。西方学者对这一问题作出了多角度的研究。

一、工作满意调查

考察个人对工作的态度有许多不同的方式,但西方的研究者通常使用某种类型的工作满意调查(job satisfaction survey)来收集数据。这种调查问卷通常发给那些有代表性的员工,他们的回答被收集起来并制成表格,然后将结果传达给组织。

工作满意调查被广泛地用于公共和私人组织。在西方,使用这种调查方法的组织每一两年就进行一次调查,以评估员工对工作的各个方面、政策或工作程序的变化以及其他新提案的态度。将这种调查结果与参照团体进行比较是非常有益的。可以将组织过去的调查结果作为一种参照团体,比较员工在满意程度上的前

---

① 皮格梅隆是希腊神话中的塞浦路斯王子,善于雕刻。他雕刻了一个少女像,然后陷入了对她的深深爱恋。爱神阿芙罗狄特(Aphrodite)见其感情笃挚,赋予雕像以生命,取名叫加勒提阿(Galatea)。

② Andrew J. DuBrin, Leadership: Research Findings, Practice and Skills, Boston, Houghton Mifflin Company, 1995, p.217.

后变化；也可以将类似的其他组织作为参照团体，比较与其他团体之间在员工满意程度上的差距。

仅有调查是不够的。领导者应当根据调查的结果，采取改进的措施，否则就可能失去信誉，使对职业的不满程度继续增长。但收到不好的调查结果的领导者，却往往要经历震惊、愤怒、拒绝和接受这四个阶段。他们不太愿意将结果告诉员工，但这几乎总是错误的。虽然，结果并不令人鼓舞，但小道消息总是会比结果本身更可怕。如果员工看到对调查结果的否认，看到工作环境没有什么改善，他们便不再会愿意填写调查表，那些对调查结果抱抵触情绪并想隐瞒调查结果的领导者应当意识到，对坏的调查结果感到最吃惊的不是其他任何人，而只是他们自己，因此没有什么好隐瞒的。实际上，领导者只有打算与员工共享这些调查结果，并在这些调查结果基础上作出改进，否则就不应当对员工的态度进行评估。

二、影响工作满意感的各种因素

前面所讨论的各种需求激励理论，实际上也涉及了员工的工作满意水平。但还有一些理论对工作满意问题予以了更专门的分析和解释。

（一）感受性的个体差异

根据贾奇等人的解释，情绪感受性（affectivity）涉及的是人在以一贯的情感方式对刺激作出反应的倾向方面的个体差异。具有消极情绪感受倾向（disposition of negative affectivity）的人，会对变化、事件或情境一贯地以消极的方式作出反应。他们总是对自己、对自己的生活不开心，更容易关注情境的不利的方面；相反，具有积极情绪感受倾向（disposition of positive affectivity）的人，则一贯以积极的方式对变化、事件或情境作出反应。他们对自己的生活总是很开心，在面临新情境时，倾向于采取乐观的方式。同样是看半杯水，具有积极感受倾向的人倾向于将其看作是半满的，而具有消极感受倾向的人倾向于将其看作是半空的。这两种人在接收、处理和回忆信息的方式上有着很大的差别，这些差别既会影响职业满意程度，也会影响对生活本身的满意程度。他们的研究发现，消极的情绪感受性与对工作的不满相关，积极的感受性则与对工作的满意相关①。

对领导者来说，这些发现意味着：对那些其情绪感受倾向是特别积极或特别消极的员工来说，主动的领导行为可能对他们的工作满意度不会有什么影响。例如，对一个具有消极感受倾向的员工来说，不论你采取什么行为，他依然会对报酬和工作环境等等保持不满。对分开抚养后来又团聚的双胞胎的研究发现，情绪感受性

① T. A. Judge and C. L. Hulin, Job Satisfaction as a Reflection of Disposition: A Multiple Source Causal Analysis, Organizational Behavior and Human Decision Processes, 1993, 56, p.388～421.

具有很强的遗传因素[①]。如果领导者不能改变追随者的基因,那么看来只能在选择员工时要采用适当的程序。因为,尽管努力提高员工的满意程度是领导者的一个合理目标,但对一些员工来说,不论领导者如何做,都很难甚至不可能使其开心。

(二)满意的相对性

公平理论(equity theory)从人们对公平的感受方面分析了人们的满意感。根据该理论,在领导者与追随者的交换关系中,追随者非常重视公平。亚当斯(J. S. Adams)在 1963 年提出,当追随者相信他们所从事的活动和工作与他们从这种活动或工作中所得到的,与其他人所从事的和所得到的相比是大体相当的,他们就会达到最满意的程度。为了确定公平关系,追随者要为四个因素赋值,然后对所形成的两个比率进行比较:

$$\frac{\text{个人的获得}}{\text{个人的投入}}=\frac{\text{参照群体的获得}}{\text{参照群体的投入}}$$

个人的获得,是指个人的努力所获得的回报,如薪酬、认可、职业满意感、提升的机会和个人的发展;个人的投入,是指个人为该活动或工作所贡献的一切,如时间、精力、知识和技能;参照群体,既可以是个人的同事,也可以是其他组织中与自己具有类似职位的员工。公平理论关注的既不是个人获得的绝对值,也不是个人投入的绝对值,也不是个人获得与个人投入之比的绝对值,也不是其他人在这些方面的绝对值,而是个人自己的获得与投入的比率与参照群体的获得与投入的比率之间的比较。如果其他人比自己挣钱多,但却需要比自己工作更长的时间,具有更多的技能,或在人们不喜欢的地方工作,换言之,他们获得的多,但投入的也多,那么他人与自己在获得与投入的比率上仍然是相等的,也就是说,这是公平的。公平理论关注的是投入相对于获得的公平性。不公平的感觉会造成一种紧张状态,一种要求改变的内在压力。当个人的获得与投入及参照群体的获得与投入这两个比率之间总体相等时,就没有那种基于不平等而产生的要求改变的动机,人们也会相当满意。但如果这两个比率之间相差很大,追随者就会设法采取行动去恢复平衡[②]。

亚当斯在 1965 年发表的"社会交换的不平等"的文章中进一步提出,人们为了恢复平衡,可能采取六种方式:①改变他们的投入;②改变他们的获得;③改变他们的自我感受;④改变他们对选择的参照群体的感受;⑤改变他们的参照群体;⑥离开该情境[③]。这样,如果追随者认为他的获得与投入的比率低于他的同事的比率,

---

① R. D. Arvey, T. J. Bouchard Jr., N. L. Segal and L. M. Abraham, Job Satisfaction: Environmental and Genetic Components, Journal of Applied Psychology, 1989, 74, p.187~192.

② J. S. Adams, Toward an Understanding of Inequity, Journal of Abnormal and Social Psychology, 1963, 67, p.422~436.

③ J. S. Adams, Inequity in Social Exchange, in L. Berkowitz, Advances in Experimental Social Psychology, Vol. 2, New York, Academic Press, 1965, p.267~296.

他就会降低努力程度，或到其他地方去寻求更高的回报。但 J. P. 坎贝尔（J. P. Campbell）和普利查德（R. D. Pritchard）1976 年的研究表明，当人们感到收入过低时，他们会按照公平理论模型所说的方式采取行动；但当人们感到收入过高时，却不会按照公平理论所假设的那样采取行动。在这种情况下，人们并不是去更努力工作，以使自己的比率更公平，而是经常将其合理化，认为他们实际上是应该得到这种更高的收入的①。

（三）影响满意感的组织制度特性

一些学者从组织正义（organizational justice）的角度来研究人的满意感。该观点是基于这样的前提，即那些被不公平对待的人们会有更低的生产力、更少的满意感以及对其组织的更低水平的承诺。此外，他们还更容易发起集体的行动，参加各种反生产性的行为。根据特雷维诺（L. K. Trevino）1992 年提出的观点，组织正义由三个相互关联的成分构成。第一是补偿正义（retributive justice），这涉及追随者对一个"正义世界"的感受，当追随者感到一个赔偿或惩罚是没有偏见的、有效的和公平的时候，他们会感到非常满意。第二是分配正义（distributive justice），它涉及追随者对奖惩水平与个人的绩效或违规的程度是否相当的感受。当追随者认为某些人被过低或过高地奖励或惩罚时，他们就会产生不满。第三是程序正义（procedural justice），它涉及追随者对奖惩实施程序的感受。当一个人受惩罚时，如果他已经被给予了适当警告，有机会解释其行为，并且这种惩罚是适时的和以一贯的方式实施的，那么追随者就不会感到不满意②。

许多研究表明，组织正义的这些不同要素事实上是与收入、升迁或工作满意相关的。人们一般都愿意看到绩效优秀者得到奖励，违规者得到惩罚，希望后果与行为相当，希望有一个标准化的和公平的程序来评分、停职、解雇或发奖金。但一个补偿系统是否公平，在不同的追随者眼中会有不同的看法，而对公平的感受并不总是与实际情况相符。因此，领导者必须论证为什么一些追随者会受到奖励或惩罚，解释采取这些行动所使用的程序。这种高水平的沟通交流有助于改善追随者对组织正义的感受。

三、激励因素与保健因素的区分

赫茨伯格（Frederick Herzberg）通过对 1 685 名员工的 12 次独立的调查研究，于 1964 年提出双因素理论（two-factor theory），将影响绩效的"激励因素"与影响满意感

① J. P. Campbell and R. D. Pritchard, Motivation Theory in Industrial and Organizational Psychology, in M. D. Dunnette, ed., Handbook for Industrial and Organizational Psychology, Chicago, Rand McNally, 1976, p.60 ~ 130.

② L. K. Trevino, The Social Effects of Punishment in Organizations: A Justice Perspective, Academy of Management Review, 1992, 17, p.647 ~ 676.

的“保健因素”明确区别开来①。

在对财务人员和工程师所做的一系列访谈中，他发现，人们对工作是否满意这一问题的回答通常可分为 5 类，他将这些导致在工作中满意的因素称为“激励因素”(motivators)。这些因素主要涉及与工作本身的关系，其中包括成就、被认可、工作本身、职责、晋升和个人发展。同时，他也发现，导致人们不满意的因素与导致对工作满意的因素并不是同一类，也不是其对立面，而是涉及工作的不同方面，他将其称为“保健因素”(hygiene factors)。这些因素更多地涉及工作的环境，其中包括上级领导、工作条件、工作同事、薪金、政策与程序及工作保障。由此反映出的倾向是：人们倾向于将对工作的满意归结为自己的努力和技能，而将不满意归咎于他们所不能控制的环境②。

根据他的观察，改善保健因素的努力，能够消除员工的不满意感，却不会提高对追随者的激励水平，即他的满意感。例如，如果追随者十分厌烦他的工作，那么不论领导者怎样改善工作条件、薪酬数量或病休政策，他也不会在工作中付出更多的努力或在任务完成中坚持更长的时间。另一方面，即使工作是有激励性的，但如果工作条件非常简陋，也会导致不满意感，而这会降低追随者对这种激励性工作的兴趣。因此，对领导者来说，应当通过改变激励水平来影响追随者的工作满意感，通过改善工作环境中的保健因素来消除追随者的不满意感。休斯等人用图 6-1 来表示激励因素与保健因素对满意和不满意的影响关系③。

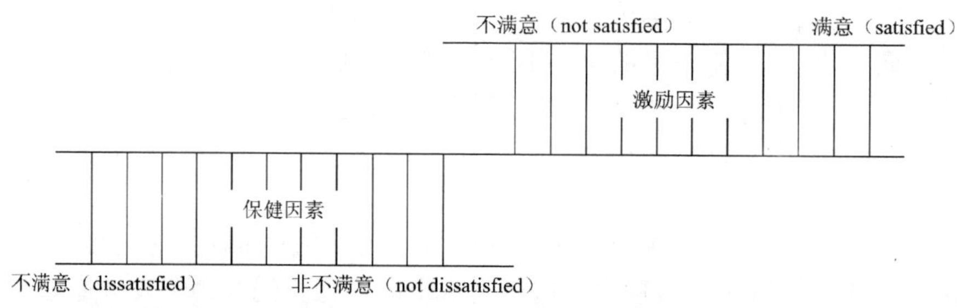

图 6-1　激励因素和保健因素对满意和不满意的影响

根据这种双因素理论，由于领导者可控制的资源是有限的，所以对一项特定的工作来说，应适当地满足保健因素，而最大限度地提高激励因素。也就是说，使工作环境达到适当水平是重要的，但更重要的是要提供充分的认可、职责和升迁的可

① F. Herzberg, The Motivation-Hygiene Concept and Problems of Manpower, Personnel Administrator, 1964, 27, p.3~7.

② F. Herzberg, Work and the Nature of Man, Cleveland, OH., World Publishing, 1966.

③ Richard L. Hughes, Robert C. Ginnett, and Gordon J. Curphy, Leadership: Enhancing the Lessons of Experience, Boston, Irwin McGraw-Hill Company, Inc., 1996, p.397.

能性。

但赫茨伯格在1968年发表的"再来一次:你怎样激励雇员"的文章中进一步指出,这些因素对满意和不满意的影响分类并不是绝对的。例如,一个因素可能使一个人满意,但也可能使另一个人不满意。在被调查者列出的所有不满意因素中,有69%来源于保健因素,31%来自激励因素。在所有作为满意因素的事件中,19%来自保健因素,81%来自激励因素,如表6-1所示。

表6-1 对不满意和满意产生影响的保健因素与激励因素

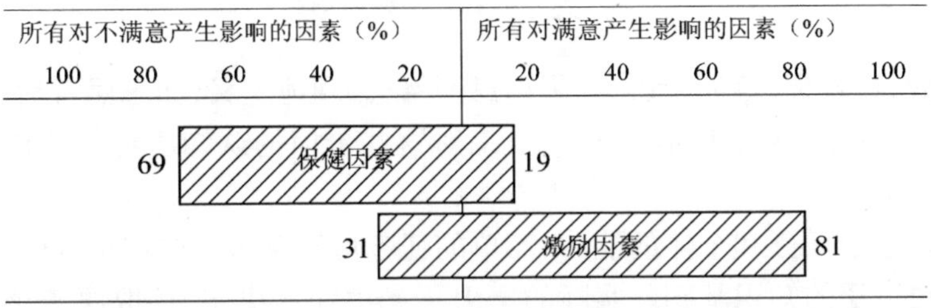

	所有对不满意产生影响的因素(%)	所有对满意产生影响的因素(%)
	100 80 60 40 20	20 40 60 80 100
保健因素	69	19
激励因素	31	81

激励因素中的不满意和满意因素都源于工作本身,尽管1/2为满意因素。与此相对应,保健因素中最能激励员工的是薪酬和上司与下属的关系,其影响接近50%①。

尽管这一模型为如何提高员工满意感提供了一种新的视角,但除了赫茨伯格自己所做的经验调查外,并没有得到更多的经验验证的支持。因此,它还只是一种对工作满意感的解释假说。

四、绩效激励与满意的综合模型

波特(Lyman W. Porter)和劳勒1968年提出的模型,综合了对绩效的各种激励因素以及对满意的各种影响因素。这一模型被称为波特—劳勒模型(Porter-Lawler Model)②,如图6-2。

该模型将对绩效的激励与对满意度的影响看作是一个信息不断反馈的系统过程。它有五个基本组成部分:报酬的价值(投入点)、努力、工作绩效、认知得到报酬的可能性(为下一次的投入作出修正)、满意度。

报酬的价值是基于个人的需求,它包括:①金钱,如工资、保健福利、退休计划;

① F. Herzberg, One More Time: How Do You Motivate Employees? Harvard Business Review, 1968, January-February. Reprinted 1992, p.53~62.

② Lyman W. Porter and Edward E. Lawler, III, Managerial Attitudes and Performance, Homewood, IL, Irwin-Dorsey, 1968.

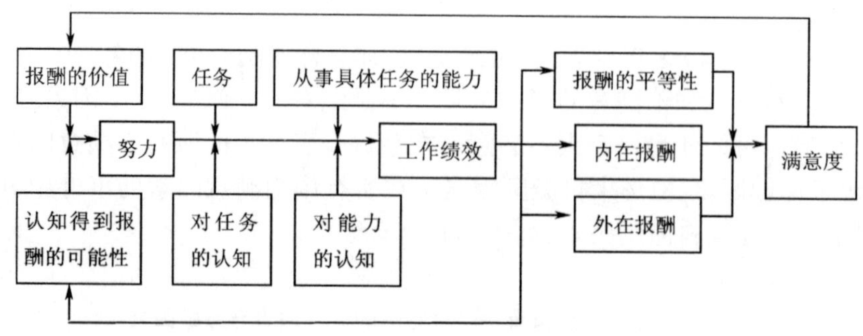

图 6-2　波特—劳勒模型

②个人发展，如教育、参加会议、人际信息网络；③利他主义，如志愿者活动；④职业发展，如基本生存、计时工资、提升。员工对这些价值的认知决定了他们努力的程度。

努力取决于任务和个体的能力，简单的任务可能要求一些培训，高难度的任务可能要求更广泛的知识基础。实际的努力不光由任务决定，还取决于个体如何看待这一问题。人们根据他们对任务的认识投入工作，同时他们也根据对自己能力的认识延伸这种努力。由于他们的自我盲点，个体可能高估或低估自己的能力，有时会揽下自己做不了的事，有时又会对完全可能胜任的工作坚信“我做不了”。

工作绩效是个体行为的客观结果。结果可能很准确，也可能有很大偏差；可能很好，也可能普普通通。个体可以对绩效作出评价，其他人也可以作出评价，如同事、上司、顾客、普通公众或政府官员。

认知得到报酬的可能性是不断反馈的基础。个体根据新的期望重新考察“如果我继续以这样的速度工作，我的绩效是否能达到要求，是否能获得相应的报酬？”个体将根据自己对报酬了解的情况重新看待报酬的价值。

满意度产生于获得的报酬以及个体对那些报酬的评价。这种评价涉及 3 个方面。

(1)内在报酬　它等同于马斯洛的高层次需求，如归属感、自我尊重，特别是自我实现；在赫茨伯格的模型中，它属于激励因素，而不属于保健因素。

(2)外在报酬　它由组织根据绩效来决定，一般以奖金、福利、办公环境和假日的形式表现。它与工作无关，在赫茨伯格的理论中，它属于保健因素，如果不被满足就会成为激励中的障碍而无法提高绩效。

(3)报酬的平等性　个体通过与组织内部其他人的相似绩效的比较来判断奖赏的平等性，并以此为基础来评判内外报酬所产生的综合效果。对平等性的认知存在着个体的偏好，尽管客观的标准能确保认知的平等性，但是个体会根据自己的需要和目标来认识和理解。

第三节　领导过程中的沟通

沟通(communication,又译“交流”),是参与者之间信息的给予和接受的互动过程。但需要注意的是,信息的发出和接收还不构成完整意义上的沟通,因为沟通是指所发出的信息被接收者所理解。缺乏对信息的共同理解,就证明沟通无效;或者说只存在传递,却不存在沟通。

沟通在组织过程中具有关键性的作用。查尔斯·贝克将沟通比喻为组织的“生命线”,它传递组织的发展方向、期望、过程、产物和态度。它就像是组织中的血液,使组织发挥功能。它就像组织呼吸的氧气,一旦沟通受阻,就会导致组织机体的窒息。沟通不畅,会使组织无效率,甚至发生紊乱;如果沟通根本不存在,组织就会瘫痪。

沟通在领导过程中占据重要地位。卢散斯等人 1988 年对 178 名经理的日常工作进行了观察分析,发现这些经理 44% 的活动都用在常规交流上,包括交换常规的信息和处理文字工作。他们的结论是:与网络、传统管理和人力资源管理这些其他活动相比,沟通活动对领导的效能贡献最大,它对绩效和满意程度影响最大①。巴斯对 200 名成功的组织领导者进行的访谈研究发现,他们具有类似的沟通风格。他们通过积极地从他人那里寻求新观念和反馈,经常扩展自己的思维。他们还不断地寻求新的信息。他们具有使他人信服自己观念的说服技巧。他的结论是:领导者的沟通能力与满意的领导绩效具有正相关②。

一、领导过程中的表达

关于表达与领导效能之间的关系,曾经有过许多调查。克里莫斯基(Richard J. Klimoski)和海耶斯(Noreen J. Hayes)1980 年对 231 个编辑人员及他们的 15 位助理经理进行了研究。他们研究了两种领导行为,一是给予指示的清晰性;二是在与工作有关的事情上交流的频繁性。他们的研究发现,沟通中的清晰表达与团体成员对上级领导的满意呈现显著的正相关(相关系数为 0.57),但交流的频繁性与满意的相关性就不是很显著(相关系数的 0.19)③。这说明,高质量的口头表达技巧

---

① Fred Luthans, Richard M. Hodgetts and Stuart A. Rosenkrantz, Real Managers, Cambridge, Mass., Ballinger, 1988, p.68.

② B. M. Bass, Bass & Stogdill's Handbook of Leadership: Theory, Research, & Managerial Applications (3rd edition), New York, Free Press, 1990, p.111.

③ Richar J. Klimoski and Noreen J. Hayes, Leader Behavior and Subordingate Motivation, Personnel Psychology, Autumn 1980, p.543 ~ 555.

能够提升领导效能。

(一)如何进行有力的言辞表达

领导者的言辞表达应当具有说服力和感召力。达布林对如何进行有力的语言表达提出了11点建议。

1.运用能打动人心的修饰语

某些词用在适当的场合能够给你的演讲以力量和影响力。轻松地、自然地和真诚地使用这些词,能够反映出你具有领导的能力和潜质的自信形象。

2.使用能激发情感的词

能激发情感的词能够使所陈述的事情展现出令人兴奋的形象,如"从竞争中胜出"、"超越先前的利润"、"俘获客户的忠诚"、"从低迷中崛起",等等。另外,使用那些具有暗示力量的词语也是非常有用的,如"学习性组织"、"道德化组织"等。

3.确切地弄清你要的是什么

推销你自己观点的成功机会的大小,首先取决于你是否已在自己的头脑中将该观点弄清楚。在宣传自己的观点时,或在谈判时,你自己越是明确,越是对该观念深信不疑,你就越是具有更强的说服力。除了弄清楚自己到底想要的是什么之外,还应该作退一步的准备。要考虑到如果你不能说服他人接受你第一个建议,那么你是否有其他的建议作为后备。

4.用数据资料支持结论

如果用有效的数据资料来支持你的发言或报告,就会使其更具说服力。你或者亲自去搜集一些信息,或是用公开出版的信息来源。但过度依赖研究可能会有一些潜在的缺陷,这给人的印象是你不相信自己的直觉。因此,在就一个重要问题进行沟通时,要注意对数据资料的依赖与直觉之间的适当平衡。

5.尽量消除口头语

应当尽量消除像"这个这个"这样的口头语,或"嗯"、"啊"这样的连接话与话之间的声音,因为它们表达出来的信息是你缺乏自信,这会有损你干练的形象。消除这些无用词的一个有效方法,就是将录音机放在你的电话机旁,将自己的电话谈话录下来,然后重放。许多人并没有意识到自己有那么多口头语,直到将自己的讲话录下来时才发现。

6.避免或尽量减少通常的语言错误

优秀的领导者在说话和写作时总是要确保语法上的清晰,给人以清晰和学识广博的印象,以此提高自己的领导地位。要特别注意一般人通常会用错的那些字,以及一般人经常会发错的那些音。如果对某个字的用法或发音拿不准,一定要查字典。

7.向团体成员解释你的建议的好处

领导者要实施自己的建议,会受到团体成员意愿的限制,因此领导者必须向团体成员解释实施自己的建议能够给他们带来的好处。从期望理论的角度说,这就是提高追随者对绩效与结果关系的预期。

8.让你的信息能引起受众的兴趣

说服性沟通的一个基本原则,就是说者必须使所传达信息适合听者的兴趣和动机。例如,对员工讲话时,要注意到他们的兴趣在于工作职位是否保得住;对股东讲话时,要注意到他们的兴趣在于股票收益能否提高。同时,团体的平均智力水平也是在选择传达信息角度时要考虑的一个关键因素。对高智力的人来说,那种基于强有力的逻辑论证的信息会对他们产生更大的影响。他们更容易对那些存在逻辑缺陷的信息采取拒斥态度。

9.研究人们反对的原因

在传播自己的主张时,要研究为什么自己的观点会遭到反对。弄清了这种反对的原因,在很多情况下也就找到了克服它们的方法。通常,人们反对是由于他们要知道这种建议的实施会给他们带来什么影响。因此,向他们解释它给他们带来的好处,以及它带来的消极影响会以什么方式被克服或补偿,就会消解这种反对。

10.首先强调你要传达的信息

一个有说服力的演说家或作家会把最关键的观念放在谈话、备忘录、段落和句子的最开始。在演说中,对关键性的观念要用主动语态,确保语句中的主语是主动的,而不是被动的。可以比较下面句子的不同效果:"我们一定会战胜对手!""对手一定会被我们战胜!"

11.信件和报告要写得简洁清晰

默塞尔(Michael W. Mercer)曾专门研究过高成就者与低成就者在备忘录、信件和报告写作方面的差异。他发现,高成就者所写的报告比低成就者所写的更讲究效率,他们使用更多的主动性的动词,更多的小标题,更短的段落[①]。

(二)运用非言辞表达展示自信

非言辞表达在交流中是必不可少的,因为沟通涉及很多无法仅仅用言辞来充分表达的情感。根据梅拉宾(Albert Mehrabian)和维纳(M. Wiener)1947 年的研究,所交流的信息中大约有 90% 的情感影响是通过非言辞表达来实现的[②]。同时,雷姆兰德(M. S. Remland)的研究也发现,当所表达的非言辞信息与言辞信息出现矛盾时,听者倾向于更相信非言辞信息。例如,当一个领导者在谈话中提出要授权时,如果表现出的是一脸不耐烦的神情,那么就会被认为是言不由衷,仅仅是在糊

① Michael W. Mercer, How to Make a Fantastic Impression, HR Magazine, March 1993, p.49.

② Albert Mehrabian and M. Wiener, Decoding of Inconsistent Communications, Journal of Personality and Social Psychology, 1947, 6, p.109~144.

弄下属。因此，有效的交流必须使言辞表达与非言辞表达和谐一致①。

阿圭尼斯(H. Aguinis)、西蒙森(M. M. Simonsen)和皮尔斯(C. A. Pierce)1998年以170个美国大学生为样本(这些人平均有近6年的工作经验)，调查了各种非语言行为对个人权力评价的影响。研究人员向被调查者出示被评价对象的照片，要求根据他们的面部表情、视角和身体姿势，评价对他们的信任感、报酬和权力。过去的研究曾表明，身份位置高的人与别人交流的方式是：当他们讲话时更多地看着别人，当他们倾听时较少盯着别人，他们的坐姿一般较为放松。而他们的这项研究的结果表明，非语言行为影响人们对权力的感知。特别是，有轻松的坐姿但面部表情严肃的人，被认为具有较高的权力，对他们信用的评价也较高。但身体姿势却不影响参与者对权力的评价②。

达布林认为，一个自信的领导者不仅要在言辞和文字上表现出自信，而且要通过姿势、手势、讲话方式表现信心。尽管对同一个身体语言人们会有不同的解释，但是许多非言辞表达的确能够在许多情境下反映出自信的领导形象。例如，根据一些学者对身体语言的研究，以挺拔的姿态行走、站立和端坐，可以表达出自信；而懒散的姿态，甚至缩头缩脑的样子，总是被解释为自信程度很低。站立时脚趾朝外显示的是上级的地位，而脚趾朝里显示的是下级的地位。说话应当以适中的节奏和洪亮自信的音调，缺乏自信的人说话的速度往往是过快或过慢。此外，与周围的人保持目光接触，以轻松、自然的表情频频微笑，以及在拍其他人后背时要微微点头示意，都可以反映出领导者的自信。一般来说，使用表达自信的非言辞行为，都具有要表现自信和力量的目的。对显示自信的自我暗示会使自信的行为自动出现。因此，如果你对自己说，“我一定要在这次会议上显示出领导素质”，那么你就已经在显示自信行为方面前进了一大步③。

(三)面对冲突的坦陈表达

休斯等人提出，在面临冲突时，有3种不同的表达风格，即隐忍(acquiescence)、攻击(aggression)和坦陈(assertiveness)。隐忍是完全避免人际间的冲突，它或是直接放弃，或是以抱歉或谦卑的方式表达自己的需求。它有时被合理化为有礼貌和有实际效果，但它实际表现的是缺乏决断力，很容易被挑战所击倒。由于不敢表达自己的要求，他们实际上将权力放弃给别人，并因此而被人所轻视。这种风格不仅不能达到所要达到的目标，而且还会导致许多负面的感受，如内疚感、怨恨、自我责

---

① M. S. Remland, Leadership Impressions and Nonverbal Communication in A Superior-Subordinate Interaction, Communication Quarterly, 1984, 32, p.41 ~ 48.

② H. Aguinis, M. M. Simonsen and C. A. Pierce, Effects of Nonverbal Behavior on Perceptions of Power Bases. Journal of Social Psychology, 1998, 138 (4), p.455 ~ 469.

③ Andrew J. DuBrin, Leadership: Research Findings, Practice and Skills, Boston, Houghton Mifflin Company, 1995, p.265 ~ 266.

备，以及较低的自我形象。攻击是通过进攻或伤害他人来努力达到目标。喜欢攻击的人轻视他人，他们或是通过威胁、言辞攻击、身体胁迫、情感爆发、剥削、利用、欺辱和敌视这样的直接方式，也可能采取间接的方式，诸如挑剔、不合作、引起他人内疚，以及破坏对手自主性的其他行为。攻击的行为方式产生于软弱的感觉和缺乏自信，他们在内心里怀疑自己是否有能力通过双方相互尊重和直接面对面的交换意见来建设性地解决问题。这种方式试图操纵和控制他人，将自己置于至上的地位，而将其他人置于自己之下。此外，喜欢攻击的人在表达正面感受方面存在困难。坦陈既不同于隐忍，也不同于攻击，它也不是仅仅将这二者折中。它既不想逃避，也不要厮杀，而是努力去解决问题。坦陈是以直接和坦诚的方式表达自己的目标和感受，它愿意以双方共同解决问题的态度来考虑他人的利益，并且相信开放的态度比秘密的态度更可取。休斯等人提出了有助于以坦陈方式进行表达的5种方法。

1.使用第一人称的陈述

坦陈的人敢于对他所说的话负起责任。他们自己十分清楚什么是自己想要的。因此，当他们要表达自己的愿望时，最容易的方法是以第一人称打头。例如，与其说“可能有人不喜欢用这些新表格”，不如说“我认为这些新表格没有什么优点，我认为不值得为它而努力”；与其说“这位候选人可能不具有我们所期望的所有资格”，不如说“我认为他的学历是不错的，但是我们都同意只考虑至少有五年工作经历的人，因此我认为应该继续寻找合适的人”。

2.直接说出自己的需求

没有人具有完成各种任务所需要的所有技能、知识、时间和资源，每个人都会在某些时候需要向上级、同事或下级寻求帮助。有效的领导者在需要他人帮助时会直接向他人提出要求。不需要为要求这种帮助而过多地表示歉意，也不需要过多地论证这种需要的合理性，而只需要简单地说明要求帮助的理由。特别是不要这样说：“我讨厌求人，我通常不求人，但是……。”应当以直接的方式表达，而不要兜圈子，不要以暗示的方式希望别人能领悟到你想说的。

3.学会说“不”

一个人不可能对所有人都做到有求必应，因此应当果断地说“不”。领导者有时需要为了其下级或组织的利益对上级领导者说“不”。而不会说“不”经常会造成负面情绪的聚积，如被利用的感觉。但在说“不”的时候要注意技巧，这种回答要简短和客气，不要用长篇大论、漫无边际的论证。特别是不要特意制造借口，不要因为不能满足要求而过分道歉，强调你自己的局限和你所可能提供的帮助。如果需要的话，要求留出考虑的时间。

4.注意控制内心的对话

大多数人都会对自己讲话，尽管这种讲话是不出声的。这种自言自语是自然的和普遍的,但大多数人不一定意识到它的出现和它影响的程度。坦陈的人的自语是积极的和肯定的,缺乏坦陈的人的自语是否定的、怀疑的和疑问式的。要表现出坦陈,领导者首先要以肯定的方式与自己讲话,他需要确信自己没有被自己内心的自我对话所击败。如果你自己在心里就对自己说"如果我答应,他们会说我自私"或"如果他们能抽出时间来做这件事,我也应该能抽出时间来做这件事",那么你就很难表现出坦陈。因此,要变得坦陈,领导者首先要意识到自己内心的对话,面对它,改变它。

5.要坚持

坦陈的人坚持自己的主张,不被激怒,也不管他人提出什么理由来反对他的主张①。

(四)演讲中要注意的问题

演讲是领导者在正式的场合表达自己观点的最重要的方式。如何使自己的演讲更具鼓动力和说服力,是领导者必须要考虑、培养和锻炼的。

1.演讲的准备

演讲的准备是多方面的。

第一是演讲内容的准备。需要注意的是:①准备的应是要点,而不是完整的演讲稿,千万别对着听众照本宣科;②对听众不熟悉的内容尽量使用延伸的定义,描述你的观点时多采用举例和类比的方法;③利用视觉效应来强调演讲内容,如采用幻灯片、投影仪、录像带、讲义,并注意检验视觉效果以确保演讲者、视觉和受众间的协调;④采用的视觉工具要能够强化演讲效果,而不是相反。它应当简单有效,细节太多会造成混乱和注意力分散;摘选的资料应删除听众无需知道的部分,仅强调你认为需要的部分;注意运用颜色对比加强效果;运用简短的词语和标题,不要过于啰唆;使用照片时要将其中的重要信息标示出来,以免使观众迷惑;草图比照片更能起到强调概念的作用;使用多维图表时应注意颜色和格式的区分,并注意不要使用不准确的刻度误导受众。

第二是对听众需求的考虑。演讲者必须了解听众,量体裁衣,使演讲更适合于特定的听众。要考虑听众的角色和背景,明确要演讲的内容不是自己想说的,而是听众想听的,否则就会引起听众的对立情绪或厌倦情绪。因此,在演讲中要根据听众所掌握的知识进行演讲,或者提供足够的明白易懂的背景信息。无论演讲者运用怎样的主题分类、时间、空间顺序或因果关系,演讲的逻辑顺序应是观众认可的。演讲还必须解释缩略语和专业术语,而不应让听众陷在行话里而一头雾水。

第三是情绪上的准备。讲演前人们一般都会产生一定的紧张感,如感到自己

① Richard L. Hughes, Robert C. Ginnett, and Gordon J. Curphy, Leadership: Enhancing the Lessons of Experience, Boston, Irwin McGraw-Hill Company, Inc., 1996, p.253~260.

的心跳。首先,不要将这种紧张视为不正常,其实,就算是经验丰富的演讲老手也会紧张。而且,紧张的感觉在很大程度上只有自己才感觉得到,并非一定为人所知。因此,关键在于如何调节自己的紧张情绪。其次,要认识到,适度的紧张会使人处于高度准备状态,使精神全部集中,从而使自己的潜能最大限度地发挥出来。再次,过分的紧张就是焦虑,它可能与演讲者对自己的不恰当设想有关,如怀疑自己能否胜任,对演讲内容是否足够熟悉,是否能回答听众提出的问题,是否是这一演讲的合适人选,或害怕每个人会看出自己的紧张。这种怀疑会形成对自己的心理暗示,加剧紧张情绪。因此,消除这种怀疑情绪的方法,是给自己正面的心理暗示,以抵消这种负面的心理暗示。如对自己反复说:“我一定能胜任,我完全了解演讲的内容,我能处理当场发生的任何事情,我就是这一演讲的最合适人选,没有人会看出我在紧张,只要我保持自信,就一定能出色地完成这一演讲。”

2.演讲过程的发挥

在演讲时要记住的是,不论听众的规模有多大,你的演讲面向的是众多个体而非一个群体。在演讲时,要注意放慢语速,提高音量,以保证在既有的场地设施和麦克风等条件下听众都能听到;要发音清晰,否则很多听众都无法听清楚;要与听众保持目光接触;要使用有意义的手势,表现得自然而不造作;在使用手势时要注意使其有助于强调你的观点,而不是分散听众的注意力。为了避免分散听众的注意力,不要采用尴尬的姿势,如紧张的搔头皮;不要使用过多的与演讲主题无关的视觉效应;语速过慢或结尾语调过弱会造成听众注意力的分散;太多的口头语,如“嗯”、“啊”、“也就是说”等,也会干扰听众专心倾听。

3.反馈与互动

演讲的目的是要对听众产生影响,因此要在演讲过程中及时收集听众的反馈信息,以确定演讲的效果,纠正可能的理解偏差,作出必要的弥补。这种反馈和互动可以在三个层面上进行:如果听众的注意力不是很集中,就要在策略上调整自己的语言、姿势、措辞、主题等;如果听众没有被说服,就要调整演讲的战略,对论点进行重新排序,选择不同的论证方法;如果听众表现出反对,就要调整自己对听众的理解,包括他们的基本观点和能力,同时调整自己演讲的整体目的和预期。

二、领导过程中的理解

对领导者来说,有效的交流应当是双向的,既包括向他人传送信息,也包括从他人那里接收信息。而且,领导者作为信息的传播和控制者,只有从他人那里充分接收信息,才可能有足够的信息可以处理、传播和控制。对领导者来说,接收信息并不是一个单纯的物理接收过程,而是一个经过心理加工的理解过程。而在理解的过程中,可能会遇到许多障碍,影响对信息的正确理解。

(一)倾听的不同种类

在理解过程中,问题最多的方面可能在于倾听(listening)。有研究显示,大部分的误解来自于倾听的过程,而书面阅读过程中的误解所占的比重相对很小。听似乎是一个完全自动的过程,属于天生的能力,而不需要专门的技巧。但实际却不是这样。

贝克认为,倾听与听见(hearing)是不同的。听见是一个客观的生理过程,取决于耳朵如何对振动波作出反应。我们可能听见了却没有意识到,或者不能在事后回忆起我们当时听见了什么。倾听是一个集中注意于所听见的声音的有意识的行动。它是主观的,与所听见的东西的评价相关。倾听只发生在有意识地去专心理解一个信息时①。

戴维斯(B. L. Davis)等人在 1989 年的《成功的管理者手册》一书中,进一步区分了被动的倾听(passive listening)与主动的倾听(active listening)。所谓被动的倾听,是指当说话者讲话时,接收者并没有专心去理解说话者所说的内容,他可能在想他接下来要对说话者讲的事情,也可能在想听这位说话者讲话是多么无聊。在这两种情况下,他都没有专注于说话者所讲的内容。而积极的倾听则显示出某种倾听的姿势,不打断讲话者的表达,努力将他传达的信息变成自己的语言,并察觉讲话者各种非言辞信号②。

格伦凯米尔(Florence B. Grunkemeyer)在 1992 年根据倾听的专心程度将其分为随意的、关注的和专心的倾听。随意的倾听是最不费劲的,如看电视或听收音机;关注的倾听则要求分析信息,记住内容,并对说话者提问;而专心的倾听则是完全理解说话者的观点、价值观、态度、情绪和感情③。

积极的倾听表达的是对他人的尊重。就像西方的谚语所说的:“倾听是最高的恭维。”特别是那些希望自己的话语能够对领导者有所影响的人,会很敏感地察觉到领导者是否在专心地倾听他们所讲的话。如果他们感觉到领导者并没有在倾听,就会觉得不值得再费时间向领导者传送信息。因此,领导者应当学习倾听技巧,意识到自己在倾听方面的障碍,以达到最有效的倾听。

(二)影响倾听的各种障碍

影响倾听的因素是多方面的,其中最主要的有评价、焦虑、连锁反应、心理防御,等等。

1.评价

罗杰斯(Carl Rogers)和福斯里斯伯格(F. J. Foethlisberger)认为,评价倾向是人

---

① 贝克:《管理沟通——理论与实践的交融》,康青等译,60~61 页,北京,中国人民大学出版社,2003。

② B. L. Davis, L. W. Hellervik and J. L. Sheard, Successful Manager's Handbook, 3rd ed., Minneapolis, MN., Personnel Decisions, 1989.

③ Florence B. Grunkemeyer, All About Listening, Business Education Forum, 1992, April, p. 28~30.

际沟通中最重要的障碍。理解的倾听不仅要求专心,而且要求设身处地为他人着想。这种理解是从内心站在说话者的位置上,从说话者的参照框架和视角来考虑其观点和态度。而人们却往往只站在自己的角度来评价他人的想法,缺乏一种“换位思维”,这妨碍对他人信息的充分理解①。

2. 焦虑

贝克认为,焦虑是影响倾听的另一大障碍。焦虑会使人心不在焉,游移于当时的沟通情景。焦虑可能与直接环境有关,如在面试时;也可能与直接环境无关,如忧虑的是病中的父母、利率升高或支票中的错误。当这些焦虑盘踞心头时,倾听便会被阻断。

3. 连锁反应或联想

贝克认为,连锁反应(chain reaction)或联想(train of associations)同样会阻碍倾听中的相互理解。在这种情形下,你虽然开始进入交谈,但心智却跟着自己的联想而不是说话者,内心中的“自我对话”会干扰倾听他人说话的能力。这种情况经常会发生在人们对所谈话题不感兴趣时,说话者的风格如果缺乏吸引力也会使人们在倾听时走神②。

4. 自我防御心理

休斯等人认为,自我防御的心理状态也影响领导者对信息的理解。当领导者感到威胁时,特别是听到批评时,很容易出现防御行为。尽管这种防御心理的出现是很自然的,但它却降低了人们理解和利用信息的能力。在这种状态下,领导者会倾向于采取责备态度,将人们简单地分为好人或坏人,并对人们的动机提出质疑。这些积极的防御行为,会降低追随者将令人不快的信息传达给领导者的愿望③。

(三)改善倾听的各种技巧

许多研究者对如何改善倾听提出了建议。

首先,许多研究者指出:应当充分表现出倾听的兴趣和诚意。例如,龙格内克(Cliton O. Longenecker)和利弗普(Patrick R. Liverpool)指出,失败的倾听所导致的后果是领导者承担不起的。对领导者来说,没有倾听,意味着重大的沟通损失;对员工来说,领导者不去倾听或不专心倾听,意味着缺少理解并影响士气。他们建议领导者在倾听时要通过以下方面表现出倾听的诚意:①停止谈话去倾听;②如果现在没有时间,安排一次会议;③体会员工的情感;④向员工表现出愿意倾听;⑤不要未

---

① Carl Rogers and F. J. Foethlisberger, Barriers and Gateways to Communication, Harvard Business Review, 1991, 69 (6), Reprinted from July-August 1952, p. 105 ~ 111.

② 贝克:《管理沟通——理论与实践的交融》,康青等译,62页,北京,中国人民大学出版社,2003。

③ Richard L. Hughes, Robert C. Ginnett, and Gordon J. Curphy, Leadership: Enhancing the Lessons of Experience, Boston, Irwin McGraw-Hill Company, Inc., 1996, p.253.

经详细研究就下结论;⑥温和对待争论和批评;⑦耐心;⑧提问以示理解[①]。

其次,在倾听时要全神贯注,积极归纳和思考。尼克松(Judy Nixon)和韦斯特(Judy West)将倾听过程区分为注意、接受和认知3个阶段,并提出了在这一过程中应当注意的10个问题:①认识到倾听要消耗能量,是一种劳动;②准备倾听,有意识地发挥努力,真正感兴趣;③全神贯注于感兴趣的领域;④关注内容,而不是表达技巧;⑤听总体的意思;⑥探究未说出口的话;⑦控制不必要地打断的诱惑;⑧在倾听过程中进行归纳;⑨以大纲的形式简要地记笔记;⑩品评重要词语的选择和使用[②]。

再次,在倾听过程中,要关注说话者的非言辞行为,这会有助于对其话语的理解。为了达到对说话者话语的真正理解,不仅要注意说话者所说出的话语,而且要注意他所发出的各种非言辞信号。这包括说话者说话时的音量、声调和语速,其面部表情、姿势、手势,等等。这些非言辞行为所包括的信息甚至比单纯的话语本身所包含的内容更加丰富。

最后,在关注非言辞信号时,要注意有些信号是有意识的,如做鬼脸、皱眉头、微笑;而有些信号是无意识的,如脸红,眼睛下垂等。神经语言学的研究揭示了眼睛的运动如何表现了内心的信息处理过程。如:眼球向上朝右,是想象以前未见过的事物;散开是回忆或想象以前未见过的事物;向上朝左是回忆或记起以前见过的事物;向下朝右是动觉的,表明身体的感受,偏好触觉;水平向右或向左,是正在倾听、记忆或想象;向下朝左,是偏好听觉、内心对话和自语[③]。

三、以建设性的方式提供反馈

领导沟通过程中的反馈有两个方向:一个方向是领导者接收追随者对领导者言谈和行为的反馈;另一个方向是领导者对追随者的言谈和行为作出反馈。前一个方向主要涉及积极地察觉追随者对领导者自己所发出的信息的解释,并以此为依据来修正随后的交流。这实际上与我们上面所讲的理解和倾听的过程有密切的联系。在这一部分,我们主要讨论后一个方向的反馈,即如何以建设性的方式对追随者的言谈和行为作出积极的反馈。

有益的反馈对下属、同事和上级的绩效和发展都是非常重要的。对下级来说,如果没有来自领导者的积极反馈,他们就无法得知他们所做的工作是否令领导者满意,或他们对领导者的冲撞是否会使领导者反感并影响他们以后的升迁机会。

---

① Cliton O. Longenecker and Patrick R. Liverpool, Making Yourself All Ears, Management, 1988, 17 (2), p. 22 ~ 23.

② Judy C. Nixon and Judy F. West, Listening: Vital to Communication, The Bulletin of the Association for Business Communication, 1989, 52 (2), p.15 ~ 16.

③ 贝克:《管理沟通——理论与实践的交融》,康青等译,27 ~ 28 页,北京,中国人民大学出版社,2003。

同样，领导者也希望从其他同级的领导者那里得到关于自己行为的积极反馈，而且上级领导者也希望从下级领导者那里获得积极的反馈，以检查自己的领导效能。

但研究者发现，下属认为领导者实际给予的反馈比领导者以为自己给予的反馈要少。而领导者不愿意给予反馈的原因常常是多样的，如时间压力，怀疑反馈的有效性，或缺乏提供反馈的技巧。有些领导者不愿意给予正面反馈，是因为他们认为下属会把这种正面的表扬看作是政治上的操纵手段，是故意讨好而缺乏诚意。同时，如果领导者很少离开他们的办公桌，或者他们的要求过高，或者他们认为员工的优秀表现是理所当然的，完全不需要予以认可，那么他们也会很少给予正面的反馈。而不愿意给予负面反馈的原因，则主要是由于领导者害怕会因此破坏领导者与追随者之间的关系，或害怕员工的报复①。

但领导者应当认识到，如果领导者能够提供准确的和经常的反馈，就会使团体成员的绩效维持在一个较高的水平。如果追随者得不到这种积极的反馈，无论是正面的还是负面的，都会使他们无法改善他们的绩效水平。正面的反馈会告诉团体成员将他们的优良表现继续维持下去；而负面的反馈会使团体成员了解为了达到更高的绩效水平应当改变哪些行为方式。但为了使反馈达到预期的效果，领导者应当注意改善自己提供反馈的方式。休斯等人从7个方面阐述了提供反馈的技巧②。

（一）使反馈产生有益的作用

反馈的目的是提供使他人能用来改变自己行为的信息。明确这一目的是非常重要的，因为反馈有时会导致双方的情感冲突。如果领导者在提供反馈时带有一定的情绪，如愤怒，他就会说出一些使他一时感到痛快的话，但这些话只能使他和被反馈者之间的关系疏远。为了使反馈能够产生有益的作用，领导者在给予反馈时应当头脑清醒，不受情绪影响，所提供的反馈应当针对被反馈者力所能及的行为。领导者应当在反馈时针对具体的个人，而不要总是以“一般来说”的方式针对所有人，因为这会使你想针对的个人并不以为这些反馈是针对他的。

（二）反馈要具体

不论是正面的反馈还是负面的反馈，如果它能够针对具体的行为，那么就会使这种反馈产生有益的作用。如果反馈只是一般化的，没有具体针对一些特别的行为，那么就会使被反馈者无所适从，不知如何改变自己的行为。而具体针对某一行为的反馈，会使被反馈者清楚地了解领导者希望他改变哪些行为。

---

① Richard L. Hughes, Robert C. Ginnett, and Gordon J. Curphy, Leadership: Enhancing the Lessons of Experience, Boston, Irwin McGraw-Hill Company, Inc., 1996, p. 261~262.

② Richard L. Hughes, Robert C. Ginnett, and Gordon J. Curphy, Leadership: Enhancing the Lessons of Experience, Boston, Irwin McGraw-Hill Company, Inc., 1996, p. 262~266.

(三)反馈应当是描述性的

在给予反馈时,要尽可能地将事实与推论区别开。以描述性的方式所谈到的行为很少会引起异议,因为它们是其他人也能看到的。但从这些行为出发对行为者感情、态度、特征、动机或特质所作出的进一步推论,却可能因人而异。有时,在给予反馈时,既描述行为本身,又表达对该行为的印象,会产生有益的效果。特别是当领导者相信被反馈者并没有意识到其行为对其他人产生的负面印象时,更有必要这样做。

在反馈时还应当注意将对行为的描述与评价区别开来。当领导者提供的反馈主要基于推论时,他经常会同时传达关于行为"好"或"坏"的评价信息。例如,"你太害羞了"这句话,就比"你不怎么说话"这句话包含了更多的负面含意。因为它显然是根据主观的标准给出了负面的评价。但是,评价经常是领导者职责的内在组成部分,对良好表现的反馈肯定会向下属传达评价的信息。在这种情况下,如果存在明确的绩效标准,那么领导者的评价性反馈就会收到更好的效果。费利(A. C. Filley)和培斯(L. A. Pace)曾经提出可以被用来提供评价反馈的四种标准:①将该行为与其他人的标准表现相比较;②将该行为与被认可的标准相比较;③将该行为与组织成员共同为之奋斗的目标相比较;④将该行为与过去的表现相比较[①]。

在作出印象和评价反馈时,应当注意将与职业相关的反馈与对个人的或隐私性的反馈区别开来。尽管领导者有权力期望追随者认真听取他对绩效作出的反馈,但却没有权力让追随者也要听取他对与工作无关的那些方面的反馈。也许对追随者行为的反馈牵涉并非与其正式职责特别相关的那些方面会对追随者有所帮助,但追随者可以选择听或不听,照办或不照办。

(四)反馈要及时

在行为发生后马上给予反馈通常是最有效的。越是最近的事件或行为,其情境和相关的细节越是容易被每一个相关的人所了解,因此越容易提供描述性的和能产生有益作用的反馈。

(五)反馈要灵活

虽然及时的反馈通常会产生最好的效果,但有时太早给予反馈不如等一等更好。例如,有时定期的反馈时间安排使得领导者很难立即给予反馈;如果反馈会影响被反馈者完成另一件更紧迫的任务,那么马上给予反馈也是不合适的;此外,如果被反馈者正处于情绪激动状态,那么马上给予他反馈也不会产生建设性的结果;还有,在给予反馈时,要特别注意被反馈者的情绪状态,并随时准备根据情况调整反馈的行为。

---

① A. C. Filley and L. A. Pace, Making Judgments Descriptive, in J. E. Jones, J. W. Pfeiffer, ed., The 1976 Annual Handbook for Group Facilitators, La Jolla, CA, Lif., University Associates Press, 1976, p. 128 ~ 131.

反馈还应注意的是，不一定要在一次反馈中涉及所有的方面，过多的反馈信息会使被反馈者承受不起。如果反馈需要涉及很多方面，最好分几次来说，每次只涉及一两个要点。

（六）兼顾正面和负面的反馈

既给予正面反馈，又给予负面反馈，比只给予正面或负面的反馈更能产生有益的作用。正面的反馈只告诉被反馈者什么事情做对了，负面的反馈只告诉被反馈者什么事情做错了，而两方面的反馈则能使被反馈者明了究竟应当怎样做。

（七）避免责备或羞辱

由于反馈的目的是向被反馈者提供有助于他们发展的有用信息，因此以贬低或使其难堪的方式与其谈话，并不能达到使其发展的目的。研究发现，如果领导者能有机会亲自观察到追随者的行为，并且追随者认为领导者是有信誉、有能力和值得相信的，那么领导者的反馈更容易被追随者相信。即使追随者认为他们的领导者是没有能力和不值得相信的，那么他们还是会不断寻求反馈，但却不是从他们的领导者那里寻求这种反馈，而是从其他的值得信任的同事和其他上级那里寻求反馈。

四、高效率地主持会议

会议是沟通氛围的典型体现情境。在主持会议的过程中，领导的沟通风格能够得到淋漓尽致的体现。因此，如何通过主持会议，既高效率地完成计划的任务，又创造出鼓励性的沟通氛围，这是值得领导者认真思考的。

（一）会议的准备

会议的准备首先要确定的是会议本身是否必要。不应只是因为形成了定期开会的习惯就召开会议，因为这很可能是在浪费人们的时间，并影响人们对其他会议必要性的预期。如果可以采用其他媒介，如采用业务通讯、每周简报、布告栏或电子邮件等来解决问题，就可以不开会。

其次是要召集必要的与会人员。不应占用那些与会议内容无关的人的时间。

再次是准备会议的议程。会议议程能使会议目标一目了然。议程应包括要考虑的所有议题，会议的方式（讨论、评估、协调、决策），并为每一项内容作时间上的安排。不要把议程安排得过满，应留有回旋余地，因为在实际的会议过程中，领导者还会根据具体情况对议程作适当的调整。

最后，应当将会议议程、背景资料和要求提前通知与会者，使与会者了解各自在会议上的角色，并有备而来，而不是只能对会议内容作出种种猜测。

（二）会议的主持过程

领导者在主持会议时负有三项主要责任，即确定会议基调、控制沟通量、阻止占用时间行为。

首先,领导者应在开始时为会议确定基调。如果会议是一次性的或者是特别会议,领导者必须在一开始就明确适用于会议的规则,这有助于与会者更高效率地投入,而不是茫然不知所措地坐着一言不发。

其次,领导者要控制沟通量,包括控制会议内容和进程。会议议程应作为与会者之间明确开会目的的一个协议,同时指导会议内容与进程。议程上的各项内容应控制在预计的时间内。领导者在主持会议过程中,要按照议程内容进行。如果会议进程偏离了最初预测,就应当将一些内容从议程中取消或放到下一次会议讨论,或缩减对一些内容的讨论,或将一些内容提交给小组委员会作进一步的讨论,然后递交讨论报告。

再次,领导者必须提醒与会者注意控制时间,确保任何人都不能因太健谈而过多占用会议时间。如果每个人对讨论的问题发表自己所有的观点,会议将变得没完没了。因此,与会者必须对所谈的信息认真筛选。偶尔也会有个别与会者对自己的意见是否成熟缺乏判断力,在不断的谈论中,这样的人可能会占用时间。一旦出现这种倾向,领导者有责任打断他的话。

会议的一般目标是努力争取达成所有人都能接受的一致意见。但接受并不意味着同意或负完全责任,但是,它意味着与会者没有太大的反对意见。达成一致意见的会议要求持反对意见的与会者提出能达成共识的建议。如果某个建议遭到反对,领导者应要求持反对意见的成员不能只投否决票,而应有责任提出自己的见解,以供小组成员讨论。这种责任感强化了会议的积极作用而非消极作用。

第四节　创造鼓励性的沟通氛围

一、鼓励性与防御性的沟通氛围

领导者不仅要善于沟通,而且要在组织中创造一种适合于信息流通的沟通氛围。杰克·吉布(Jack R. Gibb)在1964年发表的“防御性沟通”一文中区别了鼓励性的沟通氛围与防御性的沟通氛围。鼓励性沟通氛围会促进开放;而防御性沟通氛围会限制沟通过程①。贝克在《管理沟通——理论与实践的交融》一书中进一步展开了这一思想②。

防御性的沟通氛围使人们变得谨慎和退缩,因为讲话者使听者感受到威胁。

① Jack R. Gibb, Defensive Communication, The Journal of Communication, 1964, 14 (3), p. 141~148.

② 贝克:《管理沟通——理论与实践的交融》,康青等译,193~201页,北京,中国人民大学出版社,2003。

在这种环境下，听众会摆出反攻的姿态，致力于证实自己是正确的。因此，防御性的听众很少听清信息，并且常常歪曲信息发送者的价值观和动机。如果长期处于防御性沟通氛围下，人们便习惯于认为威胁是不可避免的，它们甚至来自被认为最不可能出现威胁的方向。这迫使个体成员为了自保而退缩，致力于发现环境中各个方面的危险和不为人知的危机，包括语言、手势、声调、细微差异、偶然的评论或者物理上的距离，它削弱了人们的精力。

相反，鼓励性沟通氛围使人们能够广泛地进行沟通。人们在陈述自己的观点时感到非常安全，并通过这种自我表现确信自己是有价值的，而且会被当作有价值的人来对待。在鼓励性氛围下，人们能够去尝试新的事物，提出问题或讨论一些不确定的事件。当他们犯错误时，他们觉得自己是在学习并有所提高。鼓励性沟通氛围有助于在组织内部释放能量，因为人们大可不必像在防御性沟通氛围中那样，为了保护自己不受内部的威胁而花费过多的精力。

二、领导者如何创造鼓励性沟通氛围

鼓励性沟通氛围的创造与组织的每个成员都有一定的关系，但领导者在创造鼓励性沟通氛围方面具有重要的影响。领导者采取何种类型的沟通方式，将会影响到整个组织中沟通氛围的变化。杰克·吉布从 6 个方面分析了在防御性沟通氛围与鼓励性沟通氛围中人们不同的沟通方式，从而引申出领导者应当以何种沟通方式来创造一种鼓励性沟通氛围。

(一)以描述性代替评价性

防御性沟通氛围是评价性的，人们通过判断、责备、对标准提出异议、价值取向来刺激别人建立防御；相反，鼓励性沟通氛围是描述性的，人们询问信息、表达感受与认知，并鼓励个人的行为。一般来说，人们不喜欢评价。如果人们有各种欠缺，评价会引起人们的焦虑，担心人们会怎样看自己，即使人们已经做得很好，评价的各种等级差别也会使人们一想起来就紧张。由于担心评价，所以员工在接近那些总是要提问题或要求将事情搞明白的领导者时，常常表现得十分不情愿与困窘，因为他们担心自己显得很糟糕。这种通常的防御性反应会使领导者对组织成员形成不恰当的印象，造成组织层面之间的信息过滤，从而使得决策建立在非确切的信息之上。如果一个提问题的员工被看成是“不懂自己的工作”而被贴上不称职的标签，日积月累，那么对评价的担心就会引起怠惰。因为人们相信：不去做，将来还有成功的机会；这比做了但失败了要强，因为那将证明你是不称职的。

为了克服防御性的接触，领导者必须通过以描述来代替评价，创造出一个鼓励性沟通氛围。描述的重点应放在需要完成的项目与任务上，而不是放在做了或没做某件事的人的身上。如果一开始便运用描述，参与者会更愿意致力于手头上的任务，这将有助于获得更好的信息并及时作出决策。描述要尽量避免责备，因为这会使人们感到恐惧。注重描述并不是让领导者不负责任或不去做纠正工作，而是不要过于仓促地批评员工。一些领导者在批评员工时可能会“感觉不错”，这并不是出于个人报复，而是出于一种管理的动机。但无论当事人应当受到怎样的指责，领导者首先应当弄清情况。而只有在一个开放型的氛围下，领导者才会知道当前的真实情况。当领导者致力于描述时，他们会获得更精确的信息，而这将有助于他下一步制定出更有效的决策。运用描述所产生的鼓励性沟通氛围，会培育出团队合作，增强个体的自尊心。人们会愿意奉献，从而最终提高整个组织的效率。

(二)以问题导向代替控制性

防御性沟通氛围是控制性的，领导者试图改变下属的态度和行为；而鼓励性沟通氛围是问题导向的，人们在面临挑战时共同参与问题的解决和决策，所寻求的解决方案有利于下属的进步。一般来说，人们痛恨受他人控制，因为他们会感到被人瞧不起或自身没有价值。当人们感觉自己被控制时，他们会一直退缩，直到发现自己可以操控的空间。尽管安全的自由是不可能的，但人们希望至少能自我控制和自主选择。控制性的沟通会以多种不同形式体现出来，如有些领导者会向员工命令：“这样去做！”其潜台词是“按我的意思去做”。接着他通常还会说“我这样说过”，其中包含着“我是老板”的意思。这样的语言会遏制人们对自己工作的洞察，会减少那些有助于提高组织能力的工作。还有些领导者倾向于“微观管理”，对员工完成任务的每个细节都一一作出指示。尽管其目的是要更好地完成工作，但这将不可避免地导致防御性氛围。

与此相反，问题导向关注如何解决问题。员工与领导者一起确定工作的目的，共同考虑如何才能最好地完成任务。由于没有一个人能够在每种情况下都给出正确的答案，因此领导者必须对各种可能性都真诚地打开大门。只有在完全真诚开放的情况下，所有的参与者才能够充分利用自己的知识和经历，对当前的问题作出判断。只有当领导者承认每个人都有助于当前问题的解决时，问题导向的氛围才能较为容易地出现。

对领导者来说，要做到真诚地对问题开放并非易事。有的领导者认为，只要询问了所有有关的备选方案，就表明了他对新观点的开放。但实际上，在考察这些方案以前，他已经得出了自己的结论。尽管他的语言是在表达开放性，但是他的语气和态度所传达的信息却是“员工必须按照我建议的结论来做”。尽管他嘴上说的是“当然，其他的方法也可能奏效”，但实际上他仍在进行着严格的控制。因此，要真诚地对问题开放，领导者就要敢于说：“我也不是什么都懂！”他应当乐于授权，对自己的下属运用自己的方法解决工作中的问题并不感到任何的不快。只有当人们不再受到完全控制的威胁时，他们才会感到能够轻松地提出其他可供选择的方案。同时，对问题开放还要培养所有成员共同努力的协作意识。这样，如果一项建议是可行的，那么其他人就会采纳它；如果有人发现了一种更有效的方法，人们就会采纳这种新的方法，而不认为“对我的观点的拒绝就是对我的拒绝”。

（三）用理解代替中性

领导者和员工都希望能够按照客观的标准来完成组织或团队的任务，因此在评价任务的完成情况时，他们希望评论是基于客观标准，而不受个人偏好或情绪的影响。但是，这种“冰冷的”客观或中性的态度，却可能导致防御性的沟通氛围。因为，人们需要认同自己是有价值的，自己的努力是起作用并有意义的。而在中性评价的氛围下，员工个人的价值或努力很难得以确认。一些领导者在与团体成员交流时，往往只考虑任务应当如期完成，而不太考虑员工完成任务所处的具体工作环境，不考虑员工在完成任务过程中所要克服的特殊困难，对员工缺乏理解和体谅。这样的领导者在布置工作时会冷漠地说“只要你安排得当，就应当能够解决这个问题”；看到员工为难时会不耐烦地说“遇到特殊情况时，就来找我”；当任务没有如期完成时会斥责说“你怎么会犯这种错误”。这种中性的沟通方式表明，领导者将注意力集中在复杂的数据上，只把员工看作生产过程的工具，而缺乏对员工的应有鼓励。它会使员工感到无足轻重，不过是机器里的一颗螺丝，或计算机内存里的一些数据。

要改变这种中性的沟通方式，首先应当改变对员工的初始假设。应当设想，大多数的员工都在诚实地努力着，他们通常都想把任务完成得很漂亮，而不是在设法使任务无法完成。只有当这种初始假设在现实中被证伪时，领导者才应当采用其他必要的纠正措施，而这些措施必须能给员工带来相应的好处。同时，克服这种中性沟通方式需要一定的技巧。例如，在产品出现问题时，领导者也不该说“这个产品明显违背了既定的指标”而应该说：“我明白，近期的研究加重了你的工作负担，有什么方法可能使我们一起努力使这两项任务得以兼顾？”这种理解是对那些付出努力的员工真心诚意的关注，它有利于形成鼓励性氛围。

（四）以自然坦诚代替故弄玄虚

在组织中，人们总是希望自己的问题能够得到诚实、坦率的反应，而不希望总是要去猜测领导者到底会如何安排。但一些领导者在进行工作安排、任务分配和绩效评定时，说起话来总是像在保留或隐藏什么以备后用，使员工觉得自己被欺骗或故意被蒙在鼓里。这种故弄玄虚使员工不得不有所防备，从而导致人们的防御行为。例如，领导者可能会这样对员工说：“我已经和你的上司就你要求增添设备一事交换了意见，你的上司明天会与你联系。”这种说话方式使员工感到领导者高高在上，并痛恨自己被蒙在鼓里，置于商谈之外。

为了创造鼓励性沟通氛围，领导者必须在沟通中十分坦诚，将工作的要求摆在每个人的面前，定期说明任务已经完成的情况及有待完成的情况，使员工明了在下一阶段应该如何努力才能达到整体要求。在分配任务时，领导者不能一脸不可捉摸的神情。在回答问题时，领导者不能以神秘莫测的口吻，而应当以坦诚自然的口气，如“你的上司正在考虑你所提的建议以便能够满足部门的要求”，这样的信息不会产生任何试图欺骗的暗示。在许多情况下，员工所感到的故弄玄虚，可能并不是因为领导者真的有什么需要保密的策略考虑，而只是由说话的态度和语气造成的。领导者经常考虑到许多问题，因而会不自觉地采取策略性的说话方式，但这却会导致防御性沟通氛围。

（五）用平等代替优越感

组织机构中的上下等级和自上而下的命令链，是造成防御性沟通氛围的客观基础。由于上级领导者控制着工资、任务的分配以及晋升的权力，员工在面对领导者时不得不小心翼翼。“小心，他们在盯着你”，这是员工间常说的一句话。而领导者往往是接受过一定程度的教育和训练，有专门的知识，通过拼搏才晋升到现在的职位，因此很容易摆出一副“我什么都懂”的优越感，在话语中透露出自己是对话中的主角，比下级更有知识、更有能力。例如，领导者会告诉下属：“你知道这份报告明天就该递交了，不要忘了及时送到秘书那里。”这里所直接传达的信息并不重要，而真正的信息却是“我是老板！”或者领导者会问员工：“难道你还没有解决这个问题吗？”话语中包含着对员工知识和能力的贬低。这种态度会强化等级结构中的防御性沟通氛围。

要想达到有效的沟通，就必须打破优越感的障碍，努力促进平等意识。为了促进平等的观念，领导者在沟通中应当真诚地表达出“我们是同舟共济的”，而不能总是念念不忘“我是位专家”。当然只有当领导者正确界定了这种关系，这种态度才能深入人心，从而在组织中形成以平等观念为基础的鼓励性沟通氛围。

（六）以临时性代替确定不移

在沟通过程中，如果领导者的话语显示出领导者知晓一切，所有的安排都是最为合理并因此确定不移，那么就会扼杀员工的创造力。在这种情况下，员工不再愿意讨论任何问题，只是消极地等待领导者的安排，遵循既定的规章制度，唯恐出现任何差错。这种态度显然会导致防御性沟通氛围。例如，领导者经常会用“总是”、“从来不”这样的词语，暗示“这是我们一直采用的处理方式，没有改变的余地”。这里所表现出的确定不移，所发出的信号是领导者不能容忍不同的意见。有些领导者虽然嘴上说希望员工提出建议，但当真的听到员工的新建议时，却经常会断然否决，借口通常是“这个建议在我们这里并不适用”。因此，员工会认为领导者根本不想倾听他们的声音，而领导者却认为员工对自己的工作根本不了解。

为了促进鼓励性的沟通氛围，领导者应当意识到，在具体事务方面，时间的流逝意味着领导者原先的经验可能不再适用当前的情况。因此他应当有勇气说：“我经历了许多事，但我并不知道所有的一切。”领导者只有承认情况总是在变化的，任何规章、制度、战略和策略安排都具有临时性，才有可能以开放的态度对待员工的问题和建议，并采纳备选方案，甚至敢于尝试新的行为方式。领导者在最后的决策中，也应当努力向员工传达开放的讯息，例如说："即使我将不得不作出最后的决策，我必须承认你们的许多想法是我从来没有想到过的。因此，在我们需要作出最后的决策之前，让我们看看谁可以提出最佳方案来。"

三、自我的开放

防御性和鼓励性的沟通氛围与人们自我的开放程度有直接的关系。卢夫特(Joseph Luft)和英厄姆(Harrington Ingham)根据沟通中信息对自我和他人的已知和未知程度，将自我分成四个部分，由此形成的四象限的矩阵(图 6-3)，以他们的名字命名为"乔哈里窗"(The Johari Window)①。

	自己知道	自己不知道
别人知道	公开的自我	自我盲点
别人不知道	隐藏的自我	未知的自我

图 6-3　乔哈里窗

(一)公开的自我(open self)

公开的自我是自己和他人都了解的那部分有关自己的信息、行为、态度、感情、愿望、动机和想法。

(二)隐藏的自我(hidden self)

它包含那些自己知道但却不与他人分享的事情，涉及关于自己的秘密。一个"过分暴露者"(overdisclosers)对有关自己的信息几乎没有什么隐瞒；而一个"低暴露者"(underdisclosers)则很少对别人谈起自己；大多数人位于两者之间，是"有选择性的暴露者"(selective disclosers)。

(三)自我盲点(blind self)

它是指所有他人都了解而自己却茫然无知的那部分自我信息，如一些习惯性动作，谈话时的心理防卫手段。有些人的自我盲点非常之大，另一些人的自我盲点很小，沟通会导致自我盲点的缩小，而自我盲点的缩小要特别借助于倾听他人对自我的反馈信息。在一些情况下，了解自我盲点是一个痛苦的过程，以至一些人无法面对，只能采取特殊的沟通手段。

(四)未知的自我(unknown self)

它是那些我们和他人都不知道的那部分自我。它可能只是些被遗忘的内容，

① Joseph Luft, ed., Group Process: An Introduction to Group Dynamics, 3rd, Palo Alto, CA., Mayfield Publishers, 1984.

也可能是被个体压抑的信息。对这部分自我的显示,往往通过梦境、测试、催眠等途径。它实际上相当于精神分析学中所说的"无意识"的部分。

乔哈里窗是动态的,其中一个象限面积的变化,会引起所有其他象限的变化(如图 6-4)。对沟通过程来说,公开的自我越小,沟通程度越浅,因为作为交换的沟通取决于我们将自己对他人公开的程度。如果我们不让其他人了解我们,我们与他人间的沟通就变得困难。自我公开的程度与沟通的氛围有关。如果与一个朋友谈话,公开的自我会很大,隐藏的自我会很小。相反,与不太熟悉的新老板在一起,人们会感到不自在,因而公开的自我将变小,隐藏的自我会变大。有效的沟通有赖于培育沟通所需的公开自我的氛围。在组织中,鼓励性沟通氛围为自我的公开提供了更有利的基础①。

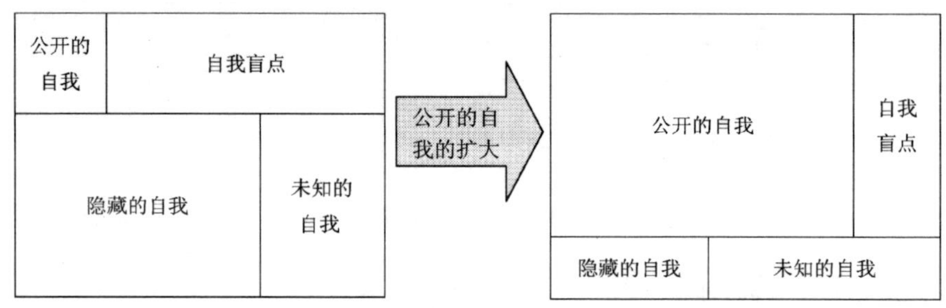

图 6-4　公开的自我的扩大

四、与媒体融洽沟通

在当今的时代,大众传媒通常是组织与公众沟通的主要渠道。特别是对政府和其他公共服务部门来说,公众对其的了解主要依赖于传媒发出的信息。对公共部门来说,如果它们在大众传媒中具有负面形象的话,就很难获得政治上的支持和信任;对企业来说,如果大众从传媒中对他们的了解完全是负面的话,就会给企业的生存和发展带来极大的困难。因此,如何与媒体融洽沟通,是领导者必须重视和研究的。科恩和埃米克在《新有效公共管理者》一书中对此进行了较详细的阐述②。

(一)理解传媒

要与传媒融洽相处,首先要理解传媒。许多领导者对传媒的紧密追踪、频繁采访和夸张报道,从情绪上就反感,在态度上自然就显得粗暴。这导致了与传媒的对

① 贝克:《管理沟通——理论与实践的交融》,康青等译,66 页,北京,中国人民大学出版社,2003。

② 科恩,埃米克:《新有效公共管理者:在变革的政府中追求成功》,第 2 版,王巧玲等译,181 ~ 189 页,北京,中国人民大学出版社,2001。

立。随着这种对立的加深,组织在传媒中的正面报道就会越来越少,而负面报道会越来越多。

首先,要理解传媒在现代社会政治生活中的功能。现代政治生活的发展,是一个逐渐趋向民主化的过程。而在这一过程中,正是通过传媒对政治事件的关注,许多社会问题才被提上政府的议事日程,并得到政府的适当规定。科布(R. W. Cobb)和埃尔德(C. D. Elder)在1971年区别了政治议程中包括的"系统化议程"和"制度化议程"。政治议程涉及的是值得当局注意的、属于立法范围的一系列政治争议事件。政治议程中的系统化议程,涉及的是社会认可由政府讨论的事项,它总是更抽象、笼统,范围也更广;而政治议程中的制度化议程,则涉及的是经政府严格限定了的事项。在他们看来,议程问题总是由系统化逐渐向制度化转变。而正是在媒体的帮助下,赋予某一事物的合法性的工作才能完成;也正是借助了媒体的力量,才促进了政治议题由系统化向制度化的转变。由于任何体系都有惰性存在,因而制度化议程总是在某种程度上落后于更加笼统的系统化议程。这两种议程相距越远,则政治体系内部冲突的发生也就会越频繁、越集中。如果这个差距日渐增大,体系的正常运转就会受到影响,最终也许会完全毁坏①。从这个角度来看,传媒对社会和政府活动的特别兴趣,是其职责使然。而这种职责的履行,对于维持稳定的民主程序有着重要的作用。传媒可以帮助传达社会的迫切需求,提供有关制度议程内容的信息,因而构成了政治过程的重要支点。

其次,传媒经常是以夸张的方式来传播信息,这是由于它希望能将信息传递给尽可能多的人。媒体的空间和时间是有限的,受众的时间和精力也是有限的。为了能够吸引更多的人关注它们发出的消息,媒体必须对信息进行加工处理,进行内容压缩、细节裁剪和情节渲染。这样的报道注重的是受众感兴趣的细节,而不是事实本身的过程;注重的是引起受众的关注,而不是对事件本身进行合理的解释。再加上传媒和记者本身的倾向和偏好,也会对报道的角度产生很大的影响。因此,再"客观的"报道也是带有片面性的。在这个意义上,不应指望任何个别的传媒报道能够成为"客观真理"的化身。但要看到,各种传媒报道之间是有差别的,有时甚至是观点对立的,而同一传媒对同一事件的后来报道也会对先前的报道作出修正。受众正是通过这种"文本间"的比较,来辨别和过滤媒体的信息,确定和修正自己对所报道事件的看法。对那些总是以耸人听闻的方式进行歪曲报道的媒体,受众对其报道的理解会有别于对其他传媒信息的理解。

再次,要了解传媒报道的游戏规则。传媒的记者必须按时完成任务,满足受众的一定需要,争取上级的赏识。在媒体与媒体之间、记者与记者之间存在着激烈的

① R. W. Cobb and C. D. Elder, The Politics of Agenda Building: An Alternative Perspective for Modern Democratic Theory, Journal of Politics, 1971, p. 892~915.

竞争。因此，在面对媒体时，领导者要尽可能地遵守相应的游戏规则。

(二)与传媒打交道的技巧

1.主动与媒体打交道

应当对媒体采取积极的态度，主动与媒体打交道。最佳的防御手段就是进行有力的进攻。林斯基(M Linsky)在1986年发表的题为《影响：传媒如何影响联邦决策》的著作中，比较了政府与大众传媒打交道的两种态度及不同的结果。采取积极的态度，不仅可以扩大组织的知名度，而且可以控制这种知名度，使其向美誉转化；相反，采取消极的态度，拒绝与媒体合作，那么就会有人认为这是由于组织有不可告人的秘密，想掩饰什么。如果组织主动为媒体报道提供方便，使它们能更顺利地报导组织的活动，就会为自己在媒体领域树立正面的形象；相反，如果组织尽力避免发表意见，或者有意阻碍媒体了解组织的信息，增加其报道工作的难度，就会造成怨恨情绪，增加了受到报复的可能①。因此，应当主动与媒体打交道，特别是应当与那些同组织有工作关系的新闻工作者保持密切联系。

2.做好充分的准备

如果希望媒体报道某个事件，或打算召开一次记者招待会，就要提前做好充分的准备。首先，应当为记者提供报道事件所需的信息资料，并在他们开口索取之前就主动发给他们；其次，给记者的资料应当有助于以如你所愿的形式发表，这就要求提供的资料结构严谨，行文优美，其所提供的信息能满足媒体的需要，这种资料最有可能被原文引用；再次，在发布信息时，要做到对与此信息有关的事件了如指掌。如果该事件很复杂，就应当将可能出现的问题和对问题作出的反应记在笔记本上；最后，应当尽量预测上级领导、重要的利益集团、立法机构以及公众对你的信息会作出何种反应，避免使用不当的言辞。但同时不能用词太模棱两可、含糊不清，说话方式不能太迂回委婉。特别在电视讲话中，如果流露出对某个问题不愿发表意见的神色，观众就会觉得你好像是在隐瞒什么不可告人的事情。最重要的是要保持诚恳和明朗的态度。

3.对媒体持尊重态度

要与媒体融洽相处，就要尊重媒体，尊重媒体的工作职责。首先，这种尊重表现在将传媒视为合作伙伴，认识到媒体对组织的日常工作可能造成的影响，明白它可以帮助你赢得和保持来自组织内外的支持。其次，要对所有的记者一视同仁，不要故意排斥某些记者或某种媒体，不要阻碍任何一个新闻单位从你这获得信息。但可以为某一特定的新闻单位早一些准备专门的信息渠道，或者将某个记者约到办公室进行更详细的交谈，这样会有利于记者更了解你关心的角度，也使他们更容

① M. Linsky, Impact: How the Press Affects Federal Policymaking, New York, W. W. Norton, 1986, p. 148 ~ 151.

易找到合适的报道角度。最后,还要诚恳地对待新闻工作者,不要自以为可以愚弄媒体,可以隐瞒某些事实或歪曲某些事实。媒体掌握的信息通常比你给予的要多,他们可以用它来损害组织的名誉。

4.适应媒体运作的方式

要适应媒体的运作方式和运作习惯,否则就会造成很多误解。首先,媒体的报道有许多空间和时间的上限制,如广播和电视新闻有时间长度的限制,报纸和杂志有版面空间的限制。不可能将所有的信息都包括在新闻报道中。因此,记者对报道总是有所侧重,对你提供的资料总会有所删减。对此,领导者应当有充分的思想准备,并努力在提供资料时做到重点突出、简明扼要、切中要害。其次,从信息送交传媒,到传媒将信息发出,这中间会有一定的时间过程。每个新闻单位都有自己的时间表,不可能将获得的信息都马上发出。对此,领导者也要有所准备。可以在送交信息后再给新闻单位去一个电话,这既可以使新闻单位更加重视,也可以检查信息是否已送达适当的人手中,而且还可以增加受到公平对待的机会。再次,有时,你认为非常重要的事件却没有得到报道,因为媒体单位认为它们没有新闻价值。领导者应当理解和容忍这种认识上的差异。当然,有时候这可能是新闻媒体的错误认识,错过了一条重要的具有新闻价值的信息;但这也可能是由于当局者迷,尽管领导者自己对整个事件非常了解,但却不能对其作出恰当的判断。可以试着去同记者进行一些讨论和沟通,从而找到合适的报道角度,赢得宝贵的新闻时间和空间。最后,新闻行业的流动性很大,有关的记者会经常更换,领导者应当保持消息灵通,随时掌握承担特定媒体关系任务的现任联系人名单,从而保证所发信息能够及时送达适当的人手中。

第七章 领导决策与组织建设

第一节 决策标准与模型

一、决策的正确性标准

什么样的决策是正确的？这当然首先取决于正确决策的标准是什么。理论家从各种不同角度提出了决策的正确性标准，而这些不同标准实际上体现的是不同的价值观。邓恩在《公共政策分析导论》一书中将人们提出的决策正确性标准归纳为6个方面[①]。

（一）效益（effectiveness）

效益是指某一特定方案能否实现所期望的行动结果，即目标。它常常按产品或服务的数量或它们的货币价值来计量。效益是从技术理性（technical rationality）角度提出的标准。所谓技术理性，就是根据各种方案促进问题有效解决的能力来对它们进行比较。

（二）效率（efficiency）

效率是指为产生特定水平的效益所要付出的努力的数量，它涉及的是效益与努力的关系，而努力通常用货币成本计量。效率是从经济理性（economic rationality）角度提出的标准。所谓经济理性，就是根据备选方案有效解决问题的能力对方案进行比较。效率的计量方法可以是单位产品和服务的成本，也可以是单位成本能提供的产品和服务的数量。用最低的成本实现最大的效益的政策是最有效率政策。

---

① 邓恩：《公共政策分析导论》，第2版，谢明等译，306～313页，北京，中国人民大学出版社，2002。

（三）充分性（adequacy）

充分性是指特定的效益满足那些引起问题的需要、价值或机会的程度。它涉及的是决策方案与有价值的结果之间的关系强度，如果一个方案所提供的效益满足了那种产生问题的特定需要，该方案就是充分的。根据成本与效益的不同设定条件，可以区别4种充分性标准：①当成本固定而效益可变时，充分性标准是在现有的资源范围内使效益最大化；②当效益固定而成本可变时，充分性的标准就是使成本最小化；③当成本与效益都可变时，充分性标准是效益与成本之比最大化；④当成本与效益都固定时，充分性标准就是满足既定的要求。

（四）公平性（equity）

公平涉及收益与成本在社会不同群体间的分配方式。这是从社会理性（social rationality）角度提出的标准。所谓社会理性，是指根据各种方案维护重要的社会体制的能力来对这些方案进行比较。公平的政策是指效果（收益）或者努力（成本）被公平或公正地分配。但对什么是公平，存在着许多不同的价值观。满足某人或某群体的价值，未必就能满足另一个人或群体，而没有任何一种关于公平的价值观能使所有人满意。例如，如果根据个人福利最大化的标准来建立公平观，那么公平就是同时使所有个人的福利最大化。但这需要在所有个人价值的基础上进行单一的传递性偏好排序，而阿罗不可能性定理（Arrow's Impossibility Theorem）表明，即使是在只有两人和3种选择的情况下，这也是不可能的。如果根据帕累托最优的标准（Pareto Criterion）来确定什么是公平，就要在增加某些人的福利的同时，必须保障处境最差的那些人的状况不能变得更糟。但在现实中，多数政策都会为了向一些人提供服务使其受益而向另一些人征税使其受损。当然也可以根据卡尔多—希克斯标准（Kaldor-Hicks Criterion）来确定公平观，即如果在总体效益上有净收益，并且获益者能补偿受损者，那么这种社会状态就优于另一种状态。在这种设定下，公平就是净福利最大化，即努力增加用总收益减去总成本所获得的净收益，同时使最终收益用来补偿受损者。但这一标准实际上回避了使受损者如何得到具体补偿，因而回避了公平的问题。还可以根据罗尔斯（John Rawls）的正义标准来建立公平观，即如果一个社会能使处于恶化条件的社会成员的收益增加，那么这种社会状态就优于另一种状态。根据这一标准，公平就是再分配福利最大化，即使社会中选定的群体的再分配收益最大化，这些群体如受种族压迫的、贫困的人口或疾病人口等。但该理论的弱点在于它对冲突的解释过于简单化，或者说它是在回避冲突。这个再分配标准只适用于结构优良的问题，而不适用于公共政策分析人员通常遇到的那些问题。邓恩认为，公平标准中没有一条是完全令人满意的，因为社会理性与法律理性之间在平等、公平和公正问题上的冲突是政治问题，不能简单地靠正规的经济学原则或哲学原则得以解决，它们会受社会中权力分配和权力合法化过程的影响。虽然经济学理论和道德哲学可以提高我们严格评价各种相互冲突的平等标准的能力，但它们却不能替代政治过程。

（五）回应性（responsiveness）

回应性是指决策满足特定群体的需要、偏好或价值观的程度。一个决策可能满足其他所有的标准，如效益、效率、充分性、公平，但却仍然不能对可能从政策中获益的某个群体（如老年人）的实际需要作出回应。因此，回应性标准实际上涉及效益、效率、充分性和公平标准是否真的反映了特定的群体的需要、偏好和价值观。

（六）适当性（appropriateness）

决策适当性涉及的不是达到目标的手段，而是决策的目标本身对社会是否适宜。它是从实质理性（substantive rationality）角度提出的标准。所谓实质理性，就是以最适宜的方式运用以上不同的理性形式对各种方案进行比较和选择。因此，它要求对上述的各种标准进行比较和权衡，用更高的"元标准"来处理这些标准之间的关系，如处理平等与效率的关系，公平与权利的关系，效率、公平和人道主义价值的关系，公平和理性道德的关系，等等。适当性标准要超越任何一套现存的标准，所以它本身必须是开放式的，不存在也不可能存在适当性标准的定义。

二、达到正确决策的各种理性模型

怎样才能达到正确的决策呢？对此，理论界也提出了各种不同的模型。

（一）完全理性模型

研究者将传统的决策理性模型称为"完全理性模型"（Rational-Comprehensive Model）。根据这一模型，领导者要达到一种正确的决策，必须满足下列条件：

①对要决策的问题达成一致的、明确的认识；

②对决策的所有目的和目标及其排序达成一致的、明确的认识；

③对有助于达成每个目的和目标的所有备选方案形成明确的认识；

④对每个备选方案所导致的所有结果有明确的认识；

⑤根据每个备选方案对实现目的和目标的作用来比较备选方案，并作出先后排序；

⑥选择能最大限度地实现目标的方案。

（二）有限理性模型

西蒙（Herbert. A. Simon）在1945年发表的《行政行为》一书中对传统的完全理性决策模型提出了批判。他认为，完全理性模式只是一种理想化模式。而在现实中，决策者个人的能力是有限的，决策活动是极为复杂的，决策者并不可能掌握有关决策状况的所有信息，不可能对有关决策状况的全部信息作出完全正确的分析和处理，更不可能在全部了解和掌握所有的信息以后才开始行动。因此，决策者不可能按照完全理性模型的要求作出最佳的决策。

针对传统的完全理性模型的非现实性，西蒙提出了"有限理性模型"（bounded

rational model)。根据该模型,决策的现实条件造成理性的选择是有限的,而不是全面的。因此,理性的决策并不是要追求结果价值的"最大化",而只是追求"满意"。决策者不需要考虑能增加收益的所有方案,而只需要考虑一个能适当地增加收益的方案,只要它已经足够好,能够使决策者接受①。

但一些研究者认为,西蒙的有限理性模型不应当被解释为对追求决策结果价值"最大化"的排斥,而应当解释为在一定的约束条件下追求结果价值的最大化,他们称之为"约束下的最大化"(constrained maximization)。这个约束条件就是成本。扎克豪瑟(Richard Zeckhauser)和沙伊夫(Elmer Schaefer)在1968年发表的题为"公共政策与规范经济理论"的文章中提出,理性决策应当是在考虑获取信息的成本的选择过程中运用理性。它试图使有价值的结果最大化,但同时意识到受信息成本的限制。要系统地调查和评价所有可能的方案,不仅费时,而且费钱。因此,理性的决策需要考虑搜寻新方案及预测其结果的成本与所获得的收益之间的关系②。

(三)渐进决策模型

林德布洛姆(Charles E. Lindblom)与布雷布鲁克(David Braybrooke)在1963年出版的《决定的策略》一书中也对传统的完全理性模型提出激烈的批评。首先,就决策所要解决的问题来说,完全理性模型要求对问题有了一致的明确认识之后才能进入决策的制定、选择和实施阶段,但在现实中,决策者面临的问题不只一个,而且对问题的说明也存在着争议,并且不存在一种能完全解决这种争议的有效方法。其次,就决策的分析过程来说,在复杂的决策中,分析永远是无穷尽的。但由于受到时间和费用的限制,分析不可能无止境地进行下去。再次,就对备选方案的选择来说,决策者在价值观上存在差异,会导致对方案的不同选择,而这并不能靠理性分析加以解决。

在批判完全理性模型的基础上,他们提出了决策的"不连续渐进理论"(Disjointed-Incremental Theory)。它要求采取渐变的方式,积小变为大变,稳中求变。具体来说,它要求:①只考虑与现状稍有差别的目标;②限制每种方案预测结果的数量;③在目标和目的与方案之间进行调整;④在获取新信息的过程中,不断重新阐述问题,以及相应的目的、目标和方案;⑤用一系列步骤来分析评价方案,以便能随时不断修正选择,而不是在行动之前就作出全部选择;⑥不断地治理现存的社会问题,而不是在一个时点上完全解决问题;⑦与社会中的多个团体分担分析、评价的责任,以便使决策制定和决策与选择的过程能够分开或间断③。

---

① Herbert A. Simon, Administrative Behavior, New York, Macmillan, 1945.

② Richard Zeckhauser and Elmer Schaefer, Public Policy and Normative Economic Theory, in Raymond A. Bauer and Kenneth J. Gergen, ed., The Study of Policy Formation, New York, The Free Press, 1968.

③ Charles E. Lindblom and David Braybrooke, A Strategy of Decision, New York, The Free Press, 1963.

（四）混合扫描模型

社会学家埃佐尼（Amitai Etzioni）1967年发表的"混合扫描：决策的'第三种'方式"一文认为，渐进决策模型具有保守和维持现状的倾向，而只有社会中的强势集团才会从这种渐进式的政策调整中获得最大好处。同时，渐进模型没有意识到不同的政策选择在范围、复杂性和重要性上存在着很大的差别，特别是重大的战略决策与日常的操作性决策是有根本性区别的。根据他提出的"混合扫描模型"（Mixed-Scanning Model），战略性决策决定基本政策方向，操作性决策帮助战略性决策打基础，有助于实施战略性决策。问题性质越是战略性的，完全理性理论就越适合；相反，问题的操作性越强，不连续渐进理论就越适合。因此，应当根据问题的性质，确定这两种方法的结合方式①。

三、决策情境与决策方式

在前一章中，我们曾讨论了领导决策行为，特别提出了专断的决策方式和参与的决策方式孰优孰劣的问题。我们已经看到，一些研究者认为，两种方式可能都有效，但要看是在什么情境中。在这方面，由弗鲁姆（Victor H. Vroom）、耶顿（Phillip W. Yetton）和加戈（Arthur G. Jago）发展起来的规范决策模式（normative decision-making model），对决策情境与领导者的决策模式进行了更系统的说明。该模型之所以被称为"规范"模型，是因为它要回答的是领导者应当使用什么样的决策模式这一规范性（normative）问题，而不是领导者实际上使用什么样的决策模式这样的描述性（descriptive）问题。该模型最初由弗鲁姆和他的助手耶顿于1973年提出，后来弗鲁姆和加戈又对该模型进行了扩展，考虑了更多情境变量，更清楚地介绍了早期模式中的领导风格，进一步强调了选择决策风格时的时间驱动维度。

该模式对决策有效性的评估依据于3个方面的结果：

①决策的质量或合理性；

②为有效贯彻决策，追随者对决策的接受和认可程度；

③制定决策所需要的时间总量。

在评价领导者个人决策和领导者与追随者集体决策这两种决策方式的有效性时，他们认为：一方面，集体决策是不经济的，因为集体决定问题与制定决策需要花费较多的时间，因此效率较低；但另一方面，集体决策导致员工对决策的承诺，提高了决策的可接受性，从而使决策被有效贯彻的可能性大大提高。据此，他们反对在不考虑决策情境的情况下，就对两种决策方式的优劣作出绝对的断定。弗鲁姆写道："以为集体决策一定比专制更有效或与之相反的想法，显然比较幼稚；这两种极

① Amitai Etzioni, Mixed-Scanning: A 'Third' Approach to Decision Making, Public Administration Review, 1967, 27 (December), p. 385～392.

端的决策方法的相对效果取决于各种因素的权衡，这些因素包括决策质量、决策的可接受性、时间的可变性，以及由方法产生的各种结果之间的差异，二者并非不可替换。参与管理的批评者和建议者应该致力于区分不同环境的属性，并确定在何种情况下哪种决策方法更有效，而不是不加区别地对某种方法加以谴责或奉为圭臬。”①

（一）决策的情境变量

弗鲁姆提出了12项选择决策模式所需要考虑的情境变量。为了便于理解，每一项都用一个问题的形式来表述。

①质量要求（quality requirement），这一决策的技术质量有多重要？

②承诺要求（commitment requirement），下属对这一决策的承诺有多重要？

③领导者的信息（leader's information），领导者是否拥有充分的信息以作出高质量的决策？

④问题结构（problem structure），问题是否结构清楚？

⑤承诺的可能性（commitment probability），领导者的决策是否为下属所认可？

⑥目标一致性（goal congruence），解决此问题所达成的目标是否为下属所认可？

⑦下属的冲突（subordinate conflict），下属之间是否会就所要选择的方案发生冲突？

⑧下属的信息（subordinate information），下属是否拥有充分的信息以作出高质量的决策？

⑨时间限制（time constraint），是否因为时间紧迫而限制了领导者发挥下属的能力？

⑩地域的限制（place constraint），把地域上分散的下属召集到一起的代价是否太高？

⑪激励—时间（motivation-time），在最短的时间内作出决策对领导者来说有多重要？

⑫激励—发展（motivation-development），为下属的发展提供最大的机会对领导者来说有多重要？

（二）各种领导风格

弗鲁姆等人共区分了4类领导决策风格，又在每一类中作了进一步的细分。

1.专断型（autocratic）

采用这种风格的领导者在决策时很少或不吸收下属参与。它又分为两种类型。

---

① 弗鲁姆：《管理决策新论》，载皮尔斯，纽斯特罗姆：《领导者与领导过程》，第2版，北京华译网翻译公司译，368页，北京，中国人民大学出版社，2003。

①专断Ⅰ型(AⅠ型)。领导者充分利用已掌握的信息,自己单独解决问题或制定决策。

②专断Ⅱ型(AⅡ型)。领导者从追随者那里获得必要的信息,然后自己解决问题。获得信息时,他可能告诉或不告诉追随者问题之所在。在决策中,追随者仅提供必要的信息,而不提出或评价可能的方案。

2.磋商型(consultative)

采用这种风格的领导者在决策时与下属商量,但保留最终决定权。它也分为两种类型。

①磋商Ⅰ型(CⅠ型)。领导者逐个与追随者讨论问题,征询他们的意见和建议。决策可能反映也可能不反映追随者的意见。

②磋商Ⅱ型(CⅡ型)。领导者与追随者集体讨论问题,征询他们的意见和建议。决策可能反映也可能不反映追随者的意见。

3.团体型(group)

采用这种风格的领导者在决策时与团队成员相互交流,与团队成员共同解决问题和制定决策。它也分为两种类型。

①团体Ⅰ型(GⅠ型)。领导者在决策时寻求个人帮助,互相交换专业知识,与一些团队成员一起制定决策。

②团体Ⅱ型(GⅡ型)。领导者在决策时与追随者集体讨论问题,共享信息,共同提出和评价各种方案,力争达成一致意见。领导者就像一位主持人,并不想强迫大家接受领导者的方案,而是准备接受和贯彻大家都认可的方案。

4.授权型(delegation)

它也被称为DⅠ型,采用这种风格的领导者将决策权交给下属,由他们分析问题和制定决策。领导者许可团队在规定的权限内作出决策。团队承担对问题的鉴定和诊断,并提出解决问题的不同程序,决定一个或多个解决办法。领导者并不参加到团队的讨论中,除非有其他的特殊疑问。但是站在局外的领导者扮演着一个重要的角色,就是提供必需的资料与鼓励。

(三)决策的机制

如何根据决策的情境变量来选择适当的决策方式呢?弗鲁姆等人提出了选择决策模式的两个机制。第一个机制要解决的问题是如何保证决策的质量和可接受性;第二个机制要解决的问题是如何在两个以上的可行方案中进行选择。弗鲁姆在1973年提出这两种机制时,主要是针对如何在专断Ⅰ型、专断Ⅱ型、磋商Ⅰ型、磋商Ⅱ型和团体Ⅱ型这5种决策模式中进行选择的问题,而没有将对团体Ⅰ型和授权Ⅰ型的选择考虑在内。

1.保证决策质量和可接受性的选择机制

这一机制由7条原则构成。其中前3条原则用于保证决策质量,后4条原则用于保证决策的可接受性。

(1)信息原则

如果决策的质量很重要,领导者又没有足够的信息和专业知识,自己无法解决问题,决策方案中就可以排除专断Ⅰ型方案。因为运用该方案可能会使决策质量降低。

(2)目标一致原则

如果决策质量很重要,且追随者不能分享解决问题所带来的组织利益,那就可以排除团体Ⅱ型方案。因为在这种情况下排除领导者对最终决策控制权可能会冒决策质量下降的风险。

(3)无条理问题原则

如果决策质量很重要,但领导者缺乏必要的信息和专业知识,自己不能解决问题,而且问题又没有条理,领导者不知道自己究竟需要什么样的信息,也不知道如何获得这些信息,那么选择的方案必须使他能够又快又好地收集信息。采取由充分掌握这方面知识的追随者互相讨论的方法,效果会比较好,并且可能会产生一个高质量的解决方案。在这些解决方案中,专断Ⅰ型、专断Ⅱ型和磋商Ⅰ型可以排除,因为专断Ⅰ型不能提供必要的信息;专断Ⅱ型和磋商Ⅰ型比较烦琐,缺乏成效,并且在获取解决问题所必需的信息方面,也不如让那些掌握必要信息的人在一起讨论效率高。

(4)可接受性原则

如果决策的可接受性对追随者有效贯彻决策很重要,且领导者专断的决策是否能被接受不确定,专断Ⅰ型和专断Ⅱ型可以排除。因为这两种方案都不能为追随者提供参与决策的机会,决策可能不会被接受。

(5)抵触原则

如果决策的可接受性很重要,也不能确定一个专断的决策是否会被接受,且追随者可能会不同意或抵触某种适当的决策,这时,专断Ⅰ型、专断Ⅱ型和磋商Ⅰ型可以排除。因为在选择解决此类问题的方案时,应该使那些持有不同意见的人充分展开讨论,以消除分歧,而上述3种被排除的方案不能使人们相互作用,或者仅仅是一对一的关系,不可能为那些互相冲突的人提供消除分歧的机会。使用这些方案可能会使最后支持决策的追随者人数少于必需的数量。

(6)公平原则

如果决策质量不是很重要,而可接受性比较重要,且不能确定一个专断的决策是否会被接受,专断Ⅰ型、专断Ⅱ型、磋商Ⅰ型和磋商Ⅱ型可以排除。因为既然在决定决策效果时,可接受性是唯一相关的考虑因素,所选择的方案就应该使被接受的可能性最大化。而上述要排除的4种方案的可接受性和被认可的程度低于团体Ⅱ型,使用这些方案可能会降低对决策的必要认可。

(7)可接受性优先原则

如果可接受性非常重要,一个专断的决策不能保证会被接受,且追随者值得信赖,专断Ⅰ型、专断Ⅱ型、磋商Ⅰ型和磋商Ⅱ型可以排除。因为提供平等参与决策过程的方案能够使更多的人接受决策,同时也不会影响决策质量。而采用团体Ⅱ型以外的方案都会导致不必要的冒险,使得决策不被广泛接受,或者不能获得必需的支持决策的人数。

2.对两种以上可行方案的选择机制

将前述的7条保证决策质量和决策可接受性的原则用于对某一具体情境下决策模式的选择,就会得出可行的决策模式。有的问题类型只有一种可行的决策模式,而有的则有两种或两种以上可行的决策模式。当遇到有两种或两种以上的可行决策模式时,弗鲁姆提出,对这些可行的决策模式的进一步选择,要依据解决问题所用的工时。换言之,假设一组方案能同时满足决策质量和可接受性的要求,就应选择耗费工时最少的方案。据此,他将每种问题类型所同时适用的决策模式按所耗工时的多少进行了排列,排在最前面的,就是费时最少的,也就是应该首选的决策模式。

(四)规范决策模型

弗鲁姆的规范决策模型有许多种形式,其差别在于所考虑的情境变量的内容和多少、决策模式的种类以及回答各种情境问题的先后顺序。两种比较有代表性的形式是其1973年的规范决策模型和1998年的规范决策模型。

1.弗鲁姆—耶顿1973年规范决策模型

1973年的规范决策模型①(图7-1)所考虑的决策模式只有AⅠ、AⅡ、CⅠ、CⅡ和GⅡ这5种类型,并首先考虑了下述7种情境变量。

A.质量要求。这一问题有无质量要求?

B.领导者的信息。领导者是否拥有充分的信息以作出高质量的决策?

C.问题结构。问题是否结构清楚?

D.承诺要求。下属的接受对这一决策的实施有多重要?

E.承诺的可能性。如果领导者独自决策,能否合理地确定该决策会被下属所接受?

F.目标一致性。在解决这一问题时,下属能否就所要达到的组织目标达成一致?

G.下属的冲突。下属之间是否可能就所选择的方案发生冲突?

图7-1是一个树状模型,从左至右依次对问题A、B、C、D、E、F、G回答是或否,

① V. H. Vroom and P. W. Yetton, Leadership and Decision Making, Pittsburgh, University of Pittsburgh Press, 1973.

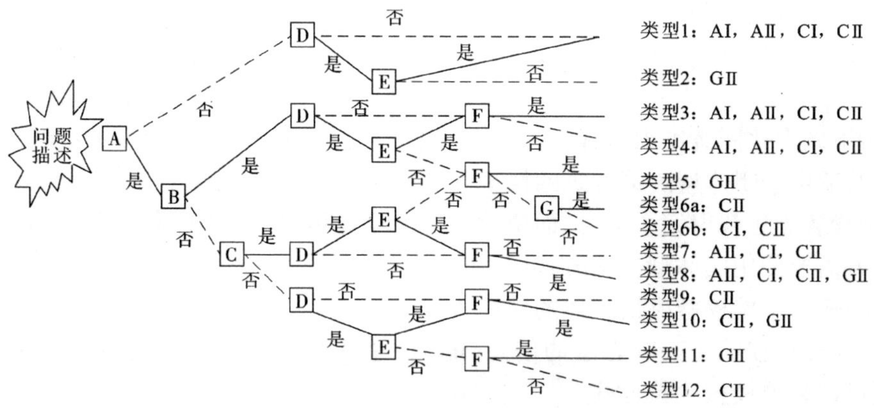

图 7-1 弗鲁姆—耶顿规范决策模型(1973)

每回答一个问题,就按答案“是”或“否”所指的连线进入下一个问题,最后达到所适合的决策类型。一些类型的问题具有不只一个适合的决策模式,在这种情况下,第8个情境因素被考虑进来,这就是时间限制。按照费时的多少,这些决策模式被由低到高自左向右排列,也就是说,排在最左边的是费时最少的,也是最合适的;而排在最右边的是费时最多的,也是合适程度最低的。如果领导者不将时间看作关键性的因素,那么在对一组可行的决策方式的选择中,他就应当考虑另一个情境因素,即激励—发展因素,去选择那些容许更多追随者参与的决策方式,即那些被排在最右边而不是最左边的可行决策,这种选择会更有利于追随者的发展。

2.各种决策模式适用的情境

根据上述规范决策模型,纳哈雯蒂总结出各种决策方式适用的情境①。

(1)适用于专断型决策方式的情境

①领导有决策的充分信息。如果领导有充分信息,那么通常一种专断型决策将会更为有效。这一点在下属具有凝聚力、同意组织目标以及不参与但执行决策的情况下显得非常正确。

②决策质量并非必要条件。一般而言,在不考虑决策质量的前提下,通过领导作出决策将更有效率。

③员工之间意见不一致。如果员工意见不一,除非领导者负责,否则永远不会作出决定。

④员工不同意组织目标。在这种情况下,由于员工决策可能对组织不利,即使领导者没有完全信息,他也需要单独决策。

(2)适用于磋商型决策方式的情境

① 纳哈雯蒂:《领导力》,第 2 版,王新译,134 ~ 135 页,北京,机械工业出版社,2003。

①领导者有充分信息,但需要员工参与实施决策。

②领导者没有充分信息,员工磋商将帮助领导收集信息,同时会赢得员工承诺。

③下属大致同意组织目标。

(3)适用于团体型决策方式的情境

领导者无法获得完全信息,而决策质量又至关重要,且员工承诺是一个必要条件时,就需要使用团体型决策方式。

(4)适用于授权型决策方式的情境

如果被授权的个人有必需的信息、能力,他又对决策及其实施向组织作出承诺,则可以采取授权决策方式。

(五)规范决策模型的检验与局限性

弗鲁姆和加戈在 1978 年曾对该模型做过一次实验检验,要求领导者描述过去决策中成功和失败的案例各一例。将这些决策的情况加以分析,确认出每一决策最初的问题形式,然后将其与弗鲁姆—耶顿模型所建议的决策程序相比较。结果,在被视为成功的决策中,68%与模型所建议的决策方法相符,而在被视为失败的决策中,只有 22%与模型所建议的决策方法相符[①]。这表明该模型的基础逻辑是合理的。

许多研究者和领导者都对弗鲁姆—耶顿—加戈规范决策模型作出了积极的反应,如乔治·菲尔德(George Field)1982 年的研究[②]、海尔曼(Madeline E. Heilman)等人 1984 年的研究[③]、特约斯沃尔德(D. Tjosvold)等人 1986 年的研究[④]、克劳齐(A. Crouch)等人 1987 年的研究[⑤]以及里查德·费尔德(Richard Field)等人 1990 年的研究。他们发现:首先,领导者按照该模型的程序步骤,很容易提高他们的决策效率;其次,该模型准确地预言了领导者实际所采用的决策模式;最后,那些按照该模型

---

① V. H. Vroom and P. W. Jago, on the Validity of the Vroom – Yetton Model, Journal of Applied Psychology, 1978, 63, p.151 ~ 162.

② George Field, A Test of the Vroom – Yetton Normative Model of Leadership, Journal of Applied Psychology, 1982, February, p.523 ~ 532.

③ Madeline E. Heilman, Harvey A. Hornstein, Jack H. Cage and Judith K. Herschlag, Reactions to Prescribed Leader Behavior as a Function of Role Perspective: The Case of the Vroom-Yetton Model, Journal of Applied Psychology, 1984, February, p.50 ~ 60.

④ D. Tjosvold, W. C. Wedley and R. H. G. Field, Constructive Controversy: The Vroom – Yetton Model and Managerial Decision-Making, Journal of Occupational Behavior, 1986, 7, p.125 ~ 138.

⑤ A. Crouch and P. Yetton, Manager Behavior, Leadership Style, and Subordinate Performance: An Empirical Extension of Vroom – Yetton Conflict Rule, Organizational Behavior and Human Decision Processes, 1987, 39, p.384 ~ 396.

进行决策的领导者更容易被人们认作有效率的领导者①。

一些研究者也指出了该模式的一些局限。赫尔雷格尔等人认为,该模式没有考虑到,在一般情况下,大多数的下属都有参与到影响自己工作的决策中去的强烈意愿,而不论领导者使用的决策风格是什么。如果下属没有参与到决策之中,他们就极有可能对决策感到困惑并且对决策的承诺不够。同时,该模式没有考虑到领导者的某些能力对模式的有效性起着重要的作用。比如说,在内部包含冲突的一些情境中,只有那些有能力化解冲突的领导者才可能会采用模式建议的那种参与式的决策策略。一个没有化解冲突能力的领导者可能会运用较具体的指导式的风格而取得较好的结果,尽管这种风格与模式建议的风格有所不同。最后,该模式建立在决策是个单一的过程这一假设的基础上的。而情况常常是,决策要经历几个循环并且是解决更大问题的组成部分②。

休斯等人指出,该模型要求在找到所有合适的决策模式之后再考虑时间因素,但这忽视了在一些情况下对时间的考虑是关键性的,特别是当面对生死存亡的危机关头时。而在现实中,大多数领导者都会有意制造一种时间压力,并经常要求决策就像在紧急情况下那样抓紧时间。但这种重视时间的领导者对决策质量和决策可接受度的重视,并不一定逊于那些不重视时间的领导者。同时,该模型没有将对追随者发展的考虑放在重要位置③。

达布林认为,该模型的缺点是更适合管理者而不是领导者。它为中高层的管理者选择合适的领导方式提供了清晰的指导,但却没有涉及如何鼓舞和影响他人,引导重要的组织变革④。

纳哈雯蒂指出,该模式太复杂,没有实践价值。几乎没有领导者会花时间去通过决策树推断在给定情境下的决策方式⑤。

第二节　创造性决策的方法

决策的目标是解决组织所面对的问题,而能否解决问题的关键就在于能否以

① Richrd H. G. Field and Robert J. House, A Test of the Vroom-Yetton Model Using Manager and Subordinate Reports, Journal of Applied Psychology, 1990, June, p.362 ~ 366.

② 赫尔雷格尔等:《组织行为学》,第 9 版,余文钊等译,544 ~ 545 页,上海,华东师范大学出版社,2001。

③ Richard L. Hughes, Robert C. Ginnett, and Gordon J. Curphy, Leadership: Enhancing the Lessons of Experience, Boston, Irwin McGraw-Hill Company, Inc., 1996, p.493.

④ Andrew J. DuBrin, Leadership: Research Findings, Practice and Skills, Boston, Houghton Mifflin Company, 1995, p.138.

⑤ 纳哈雯蒂:《领导力》,第 2 版,王新译,135 页,北京,机械工业出版社,2003。

创造性的方式提出既符合理性又现实可行的解决方案。因此,创造性在决策中具有极其重要的地位,领导者在决策中要解决的关键性问题,就是如何能够最大限度地发挥出创造能力。这涉及如何采用恰当的方法来克服决策者的偏见,开放视野,使创造性得以发挥。

一、影响创造性决策的各种偏见

领导者在决策过程中,会受到自身所带有的各种偏见的影响。在这些偏见中,有些是领导者能够意识到的,而大部分是领导者没有意识到的。如果领导者意识不到自身的偏见及其可能对决策带来的影响,就会妨碍决策过程中创造能力的发挥。

比奇(L. R. Beach)在 1997 年出版的《决策心理学》一书中,总结了影响人们决策的各种偏见,其中包括风险倾向、问题构建方式、可获得性偏见、选择性知觉偏见以及小数目规则偏见①。

(一)风险倾向(risk propensity)

风险倾向是指人们在预期的结果不能确定时,作出决策还是逃避决策的倾向。一个厌恶风险的领导者会更加关注潜在的负面结果。他倾向于高估损失的可能性,只有在获利的可能性更高时才能容忍失败的可能;相反,一个偏爱风险的领导者会更加关注潜在的正面结果,他倾向于高估获利的可能性,只要有较低的获利可能性,他就能容忍失败的可能。

(二)问题构建方式(problem framing)

问题构建方式是指倾向于用积极的词语还是消极的词语来解释问题。处于有利环境的领导者倾向于厌恶风险,因为他们认为有更多的东西要损失;相反,处于不利环境的领导者倾向于认为他们几乎没有什么东西可以损失,因此可能偏爱风险。对潜在损失的关注会使领导者更加重视风险,而对潜在获利的关注会使领导者轻视风险。这样,当情境是以积极的方式来界定时,就会助长冒险行为,因为它使领导者将注意力集中在机遇上,而不是失败的可能性上。例如,一些研究者曾做过这样的实验,面对肯定能获得 6 000 美元或者 80% 的可能获得 10 000 美元这两种选项,大多数人会选择前者;而面对肯定损失 8 000 美元或 80% 可能损失10 000 美元这两种选项,大多数人会选择后者。

(三)可获得性偏见(availability bias)

可获得性偏见是指领导者倾向于因回忆起一个事件中的某些场景,而高估它发生的频率(反之亦然)。例如,如果一位领导者曾经历过一起严重的车祸,他就可

---

① L. R. Beach, The Psychology of Decision Making: People in Organization, Thousand Oaks, Calif., Sage, 1997.

能高估这类事件发生的频率。换言之,个人经验在解释结果概率方面所起的作用,比其应起的作用要大得多。

(四)证实性偏见(confirmation bias)

证实性偏见是指领导者倾向于搜寻那些支持对情境的最初解释的信息,而回避那些与最初解释相矛盾的信息。问题越不确定、越复杂,领导者就越容易去寻找那些支持性的证据。

(五)选择性知觉偏见(selective perception bias)

选择性知觉偏见是指领导者倾向于看到他们所期望看到的东西,搜寻与他们观点一致的信息,而不重视与他们的知觉相冲突的信息。

(六)小数目规则偏见(law of small numbers bias)

小数目规则偏见是指倾向于认为几个案例或样本就能代表一个更大的总体。这样,领导者经常在遇到几次相同的情况之后,就将其上升为一般规律。例如,一次在某饭店用餐的不愉快经历,会使领导者得出该饭店服务不好的结论,甚至可能得出这类饭店服务都不好的结论,而实际上这很可能只是一个饭店的一位服务生的不当行为所造成的印象。

除了上述偏见之外,研究者还发现了一些影响创造能力发挥的其他因素。如根据阿马拜尔(T. M. Amabile)所做的实验,当学生被告知他们的设计会让专家来评判时,学生的设计比被告知不会受到评判时更少创造性①。阿马拜尔还发现,当人们被告知要专注于产生解决方案的内在激励,即解决任务本身所带来的乐趣时,他们会提出更具创造性的解决方案;相反,当他们专注于提出解决方案所获得的外在激励,即获得公众认可或酬劳时,其所提出的解决方案就更少创造性②。此外,领导者如果具有更少的自主权和决策自由,更低的控制感,以及受到更多的约束,就更被认为是缺少创造性的③。

二、创造性决策的组织方法

为了克服自己的偏见,减少个人偏见对创造性决策的影响,领导者应当利用各种方式来发挥集体的智慧。许多研究者认为,发挥集体的创造性智慧的关键,是创造一种有利于创造性的氛围。为了创造这种氛围,领导者应当鼓励员工公开表达自己的想法,压制团体成员间那种不合作或攻击性的反应;领导者可以利用手中的权力奖励成功,但不惩罚失误;领导者还可以将权力和责任委托给下级,放松对员

① T. M. Ambile, The Social Psychology of Creativity, New York, Springer-Verlag, 1983.

② T. M. Amabile, Motivation and Creativity: Effects of Motivation Orientation on Creative Writers, Journal of Personal and Social Psychology, 1985, 48, p. 393 ~ 399.

③ T. M. Amabile, The Motivation to be Creative, in S. Isaksen, ed., Frontiers in Creativity: Beyond the Basics, Buffalo, NY., Bearly Limited, 1987.

工的约束限制，授权追随者去做新的尝试。通过这些方法，可以建立一种特殊的信任关系，从而鼓励追随者敢于冒险，并发挥更大的创造性。同时，在建立团队时，领导者应当将具有不同经历的员工编入一个团队，这样的团队比那些由具有相似经历的员工组成的团队更容易创造出多样性的解决方案①。

然而，集体决策如果组织不当，仍然可能受制于封闭性的组织氛围，难以发挥出创造性的潜能。许多研究者对如何利用集体智慧进行创造性决策进行了深入研究，并提出了一些行之有效的方法。

(一)头脑风暴法

头脑风暴法(brainstorming)是奥斯本(Alex Osborn)1948 年在《你的创造性力量》一书中提出的②，其主要目的是通过对要解决的问题提出大量的建议为创造性的决策奠定基础。此后，他又进一步提出了实施这种方法的下列具体要求。

①由了解问题的专家组成讨论小组。小组的人数最好是 5～7 人，少于 5 人会限制观点的产生数量，多于 7 人会使会议难以组织。

②每个人都应当有机会提出自己的观点。为此，必须将产生观点的过程与评估观点的过程严格分开；在产生观点的阶段应尽可能地保持开放和宽松的气氛，鼓励每个人自发地说出他们能想到的想法。在这一阶段的主要目标是数量，而不是质量。

③在产生观点的阶段不要提出任何批评，即使是随心所欲和古怪离奇的观点也应当受到鼓励。如果经过适当的修正，这些观点有可能最终被采纳。

④应当鼓励人们在其他人观点的基础上进一步发挥。将他人的想法与自己的想法结合起来，或扩展他人的想法，经常会导致更好的解决方案。

⑤所有的想法都应当被记录下来，最好写在黑板上，使每个人都可以看到所产生的所有想法。

⑥只有当所有想法都已提出，对观点的评估才能开始。在观点的评估阶段，每个人都要对各种已产生的想法提出赞成或反对的理由，分析其成本和收益，评价其可行性。根据这些分析，选择最终的解决方案③。

头脑风暴法重视的是观点的数量和多样性。观点的数量越多，产生突破性观念的可能性就越大。因此，会议的组织应当气氛轻松，规则不应太刻板，要鼓励所有与会者自由地发表自己的想法，发挥他人的想法，改进自己的想法。

(二)德尔斐调查

德尔斐调查(delphi survey)是以希腊阿波罗神殿所在地德尔斐命名的。它原是

---

① Richard L. Hughes, Robert C. Ginnett, and Gordon J. Curphy, Leadership: Enhancing the Lessons of Experience, Boston, Irwin McGraw-Hill Company, Inc., 1996, p. 163.

② Alex F. Osborn, Your Creative Power, New York, Charles Scribner, 1948.

③ A. F. Osborn, Applied Imagination, New York, Scribner's, 1963.

设计用来进行工业技术预测,美国的国防部门将其用于提供从文献研究中不易获得的最新工业技术信息。达尔基(N. Dalky)在 1967 年的《德尔斐》一书中对它进行了论述①。该方法通过有控制的反馈来收集专家的意见。具体做法是:先采用信函调查,请有关领域的专家对决策所要解决的问题分别提出意见。最后,将他们所提的意见进行综合、整理和归纳,匿名反馈给各位专家,再次征询意见。然后,再加以综合和反馈。经过多次这样的循环,最终得到一个比较一致且可靠性较大的建议。

德尔斐调查允许每一位参与者有反复思考的时间,这有助于达成共识。其匿名制有利于参与者坦率真诚地回答问题。让参与者在方便的时候填写调查表,有利于提高效率。在讨论的问题需要保密,或会议费用太高,或路途遥远不便的情形下,这一方法尤为适合。但该方法费时、费力,信息的综合提炼者必须具备广博的知识和压缩控制信息的技巧,在意见出现分歧和见解不够清晰时,还要进行大量的研究。

(三)介于头脑风暴法和德尔斐调查之间的一些方法

头脑风暴法和德尔斐调查的共同之处是:先分别提出想法,然后再进行交流。其区别在于:头脑风暴法是当面提出想法,然后当众进行交流讨论;德尔斐调查则是在隔离状态下提出想法,然后进行非面对面的交流。后来的研究者综合了这两种方法的一些特点,提出了一些新的方法,包括名义小组技术、默思法、有序互动技术等。

名义小组技术(nominal group technique,简称 NGT)是德尔贝克(A. L. Delbecq)和万德温(A. Van de Ven)1971 年提出的。它由 7 ~ 10 人组成决策小组,其决策的基本步骤是:①每个成员将想法默写在卡片上,不准讨论;②每个成员依次提出自己的想法,直到穷尽所有思想;③对列出的每个想法进行讨论,并就每个想法的优点形成共识;④投票选择最优方案②。

默思法(brainwriting)是由圭什卡(H. Gueschka)等人 1975 年提出的。其步骤是:决策小组的领导者将写有若干提示的卡片放在置于屋子中央的桌子上。参与者每次取一张,读完后写下自己的思想。然后到中央的桌子旁与他人交换卡片,读完他人的卡片后,再将自己新的想法写下来。这一过程一直持续到所有的思想都被穷尽为止。此后,每个成员依次表达自己的想法,然后进行讨论,允许参加者对自己或他人的想法进行评价和详细解释。最后,排出各种想法可以付诸实施的先

① N. Dalky, Delphi, Santa Monica, Calif., Rand, 1967.

② A. L. Delbecq and A. Van de Ven, A Group Process Model for Problem Identification and Program Planning, Journal of Applied Behavioral Science, 1971, 7 (4), p. 466 ~ 492.

后顺序①。

有序互动技术(nominal-interacting technique,简称 NI)是由苏德尔(W. E. Souder)1980 年提出的。该方法需要一个特别的房间,供会间休息使用。其决策步骤是:①沉默思考,将各种想法列表;②依次发表自己的想法,并作记录;③休息室游说;④集体讨论;⑤休息室游说;⑥排出各种观点的优先顺序;⑦休息室游说;(8)再排出各种想法的优先顺序。这一方法的特点,在于允许参与者在互相游说的基础上达成共识。在参与者的想法相互冲突并需要和解时,这种休息室游说(anti-room lobbying)就显得非常有价值。其中第一次游说的目的是辨识观点的多样性;第二次游说的目的是使成员开始接受或抛弃某些想法;第三次游说的目的是在重新理解的基础上形成判断②。

三、启发创造性决策的各种角度

(一)多视角分析与 Kiva 分析

多视角分析(multiple perspective analysis)是以外交政策和知识体系设计的早期工作为基础发展而来的,在技术评估和公共政策的许多领域有广泛的应用。它是处理具有复杂结构的问题的一种方法。它要求从技术角度、组织角度和个人角度对问题进行综合性的分析。技术角度是从最优模型、概率分析、成本收益分析、系统分析等角度来看待问题,强调目标分析、预测、优化和不定性量化;组织角度则将问题的解决看作从一种组织状态向另一种组织状态的有序渐进,采用标准的操作程序、规则和机构的常规做法;个人角度则从个人的理解、需要和价值来看待问题,强调直觉、个人魅力、领导能力和自我利益。林斯通(Harold A. Linstone)在 1984 年出版的《决策的多角度》一书中,对多视角分析的具体应用提出了具体的原则。

(1)跨行业组合　以跨行业的方式组成决策团队,而不是仅仅以跨学科的方式组织决策团队,因为它会使团队对技术角度、组织角度和个人角度的了解达到最大化。

(2)角度之间的平衡　在决策分析的过程中,适当地注意 3 个角度之间的平衡。

(3)适当的交流　让不同角度的分析者进行交流,注意根据角度的不同,采取不同的交流媒介。

(4)各种角度观点的综合　由各个不同角度产生的观点应当交由领导者加以

---

① H. Gueschka, G. R. Shaude and H. Schlicksupp, Modern Techniques of Solving Problems, in Portraits of Complexity Columbus, Ohio, Battelle Memorial Institute, 1975.

② W. E. Souder, Management Decision Methods for Managers of Engineering and Research, New York, Van Nostrand Reinhold, 1980.

综合，而不是由分析人员自己来综合。在综合的过程中，领导者应当注意这 3 个不同角度的方法之间的联系和差异①。

多视角分析可以采取“基瓦”(Kiva)方法进行。基瓦技术是霍皮族印第安人为部落重大决策而设计的方法。所有参与决策的人从里到外分成几圈坐下：最里层是部落元老们，他们作为核心决策小组；围绕他们的第二层是地位比元老稍低的成员；第三层是地位更低的成员；最外层是青少年。决策采取公开讨论的形式，先是最里层的元老们进行讨论，形成初步判断，其他人聆听。然后，元老们移到最外层，其余人则向中心移动一圈，大家开始聆听现在处于最里圈的人的讨论。不断重复这一过程，直到由元老组成的核心决策小组又坐到最里圈。这时，他们会根据其他部落成员提出的想法，重新考虑其决定。这一决策结构实际上是允许不同团体和层次的人就核心决策小组提出的问题进行思考，使核心决策小组在作出最后决策前能听到各个不同层面的观点②。

(二)前提假设分析与辩证小组

前提假设分析(assumption analysis)是对政策的各种冲突性假设进行创造性合成，它用于那些使政策分析人员、政策制定者和其他利益相关者无法达成一致的问题。在决策分析中，决策者常常以自己的假设为基础，不能考虑与自己的假设不同的那些观点，因而使决策只能在一个封闭的体系中完成，并且使评价标准只涉及决策的表面特征，无法深入到那些更基本的前提假设。而前提假设分析则要将对问题情境的相互对立的假设明确提出，并进行质疑，然后加以合成。米特罗夫(Ian I. Mitroff)和埃姆绍夫(James R. Emshoff)1979 年发表的“战略假设的作成”一文中，提出了前提假设分析方法的五个阶段。

第一阶段：明确利益相关者。对政策的利益相关者加以明确、排序并决定其重要程度。这一过程的结果，常常是发现那些通常会被排除在政策问题分析之外的利益相关者。

第二阶段：提出假设。逆向操作，从建议的解决方案回到支持建议及其潜在假设的选择性数据，并将这些假设列表，从而使每个建议要解决的问题都得到明确的阐述。

第三阶段：质疑假设。比较、评估各项建议及其潜在假设，每个先前确立的假设都要受到反假设的质疑，如果反假设不合理，就从进一步的考察中勾销；如果它是合理的，就对它进行检验，然后决定它是否能作为重新解释和解决问题的基础。

---

① Harold A. Linstone, Multiple Perspectives for Decision Making: Bridging the Gap between Analysis and Action, New York, North-Holland Publishing Company, 1984.

② 纳特，巴可夫：《公共和第三部门组织的战略管理：领导手册》，陈振明等译，195 页，北京，中国人民大学出版社，2001。

第四阶段:集中假设。将前一阶段产生的不同解决方案集中起来,根据各种假设对不同利益相关者的重要性及相对确定性对其进行排序,该排序应使尽可能多的利益相关者同意。

第五阶段:合成假设。将整套可接受的假设作为对问题形成新概念的基础,并形成一个总体或合成的解决方案①。

在战略决策中,前提假设分析可以采用辩论小组(dialectic group)的方式进行。纳特(Paul C. Nutt)和巴可夫(Robert W. Backoff)提出,可以将战略管理小组分为几个次级小组,它们基于对环境、顾客、优势与劣势、机会与威胁等问题的不同假设,形成不同的思想。然后将各个小组的想法进行公开辩论。辩论的目的是:通过暴露这些思想的基本假设的弱点,来对其提出挑战,因此这种讨论是建立在不同的假设基础上的。这种辩论能迫使小组考虑大范围的信息,受偏好影响的观点能够受到仔细而系统的审察,使小组成员能够注意到内部和外部利益相关者是如何看待这一情形的。这将引导战略管理小组成员更全面地理解彼此的根据,从而导致综合与创新。但需要注意的是,如果问题具有良好的结构,或者某些小组成员之间已经存在冲突,辩论小组的方法就可能会失败②。

(三)类比与综摄法

休斯等人认为:创造性能力,就是能够以新的方式看待事物。但这说来容易做来难,人们很难以新的方式看待非常熟悉的事物,这被心理学家称为功能固着(functional fixedness)。而思维能否具有创造性,就取决于能否克服我们感知周围事物的那种功能固着。他们认为,以不同的方式看待事物的一个方法,就是用类比的方式进行思维。因为创造性就是作出新的观察,或将一个事物看作另外不同的样子。积极地寻找类比是解决问题的核心。例如,一个做天花板的公司看到鱼的颜色总是与周围环境相匹配,于是创造出一种天花板,它可以随季节改变颜色:夏天变成白色反射热量,冬天变成黑色吸收热量。另外一种方式就是尽量将想法或问题变成图像,而不是只用词来表达。这样,那些在语词描述中所难以表现的关系或感受就可能在图像中展现出来,从而对问题产生新的见解③。

在利用类比来激发创造力方面,W.J.J.戈登(W. J. J. Gordon)1961 年提出了综摄法(synectics)。这种方法利用类比和比喻来处理陌生与熟悉的问题,使陌生的问题变得熟悉,使熟悉的问题变得陌生。它可以用来发现新的问题和战略,也可以

---

① Ian I. Mitroff and James R. Emshoff, On Strategic Assumption-Making: A Dialectical approach to Policy and Planning, Academy of Management Review, 1979, 4 (1), p. 1~12.

② 纳特,巴可夫:《公共和第三部门组织的战略管理:领导手册》,陈振明等译,200 页,北京,中国人民大学出版社,2001。

③ Richard L. Hughes, Robert C. Ginnett, and Gordon J. Curphy, Leadership: Enhancing the Lessons of Experience, Boston, Irwin McGraw-Hill Company, Inc., 1996, p. 161~163.

通过新的方式重新审视利益相关者和资源。它既可以用作团体共同的决策过程，也可以用于提高个人决策的创造性。

综摄法提出了4种用以激发创造性的类比方式。

(1)个人类比(personal analogy) 就是通过移情作用，将自己与决策涉及的问题中的因素融为一体。例如，要理解收取欠款的系统是如何运行的，就要想象自己是各类欠款者，想象是什么原因使自己欠款，以及在听到催款电话时自己的反应。

(2)直接类比(direct analogy) 将各种事实并列在一起，并进行比较，找出一物与另一物的相同或类似之处。如将对吸毒的控制与对传染病的控制进行类比。

(3)符号类比(symbolic analogy) 符号是指能够代表其他事物的一切东西，如公司的各种商标、各种说明性短语等。这些标记会引发新的暗示，打开新的思维方式。如用"晴雨表"来类比证券市场，用体温计来类比政策过程。在使用符号类比时，人们寻求从审美角度更吸引人的类比，并经常尝试矛盾的或相反的类比。

(4)幻想类比(fantasy analogy) 幻想可以是任何不真实的影像或幻影，包括任何离奇的想法和古怪的建议。如国防政策分析人员用想象类比来考虑对核攻击的防御问题。

综摄法分为7个步骤：①给定问题；②分析所获得的信息；③清理离题的回答；④理解问题，对所理解的问题进行描述，并提出所希望的解决方案，领导者在综合各种方案的基础上选择一个方向；⑤精神遨游，即在所选方向上，参与者对各种问题作距离越来越远的类比，然后可以挑选其中的一些类比作进一步的检测；⑥强迫适合，即将类比与问题联系起来，任何联系都是允许的，先是进行幻想强迫适合，然后进行应用强迫适合；⑦得到有用的观点，即通过引发对问题或可行战略的领悟，提出新的战略[①]。

四、领导者个人提高创造性能力的各种方法

达布林认为，提高领导者创造性能力的核心，是提高思想的灵活性，促进直觉性思维。他总结了促进领导者创造性能力的6个方法[②]。

(一)进行有助于提高创造性的各种练习

促进创造性思维的一个有效方式，就是经常参加各种鼓励灵活性思维的活动。例如，如果你喜欢照相，就给自己安排用照片来说明一个主题的任务，比如用照片来表现你公司产品的用途；各种类型的字谜游戏也可以用来扩展想象力；还可以让自己去写关于某个主题的笑话。

---

① W. J. J. Gordon, Synectics, New York, Harper Collins, 1961.

② Andrew J. DuBrin, Leadership: Research Findings, Practice and Skills, Boston, Houghton Mifflin Company, 1995, p. 247~252.

（二）对机会保持警觉

发现被其他人忽略的各种机会的能力，是创造型领导者的特征。发现机会是企业领导的重要组成部分，因为企业家会根据顾客未满足的需要而建立相应的组织。同样，在组织内部，也应当对那些会带来建设性变革的机会保持警觉。

（三）保持热情的态度

领导者经常面临如何处理冷静的判断与热情的想象二者之间冲突的问题。在许多工作场合，冷静的判断是必需的，如在审核所建议的支出费用和检查产品质量或安全隐患时。但在探讨创造性的选择方案时，思维中的想象力就是非常重要的了。在这种情况下，需要的是热情、充满希望、鼓励自信、追求完美和更多的正面思考，从正面的角度来考虑那些负面的想法。

（四）同龙头客户交谈

领导者的职责之一就是提供突破性的观念。而要获得这种观念，就应当去同自己产品或服务的龙头用户交谈。龙头用户是该行业的领先者。在一段时间里，你的其他用户都会以龙头用户同样的方式来经营其业务。龙头用户经常要改进其产品以使自己能赢得新的机会，而许多其他的公司却不敢这样做，从而使顾客失望。因此，龙头用户是创新者，与他们交谈会在创新方面得到许多启发。

（五）将观点记在本上

只有将所产生的和获得的创造性观点认真记录下来，才有可能将其实施。因为，日常工作的压力，使这些头脑中闪现的创造性观点很容易被忘记。重要的建议不应当写在日程本中，而应当记在专门的一个本中或在计算机里设置专门的文档。

（六）扮演探险家、艺术家、法官和律师的角色

阿马拜尔在 1988 年发表的题为“创造性的模式与组织中的创新”的文章中建议，希望提高创造性思维的领导者应当在思想中扮演四种角色。首先是探险者的角色，去同不同领域的人们交谈，去发现那些能够给自己的团体带来创新的观念。其次是艺术家的角色，去展开你的想象力，尽量每天能用 5% 的时间提出“如果……会怎样”的问题，去挑战自己领域中共同的认知规则。再次是法官的角色，在提出了有想象力的观念之后，要在一定的时候对其加以评价。这种评价不要太苛刻，否则会挫伤自己的想象性思维，但也要有一定的批判力度，否则就会将那些缺乏根据的观念付诸实施。最后的角色是律师，要评判并发现在你自己的领域或工作单位实施你的新观念的方式①。

---

① Teresa M. Amabile, A Model of Creativity and Innovation in Organizations, in Barry M. Staw, Lawrence L. Cummings, eds., Research in Organizational Behavior, Vol. 10, Greenwich, Conn., JAI Press, 1988, p. 123 ~ 167.

第三节　知人善任

一、中国古代的求贤用人之道

中国古代将管理国家的方法称为“治术”。古代学者十分重视对治术的总结，他们将古代统治者的一些具有典范意义的案例和观点收集起来，作为后来统治者的借鉴。尽管这些案例和观点并不是建立在经验科学研究的基础之上，但在其传承过程中经历了时间的筛选和锤炼，所能保留下来的应当说是中国古代思想和实践的精华。值得注意的是，中国古代的治术是以统治者与被统治者的关系作为基本的背景框架，与现代领导研究中的领导者与追随者关系的框架有着原则性的差异。这种差异在某种意义上反映了不同的时代背景和体制背景。因此，对这些观点的理解和应用要考虑到这种理论和背景上的差异。

（一）求贤若渴的重才意识

在中国古代金字塔式的政治结构之下，统治者集各种权力于一身，却没有时间和能力对各种具体的政事亲自进行管理。因此，寻求贤才来帮助统治者进行治理，就成为提高统治效率的一个关键因素。在中国古代对治术的研究中，对统治者求贤的强调超过了对治事的强调，如《吕氏春秋·士节》就提出：“贤主劳于求人，而佚于治事。”① 刘邦在谈到自己所以能够战胜比他强大的项羽时的分析也是相当深刻的：“运筹帷幄之中，决胜千里之外，吾不如子房（张良）；镇国家，抚百姓，给饷馈，不绝粮道，吾不如萧何；连百万之众，战必胜，攻必取，吾不如韩信。三人皆人杰，吾能用之，此吾所以取天下也。项羽有一范曾而不能用，此所以为我擒也。”相反，韩信在评价项羽的用人之道时指出：“项王喑哑叱咤，千人皆废，然不能任属贤将，此特匹夫之勇耳。”②

中国古代流传下来的许多求才的故事，都体现了这种对贤才的重视。如家喻户晓的刘备三顾茅庐，萧何月下追韩信，等等。

（二）德才兼备的选贤标准

什么是贤才的标准呢？中国古代学者在这方面提出了丰富而有启发性的观点。

首先，中国古代的学者强调，在资历和能力的权衡上，应当重能力。所谓“毋以日月为功，实试贤能为上”，就是说不要以任职的时间为标准，而应当根据能力来选

① 《吕氏春秋白话今译》，谷声应译注，149页，北京，中国书店，1992。

② 冯梦龙：《智囊》，334页，长春，吉林摄影出版社，2002。

拔。

其二，在贤才标准上，中国古代研究者强调德才兼备，但更注重德。例如，司马光根据人在德才两方面的品质，将人分为四种：德才兼备，称为圣人；无德无才，称为愚人；德胜过才，称为君子；才胜过德，称为小人。寻才标准是：找不到圣人，求君子而委任之；与其得到小人，不如得到愚人。因为君子持有才干，把它用到善事上；而小人持有才干，就会用来作恶。持有才干做善事，能处处行善；而凭借才干作恶，就无恶不作了。愚人如想作恶，因为智慧不济，气力不胜，还有限度，好像小狗咬人，人还能制服它；而小人既有足够的阴谋诡计来发挥邪恶，又有勇猛的力量来逞凶施暴，就如恶虎生翼，为害之大可想而知了。他说："自古昔以来，国之乱臣，家之败子，才有余而德不足，以至于颠覆者多矣。"

其三，在考察德才水平的方法上，中国古代研究者提出了许多具体的技巧，如"远使之而观其忠，近用之而观其敬，繁使之而观其能，猝问之而观其智，急期之而观其信"。法家提出的御臣七术包括：多方了解其人，严惩决不手软，赏赐讲信用，考察言行是否一致，以假诏测其行动，明知故问以探明真假，以及将事情反说以看其表现。

（三）人尽其才的析才理念

首先，中国古代的研究者认识到，人才并不是完人，而且越是在某些方面有特殊才能的人，越可能在其他方面有明显的缺点。因此，不能因为人才有缺点就废用。只要取其长处，那么，人人都是可用之才。所谓"录长补短，天下无不用之人；责短舍长，天下无不弃之士"；"有高世之才，必有遗俗之累"；"论大功者，不录小过；举大美者，不疵细瑕"，以及"水至清则无鱼，人至察则无徒"，讲的都是这个道理。

其二，用有缺点的人，不是用该人的缺点，而是用其长处。中国古代的帝王强调对人要因才而用，用取其长。唐太宗李世民在《帝范·审官篇》中说："智者取其谋，愚者取其力，勇者取其威，怯者取其慎。"

其三，中国古代统治者还强调，应当区别每个贤才在能力上的不同水平，予以不同级别的任用。诸葛亮在《将器》一文中指出："将之器，其用大小不同。若洞察其奸，伺其祸，为之众服，此十夫之将；夙兴夜寐，言语密察，此百夫之将；直而有虑，勇而能斗，此千夫之将；外貌桓桓，中情烈烈，知人勤劳，悉人饥寒，此万夫之将；仁爱治于下，信义服邻国，上知天文，中察人事，下识地理，四海之内，视为家室，此天下之将。"

（四）因时、因地、因人而异的用人策略

在如何用人的问题上，中国古代的政治家和学者更强调因才、因时、因地用人，而不是在所有情况下采取完全一样的用人模式。

首先，中国帝王讲究因势用人，因时用人。例如，在处理德才关系的问题上，曹操提出了"治平尚德行，有事赏功能"的原则（《论吏士行能令》）。在打天下时，曹操主张“唯才是举”，在《求贤令》中提出“勿拘品行”的方针，主张鸡鸣狗盗、不仁不孝之徒，盗嫂受金、散金求官之辈，凡有治国用兵之术者，皆可取用，勿有所遗。但到了治天下、守成时，他又明确提出了“治平尚德行”的用人标准。

其次，中国古代统治者在管理臣属的方法上，讲究因地而异。所谓“将在外，君命有所不受”，“将在外，君不御”，讲的都是这个原则。

其三，中国古代统治者在对臣属的管理方法上，还注意因人而异。例如，他们提出“将能而君不御”，也就是说，在将领能胜任的情况下，君主不宜多加干涉。

(五)驾驭群臣的激励手段

中国古代君主在对群臣的管理上，提出了一系列原则。

首先，中国古代统治者在用人时强调要给予充分的信任，所谓“用人不疑，疑人不用”的原则，就表现了这一主张。如当年韩信弃楚归汉，刘邦用人不疑，筑坛拜将，令其统帅三军。

其次，中国古代研究者强调统治者应当奖惩分明，言而有信。法家提出，对过失要严惩决不手软，对功绩要赏赐讲信用。而且，在奖赏上，要论功行赏，不能舍不得利益。韩信在评价项羽和刘邦的用人之道时指出，项王对人恭敬慈爱，说话彬彬有礼。遇到臣属有病，伤心落泪，亲自喂食。但当人们立功该当封爵时，却把大印握在手里，舍不得授予，他称此为“妇人之仁也”；反之，刘邦却是任天下武勇，以天下城邑封功臣，结果必定是人心归服，所向披靡①。

其三，中国古代研究者强调赏罚要适当和适度。一方面，正像诸葛亮所指出的：“赏赐知其所施，则勇士知其所死。”另一方面，就像韩非所指出：“主过予，则臣偷幸；臣徒取，则功不尊。无功者受赏，则财匮而民望；财匮而民望，则民不尽力矣。故赏过者失民。”

二、如何留住优秀人才

(一)留住人才的困难

戈德史密斯(Marshall Goldsmith)认为②，在我们所处的这个激烈竞争的时代，留住优秀人才变得更加困难。它从以下方面分析了原因。

①大公司员工比在小公司工作的员工地位下降。

②贡献与报酬间缺乏联系。他对200多名来自各个行业的大公司经理进行了调查，对“在同一工资水平上表现优秀的员工与较差的员工在贡献方面的差别有多大”这一问题，一般的回答是：“超过100%。”而当问道：“他们的报酬的显著差异呢?”一般的回答是：“在5%～10%之间。”许多经理都举出例子，一些年轻的员工

---

① 冯梦龙：《智囊》，334页，长春，吉林摄影出版社，2002。

② 刘守英：《70位领导学家谈如何成为世界级领导者》，425～429页，北京，中国发展出版社，2002。

比资历较长些的同事贡献更大，而报酬却比他们低。

③升职机会减少。许多公司进行的结构重组使管理层次的职位减少。虽然这种变化可能有利于效率的提高，但常常会使升职的机会更少。缺少了迅速升迁的机会，优秀员工会更多地倾向于寻找别的机会。

④工作负担加重以及辅助成员减少。许多大公司的员工都认为他们今天的工作比 10 年前更加辛苦。大公司工作的辅助成员和工作的乐趣逐渐消失；而在小公司，工作一贯比较辛苦，但与大公司辛苦程度的差距在缩小。

⑤知识工人影响力增加。随着关键性知识员工价值的提高，为获得这些员工所进行的竞争将会加剧。

(二)留住优秀人才的 7 个步骤

戈德史密斯认为，领导者不能仅仅让难以预测的就业市场来决定哪些员工离开，哪些员工留在公司，必须拿出经营自己的金融资产的精确性来经营自己的人力资产。以下 7 个步骤有助于完成这一任务。

(1)认清你希望保留哪些雇员　近年来，许多公司致力于决定他们应该开除哪些雇员，而不是决定应该留住哪些雇员。一系列的裁员计划使所有同一资历的雇员都想到了离开公司，而那些决定离开的往往是最有影响力的而且能够很快找到其他工作的雇员，这对公司来说无疑是很不幸的。

(2)让他们知道你希望留住他们　许多有影响力的雇员被问及为什么会离开公司时，他们往往说："没有人说过让我留下来。"为了不让那些平庸的员工有被疏远的感觉，许多公司都有意不告诉那些有影响力的员工他们是非同一般的。因此，后来想留住那些有影响力的员工会越来越困难，而那些平庸的员工则可以一直轻松地干下去。

(3)认可他们的表现　虽然物质上的补偿是留住有影响力人才的一个重要因素，但一些研究表明，现在它并不是最重要的因素。一些优秀的人才离开他们所在的大公司的更主要原因是缺少认可、缺少参与以及糟糕的管理。一位来自世界领先的通信公司的首席执行官着手实行了一项革命性的新举措：部门经理每季度提交关于那些有影响力、需要加以肯定的员工的报告，这位首席执行官亲自与他们联系，感谢他们的贡献，并就公司如何提高效率向他们征求意见。他相信通过这一过程，不仅有助于留住关键性的人才，还为公司的持续发展提供了良好的反馈和大量的建议。

(4)提供发展和参与的机会　一家世界最大的咨询与会计公司进行了一项创新性的项目——发掘和培养有潜力的领导人。作为此项目的一部分，许多年轻的领导人积极参与了"学习实践"项目，也就是实习解决困扰公司的真实问题。这既给了年轻的领导人一个有吸引力的提高自身的机会，也为公司解决现实的难题提供了建议。此外，还坚定了他们留在公司工作的决心。

(5)改革物质激励方式　那些仅仅依靠资历而不肯让现实表现决定员工报酬的公司,在挽留高知识员工,尤其是在留住年轻的知识型员工方面会越来越困难。那些未来有影响力的员工会要求得到比那些表现平庸的同事更高的报酬,并且他们也将能够得到这样的报酬。一项过分注重平均的物质激励计划,再加上较少的提升机会,其结果就是平庸的工作。

(6)创造宽松的氛围　一些表现杰出的高科技企业,如网景公司、微太阳公司和 AT&T 公司,除了减少内部的官僚作风,还在员工着装、工作时间和生活方式的选择上以提供自由而著称,员工会喜欢减少那些限制他们的自由而不能提高生产率的规章制度和种种禁忌,虽然在这种环境下他们可能工作得更辛苦。

(7)提供创业的机会　吉福德·平肖(Gifford Pinchot)提出,大公司应当向那些理应自治的分公司提供在大公司构架下独立运行的机会。通过允许有潜力的领导人在一项较大的事业中"从事一项单独的事业",该公司可以坐享其成,同时又培养了人才。那些看到了发展个人事业、提高自身素质机会的员工会更喜欢留在公司。

(三)不要为失去重要员工而过度焦虑

需要注意的是,并不是在任何时候都要设法将优秀人才留下。正像科恩和埃米克(William Eimicke)所指出的,在有价值人员的巅峰时刻失去他们,比留住他们一直到他们的创造力和士气下降要好。同时,还应避免为了留住重要员工而过度让步,这样的让步往往造成有害的先例,并给那些相对满意他们工作的员工发出错误的信号。如果已经采取了合理的步骤去激发和维持你认为好的员工,但他们仍是不满意,那么不要害怕让他们离开,而且更新会给组织带来注入新能量的机会①。

三、如何处理不称职的员工

不称职的员工会使领导者的各种建设性努力归于无效。处理这样的员工,可能是一个缓慢、劳心和令人不快的过程,但又是领导者必须面对的问题。科恩和埃米特在《新有效公共管理者》一书中提出了处理不称职员工需要遵循的一些原则②。

(一)界定和确认员工绩效差的性质和原因

在采取任何处理措施之前,首先要界定员工绩效差的性质,并确认其原因。有时候,低绩效可能只是因为领导者与员工缺乏沟通,而不是由于员工本身的问题。

---

① 科恩,埃米克:《新有效公共管理者:在变革的政府中追求成功》,第 2 版,王巧玲等译,53 ~ 54 页,北京,中国人民大学出版社,2001。

② 科恩,埃米克:《新有效公共管理者:在变革的政府中追求成功》,第 2 版,王巧玲等译,54 ~ 61 页,北京,中国人民大学出版社,2001。

为了界定和确认员工低绩效的性质和原因,可以从6个方面分步进行考察:①确定员工能够完成什么样的任务;②确定员工是否有充分的能力达到你的要求;③确定是否清楚地向员工说明了必须完成的工作;④确定是否明确地向员工传达了分派的任务;⑤评估你分配给员工的工作是否与员工的能力相匹配;⑥确定为什么员工的工作是不令人满意的。

(二)鼓励改善绩效

在界定和确认了员工绩效差的性质和原因之后,应当尽最大努力来设法发挥员工的作用。如果绩效差的原因在于领导者,领导者就应当设法改善自己的工作方法;如果是工作安排上的不匹配,领导者应作出相应的调整;如果属于员工自身的原因,领导者应当采取各种正向和负向的激励措施,鼓励员工改善绩效。

(三)适时放弃

上述改善绩效的措施并非在任何时候都是有效的,因此领导者要学会适时放弃。根据科恩和埃米特的观点,如果一个员工在许多方面表现出以下特点或习惯,就是无可救药的。

①在小组会议上为处理琐碎和不可能的问题而浪费时间;

②缺乏倾听技巧,看上去从未理解过决定的要点;

③拒绝加班工作;

④从不守时;

⑤是组织的其他人所不喜欢的;

⑥是组织的其他人所怜悯的;

⑦花费大量的工作时间在私人事务上;

⑧同意你说的任何事情;

⑨不同意你说的任何事情;

⑩当分析为什么一个分配的任务是不可靠的、不必要的甚至是不值得做的时候,总是情绪高涨;

⑪很少按时完成一项分配的任务;

⑫根本就很少完成一项分配的任务;

⑬不能解释理由或总是辩解;

⑭暗中破坏自己的同事[①]。

放弃一名员工是很困难的,对于公共部门来说尤其如此。但无能和无效是可以蔓延的。尽管放弃一名员工会对组织的工作形成一定的威胁,但如果不能适时地放弃具有多项上述特点的员工,将会对整个组织的绩效构成更严重威胁。如果

---

① 科恩,埃米克:《新有效公共管理者:在变革的政府中追求成功》,第2版,王巧玲等译,56~57页,北京,中国人民大学出版社,2001。

一个员工已经在组织中具有了无能和无效的名声,那么最好的解决方法常常是让此员工离开组织。

(四)采取适当的方法

在放弃员工的过程中,应当注意采取适当的方法。

首先,应当发出强有力的信息:如果情况得不到改善,晋升是不可能的。领导者应当在正式和非正式场合表明这个观点,对差的工作绩效明确表达否定的评价,并确认那些不胜任的员工收到并理解了你所发出的信息。

其次,对那些不适合组织工作的人,应当直接告诉他不适合这份工作,并设法帮助他找到一份适合他的工作。一位有能力并有正面自我形象的职业工作者,通常在得到负面评价时会立即采取措施离开这个组织。

再次,那些真正不称职的员工可能会拒绝离开组织,而领导者凭良心又不能帮他找到一个新的工作,那么只能采取正式的解聘程序。但在这样做之前,要仔细权衡利弊,不仅考虑他是否还有改善的可能性,还要考虑这将对他本人造成的损害。

最后,如果无法将不称职的员工清除出组织,那么就要考虑采取一些其他措施,以免不称职员工用他们的不良习惯和态度"污染"那些称职的员工。可以考虑的措施包括建立一个"火鸡农场"(turkey farm),即将不称职者集中于一个单独场所,将组织中最不重要的工作分配给这些绩效低下的员工。还可以设法将这样的人员借调出去,这比辞退一个员工相对容易。实在不行的话,还可以用空间隔离的方法将不称职的员工与称职的员工相隔离,让他们在一个最不如意又与正常员工相隔离的工作空间工作,这可以被视为一个强烈的否定信号。

第四节　团队建设

在20世纪90年代前后,在强调参与和授权的气氛之下,对团队建设的研究引起越来越多的关注。团队结构为参与决策和授权的实际实施奠定了基础,同时增强了追随者的自我领导意识。

一、群体与团队

(一)群体的一般特征

在研究领导者与追随者的关系时,人们往往将追随者视为许多个别追随者的集合,因此用个别追随者特征的集合来说明追随者群体的特点。但群体(group)的特征并不等于组成群体的所有个别成员特征的简单相加,因为群体成员之间的相互作用会对每个群体成员的行为方式产生影响,并形成群体的独特特征。因此,从群体的角度来研究追随者的特征及其对领导者和领导方式的影响,对理解领导方式具有十分重要的意义。

根据肖(M. Shaw)1981 年对群体作出的定义,群体是具有互动关系的两个或两个以上的人,在这种互动中,每个人都影响他人并被每个其他的人所影响①。需要注意的是以下几点。首先,这里强调的是相互影响,这当然包括作为群体成员之一的领导者与其他群体成员之间的相互影响,而不是领导者对群体成员的单向影响。其次,每个群体成员都相互作用、相互影响,因此一群等公共汽车的人就不能算作这个意义上的群体,因为并不是在每个人之间都存在相互作用和相互影响;相反,一群在一起开会研究学校计划的人就可以被视为一个群体,因为在参加者之间有着高度的相互作用。再次,并不是每个人只属于一个群体,而是每个人同时可以属于很多不同的群体。最后,群体与组织是不同的。组织可以很大,其中大多数成员可能互不认识,这使组织成员之间并不是都存在相互作用和相互影响。一个组织中可以有很多群体。人们经常更多地与他们所属的群体认同,而不是与他们所属的组织认同,他们会对所属的群体投入更多的精力,而群体也能够比组织更好地满足其成员的一些重要的心理需求,如社会交往之类。

群体的一些特征对领导者和追随者都会产生重要的影响。休斯等人从 6 个方面总结了对领导者和追随者产生影响的群体特征②。

1.群体规模

群体的规模对领导者和追随者都会产生影响。

首先,领导者的产生在一定程度上受到群体规模的影响。人数多的大群体比人数少的小群体会对某个人出任领导者的概率产生更大的影响。

其次,当群体变大时,更容易出现一些“小圈子”(cliques),这种小圈子是由那些具有共同目标、价值和期望的个人组成的亚群体。由于小圈子比单个人更具有影响力,它们更容易对更大的群体施加重要的影响。领导者需要在其群体中确认这些小圈子,并予以妥善处理,因为许多团体间的冲突都是由这些具有不同的价值、目标和期望的小圈子造成的。

再次,群体规模也会影响领导者的行为方式。控制范围大的领导者倾向于更多地指示,他们花更少的时间与下属进行个人交流,而用更多非个人的方式影响追随者。而控制范围小的领导者倾向于显示更多的关心,他们采用更多个人化的方式来影响追随者。

第四,群体规模还会影响群体的效能。尽管巴斯等人曾提出完成任务的最佳

① M. Shaw, Group Dynamics: The Psychology of Small Group Dynamics, 3rd ed., New York, McGraw-Hill, 1981.

② Richard L. Hughes, Robert C. Ginnett, and Gordon J. Curphy, Leadership: Enhancing the Lessons of Experience, Boston, Irwin McGraw-Hill Company, Inc., 1996, p.336~348.

人数是 5 ~ 7 人,但这种概括可能过于简单化。然而,应当根据任务的性质来确定完成一项任务的最适当人数,不能太多,也不能太少。一方面,人数多会增加可用于完成工作的人力;但另一方面,人数多也会使成员之间在技能、价值、感知和能力等方面有更多的差异。当一项任务需要结合众人的共同努力才能完成时,如果人数比需要的少,任务就无法完成;如果人数超过了需要,每个成员的个人贡献就会降低。斯坦纳(I. D. Steiner)认为这是由于所谓的"程序损失"(process loss)造成的,即一些成员的努力方向不正确①。而拉坦恩(B. Latane)等人则认为这是由于所谓的"社会损耗"(social loafing),即当人们的工作不能按个人化的方式来计算时,人们就会减少自己的努力②。

2.群体的发展阶段

塔克曼(B. W. Tuckman)通过对 60 项群体研究的考察,发现群体一般会经历 4 个不同的发展阶段。首先是形成阶段(forming stage),其特征是群体成员以礼貌的方式交谈,收集其他成员的外在信息,相互信任度很低,会拒绝具有不良特征的人作领导者;接着是风暴阶段(storming stage),其特征是出现群体内冲突,情绪高涨,随着竞争者建立联盟和为充任领导角色的争斗,地位出现分化;接下来是关键的规范阶段(norming stage),出现了领导者,并形成了群体规范和凝聚力;最后达到了履职阶段(performing stage),群体成员为完成群体任务而履行功能性的、相互依赖的角色③。

根据群体发展 4 个阶段的划分,可以看到群体并不是都处于有领导的状态。人们所在的许多群体都是无领导的,而领导是随着群体的发展而出现的。同时,根据斯托克蒂尔和特伯格(J. R. Terborg)等人的观点,领导者在群体的不同阶段应当采取不同的领导方式。在规范阶段,领导者需要表现出更多的关心和维持群体的行为,以改善群体的凝聚力;而在履职阶段,应当表现出更多的任务行为以改善群体的生产力。如果在这两个阶段的行为方式被颠倒了,那么群体就会缺乏凝聚力和生产力④。

3.群体的角色

群体的角色是一组与特定职业和职位相联系的被期望的行为。大多数人都会在不同的群体中具有不同的角色,并会在同一群体内由于情况的变化而担任不同的角色。有助于提高组织效能的角色可以分为两类:一类是任务角色(task roles),包括发起、收集信息、分享信息、汇总、评价和指导等;另一类是关系角色(relation

---

① I. D. Steiner, Group Process and Productivity, New York, Academic Press, 1972.

② B. Latane, K. Williams and S. Harkins, Social Loafing, Psychology Today, 1979, 13 (no.4), p.104.

③ B. W. Tuckman, Developmental Sequence in Small groups, Psychological Bulletin, 1965, 63, p.384 ~ 399.

④ R. M. Stogdill, Group Productivity, Drive and Cohesiveness, Organizational Behavior and Human Performance, 1972, 8, p.26 ~ 43.

role)，包括协调、鼓励、保持公平等。还有一些角色对群体完成任务起着阻碍作用，被称为功能障碍角色(dysfunctional roles)，如支配、阻碍、攻击和涣散等。

金内特(R. C. Ginnet)的研究发现，有效的团队成员在其他角色要求出现变化时，能够灵活地改变自己的角色行为，而无效的团队成员则缺乏这种灵活性①。

当一个人的行为与人们所期望的角色行为相矛盾时，就出现了角色冲突(role conflict)，它会对人们的情绪和工作产生负面的影响。角色冲突有许多不同的形式。从信息发送的角度说，如果同一个人所发送的信息自相矛盾，就被称为发送者内部角色冲突(intrasender role conflict)；如果几个不同的人对同一个人的行为期望出现矛盾，就被称为发送者之间角色冲突(intersender role conflict)；当一个人不能如自己所愿地履行所有的角色时，出现的就是角色间冲突(interrole conflict)，如职业要求与家庭要求所导致的冲突；最后，当角色期望违背了个人的价值时，出现的就是个人—角色间冲突(person-role conflict)。

由角色产生的另一类问题是角色混淆(role ambiguity)。在角色冲突中，人们收到的信息是清楚的，但并不都是适当的。而在角色混淆的情况下，对行为的期望缺乏明晰性。这可能是由于还没有建立起角色期望，也可能是由于缺乏清楚的交流沟通。

对领导者来说，应当尽量减少群体中出现的功能障碍角色、角色冲突和角色混淆，因为它们对组织的承诺、工作的投入、出勤以及同事和上级的满意度都有负面的影响。

4.群体的规范

规范(norm)是群体为控制和调节群体成员行为而采用的非正式规则。虽然它并不经常以书面的方式来表达，也很少被公开讨论，但却对群体成员的行为具有强有力的和持久性的影响。规范并不控制所有的行为，只控制那些群体认为重要的行为，特别是那些有助于群体生存、明确所期望的行为、使群体避免造成困窘的个人间问题或表达群体的中心价值以及明确群体认同特征的行为。一个有意思的现象是，群体外的人往往比群体成员更容易注意到群体的特殊规范。因此，提高群体成员对自己群体规范的意识的一个方式，就是去观察其他群体的规范。

5.群体中的交流网络

确定群体正式沟通网络的一个方式就是去看组织的结构图。然而，尽管组织结构图准确地描绘了群体内的正式沟通形式，但群体内实际的互动形式却往往显现非常不同的沟通关系。在现实中，人们往往用较少的时间去与那些在组织结构图中与他们有联系的群体成员进行交流，而花更多的时间与那些和他们没有直接

① R. C. Ginnet, Airline Cockpit Crew, in J. Richard Hackman, ed., Groups that Work (and Those that Don't), San Francisco, Jossey-Bass, 1990.

关系的群体成员进行沟通。而交流时间影响着相互影响的程度。所以,为了理解群体成员实际的影响过程,人们更多地用人际关系测量技术(sociometric techniques)来确定实际的交流网络。所产生的关于交流和影响网络的人际关系网图(sociogram)可以帮助领导者和追随者更好地理解群体中的动态过程。

6.群体凝聚力

群体凝聚力(cohesion)是使群体保持在一起的“黏合剂”。它是群体对成员的吸引力、对离开群体的抗拒力以及激励群体成员在群体中积极工作的鼓舞力的总和。高凝聚力的群体比低凝聚力的群体具有更多的相互作用和相互影响。它还会导致低缺勤率和低流动率,而这有助于提高群体的绩效。较高的群体绩效反过来又有助于提高群体的凝聚力,并由此导致一种良性循环。相反,在一个低凝聚力的群体中,群体成员会彼此不满,并对领导者不满。这会降低对完成群体或组织目标的承诺,群体内的交流会减少,从而影响完成具有相互依赖性质的任务的绩效。因此,建立有凝聚力的群体应当是领导者始终追寻的目标。

值得注意的是,高凝聚力的群体不一定会导致高绩效。一个高凝聚力但缺乏技能的群体,在绩效上经常还不如低凝聚力但更有技能的群体。此外,高凝聚力的群体有时可能形成与更大的组织目标相悖的目标。一些群体的凝聚力强到在其成员与其他人之间树立起了屏障的程度,妨碍了他们利用群体外的资源来提高自身效能的可能性。

詹尼斯(I. L. Janis)还发现了高凝聚力群体的另一个缺陷,就是其成员经常更关注与群体不一致的意见作斗争,而不能客观地评价群体的行动过程。他将这种现象称为“群体思维”(groupthink)。出现群体思维的原因,是由于有凝聚力的群体倾向于形成强有力的非正式规范以保持内部的友好关系。维持令人感到舒适、和谐的群体环境成了一种“暗藏的动机”(hidden agenda),它倾向于压制不同意见、冲突和批判性思维。当群体成员对共存的寻求压倒了对不同观点和批判性思维的表达和容忍的愿望时,就会产生不明智的决策。群体思维的症状包括以下几方面。

①“刀枪不入”的幻觉(illusion of invulnerability),它导致群体盲目的乐观情绪和过度的冒险;

②不加置疑地认定群体道德,因此缺乏对群体行为结果的道德反省;

③集体的合理化(collective rationalization),它抵消了负面的信息或警告;

④形成了对反对意见的各种成见,如将其斥为邪恶、懦弱或愚蠢;

⑤群体成员对与群体舆论相左的观点进行自我审查(self-censorship);

⑥对一致性的幻觉(illusion of unanimity);

⑦对持不同意见的人的直接压力,将持不同意见视为对群体不忠的规范被强化;

⑧精神防卫(mindguard),以防止相反的信息进入群体。

一个决策群体如果显示出这些群体思维的症状，就会面临缺乏效率的巨大风险，妨碍明确目标、发现相关信息、评价其他可能性、评估风险以及对应急计划所需要的预期。为弱化这种群体思维，詹尼斯建议，首先，领导者应鼓励所有群体成员都承担批判性评价者的角色，使群体中的每个人都能理解公开怀疑和反对的重要性。领导者应当愿意倾听对自己观点的批评。其次，领导者应当通过他自己的公正性和客观性创造一种公开探索的气氛，在探索之初，领导者应当尽量避免陈述个人的偏好或期望，因为它会使群体讨论带有偏见。第三，建立独立的提供建议的小组，可以减少群体思维的风险。第四，至少要有一个群体成员被指定承担唱反调的角色，承担这一角色的人应当在每一次会议中轮换①。最后，如果一个高凝聚力的群体缺乏道德氛围，过度热心和效忠的群体成员就会为使领导人高兴而不惜采取违法行动。因此，领导者有责任在群体中建立一种道德氛围。如果领导者创造的群体是高凝聚力而缺乏道德感的，那么领导者应当为群体的不道德行为负责。

(二)团队与群体的区别

20世纪90年代盛行“团队”(team)概念，但人们对它的解释却有很大差异。一些人将“团队”当作“群体”的另一种说法；另一些人则将团队视为一种特殊的群体，它具有共同的承诺和合作性的任务。

休斯等人认为，可以从四个方面来区分团队与群体。第一，团队成员之间比群体成员之间具有更强的认同感。第二，团队成员具有共同的目标或任务，而群体成员对目标的看法却不像团队成员那样一致。他们可能以各种不同的个人原因而从属于群体，而这些原因所表达的目标相互冲突。第三，团队中任务的相互依赖性一般要比群体更强，而群体成员经常可以通过独立的工作来对完成目标作出贡献。第四，团队成员在角色上比群体成员具有更多的差异和专业分工。群体成员经常在一个群体中承担不同的角色，而团队成员经常在团队中只承担单一的角色或一个主要的角色。最后，休斯强调，这些区分可能只是程度上的，人们可以将团队看作高度专业化的群体②。

纳哈雯蒂总结了哈克曼(J. R.. Hackman)和卡曾巴赫(J. R. Katzenbach)等人的研究，通过将团队与集体进行对比，指出了团队的5个特征③。

(1)共同承诺　团队的全体成员都对共同目标以及通常由他们自己制定的方法作出承诺。全体成员必须一致同意目标的价值，并在达到目标的方法上达成一致。这种一致的达成为全体成员提供了一种愿景和激励。

---

① I. L. Janis, Groupthink, 2nd ed., Boston, Houghton Mifflin, 1982.

② Richard L. Hughes, Robert C. Ginnett, and Gordon J. Curphy, Leadership: Enhancing the Lessons of Experience, Boston, Irwin McGraw-Hill Company, Inc., 1996, p.349.

③ 纳哈雯蒂：《领导力》，第2版，王新译，193~194页，北京，机械工业出版社，2003。

(2)双向负责　一个团队要获得成功,成员必须具有彼此对组织、过程和结果负责的意识。集体成员只向他们的领导者或管理人员报告,只对领导者负责;而团队成员由于他们对团队的承诺,就要自己承担责任,自己负责具体实施。

(3)基于信任与合作的团队文化　集体成员拥有共同的标准,而团队成员却拥有共同的文化。团队成员愿意通过折中、协作与合作来完成他们共同的目标。一个合作的氛围并不意味着没有冲突。但是,如果是一种建设性的冲突,这种冲突能进一步增强团队的创造性,进一步提高团队的绩效。

(4)共同领导　共同领导也和文化相关。集体中有一个被指定的领导者,而团队则是由所有成员共同领导。

(5)协同效应　协同效应指团队成员共同合作的成就大于每个人的成就之和。集体成员共同努力只为完成目标,而团队成员则达到一个更高的绩效水平,如表 7-1 所示。

表 7-1　集体与团队特征比较

集　体	团　队
成员为同一目标而工作	全体成员都为他们承担的共同目标和任务作出承诺
成员只对管理者负责	成员之间彼此负责
成员没有稳固而明确的文化,冲突经常发生	成员彼此信赖,团队有一种合作文化
领导把任务安排给个人	全体成员参与领导
成员可以完成目标	成员产生合作效应:2 + 2 = 5

二、团队建设与领导方式

(一)团队成功的关键因素

团队并不都是成功的。有成功的团队,也不有成功的团队。美国创造性领导研究中心的哈勒姆(G. L. Hallam)和 D.P.坎贝尔总结了成功团队的 8 个特征:①清晰的使命;②高绩效的标准;③领导者经常清点所拥有的设备和培训设施,以及各种有助于团队的可用的外部资源;④评估团队成员的技术能力;⑤努力确保这些团队效能所必需的资源与设备;⑥计划和组织,使可用的资源得到最充分的利用,挑选具有必需技术能力的成员,或改善现有成员的技术能力;⑦高水平的交流;⑧尽量减少成员间的冲突①。

① G. L. Hallam and D. P. Campbell, Selecting Team Members? Start with a Theory of Team Effectiveness, Paper presented at the Seventh Annual Meeting of the Society of Industrial/Organizational Psychologists, Montreal, Canada, May 1992.

怎样建立一个成功的团队呢？金内特1993年提出了有助于团队成功创始的4项设计要素。

1.任务结构

团队成员必须知道任务是什么,任务必须是合理清晰的,并与团队的使命相一致。团队必须具有有意义的任务和完成任务的自主权,并能认识到将达到的结果。

2.团队的限度

团队成员的人数应当适合于所要完成的任务,不能太多;团队成员所拥有的知识和技能的总和要足以胜任工作;团队成员还要足够成熟,并有足够的人际关系技巧,从而能够一起工作和解决冲突;团队成员之间还要有一定程度的差异,不能在观点和经验上太一样,但这种差别也不能大到影响相互交流和相互关系的程度。

3.规范

作为一个团队来工作,团队成员必须具有共同的规范,这种规范可以来自团队外的组织,也可以由团队领导者制定,还可以是团队根据情境要求形成的。在团队制定一项方针时,要考虑它是否与团队的规范相冲突,同时也要经常检查团队所遵循的规范是否能够保证对整体目标的支持。

4.权威

领导者必须建立这样的气氛,使自己的权威以灵活而非僵化的方式来使用。他必须有足够的能力使团队在条件需要时服从其指挥,同时又使团队成员感到能够在适当的时候提供专家式的帮助。要使团队成员在对领导者的决策提出疑问时不感到不自在。总之,要使权威能够适应情境的需要①。

(二)促进团队作业的领导行为与态度

"团队作业"(teamwork)不仅仅是指由团队所做的任何工作,而且是指所有的团队成员对团队目标的理解与承诺,达到团队的协调。领导者可以通过自己的行为和态度促进团队的工作和协调,达布林将这样的行为总结为14个方面②。

1.定义团队的使命

发展团队作业的出发点是确定团队的使命。它应当包括特定的目标、目的和基本原则。领导者既可以在团队初建时确定使命,也可以在其他任何时候做这项工作。为一个已存在很长时间的团队确定使命,可以为其活动注入新的生命。使命的提出和承诺都会改善团队的运作。提出一个明确的使命需要对话,而这种对话确立了一种使团队成员能够表达其感受、观点和意见的氛围。在提出使命的过

① R. C. Ginnet, Crews as Groups: Their Formation and Their Leadership, in E. Wiener, B. Kanki, and R. Helmreich, ed., Cockpit Resource Management, Orlando FL, Academic Press, 1993.

② Andrew J. DuBrin, Leadership: Research Findings, Practice and Skills, Boston, Houghton Mifflin Company, 1995, p.191～200.

程中,需要的是一种参与型的领导风格。

2.形成团队作业的规范

促进团队作业的主要策略之一,就是要在团队成员中促进形成这样一种态度,即在一起有效地工作是所期望的行为标准。在一个具有很强个人主义文化的团队中,要形成团队作业的规范是一件困难的事情,但领导者可以采取一些其他方式来建立团队作业的规范。一些领导者鼓励团队成员彼此以顾客的方式相待,以此鼓励合作和礼貌的行为。领导者还可以明确提出他的愿望来促进团队作业规范的形成。他还可以通过经常使用那些支持团队作业的词语来交流团队作业的规范。例如,更多地使用"团队成员"或"队友"这样的词,少用"下属"和"雇员"这样的词,就有助于表达和交流团队作业的规范。让有影响的团队成员以规范的方式谈论团队作业,也有助于强化团队作业规范。

3.建立对突出业绩的自豪感

帮助团队认识到为什么团队的成就是值得骄傲的,是建立团队精神的一个基本方式。大多数团队都特别擅长完成某种任务,领导者应当帮助团队确定什么是团队所擅长的任务,什么是团队的优势特征,并尽力发扬这种优势。

4.做团队作业的榜样

做团队作业的正面榜样是领导者促进团队作业的一种有力的方式。领导者可以公开表明与团队工作有关的一些重要观点和态度,这会促使团队成员接受同样的观点。与团队成员的互动也是为团队作业做榜样的一种方式,因为它表明团队发展的机制就是经常的非正式的交流。在与团队成员的交流中,领导者可以强调自己也是团队成员,以"我们"的口吻进行交谈,而不是以"我"与"你们"的口吻进行交谈。

5.利用民意领导风格

领导者采用民意决策(consensus decision making)的方式可以促进团队作业。为重要决策进言,有助于使团队成员感到他们是有价值的团队成员。民意决策也可以导致团队内的观点交流,使团队成员在观点上彼此支持、补充和修正。

6.克服"我们—他们"的态度

"我们—他们"的态度会对团队作业产生重要的削弱作用,因为这意味着一个团队将另一个团队视为对手。这种态度会导致一线员工与办公室职员的对立,销售人员与制造工人的对立,外勤人员与总部人员的对立,等等。勇敢的领导者应该创建一种结构或体制,消除那些造成"我们—他们"态度的屏障。

7.建立紧迫的和严格的绩效标准

研究人员发现,团队成员需要相信他们的团队具有紧迫的、建设性的目标,他们也希望能明确列出对他们的期望。目标越是紧迫和重要,团队越是能发挥出最大的潜能。

8.强调对团队的认可

对团队成就的奖励会强化团队作业，因为人们是由于他们合作取得的成就而获得奖励。与这种奖励相伴随的认可，应当强调的是团队对组织的价值，而不是个人的价值。这种认可会使团队为其贡献和进步而感到骄傲，从而促进团队的认同。但这并不是忽略对个人价值的承认或否认个人的努力。对有突出贡献的个人可以颁发杰出绩效奖，这种绩效不仅是指个人自己工作的快速和准确，而且是指他能够与他人相协调。

9.使团队面临挑战

领导者可以向团队传达能激励团队成员去共同工作改善团队地位的事实和信息，以此来促进团队作业。新的信息可以促进团队重新确定和丰富对所面临的挑战的理解，使团队更容易集中精力于共同的目的，建立更清晰的目标，彼此之间合作得更顺利。传达与团队有关的事实和信息还有助于抵制群体思维。

10.鼓励团队竞争

支持团队去对付真实的或想象的外来威胁，可以鼓励团队作业。当竞争来自于组织外时，赢得竞争就更有意义；而当竞争者是在组织内时，团队精神可能会对整个组织带来负面影响，并会产生“我们—他们”态度的问题。当与另一个群体竞争时，领导者应鼓励合理的竞赛，而不是不顾任何道德的残酷竞争。

11.鼓励使用行话

研究发现，团队的符号和仪式结构对团队作业有重要的影响。这种结构的一个重要组成部分，就是能促进凝聚力和承诺的专门化的语言。这种专门化的语言实际上是团队内的行话(jargon)，它创造了团队成员之间的联系纽带，使团队与外来者区别开来。它也强化了独一无二的价值和信念，有助于公司文化的形成。行话还使团队成员交流起来更容易，减少了误解。

12.举行庆祝活动和各种仪式

研究发现，举行各种庆祝活动和仪式可以促进团队作业。庆祝活动和仪式为强化价值、振奋精神以及加强员工彼此及与团队之间的联系提供了机会。例如，当团队达到一个有里程碑意义的成就时，就可以举行团队庆功宴。

13.征求对团队效能的反馈

领导者可以通过系统地收集关于团队共同工作情况的反馈，来促进团队作业。在对团队绩效进行评估之后，团队可以讨论那些可以改进的方面。这种工作方式会促进合作。

14.尽可能减少微观管理

为了鼓励团队作业，领导者应当尽可能减少微观管理(micromanagement)，即减少对团队成员的许多行为的严密监管。作为一个好的团队领导者，就必须给予团队成员管理他们自己行为的充分机会。避免微观管理也是向员工授权的一个核心内容,因为被授权的员工被给予了充分的自由来管理他们自己的行为。研究表明,自我管理型团队的领导者鼓励自我强化、自我设定目标、自我批评、自我监督和评价、自我期望,以及对工作动作过程在头脑中进行预想。

第五节　组织冲突的化解

冲突是领导者会经常面对的问题,也是领导者需要花费很多时间和精力来解决的问题。根据托马斯(K. W. Thomas)和施密特(W. H. Schmidt)1976 年的调查,一线管理者和中层管理者大约要用 25% 的时间来处理冲突①,而冲突的解决又是领导效能中的一个重要因素。随着领导风格逐渐从专断指挥型转向强调理性说服、合作、妥协和互利的合作型,成功地解决冲突日益成为领导者和管理者的更重要技能。

一、组织内冲突产生的原因

根据罗宾斯(S. P. Robbins)的解释,当对立双方具有互不相容的利益和目标时,冲突就产生了。在组织和团队中的冲突可能产生于许多不同的原因。尤克尔认为,团体或团队成员产生冲突的条件是:①在价值、信念或目标上存在严重差异;②具有高水平的任务或横向的相互依赖关系;③为稀有资源或奖励而进行的竞争;④处于很高的应激状态;(5)面对不确定性或具有不相容的需求。根据凯兹德弗里斯和丹尼·米勒(Danny Miller)的观点,当领导者的行为方式与其为组织所提倡的愿景和目标不相吻合时,也会出现冲突。但根据托马斯和施密特的看法,造成这些不同层次冲突的最重要的原因之一,就是误解和沟通破裂。因此,领导者可以通过改善他们的沟通和倾听技巧,用更多的时间来与团体或团队成员进行沟通,以便最大限度地减少团体或团队内的冲突。

二、冲突的负面效应与正面效应

在 20 世纪早期,西方的研究者普遍将冲突视为组织中的消极因素。但到了 20 世纪 80 年代,对团体效能的研究却得出了不同的结论。例如,根据罗宾斯的观点,在一定水平上的冲突可能有助于促进创新和绩效,因此应当区别那些对组织绩效具有不同影响的冲突。而巴斯和罗伯茨(N. C. Roberts)等人的研究发现,冲突可以造成政治权力的彻底变革,会在组织的结构和设计、团体的凝聚力和团体或组织

---

① K. W. Thomas and W. H. Schmidt, A Survey of Managerial Interests with Respect to Conflict, Academy of Management Journal, 1976, 19, p. 315 ~ 318.

的效能方面带来巨大的变化。多伊切(Morton Deutch)认为,从积极的方面看,冲突可以防止呆板、激起兴趣、激发好奇心、作为激活问题的媒介、作为解决问题的媒介。休斯等人列出了冲突可能产生的正面影响和负面影响。可能的正面影响包括:①提高努力程度;②情绪得到发泄;③对他人有更好的理解;④推动变革;⑤促进更佳的决策;⑥关键性的问题被暴露出来;⑦刺激了批判性的思维。可能的负面影响包括:①降低了生产力;②减少了沟通;③不良的感受;④压力感;⑤更差的决策;⑥对合作产生消极影响;⑦政治上的陷害①。

三、冲突的类型与级别

(一)输赢关系分类

冲突可以根据双方的输赢关系分成不同类型。

(1)输—赢型　对冲突各方来说,其结果非输即赢,或是一方完全满意而另一方完全不满意,或是相反。在这种情况下的解决策略,是通过一方支配或压制另一方来结束冲突。但后果是被支配和压制的一方会心存怨恨,这种怨恨会以其他的暗中形式表现出来。

(2)零和型　对冲突双方来说,你所得即是我所失,双方的得失总和为零。但各方并不一定是全赢或全输,而可能是在一定程度上满意,在一定程度上不满意。其解决方案既可能是支配方式,也可能是谈判妥协方式,但各方的相对收益取决于各方的实利与相互依赖程度。

(3)双赢型　双方有可能达成都满意的结果。这种双赢的可能性要通过双方谈判来达成合作。

(4)双输型　在这种情况下,一方输并不意味着另一方赢,任何一方都无法从另一方的损失中得到好处,但各方仍然将对方视为影响自己满意感的障碍。其解决策略是双方作出妥协,都付出一定代价。但后果可能是双方都感到有所损失。

(二)冲突的级别分类

菲利普斯(Ronald C. Phillips)1988年根据冲突的发展阶段区分了冲突的6个级别②。

(1)差异　在这种情况下,双方对找到解决办法充满信心,相互信任,相互尊重,存在着自由交流,信息能够无歪曲地传达。但如果有来自内部或外部的煽动,冲突就可能升级。其解决方法通常是双方的讨论和教育,教育既可以通过解释原

---

① Andrew J. DuBrin, Leadership: Research Findings, Practice and Skills, Boston, Houghton Mifflin Company, 1995, p. 467.

② Ronald C. Phillips, Manage Differences Before They Destroy Your Business, Training and Development Journal, 1988, 42 (9), p. 66~71.

因,也可以通过正规的教育来开拓思维。

(2)不一致　其解决方法是谈判。

(3)不和谐　其解决方法是妥协。

(4)争论　在这种情况下,交流是有所戒备的,只能维持勉强的礼貌,冲突双方焦虑不安,缺乏耐心。如果给一方带来价值的东西会对另一方产生真实或潜在的威胁,冲突就会升级。各方的目标是从尽可能减少损失出发来解决问题。解决这种冲突的方法是谈判,对事不对人,注重团体和组织的需要,帮助双方为获得共同的利益作出合理的选择。

(5)斗争　在这种情况下,双方是竞争关系,没有建设性的交流,彼此开始采取不公正的手段,缺乏相互信任,各方固执己见。如果没有适当指导,特别是当各方都认为对方的胜利是建立在牺牲自己的基础上时,就会导致战争,各方的目标是必须赢。其解决方法是加强谈判,并加强第三方调解。

(6)战争　其解决方法是仲裁,如果不成功,就只能是一方控制局面,迫使另一方屈服。

在上述各阶段的冲突类型中,越是最初的阶段类型,冲突双方的相容性就越大,而解决方式通常是由双方自己就可以处理;越是后来的阶段类型,冲突双方彼此排斥的程度就越高,解决方式通常需要由第三方进行干预。谈判能够使双方都获益;妥协可以化解不和,但频繁的妥协会导致双输的结果;在谈判不再有结果时,就只能由第三方仲裁;仲裁不成功,就只能是一方控制局面。

四、冲突的应对策略

托马斯在 1976 年提出了解决冲突的策略模型,它以两个独立的维度为坐标:一个维度是合作/不合作(cooperativeness / uncooperativeness),它标志着各方满足对方愿望的愿意程度;另一个维度是坦陈/非坦陈(assertiveness / unassertiveness),它标志着各方对满足自己所好的渴望程度。根据这一模型,可以区分 5 种基本的冲突解决策略,如图 7-2 所示①。

在 1977 年发表的题为"走向教学中的多维价值:冲突管理的例证"的文章中,托马斯对这些策略进行了进一步的分析,并讨论了它们的运用情境。

(1)竞争(competition)　各方都想以牺牲对方为代价来达到自己的目的,这是赢—输取向的,其结果是支配(domination)。该策略的运用情境是:①当需要迅速、果断地采取行动时,如紧急状态;②对需要采取不受欢迎的措施的重要事项,如削减成本,实施不受欢迎的规定和规范;③在那些会对公司福利具有关键性意义的问

① K. W. Thomas, Conflict and Conflict Management, in M. D. Dunnette ed., Handbook of Industrial and Organizational Psychology, Chicago, Rand McNally, 1976.

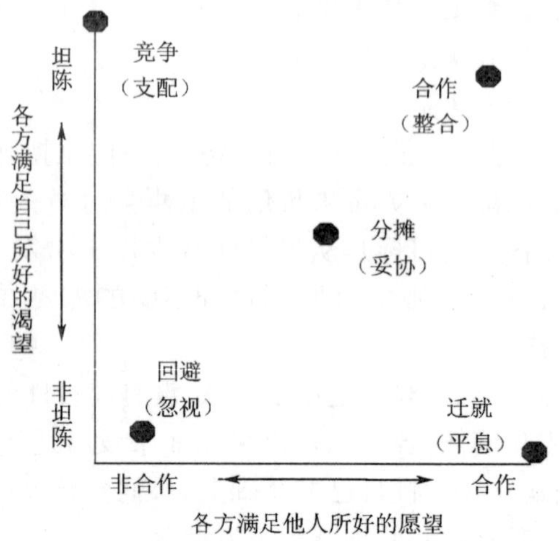

图 7-2　解决冲突的各种策略

题上；④针对那些利用非竞争行为的人。

(2)迁就(accommodation)　正好与竞争型相反，各方都完全为对方付出，而不去想自己的目的，其结果是平息(appeasement)。该策略的运用情境是：①当发现自己是错的，所以希望听到更好的观点，学到更多的东西，并显示自己是讲理的；②当问题对其他人比对自己更重要时，这样满足其他人可以维持合作关系；③为以后解决问题建立信誉；④当被别人超过或失败时要尽量减少损失；⑤当和谐和稳定特别重要时；⑥当允许下属通过在错误中学习来发展时。

(3)分摊(sharing)　这是支配与平息的折中，通过妥协(compromise)，双方都有所失，同时又都有所得。其结果是双方都有一定程度的满足，但不是完全满足。这种策略运用的情境是：①当目标是重要的，但不值得努力，或可能会破坏更具决断性的模式；②当具有同等实力的对立双方对相互的目标都有所承诺时；③要对复杂问题达成临时性的解决时；④当面临时间压力要达成权宜性的方案时；⑤当合作或竞争的方案不成功时作为后备的方案。

(4)合作(collaboration)　充分满足双方，这种解决问题的方式要求将双方所关心的利益加以整合(integration)。该策略的运用情境是：①当双方所关心的利益都非常重要，因而无法妥协时；②当目的是学习时；③当能够吸收具有不同视角的人的见解时；④当获得承诺要在双方所关心的利益上达成一致时；⑤要消除影响关系的那些感觉时。

(5)回避(avoidance)　无视双方所关心的利益，各方都收回或忽略自己的利益要求。该策略运用的情境是：①当问题并不重要或还有更重要的问题要解决时；②当感到没有机会满足自己的利益时；③当解决方案的潜在弊端大于收益时；④当让人们冷静下来恢复理性时；⑤收集信息需要延缓决定的作出时；⑥当其他人能更有效地解决冲突时；⑦当问题与其他问题有关联或是其他问题的症状时①。

五、谈判的技巧

谈判是解决冲突的最重要手段。费希尔(R. Fisher)和尤利(W. Ury)在1981年提出了谈判中需要注意的4个方面。

(一)用充分的时间为谈判做准备

领导者应当对谈判各方所关心的关键性问题、态度、可能的谈判策略和目标预先作出判断。

(二)应当将所涉及的问题与所涉及的人分开

谈判既会涉及大量的问题，也会涉及人与人之间的关系。这两方面很容易被纠缠混淆在一起，使谈判各方将对问题的谈判转向人与人之间的攻击，从而使冲突更难于解决。要作到将人与问题分别对待，领导者首先要注意不要让自己的担忧影响自己对各方意向的感知。特别是当感到威胁时，很容易认为对方具有负面的性质。同时，不要因为自己的问题而责备他人。即便这的确与他人有关，这种做法通常也只会起到负面的作用。

(三)专注于利益，而不是立场

专注于立场(position)，就是坚持自己的某一个具体的行为方式；而专注于利益(interest)，则具有更多的灵活性，因为为保证同一利益可以有不同的行为方式。如果领导者在谈判中只专注于立场，只坚持某种行为方式，就会使谈判没有任何回旋的余地。而如果领导者专注于利益，考虑维护利益的各种其他可能的行为方式，就会使冲突有多种解决的可能。领导者不仅在谈判中要专注于自己的利益而不是立场，而且也要专注于谈判对手的利益，而不是其立场，这样才能更好地理解彼此间的差异，为解决冲突奠定基础。

(四)寻找双赢结果

以谈判对手的损失为代价赢得谈判，其收益一般来说只是短期的。领导者在制定解决方案时，应当着眼于长远的目标而不是短期目标；应当努力建立一种互信和互利的关系，这种关系会在当下的谈判结束后不断延续。为了达成这一目标，领导者应当积极和不断地寻找能够满足双方需求和持续利益的双赢结果。这经常需要以创造性的方式发现新的能为双方提供收益的可能途径。但在现实中，并不是在每一种情境下都可以达到双赢的结果②。

---

① K. W. Thomas, Toward Multidimensional Values in Teaching: The Example of Conflict Management, Academy of Management Review, 1977, 3 (2), p. 484～490.

② R. Fisher and W. Ury, Getting to Yes, Boston, Houghton Mifflin, 1981.

戴高特—辛普金(Gilda Dangot-Simpkin)在 1992 年发表的题为“发展和磨炼你的谈判技巧的 8 种态度”的文章中对领导者如何运用谈判技巧提出了 8 点建议:①找到使双方都能达到目标的方式;②将对方视为合作伙伴;③了解情况;④了解合作伙伴的个性;⑤帮助对方;⑥提出或考察其他的方案;⑦接受对方的行为方式;⑧将谈判作为一个不断达到新的解决方式的进程[①]。

① Gilda Dangot-Simpkin, Eight Attitudes to Develop to Hone Your Negotiating Skills, Supervisory Management, 1992, 37 (2), p. 10.

第八章

组织变革的领导方式

20 世纪 80 年代以来,随着全球化的进程,企业组织和公共组织都面临全球化和知识经济的新情境,组织需要快速的发展,而组织间的竞争也日趋激烈。原有的组织结构和组织传统已经显现出它的不适应性,越来越多的组织不得不变革其文化,重新设计其业务,重组组织机构,采用或创造新技术,向组织成员授予权力,消除组织障碍,寻求可持续发展的方法,创造高度参与的组织和管理制度。在这种急剧变革的组织环境中,原有的领导方式也面临挑战。如何领导组织变革,成为领导研究中的一个重要课题。

第一节　交易型领导与变革型领导

交易型领导与变革型领导,是领导学研究者针对领导方式的变革需要所提出的区分。所谓"交易型领导"(transactional leadership),强调的是领导与下属之间的交换关系。交易型的领导者通过明确角色和任务要求来指导或激励下属向着既定的目标活动,他把为下属提供资源和报酬作为对下属积极性、生产效率和工作成就的交换。与交易型领导不同,"变革型领导"(transformational leadership)是通过勾勒组织愿景并热情洋溢地进行宣传,帮助员工开阔眼界,从只关注自己的工作或部门的狭隘考虑中解放出来,鼓励他们为了组织的利益而超越个人利益,从而对下属产生深远而不同寻常的影响。如果说交易型领导带有更多的理性色彩,是在交换中谋求一种平衡,那么变革型领导则带有更多的理想色彩,试图为组织提供一种希望和发展动力。

一、交易型领导与变革型领导的概念区分

政治学家伯恩斯(James MacGregor Burns)在 1978 年的《领导学》一书中,最先提出了"交易型领导"与"变革型领导"的区分。

他首先区别了“掌权者”(power-wielder)和领导者。掌权者是那些配置资源并影响追随者去实现他自己的目的或满足自己需要的人。他们的目标和需要通常不同于追随者的目标和需要,他们总是将追随者看作他们可以操纵和控制的对象,当作供自己使用的工具。与此相反,领导者是通过动员制度的、社会的或政治的资源来激发和满足追随者的动机,他们的目标和需要与追随者的目标和需要是不可分离的。

他进一步认为,领导可以采取两种形式:一种是交易型领导;另一种是变革型领导。

在交易型领导的情况下,领导者与追随者通过交换来满足需要。这种交换可能是经济上的、政治上的或心理上的。例如,用金钱来交换工作,以选票交换选票,或以忠诚来交换关心。交易型领导的一个重要特征在于它总是短时性的,一旦交易完成,便不再有继续将双方联系在一起的要求。因此,只有在双方能够相互受益,并且能够满足诚实、公平和守信这些对交换过程起着关键作用的所谓“典型价值”(modal values)时,这种领导方式才能对人们产生效果。伯恩斯还注意到,尽管交易型领导会相当有效率,但它却不能导致组织或社会的变革,反而趋向于使现存状态得以保存和合法化。

与交易型领导不同,变革型领导要通过诉诸追随者的价值和他们对更高目标的感觉来改变现存状态。变革型领导者对现存制度提出问题,并提出关于新社会或新组织的有吸引力的愿景(vision),这种新社会的愿景与领导者及追随者的价值都紧密地联系在一起,是与他们的价值体系相一致的理想。这种领导最终要在道德上提高人们行为的标准。变革型的领导者不仅诉诸追随者的价值观,而且也教导追随者如何成为他们自己的领导者,以便在变革运动中充当积极的角色。他们的运作是在比追随者更高的道德层次上,他们的愿景经常诉诸追随者的终极价值(end values),即社会或组织应当努力去实现的理想,包括正义、解放、自由、平等和兄弟般的关系。因此,他认为,变革型领导必须满足三个条件:①显示典型价值,提高人类良好行为的标准;②为达到终极价值而工作;③对他所关心的人们有正面的影响①。

从伯恩斯的区分中可以看出,“变革型领导”这一概念中所说的“变革”(transformation)涉及两个层次上的关系。其一是涉及领导者与追随者的关系,即领导者要将追随者的需要和价值目标提升到一个更高的层次,这与交易型领导以不改变追随者的需求和价值目标为前提所进行的交换形成对照;其二是涉及领导者的行为与要达到的组织目标的关系,即领导者并不是要保存组织现状,而是要改变组织的文化、结构、组织方式和行为方式,为组织带来重大的变化。尽管这两个方面是

---

① J. M. Burns, Leadership, New York, Harper & Row, 1978.

相互紧密联系的，但后来的研究者在强调重点上仍然存在着差别。有的学者强调领导者转变追随者的需求和价值的层面，如德卢加（Ronald J. Deluga）认为，变革型领导者与交易型领导者的一个非常重要的区别在于：交易型领导者只分析员工低层次的需要，并由此决定其目标，他试图通过对员工基本需要和工作感受的满足来维持组织现状；与此相反，变革型领导者能够意识到并且发掘员工超越个人眼前利益的高层需要，并以此激励员工超越其原有的绩效目标①。有的学者则强调领导者变革组织的层面，如皮尔斯和纽斯特罗姆认为："变革型领导者大幅度地推动和改变事物，不是用劝诱的方式，而是用激励的方式。他们能够通过个人的价值观、观念、激情以及敬业精神等来鼓舞和推动别人。"② 这种强调重点的不同，影响到如何将变革型领导与其他领导方式区别开来，如变革型领导与魅力型领导的区分。

二、交易型领导与变革型领导在行为方式上的区分

巴斯在1985年出版的《领导与超出期望的绩效》一书中，对交易型领导与变革型领导的行为特征作出了进一步的分析。

在他看来，交易型领导是靠确立目标和对所要求的绩效许诺奖赏的方式来激励追随者。交易型领导主要采用两种方式，一种是"有条件奖赏"（contingent reward）；另一种是"例外管理"（management-by-exception）。

所谓"有条件奖赏"，就是领导者确定目标，提出根据绩效所给予的奖赏，获得必需的资源，以及当达到绩效目标时提供奖赏。他们指出，这种有条件的奖赏行为对追随者的满意程度和绩效水平会有积极的影响，但它们并不经常被使用。这主要是因为时间上的限制，领导技巧的缺乏，以及许多领导者并不相信奖赏会使业绩大幅度增加。

所谓"例外管理"，就是指只有当没有达到绩效标准时，领导者才会与追随者产生互动。这种互动只出现在追随者实现目标的过程期间，而领导者的干预经常采取负面反馈和惩罚的方式。

与交易型领导不同，变革型领导有三个关键性因素，即魅力（charisma）、个人化的关心（individualized consideration）以及智力刺激（intellectual stimulation）③。阿维里奥在巴斯观点的基础上，将变革型领导的行为方式概括为四个方面，即理想化的影

① 德卢加：《变革型领导方式和交易型领导方式与雇员影响策略的关系》，载皮尔斯，纽斯特罗姆：《领导者与领导过程》，第2版，北京华译网翻译公司译，480页，北京，中国人民大学出版社，2003。

② 皮尔斯，纽斯特罗姆：《领导者与领导过程》，第2版，北京华译网翻译公司译，426～427页，北京，中国人民大学出版社，2003。

③ B. M. Bass, Leadership and Performance Beyond Expectations, New York, The Free Press, 1985.

响、动机激发、智力上的激励及个人化的关心[①]。

1.理想化的影响

变革型领导者能够产生巨大的具有象征意义的力量,追随者愿意认同领导者的这种能力,将领导者理想化,并常常对他们产生一种强烈的依附心理。追随者努力仿效或反映变革型领导者的行为,他们敬佩、尊重、信任并认同这样的领导者,拥护这些领导者就如同拥护他们自己的愿景与价值观。追随者的目标通常与他们自己的自我概念相一致。他们愿意作出额外的努力是因为他们从出色地完成任务中就可获得内在激励,而不仅仅是因为有可能得到更大的外在奖赏。他们将所要完成的眼下任务看作是实现更大的理想的一种方式。

为了获得这种理想化的影响,变革型领导者通常把追随者的需要与兴趣置于自己个人的需要之上。他们可能会为了他人而牺牲个人所得,指导、鞭策、同情和支持追随者。这样的领导者值得信任,展示出了高标准的伦理观念与道德操行,追随者会把这些领导者管理组织的模式看作是理想的。

2.动机激发

动机激发,是指通过为追随者提供意义感与挑战来指导他们的行为与沟通模式。这包括两个方面。一是领导者对未来愿景作出承诺,这个新的愿景与当前状况明显不同。勾画能够促进共识的、富有感召力的愿景,建立一套价值准则,这是变革型领导的基础。伊甘(G. Egan)指出:“变革风格的领导者是价值观的塑造者,创造发明者,团体目标的讲解者,值得模仿者,意义的制造者,寻路人,组织文化的塑造者。他们坚韧不拔,始终如一。他们的愿景如此强烈,以至他们在每一次的互动中都知道他们希望得到的是什么。他们的愿景不蒙蔽他人,而是授权于他们。”[②]纳哈雯蒂指出,领导者提供的愿景是产生变革的关键。一个清晰而富有激励性的愿景包括的要素有:①它是一个简单、清晰而又易于理解的目标;②它是一个具有挑战性的理想目标,同时它又是一个现实的可以实现的目标;③它具有价值、情感和理想;④它关注未来,但以现在为着眼点,而领导者在愿景的建立和宣传中起到了关键的作用[③]。二是领导者展示出巨大的热情与乐观情绪,这种情绪对追随者的生活产生持续的影响,并能培养他们的团队精神,激发他们积极地去实现愿景目标。

3.智力上的激励

智力上的激励,是指激发追随者的革新精神与创造力。变革型的领导者鼓励

---

① B. J. Avolio, Full Leadership Development: Building the Vital Forces in Organizations, Thousand Oaks, Calif., Sage, 1995. B. M. Bass, Transformational Leadership: Industry, Military, and Educational Impact, Mahwah, NJ., Lawrence Erlbaum, 1998, p.43~49.

② G. Egan, Change Agent Skills, Monterey, Calif, Brooks/Cole, 1985, p.204.

③ 纳哈雯蒂:《领导力》,第2版,王新译,224页,北京,机械工业出版社,2003。

追随者对原先所持的假设提出质疑,探讨新的观点与方法,以及从新的视角去观察熟悉的环境。追随者不会因为自己的观点可能会与领导者的观点有所不同而受到批评。尽责的追随者也不会因为失误而受到公开批评,领导者对他们的错误具有相对较高的容忍力。变革型的领导者考虑的重点在于问题是"什么",而不纠缠于"谁"应受到指责。

变革型的领导者也从追随者那里积极地寻求新的观点和富有创造力的解决办法。追随者不害怕要求领导者重新审视自己看问题的角度与假设,而领导者也愿意抛弃已经失效的系统与实践经验,即使这些是他们最先提出的。在他们看来,向自己提问比把所有问题留给竞争对手要好得多。

4.个人化的关心

个人化的关心,是指领导者特别注意满足每一个追随者的成就与成长的需要。变革型的领导者将追随者当作个体来对待,对他们给予个人性的关注、教导、私人劝告和发展机会。他们做事像教练、导师、老师、帮助者、知己与咨询者,鼓励追随者与同事不断开发自己更高水平的潜能。追随者的个体差异得到理解,他们在绩效上的提高得到回报,这强化了他们的创造力与革新意识。领导者与追随者之间的谈话是开放式的,他们注意倾听追随者的倾诉。

需要注意的是,巴斯以及后来的研究者在区分交易型领导与变革型领导时,并没有否定交易型领导的作用。赫尔雷格尔指出:"在最大限度开发领导潜能中,最好把交易型领导看作是不完全的,但却不是糟糕的。"① 就像阿维利奥(B. J. Avolio)所指出的:"没有交易作基础,期望经常是不明确的,命令令人费解,你工作努力的目标也是十分模糊的。……显然,在这里交易是更成熟的相互影响的基础。"②在巴斯及后来的许多研究者看来,变革型领导包含了交易型领导方式的作用,并使之扩大化③。就像霍兰德所指出的:"在某种程度上,变革式领导可以被视为交易式领导的扩展,伴随更大的领导强度和追随者反应。"④ 纳哈雯蒂将二者视为执行着不同的功能:变革型领导行为关注组织对外部的适应性,而交易型领导行为则保证组织内部的健康运行⑤。

---

① 赫尔雷格尔等:《组织行为学》,第9版,余文钊等译,570页,上海,华东师范大学出版社,2001。

② B. J. Avolio, Full Leadership Development: Building the Vital Forces in Organizations, Thousand Oaks, Calif., Sage, 1999, p.15.

③ 德卢加:《变革型领导方式和交易型领导方式与雇员影响策略的关系》,载皮尔斯,纽斯特罗姆:《领导者与领导过程》,第2版,北京华译网翻译公司译,480页,北京,中国人民大学出版社,2003。

④ 霍兰德:《领导、服从、自己和他人》,载皮尔斯,纽斯特罗姆:《领导者与领导过程》,第2版,北京华译网翻译公司译,347页,北京,中国人民大学出版社,2003。

⑤ 纳哈雯蒂:《领导力》,第2版,王新译,221页,北京,机械工业出版社,2003。

三、变革型领导怎样促使变革产生

变革型领导者面临的任务,通常是要使组织业绩由低水平提高到可接受的水平,或由可接受的水平提高到更高的水平,或是将组织从危机状态带入到安全地带。要完成这些重大的目标,就要进行组织变革,对组织文化或亚文化进行彻底的"检修"。变革型领导者如何促使这种变革的发生和成功呢?达布林总结了变革型领导者促使变革发生的6种方式①。

(一)提高人们的意识

变革型领导者促使团体成员意识到某种奖赏的重要性和价值,以及获得这种奖赏的途径。例如,他会指出如果公司成为该领域的首强,员工们将会感受到的骄傲,也会指出实现这一成功将会得到的经济上的奖励。

(二)帮助人们超越自我利益的眼界

变革型的领导者会帮助团体成员从团队和组织发展的大局出发去考虑问题,如为了不增加更多的人手,领导者会一方面对员工从事繁重工作的情况表示体谅,觉得很愿意再增加人手来减轻人们的工作;但另一方面又会向员工解释,如果增加了更多的员工,公司就会出现亏损,就会被其他更大的公司吞并,等等。

(三)帮助人们寻求自我实现

变革型的领导者帮助人们超越对较小满足的关注,去寻求自我实现。例如,为了鼓励员工牺牲一些休息时间,领导者一方面会表示自己体会每一个假日的休息对员工都是非常重要的;但另一方面,如果能如期完成这一投标合同建议书,就能取得这份让业内同行都羡慕的合同。在这里,让"业内同行羡慕"满足的是自我实现的需要。

(四)帮助人们理解变革的需要

变革型的领导者必须帮助团体成员从情感和理智两方面都理解变革的需要。问题在于,变革会带来人员的变动和不适应的感觉。有效的变革型的领导者会意识到,这种情绪因素会抵制变革,并且以公开的方式处理这一问题。组织变革很类似于生命中的转折,必须成功地结束才能使新的开始成为可能。人们必须超越他们的过去中摆脱对过去的怀恋。

处理大量员工的对立情绪无疑是一件巨大的任务。成功的领导者处理这一问题的一种方式,是召开讲座会,在会上,管理者与员工无拘束地畅谈他们对变革的感受。这种方式在公司缩减规模时是非常有效的。许多幸存下来的员工都会有一种难受的感觉,因为许多能干的同事失去了他们的工作,而他们还能被继续雇用。

---

① Andrew J. DuBrin, Leadership: Research Findings, Practice and Skills, Boston, Houghton Mifflin Company, 1995, p.69~70.

显然,组织这种座谈会,领导者需要有相当的倾听技巧。

(五)使管理者具有紧迫感

要创造一种变革,领导者要将主要的管理者凝聚在一起,使他们理解变革的紧迫性。管理者必须在要达到和可能会达到的愿景这两方面与最高领导者具有一致的看法。为了“推销”改善组织的愿景,领导者必须利用各种可能的机会,向下层管理者反复解释自己的愿景,使他们接受自己的愿景。

(六)宣传变革的重大意义

要将变革事业看作是个人和组织表现其价值和活力的机会。通过对这种重大意义的承认,领导者提高了员工的精神境界,加强了与社会的联系。重大的意义不仅包括努力实现诸如利润和高股票价值这样的商业效益,而且还包括从善如流的道德感。领导者要向员工灌输为客户服务和保证质量的愿望,还要促进他们的主人翁和参与的感觉。

四、变革型领导方式的效果

赫尔雷格尔认为,变革型领导风格培养一种合力(synergy)。当人们一起创造出新的好于个人努力结果的选择途径与解决办法时,合力就发生了。当人们以不同的方式看事物时,组织获得合力的机遇最大,也就是说,差异带来机遇。领导者与追随者之间的关系不会因为差异而破裂,但却会因为人们没有理解差异的价值和没有领会如何利用差异而破裂。学会思考双赢的结果,并且学会为了理解他人而倾听的人们能够创造出合力。但这种观点是否能得到经验检验呢?许多研究者针对这一理论进行了大量的实证研究,得出了一些重要的结论。

(一)哈特和巴斯的研究

哈特(John J. Hater)和巴斯假定,变革型领导和交易型领导构成了两个独立的领导维度。因此,就像用体恤和建构所构成的领导模式四分图一样,一个领导者也可以被评价为高变革低交易、低变革低交易、低变革高交易或高变革高交易这样的领导类型。在此基础上,他们发展出“多因素领导问卷”(multifactor leadership questionnaire),用以评估领导者展现出的变革型或交易型领导风格的程度,以及追随者对他们的领导者的满意程度和相信他们的领导者是有效的程度。

他们调查了1 500多名总经理、技术团队的领导者、政府和教育部门的管理者、中高级管理者及美国陆军的高级军官。他们的研究结果表明,那些将他们的管理者描述为更具变革型的下属,更倾向于认为这些领导者所领导的组织单位是更高效的;而那些被描述为变革型的领导者被判断为比那些被描述为交易型的领导者更有效。一方面,他们被认为与其上司有更好的关系;另一方面,他们的团队成员为他们尽更大的努力。如果领导者被判断为只是交易型的,则组织就被视为更缺乏效率的。此外,如果领导者被描述为变革型的,则他们的团体成员的绩效评估就会更高[①]。

(二)德卢加的研究

德卢加在1988年发表的题为"变革型领导方式和交易型领导方式与雇员影响策略的关系"的文章中认为,交易型和变革型领导方式的理论,有助于理解领导者和员工之间的影响过程。他们研究的目的,是比较领导者与员工之间不同的影响动力[②]。

他调查的对象是少数民族地区的一个工业企业中的400名正式或非正式的员工。他的研究得出了如下3个结论。

①领导者向下的影响行为,会反过来影响员工向上的影响行为。

②与变革型领导方式相比,交易型领导方式确实增进了领导者与追随者之间的管理活动。交易型的领导者与员工之间形成的是一种交易关系,这种关系主要是在目标不能实现时发挥作用。在这种情况下,员工会因为缺少期望而使交易地位被削弱,而领导者的交易地位相应地得到加强。领导者可以运用自己的多种权力来源,即奖励或惩罚,来控制员工所看重的结果,从而影响员工的表现。但机敏的员工会意识到他们的不利地位,充分利用和发展自己特有的力量源泉,如专业知识、努力、奉献精神,以及掌握各种各样重要的便利手段,形成自己相对的强势地位,以便获得更多的组织利益。

③与交易型领导方式相比,变革型领导方式与领导者的效率和员工的满意之间的关系更为密切。相对于交易型的领导者与员工之间的关系而言,变革型的领导者与员工之间的相互作用呈现出相对稳定的影响活动。一方面,变革型的领导者与员工之间很少出现报复性的关系,只有少量的而且不严重的反向关系。变革型的领导者与员工之间的稳定的影响行为有利于组织,它会使领导者和员工联合起来,为了共同的团体目标而努力工作,不会为了以前的小隙而分道扬镳。另一方面,员工对变革型领导方式相当满意,并且认为这种管理手段更有效。而在交易型领导的情况下,当某个员工不能完成销售定额时,他们就显然处在一种比较不利的谈判地位,不可能成功地获得其渴望已久的大办公室、度假计划和红包。领导者可能运用这些员工渴望得到的好处来影响他们,使他们能够完成销售任务。然而,员工有可能对这种胡萝卜加大棒的做法心怀不满,等到销售额和交易力量对比得到改善时伺机报复。这种报复可能采取无理要求补偿以前的损失的形式,也可能采取跳槽的形式。交易型的领导者与员工之间力量对比的变化,导致力量和影响之

---

① John J. Hater and Bernard M. Bass, Supervisors' Evaluations and Subordinates' Perceptions of Transformational and Transactional Leadership, Journal of Applied Psychology, 1988, November, p.701.

② 德卢加:《变革型领导方式和交易型领导方式与雇员影响策略的关系》,载皮尔斯,纽斯特罗姆:《领导者与领导过程》,第2版,北京华译网翻译公司译,480~484页,北京,中国人民大学出版社,2003。

流的不停波动。如果这一过程伴随着游戏规则的瘫痪,便可能使组织的运作处于临界状态。

他的结论是:“相互对抗和相互排斥的利益之争,会给管理带来很高的成本;各种内部力量平衡的起伏不定反过来会影响对组织整体利益的关注。变革型的管理手段的关键在于能够改变这种由起伏不定的管理者—雇员之间力量对比所引起的具有破坏性的影响网络,其结果会大大提高组织效率。”①

(三)波得萨阔夫等人的研究结果

波得萨阔夫等人在1990年发表的“变革型领导者行为及其对于追随者对领导者的信任、满意及组织公民行为的影响”的文章中总结了他们的研究成果。他们指出,以往的经验检验的结果已经证明了变革型的领导者的行为会对员工的态度、努力及“本职角色”表现产生影响。但变革型领导方式的真正本质,在于这些领导者将普通人提升到一个非凡的境界,并且使得追随者所做的工作超过他们被期望做的工作。正如格雷厄姆(J. W. Graham)所指出的那样,变革型领导者最重要的影响,应该是对非本职角色表现的影响。变革型领导者应该激励追随者在一种超越于机械服从日常组织命令的层次上行事。他们将这种非本职角色行为称为“组织公民行为”(organizational citizenship behaviors, OCB)。在他们看来,变革型的领导者的行为对追随者的非本职行为的影响,既可能是直接的影响,也可能是通过信任和满意程度这两个调节因素而实现的间接影响。换句话说,领导者行为的全部影响可能是直接影响和通过诸如信任和满意等调节因素而产生的间接影响共同作用的结果。

根据以上假定,他们检测了变革型的领导者的行为对组织公民行为所产生的影响,以及信任和满意在这一过程中的调节作用。他们通过一家大型石油化工公司的988名员工对变革型的领导者行为、信任及满意进行测度,又通过这些员工的领导者对员工的组织公民行为进行测度,然后用建构均衡模型检测变革型的领导者的行为对信任、满意及组织公民行为的影响,同时也检测了交易型领导的主要行为(有条件的奖励行为)所产生的影响。

波得萨阔夫等人将变革型领导者的主要行为概括为6种。

(1)确定和表明某种设想　领导者行为的目的在于为其小组、分支机构或公司确定某些新的机会,发展对未来的设想,说服和鼓舞别人支持他的设想。

(2)提供适当的典型　领导者为追随者树立了一个学习的榜样,它与领导者所信奉的价值观一致。

(3)培养对团体目标的认同　领导者行为的目的旨在促进员工之间的合作,并

① 德卢加:《变革型领导方式和交易型领导方式与雇员影响策略的关系》,载皮尔斯,纽斯特罗姆:《领导者与领导过程》,第2版,北京华译网翻译公司译,484页,北京,中国人民大学出版社,2003。

且使他们为了一个相同的目标而共同努力。

(4)较高的表现期望　表明领导者期望追随者优秀,具有高素质,表现卓越。

(5)提供个体化的支持　领导者的行为表明了他尊重追随者,并且关心他们的个人感受和需要。

(6)智力刺激　领导者激励其追随者重新审视他们的工作假设,并重新考虑应该如何完成工作①。

他们对这6种领导行为对员工的组织公民行为的影响进行研究检验,并得出了以下结果。

第一,变革型的领导者的行为对组织公民行为的综合影响是间接的,而不是直接的,其原因在于这些影响受到追随者对其领导者的信任的调节作用。具体来说:①变革型的领导者的行为对组织公民行为没有直接影响;②变革型领导者的行为对员工的信任和满意均会产生影响;③信任会影响组织公民行为,而满意则不会影响组织公民行为。

第二,交易型的领导者的行为对组织成员的行为直接产生影响,而不是间接产生影响。特别是,有条件的奖励行为会对利他主义和竞技精神产生影响。

第三,从变革型的领导者的各种行为的分别影响来看,变革型的领导者的核心行为、个体化的支持和智力刺激,是信任和满意的决定性因素。但核心变革行为及个体化的支持都能产生预期的积极影响,而智力刺激会对信任和满意产生消极影响。

对于智力刺激对信任和满意产生消极影响这一结果的原因,他们认为可能在于智力刺激会产生角色模糊、内心冲突及压力。尽管从长远来说,智力刺激可能产生理想的效果,但是在短期内,那些不断极力要求和告诫其追随者寻求新的更好的做事方式的领导者,会在追随者心中产生模棱两可、内心冲突以及其他形式的压力。如果领导者的智力刺激所产生的更高的工作要求会增加追随者的压力、模棱两可、内心冲突,那么,追随者会因此而减少对领导者的信任,他们所采取的组织公民行为也会更少。正像科恩(S. Cohen)和摩托维德罗(S. J. Motowidlo)等人的研究成果所表明的,提高工作要求所导致的压力会降低人际之间的敏感性,减少他们之间的互助行为②。智力刺激可能降低追随者的信任和满意的另一个原因,可能与刺激行为本身的不稳定性有关。根据阿维利奥和巴斯的观点,智力刺激会产生一

---

① 波得萨阔夫等:《变革型领导者行为及其对于追随者对领导者的信任、满意及组织公民行为的影响》,载皮尔斯,纽斯特罗姆:《领导者与领导过程》,第2版,北京华译网翻译公司译,490页,北京,中国人民大学出版社,2003。

② S. Cohen, Aftereffects of Stress on Human Performance and Social Behavior: A Review of Research and Theory, Psychological Bulletin, 1980, 16, p.64~73. S. J. Motowidlo, J. S. Packard and M. R. Manning, Occupational Stress: Its Causes and Consequences for Job Performance, Journal of Applied Psychology, 1986, 71, p.618~629.

种对当前环境的重新评价,因此可能会使员工超越个人的局限性,从而导致对“旧的”同时又可能是比较容易的假定提出质疑。不停地进行智力刺激的领导者,被认为是不可捉摸的、靠不住的,因而得到的信任也比较少。

第四,较高的表现期望会减弱员工对领导者的信任。对此,他们的解释是:如果领导者不断地向员工提出较高的要求,而从不表示相信员工具有实现那些要求的能力,员工不信任这样的领导者当然就在情理之中了①。

(四)柯菲的研究

变革型领导与交易型领导的区分,引发了大量的研究。柯菲(G. J. Curphy)在1991年所写的博士论文中对各种研究文献进行了全面的回顾。这一回顾显示,大部分研究都是对追随者采用多因素领导问卷,并考察在多因素领导问卷的因素之间的关系,或多因素领导问卷的因素与追随者的满意及领导者的有效性等级、领导者的提升评估等级或领导者的绩效评估等级之间的关系。根据柯菲的报告,以往的研究显示,变革型领导与交易型领导并不是两个独立的维度,它们是高度相关的,即在一个维度上的高分数,倾向于在另一个维度上也得到高分,反之亦然。这些研究还显示:变革型领导的各因素和交易型领导中的有条件奖赏这一因素,与追随者的满意程度及领导者的有效性程度具有很强的相关性。而这些领导因素与领导者的晋升评估等级及业绩评估等级的相关性却较低②。

柯菲也对美国空军学院进行了为期两年的调查研究,调查对象涉及11 500名军校学生对160名军官的评估,并使用了单位绩效指数、摩擦评估以及组织氛围评估作为领导有效性的标准。在他的研究中也显示,变革型领导与交易型领导并不是彼此独立的,而是高度相互关联的。同时,变革型领导和有条件的奖赏因素,与组织的氛围评级具有很强的正向相关。

柯菲还发现,变革的和有条件的奖赏的领导风格,对要求独立努力的单位绩效指数没有效果,但对要求相互依赖的努力的单位绩效指数却有很强的正面效果。此外,要求相互依赖的努力的单位绩效指数与这些领导因素之间的关系随着时间的延长而变得更强。因此,他认为,在人们能够看到变革的和有条件奖赏的领导风格对绩效的影响效果之间,可能有一种时间上的滞后。人们会先看到领导者推销其愿景,建立目标,发展与追随者的紧密联系,以及执行奖励,然后才会看到在团体

---

① 波得萨阔夫等:《变革型领导者行为及其对于追随者对领导者的信任、满意及组织成员行为的影响》,载皮尔斯,纽斯特罗姆:《领导者与领导过程》,第2版,北京华译网翻译公司译,487~499页,北京,中国人民大学出版社,2003。

② G. J. Curphy, An Empirical Investigation of Bass' (1985) Theory of Transformational and Transactional Leadership, Ph. D, Dissertation, University of Minnesota, 1991.

或团队的工作绩效方面出现的差别①。

(五)其他研究

简·豪威尔和阿维里奥对变革型领导与交易型领导进行了为期一年的研究。在1993发表的研究报告中,他们指出,商业组织的绩效与变革型领导而不是交易型领导更相关②。亚马里诺(F. J. Yammarino)等人同年的研究报告也表明,变革型领导者在其职业生涯的晚期比交易型领导者倾向于得到更好的绩效评估等级。这两项研究结果都表明,变革型领导的效果要经过一段时间后才能被认识到③。同时,亚马里诺的研究、巴斯和阿维里奥1994年的研究以及S.M.罗斯(S. M. Ross)和奥弗曼(L. R. Offerman)1997年的研究也都表明,变革型领导与下属的满意水平的相关性比交易型领导更高④。

总结这些研究,可以看到,变革型的领导者也会采用一些有条件奖赏的行为来激励追随者。同时,在变革型和有条件奖赏方面得分高的领导者,也会使追随者的满意度更高,而且其工作团体或团队也会有更好的组织氛围。但也可以看到,尽管变革型的领导者会被其下属更加喜爱,但在提高组织绩效方面却并不比非变革型领导者更快。对此,研究者作出了不同的解释,其中包括:①需要独立努力的单位绩效指数可能对领导者的行为相对来说不太敏感;②组织也许不接受或不需要变革型的领导者;③上级的晋升推荐和绩效评估可能更多地依据技术专长,而不是领导者与追随者之间的关系。尽管如此,后来的一些研究已经表明,那些其绩效评估或晋升推荐依据于其团体对相互依赖性任务的完成情况的变革型的领导者,会被更快地提拔。

第二节 魅力型领导

变革型领导与魅力型领导之间的关系,是一个有争议的问题。在这个问题上,

---

① G. J. Curphy, The Effects of Transformational and Transactional Leadership on Organizational Climate, Attrition, and Performance, in K. E. Clark, M. B. Clark, D. P. Campbell, ed., Impact of Leadership, Greensboro, NC., Center for Creative Leadership, 1992.

② J. M. Howell and B. J. Avolio, Transformational Leadership, Transactional Leadership, Focus of Control, and Support for Innovation: Key Predictors of Consolidated Business Unit Performance, Journal of Applied Psychology, 1993, 78, p.891~902.

③ F. J. Yammarino, W. D. Spangler and B. M. Bass, Transformational Leadership and Performance: A Longitudinal Investigation, Leadership Quarterly, 1993, 4, p.81~102.

④ B. M. Bass and B. J. Avolio, ed., Increasing Organizational Effectiveness through Transformational Leadership, Thousand Oaks, CA., Sage, 1994. S. M. Ross and L. R. Offerman, Transformational Leaders: Measurement of Personality Attributes and Work Group Performance, Personality and Social Psychology Bulletin, 1997, 23, p.1078~1086.

大致有以下两种观点。

第一种观点认为,魅力型领导包含在变革型领导之中。在巴斯对变革型领导的研究中,可以看到他已经将魅力作为变革型领导的关键要素之一。赫尔雷格尔认为:"变革型领导模式建立在交易型、魅力型及归因的领导模式的基础上并作了拓展。对一个领导者而言,这个模式明显是实施起来最全面以及最富有挑战性的。"①

由这一观点所能推出的两个结论是:①所有的变革型领导者都应当是有魅力的;②并非所有魅力型的领导者都是变革型的。休斯等人指出,所有的变革型领导者都是有魅力的,但并不是所有魅力型的领导者都是变革型的。变革型的领导者有魅力,是由于他们能够提出令人向往的未来愿景,并且与追随者形成强烈的感情联系。这些愿景和联系与追随者的价值体系相一致,并有助于追随者满足他们的需要。但那些魅力型却非变革型的领导者虽然也能传达愿景并形成强烈的感情联系,却只是为了满足他们自己的需要才这样做②。达布林指出:"魅力型和变革型领导是紧密交织在一起的。但要记住,并非所有魅力型的领导者都是变革型的领导者。除非你对组织进行了重大变革,否则你就不是一个变革型的领导者。"③

第二种观点认为,魅力型领导必然具有变革精神,尽管他们并非都能通过他们的人格魅力达到变革的效果④。因此,有些研究者对二者干脆不加以区分,如霍兰德直接用连字符将两个概念结合在一起,统称为"魅力式—变革式领导者"⑤。达布林虽然认为并非所有的魅力型的领导者都是变革型的领导者,但他也将二者放在一起,作为一个整体概念来进行研究。

在本书作者看来,尽管魅力型领导与变革型领导之间的联系十分密切,但它们强调的是不同的侧面。"变革型领导"主要强调的是领导者与组织目标的关系,而"魅力型领导"更多强调的是领导者与追随者之间的关系。因此,对二者仍然分别加以论述。

① 赫尔雷格尔等:《组织行为学》,第9版,余文钊等译,576页,上海,华东师范大学出版社,2001。

② Richard L. Hughes, Robert C. Ginnett and Gordon J. Curphy, Leadership: Enhancing the Lessons of Experience, Boston, Irwin McGraw-Hill Company, Inc., 1996, p.281.

③ Andrew J. DuBrin, Leadership: Research Findings, Practice and Skills, Boston, Houghton Mifflin Company, 1995, p.64.

④ 皮尔斯,纽斯特罗姆:《领导者与领导过程》,第2版,北京华译网翻译公司译,427页,北京,中国人民大学出版社,2003。

⑤ 霍兰德:《领导、服从、自己和他人》,载皮尔斯,纽斯特罗姆:《领导者与领导过程》,第2版,北京华译网翻译公司译,347页,北京,中国人民大学出版社,2003。

一、魅力和魅力型领导的概念

(一)词源出处

西文中的“魅力”(charisma)一词源于希腊语,意思为“天赋”。在《圣经》第12章圣保罗给罗曼的两封信中,该词用来形容圣灵。所描述的魅力天赋包括预言、统治、教化、传道、睿智以及净化等。随着时间的推移,这一术语逐渐用来表示宗教教会组织的合法性基础。

(二)韦伯的“魅力型统治”概念

社会学家马克斯·韦伯最先将魅力与统治方式联系起来。他在研究统治方式的过程中,区分了3种合法统治的类型:第一种是合理型统治,它建立在相信统治者在章程中所规定的制度和指令权利的合法性之上,统治者是合法授命进行统治的。换言之,人们服从有合法章程的、事务性的、非个人的制度和由它所确定的上司。第二种是传统型统治,它建立在普遍相信历来适用的传统的神圣性和由传统授命实施权威的统治者的合法性之上。人们在习惯的范围内,由于尊敬而服从传统所授命进行统治并受传统约束的统治者个人。第三种是魅力型统治,它是建立在献身于某个人以及由他所默示和创立的制度的神圣性、英雄气概或楷模样板的基础之上。人们服从具有魅力素质的领导者本人,在相信他的这种魅力的适用范围内,由于个人信赖默示、英雄主义和楷模榜样而服从它[①]。

所谓“魅力”,在马克期·韦伯的解释中,是指一个人所具有的被视为非凡的品质。它体现为预言家、精通医术或法术的智者、狩猎的首领或战争的英雄身上的那种魔力。他们因魅力而被视为具有超自然的、超人的、任何其他人无法企及的力量或素质,或者被视为由神灵差遣的,或者被视为楷模,因此也被视为领袖[②]。

魅力型统治与其他两种统治方式具有完全相反的性质。官僚体制的统治在受推理分析规则的约束的意义上,特别合理;而魅力型的统治在毫无规则的意义上,特别不合理。传统型的统治受已往的先例的约束,并且在这一点上同样是以规则为取向的;而魅力型的统治却推翻历史,在这个意义上是特别革命的。因此,在受传统束缚的时代,“魅力”是巨大的革命力量。与“理性”的革命力量不同,魅力可能是一种发自内心的改造,改造产生于困顿或者热情,对一切具体的生活方式以及对整个“世间”的种种态度,都获得全新的取向,它意味着改变最重要的思想和行动的方向。在马克斯·韦伯看来,在前理性主义时代,人们的行为方式不是受传统的统治,就是受魅力的统治[③]。

---

① 马克斯·韦伯:《经济与社会》,林荣远译,上卷,241页,北京,商务印书馆,1997。

② 马克斯·韦伯:《经济与社会》,林荣远译,上卷,269页,北京,商务印书馆,1997。

③ 马克斯·韦伯:《经济与社会》,林荣远译,上卷,271~274页,北京,商务印书馆,1997。

但魅力并不是完全脱离理性的基础，马克斯·韦伯指出，魅力的适用是由被统治者的承认决定的，这种承认是由实际的考验保障的。倘若实际考验不能维持持久，则表明受魅力恩宠的人被他的上帝所遗弃，或者丧失他的魔力或英雄的力量。倘若他长久未能取得成就，尤其是如果他的领导没有带给被统治者以幸福安康，那么他的魅力型权威就消失了[①]。

对马克斯·韦伯的"魅力"概念有许多讨论。讨论集中在他所认为的魅力主要是由领导者面临的特殊情境产生的，还是由领导者的超常特质产生的，还是由领导者与追随者的关系产生的。一些研究者主张，只有当社会出现危机时，魅力型的领导才会产生巨大的影响。只有当社会情境使追随者认为领导者的超常品质是适当的，具有这种超常品质的领导者才会被认为是有魅力的；另一些学者认为，魅力型领导主要是领导者超常品质的作用，而不是情境的作用。因为并非所有的社会危机都是以魅力型领导的方式来解决的，这说明仅仅有社会危机还不足以使魅力型领导出现。还有一些学者主张，魅力领导既不依赖于领导者的品质，也不依赖于危机的压力，而是依赖于追随者对其领导者的反应。只有那些与追随者建立了特别强烈的感情联系的领导者才具有魅力，而那些具有超常能力却并没有与追随者建立起这种情感联系的领导者，就不能被认为是有魅力的领导者。

(三)对魅力型领导的不同角度定义

豪斯从领导效果的角度来确定什么是魅力。他提出了 9 种魅力效果：①团体成员信任领导者信念的正确性；②团体成员的信念与领导者的信念具有相似性；③对领导者毫无疑问的接受；④敬爱领导者；⑤愿意服从领导者；⑥认同并效仿领导者；⑦与团体成员或使命的执行者有情感上的联系；⑧团体成员的目标被提高；⑨团体成员感到他们能够完成使命或对使命的完成有所贡献[②]。

巴斯认为，魅力涉及追随者对领导者的反应，当追随者感到与领导者相联系是他们的骄傲，感到领导者激发了他们的热情，并且将领导者看作是成功的象征时，就表明领导者具有了魅力。追随者的这种反应，是由于领导者对未来的愿景、高度的自信、印象管理技巧的使用以及出色的言辞技巧。魅力关系形成了领导者与追随者之间强烈的情感纽带[③]。

赫尔雷格尔进一步区分了魅力型领导的广义概念和狭义概念。广义的概念单纯从领导者的行为来规定什么是魅力型领导。在这个意义上，魅力型领导表现为领导者强调共同的愿景与价值观，促进共享意识，展现出理想的行为模式，以及展

① 马克斯·韦伯：《经济与社会》，林荣远译，上卷，269～270 页，北京，商务印书馆，1997。

② Robert J. House, A 1976 Theory of Charismatic Leadership, in J. G. Hunt and L. L. Larson, eds., Leadership: The Cutting Edge, Carbondale, Southern Illinois University Press, 1977, p.189～207.

③ B. M. Bass, Leadership and Performance Beyond Expectations, New York, The Free Press, 1985.

示并创造出自信、勇敢、坚决、乐观及富有革新意识的形象；狭义的概念则从领导者、追随者及组织情境三者之间的关系来规定什么是魅力型领导，因此出现魅力型领导的条件包括领导者的天赋和超群品质，社会或组织环境的危机或令人失望的状况，领导者提出能解决危机的愿景和许诺，追随者被领导者所吸引并开始相信领导者的超凡能力和激进愿景，以及领导者的能力和愿景在成功解决危机的过程中被反复证明①。

以下就从魅力型领导者的特质、行为方式、追随者特征、情境特征以及产生影响的机制等方面，对魅力型领导作出更具体的分析。

二、魅力型领导者的特质

对魅力型领导者的特质，有许多不同的研究结果，也有许多种不同的概括方式。如豪斯将魅力型的领导者的性格概括为4个方面，即支配欲、自信、对他人施加影响的需要以及确信他们的信仰在道义上的正当性②；休斯等人将其概括为愿景、言辞技巧、形象和信任构建以及个人化的领导方式4个方面③；纳哈雯蒂将其概括为高度自信、对理想有强烈信念、高度热情和精力充沛、良好的表达与沟通能力，以及积极的形象和模范作用这5个方面④；达布林则将魅力型领导者概括为11个方面⑤。综合他们的观点，可以将魅力型领导者的最主要特质概括为以下6个方面。

（一）有对未来的美好设想

魅力型的领导者是未来取向的，他能够感知到事物的现行运行方式与可能的或应该的运行方式之间的差距，能够认识到现存秩序的缺陷，并能够提出如何克服这些缺陷的令人兴奋的设想。他所设想的愿景不只是一种预测，而且表达了整个组织的未来理想。这种愿景为追随者解释各种事件和行为提供了共同的概念框架，因而它对追随者既具有激励的效用，也具有凝聚的效用。但休斯等人认为，魅力型的领导者的愿景与变革型的领导者的愿景是有差别的，前者是基于追随者的价值，后者是基于领导者自己的价值⑥。

---

① 赫尔雷格尔等：《组织行为学》，第9版，余文钊等译，572~573页，上海，华东师范大学出版社，2001。

② 豪斯：《1976年的魅力型领导方式理论》，载皮尔斯，纽斯特罗姆：《领导者与领导过程》，第2版，北京华译网翻译公司译，435~436页，北京，中国人民大学出版社，2003。

③ Richard L. Hughes, Robert C. Ginnett, and Gordon J. Curphy, Leadership: Enhancing the Lessons of Experience, Boston, Irwin McGraw-Hill Company, Inc., 1996, p.287~290.

④ 纳哈雯蒂：《领导力》，第2版，王新译，210~213页，北京，机械工业出版社，2003。

⑤ Andrew J. DuBrin, Leadership: Research Findings, Practice and Skills, Boston, Houghton Mifflin Company, 1995, p.64~65.

⑥ Richard L. Hughes, Robert C. Ginnett, and Gordon J. Curphy, Leadership: Enhancing the Lessons of Experience, Boston, Irwin McGraw-Hill Company, Inc., 1996, p.287.

(二)高度自信

魅力型的领导者对自己的能力、正确性以及自己信仰在道德上的正义性高度自信。他们在情感、动机、情绪和价值观念上的内心冲突比其他人要少得多,在斥责团体成员时很少感到愧疚和不安。而那些非魅力型的领导者在失败与批评面前总是怀疑自己。越是自信的领导者,越能够对下属产生激励,激励下属全身心地投入,以实现领导者的愿望。许多魅力型的领导人,如马丁·路德·金、卡斯特罗、昂山素姬和纳塞尔,都能在极大的压力下仍然坚持自己的信念。

(三)精力充沛、充满热情、自我激励

魅力型领导精神饱满、精力充沛,对实现目标充满激情。而且他们能够用各种方式充分和生动地表达自己的情感和热情。他们不需要别人的鼓励,而是自我激励。

(四)善于言辞

魅力型的领导者善于表达自己的思想,擅长运用各种言辞和非言辞的表达技巧。他们有卓越的沟通能力,与下属交流时思想内容丰富,旁征博引,能够对追随者产生强烈的感染力。凭借这种表达能力,他能够使追随者理解他的愿景,激发追随者的热情,挑起人们对现状的不满,推动他们对新的未来设想的支持。

康格(J. A. Conger)和沙米尔(Boas Shamir)等人曾经对魅力型领导者的言辞方式进行了具体的研究。他们发现魅力型的领导者广泛地使用隐喻、类比和故事,而不是用抽象而缺乏色彩的理性说教来阐述他们的观点。当这些隐喻和故事被表达得引人入胜并引发强烈的情感时,会特别有效。他们还能够有效地使用各种演讲技巧,如重复、节奏、平衡和押韵,以加强其所传达的信息的效果。他们对不同种类的群体采用不同的语言方式,从而能够更好地符合人们的精神和情感①。

(五)愿意冒个人风险

魅力型的领导者通常都是冒险型的,敢于冒险会增加他们的魅力。康格和卡农戈(Rabindre N. Kanungo)认为,当领导者用一种无私的方式倡导他们的观点,并且表现出关心其追随者的需要而不是关心他们自己的利益时,就会被别人依赖。魅力型领导者将这些品质表现得淋漓尽致,他们将关心追随者的需要转化为以一种大公无私的方式投身于受到追随者共同支持的事业之中,他的示范行为在追随者看来充满着个人风险,需要付出极大的代价和精力。这些个人风险可能包括:经济损失或事业上失败的可能性;组织资源被撤销的可能性;被开除或降职的可能性。领导者为了共同的事业所付出的代价或牺牲越大,他们就越赢得别人依赖。

---

① J. A. Conger, The Charismatic Leader, San Francisco, Jossey-Bass, 1989. B. Shamir, M. B. Arthur and R. J. House, The Rhetoric of Charismatic Leadership: A Theoretical Extension, a Case Study, and Implications for Research, Leadership Quarterly, 1994, 5, p.25~42.

领导者为实现共同理想准备承担的个人风险或所带来的个人损失越大，他们在值得完全依赖的意义上就越有魅力。

(六)对环境的敏感性

康格和卡农戈认为，魅力型的领导者具有对现实的洞察力，他们实事求是地评估组织内的各种环境资源和条件限制，并基于对环境资源的现实评估来制定变革策略和非常规行动。领导者不是一旦形成某种目标就马上付诸行动，而是先进行基础准备工作，或者等待一个合适的时间、地点以及可利用的资源。当环境对他们比较有利时，他们才会实施其变革方案。魅力经常会因缺乏对环境的敏感性而褪色。一旦一个领导者丧失了对现实的洞察力，或者一旦他的非常规行为不能实现目标，他就可能被人们从魅力型领导者降级为无效的领导者①。

三、魅力型领导者的行为方式

对魅力型领导者的行为方式，也有很多的研究。如豪斯将其概括为角色模型、形象塑造、明确目标、阐明较高的期望和表明信心等5个方面②；康格则从10个方面进行了概括(见表8-1)。综合起来主要有以下一些方面。

(一)角色榜样

豪斯认为，具有魅力影响的领导者通过自己的行为表明了一系列的价值观和信仰，这也正是他们希望其追随者遵从的。也就是说，领导者以自己的角色为追随者塑造了一个价值体系。有关角色榜样的试验表明，一个高水准的角色榜样能够对观察者的自尊心产生影响。有实质性证据表明，一个被别人认为是有教养的、成功的、有能力的人，更有可能成为别人模仿的对象。因此，魅力型的领导者通过将自身的角色定型为组织目标的象征，来创造一种有助于提高兴奋度和积极情绪的组织环境。

(二)形象塑造

豪斯认为，具有魅力影响的领导者不仅为其追随者树立了价值观和信仰的榜样，而且也有意识地采取设计好的行动，使追随者对他们的看法有利。正像马克斯·韦伯所指出的，魅力型领导者必须向追随者证明他具有非凡的能力，只有这样才能被别人认可。这种形象塑造的目的，是要确立追随者对领导者的信任和信心，使追随者相信领导者的正直，从而甘冒职业上的风险去追随领导者的愿景。

---

① 康格，卡农戈：《组织环境中魅力型领导方式的一种行为理论》，载皮尔斯，纽斯特罗姆：《领导者与领导过程》，第2版，北京华译网翻译公司译，454页，北京，中国人民大学出版社，2003。

② 豪斯：《1976年的魅力型领导方式理论》，载皮尔斯，纽斯特罗姆：《领导者与领导过程》，第2版，北京华译网翻译公司译，436~440页，北京，中国人民大学出版社，2003。

表 8-1　魅力型领导者和非魅力型领导者的行为构成

	非魅力型领导者	魅力型领导者
与现状关系	基本认同现状并竭力维护之	基本上反对现状并竭力改变之
未来目标	目标与现状之间的差异不大	理想化的设想与现状大相径庭
令人喜欢	共同的观点使得他值得别人喜欢	共同的观点和理想化的目标使他成为一个令人喜欢和令人尊敬的英雄人物,值得支持和仿效
值得依赖	通过说服别人进行无私的倡导	通过个人冒极大的风险和代价进行无私的倡导
专长	利用现有秩序内可以运用的手段的专家	利用超越现有秩序的非传统手段达到目的的专家
行为	传统的、与现有秩序一致的行为	反传统和反常规的行为
环境敏感性	为了维持现状而对环境的敏感性要求不高	为了改变现状而对环境敏感性的要求很高
表达	不太表明目标,进行领导的积极性也不高	强烈表明目标,进行领导的积极性很高
力量基础	职务权力和个人力量(基于奖励、专长、喜欢同像自己一样的朋友联系)	个人影响(基于专长、尊敬以及对某个独特英雄人物的景仰)
领导者—追随者关系	平等主义的、目标一致的或者是指导性的	改造人们,使他们赞同他所倡导的激烈变革

(三)明确目标

豪斯认为,魅力型的领导者必须详细表明一个卓越的目标,并使该目标成为某项运动或事业的基础。因此,魅力型领导者的工作就是要明确所要发动的运动的目标,并表明该目标在道义上的正当性。

康格和卡农戈认为,领导者所倡导的目标越是理想化,越是不切实际,就越是远离现状。而且,目标越是远离现状,追随者就越有可能认为该领导者不同凡响。领导者通过为追随者指明理想化目标,提出了一种挑战和进行变革的动力。有关转变态度的文献表明,在可接受的范围内,目标与现实之间的最大差异能够对追随者产生最大的压力,以此来改变他们的态度。理想化的目标代表了追随者所赞同的一种观点,追随者承诺会实现他们的理想和抱负。因此,尽管理想化目标与现状之间的差异极大,但还是趋向于保持在可接受范围之内。当一个领导者成功地改变了其追随者的态度,使其接受他所倡导的目标时,他就变成了一个具有魅力的领导者。宗教之中的魅力来源于预言能力;组织机构中的魅力则来源于对未来的设想。如果既不能预言,又不能设想,魅力就会沦为疯狂。魅力型的领导者之所以能够成功地倡导远离现实的目标,是由于追随者将其视为值得信赖的交流者。而领导者的信誉则来源于所树立起的一种可亲的、值得依赖的、见多识广的形象。

魅力型的领导者必须以适当的方式将目标及行动方案表达出来。他们表达的内容包括：①现状的本质；②未来目标的本质；③这些未来目标一旦得以实现，其消除不满并实现追随者的希望和抱负的方式；④实现这些目标的行动计划。在表达这些内容时，领导者往往将现状描绘得一无是处和难以忍受，同时用生动的词汇描绘出一幅关于未来的美好图景，不仅将其说成是最具有吸引力的，并且是能够达到的最好的选择方案。同时，为了让别人依赖于其所献身的事业，魅力型的领导者还会通过语言或非语言的富有表现力的行为方式，表明自己的信念、自信和献身精神。为了感染和打动追随者，他们在表达时会采用许多打动人心的技巧，他们的语言、服饰、肢体动作都会采取最吸引人的形式，从而产生出魅力效果。

（四）阐明对追随者较高的期望和信心

豪斯认为，领导者如果向追随者表示出较高的绩效期望，并且表明他们有能力实现该期望，就会增强追随者的自尊心，并且会影响他们对目标的认可。根据佩皮通、科尔曼、拉本和克利莫斯基等人的研究，自尊心强的人比自尊心弱的人更有可能追求更高的绩效奖励，选择与其自身特征和能力一致的职业。对于自尊心强的人来说，在其工作表现和满意之间存在积极的关联；而对于自尊心弱的人来说，则不存在这种关联。自尊心强的人比自尊心弱的人更有可能接受挑战，去做他们认为自己不能胜任的工作。因此，就领导者能够影响其追随者的自尊心而言，领导者的行为会影响追随者所追求的奖励种类、他们对获得的奖励的满意程度以及对有效完成任务的积极性。领导者如果对追随者表示了较高的绩效期望和信心，追随者就会反过来为自己设定较高的目标或者接受较高的目标，并且对自己更加充满信心。多伊奇和吉拉德的研究认为，在社会环境中，人们相互之间的评价往往相当主观，所以倾向于“现实检验”。如果领导者向追随者表明他们很有能力、富有责任心，追随者就会认为他们很有能力。这种自我认识会提高追随者的积极性、绩效水平和满意程度。洛克和布赖恩的研究表明，当实验者为实验对象设定具体目标时，他们的绩效水平远远高于仅仅被告知“尽力去做”的那些研究对象。因此，领导者具体的、较高的期望能使追随者的绩效目标得以明确。领导者对追随者实现目标越有信心，追随者就越有可能认为这些目标是现实的，并且是可以实现的。

达布林指出，魅力型的领导者设法使团体成员感到自己是有能力的。经常采用的一种方法，就是使其能够先在相对容易的项目上取得成功，然后对他们予以表彰，接着再派给他们难度更大的任务。不断取得更大的成功会使得追随者相信自己的能力，提高自信心。根据康格的研究，鼓舞士气的方式还包括使用隐喻和类比，讲一些引人入胜的故事，以及对不同听众采取不同的语言及其他表达技巧。

（五）采用非常规策略

达布林认为，使用非常规策略来达到成功表现了人的创造性，而魅力型的领导者经常通过提出实现重要目标的非常规战略来激发其他人。康格和卡农戈认为，魅力特征通常受领导者两方面行为和能力的影响。一方面，魅力型的领导者展示出传统技术以及现有规则的缺陷；另一方面，领导者精心设计了有效的非常规策略及行动计划。当领导者用非常规的方法展示出他们优于现有水平的专门知识时，他们被认为是有魅力的。领导者的魅力特征依靠的是追随者对领导的革命性和非常规性的认识。领导者的革命性既表现在他们远离现实的理想化目标，更重要地表现在他们带领追随者实现其理想时所从事的变革行为，这些行为与他们所在的组织、行业或社会的现有规则相冲突。魅力型领导者并不像大家公选的领导者那样是为集体提供便利的人，他们是积极的改革者。他们的计划、变革策略、承担个人风险的英雄主义示范行为以及自我牺牲的行为，必须是新奇的、非常规的、与众不同的。这类行为一旦获得成功，就会引起追随者的惊奇和敬仰，人们会认为领导者具有非凡的能力，具有魅力。

(六)个人化的领导

休斯等人认为，魅力型的领导者主要使用个人权力而不是职位权力来进行领导。即使领导者位居正式领导职位，他也大量使用关系性权力，将领导建立在参照权的基础之上。他们与追随者建立起深厚的情感性联系，这并不一定意味着他们与追随者是朋友，而是意味着追随者要相对依赖于领导者的肯定来证明自身的价值。如果追随者被魅力型的领导者认为做得好，那会使其感到非常振奋；而如果使魅力型的领导者感到失望，会对追随者造成心理上的打击。魅力型的领导者善于表达情感，不仅是用言语，而且使用非言语的表达，如手势、眼神、姿势、动作、声调和面部表情等。往往正是由于这些非言语的表达方式，使一些追随者感受到领导者具有“魔力”的个性①。

康格和卡农戈将魅力型领导与非魅力型领导的行为差别用列表的方式进行了对比，如表 7-1 所示②。

四、魅力型领导的追随者的特征

豪斯从魅力型领导的效果角度对魅力的定义，涉及了追随者的特点与魅力型领导的关系。后来的许多研究在豪斯观点的基础上进一步发展。如纳哈雯蒂将魅力型领导的追随者特点概括为对领导者高度尊敬与敬仰，对领导者的忠诚与奉献，对领导者充满爱、高绩效预期和无条件服从；休斯等人将其概括为对领导者及其愿

---

① Richard L. Hughes, Robert C. Ginnett and Gordon J. Curphy, Leadership: Enhancing the Lessons of Experience, Boston, Irwin McGraw-Hill Company, Inc., 1996, p.289～290.

② 康格，卡农戈：《组织环境中魅力型领导方式的一种行为理论》，载皮尔斯，纽斯特罗姆：《领导者与领导过程》，第 2 版，北京华译网翻译公司译，451～452 页，北京，中国人民大学出版社，2003。

景的认同、高涨的情绪、愿意服从领导者,以及获得权力的感觉。此外,沙米尔等人也提出了追随者的表达性的工作和生活定位以及在社会交往关系方面的原则性与魅力型领导之间的关系。我们将魅力型领导下的追随者的特征概括为以下 6 个方面。

(一)对领导者及其愿景的认同

魅力型领导的追随者会认同领导者个人,并在心理上将精力投向比自身目标更大的目标或行动。在这种情况下,追随者的认同或自我概念根据领导者来确定,即能够与领导者相像,或被领导者承认,成为其自我价值的一个重要组成部分。这种效果显然已经超越了上级与下级之间的契约或交易关系。追随者经常将自己与一个领导者紧密联系在一起,因为他们将实施领导者的愿景作为解决他们的所有问题的方案。他们可能对现状非常不满,但自己又不能提出一个令人满意的解决方案。这样,魅力型的领导者的吸引力,就部分地在于他有能力提出一个针对追随者困境的简单的愿景,它能提供如何使他们改善存在状况的有吸引力的设想。而且问题越是复杂,越是有更多的人被简单的解决方案所吸引。领导者所提出的愿景也帮助追随者解释外部的事件,并通过使自己的行为与愿景的原则相一致而找到其行动的目的。

(二)高涨的情绪

魅力型领导的追随者具有高涨的情绪。魅力型的领导者影响追随者的感受。这种高涨的情绪状态会导致追随者提高实现愿景的努力程度,这反过来又会提高绩效水平。

高涨的情绪经常是驱动大规模变革出现的动力,领导者会尽其所能来维持这种高涨的情绪,包括使追随者思考他们对现状的不满,指出愿景的真实的或想象的敌人,或直接对追随者发出热情洋溢的呼吁。但情绪是一柄双刃剑,那些被魅力型的领导者及其运动排斥的人,也会有与追随者同样热烈的情绪,他们也会像魅力型领导的追随者一样在情绪的鼓动下采取与领导者相反的行动。这就是魅力型领导的两极化效果。

(三)愿意服从领导者

魅力型领导的追随者毫无怀疑地接受领导者,愿意服从领导者,并信任领导者信念的正确性,这些都涉及追随者对领导者权威的顺从。魅力型领导者经常显现出超人的品质,从而使得追随者经常自然并自愿地服从领导者表面上的自然权威和优越地位。根据威尔纳(A. R. Willner)的研究,在追随者心目中,魅力型政治领导人要比实际生活中的更高大①。

---

① A. R. Willner, The Spellbinders: Charismatic Political Leadership, New Haven, CN., Yale University Press, 1984.

（四）获得权力的感受

这涉及追随者对自己期望值的提高。魅力型领导的追随者对自己的期望很高，并努力为实现这些更高的目标而更努力地工作。魅力型领导者利用皮格梅隆效应，对追随者确立高期望，同时通过表达对追随者能力的信心和提供不断的鼓励和支持来增强追随者的自信。这使追随者感觉到更强大和更有权力，而同时却又愿意使自己服从魅力型的领导者。魅力型的领导者能够使他的追随者感到更强大而不会对他自己的地位构成任何削弱或威胁。追随者这种获得权力的感受，当与高涨的情绪及领导者对未来的愿景结合在一起时，经常会导致组织、团体或团队绩效的提高或重大的社会变革。

（五）与领导者价值观的一致性

豪斯和沙米尔等人都认为，领导者所表达的信息产生魅力影响的必要条件之一，就是该信息与追随者的现有价值观和身份相一致。

（六）追随者的工作定位和社交关系特征

沙米尔等人认为，追随者的工作定位和社交关系特征会调节魅力型领导方式的影响。戈德索普（J. G. Goldthorpe）等人在1968年提出团体成员的“工具性”工作定位与“表达性”工作定位的区分。沙米尔等人认为：既然魅力型领导方式能够激发人们表达的动机，它就会对那些具有表达性工作定位的人们产生较大吸引力。

同样，斯奈德在1979年提出，在与他人的关系方面是讲求实际还是比较注重原则，会影响人们对自己的认识。沙米尔等人认为，社交关系方面原则性较强的人，更容易受领导者那些能够将其行为与价值观联系起来的信息的影响，因此他们更容易受魅力型领导者的影响①。

五、魅力型领导的情境特征

魅力型的领导者的特质和行为方式只有在一定的情境之下才会被追随者感受到魅力。那么，什么是魅力型的领导者展示魅力的情境呢？魅力型领导是在特殊的危机情境下才会出现，还是在所有组织情境下都有可能出现？对此，研究者有许多不同的观点。马克斯·韦伯强调，魅力型领导方式产生于受压迫的环境。然而，西尔斯（D. O. Sears）认为，对魅力的需要并非产生于苦难，魅力存在于整个正规的社会机构之中。特别是，由于权力本身具有“令人敬畏”的品格，所以使手握重权的人被认为是有魅力的。威尔纳以及康格和卡农戈认为，使追随者承受心理痛苦的环境因素，以及使追随者对现实社会不再抱有幻想的主观因素，虽然不是魅力型领

① 沙米尔等：《魅力型领导方式的激励作用：一种以自我概念为基础的理论》，载皮尔斯，纽斯特罗姆：《领导者与领导过程》，第2版，北京华译网翻译公司译，469页，北京，中国人民大学出版社，2003。

导产生的必要条件,但却有利于魅力型领导的产生[①]。然而,对非压迫环境下魅力型领导产生的条件,人们的观点很不一致。豪斯认为,魅力必须基于表明某种理想目标,因而表明这样一个目标的机会被视为是一个人产生魅力影响的环境条件之一。不论何时,只要追随者的角色被界定为促成其理想价值的实现,领导者通过强调这种价值并从事指明目标的行为,就能够在某种程度上产生魅力影响[②]。纳哈雯蒂将魅力型的领导者的情境特征概括为现实的或即将来临的危机感,已经感觉到的对变化的需要,与意识形态目标有关的时机,生动而有效的象征性标志,以及在解决危机中下属有明确自己作用的机会[③]。沙米尔等人则将有利于魅力型的领导者形成和发挥作用的条件概括为:领导者及其追随者有机会卷入实质性道德混乱,不易详细指定和测度表现的目标,不能明确规定外部奖励依个人的表现而定,几乎没有用来为指导行为和特定的表现提供激励的环境暗示、约束及强化刺激,以及领导者及追随者都需要特殊的努力、行动和牺牲[④]。休斯等人则认为,危机和任务的独立性是魅力型领导产生的主要原因[⑤]。在这些研究的基础上,我们可以将魅力型领导产生的情境因素归纳为以下几个方面。

(一)组织任务与追随者价值观的一致

沙米尔等人指出,魅力型领导者是通过将努力和目标与追随者的价值观联系起来的方式而赋予意义的。追随者的价值观既可能反映的是社会的主流价值观,也可能反映的是某种亚文化价值观。当组织任务与潜在的追随者所接受的主流社会价值观密切相关时,比起与这种价值观没有关系甚至有相反关系的组织任务来说,更容易将追随者的主流社会价值观转化为某种使命。

豪斯认为,领导者产生魅力影响的一个必要条件,是用理想化的、对追随者有吸引力的用语对追随者的角色进行定义。而角色可以用理想的价值加以界定。伯鲁(David E. Berlew)指出,既然人们追求的是工作的意义,那么,在现代正式的组织机构中,就存在着许多这样的理想价值,与这些价值相关的各种机会都有可能产生魅力影响。他列举的各种机会及相关的价值,如表 8-2 所示[⑥]。

---

① 康格,卡农戈:《组织环境中魅力型领导方式的一种行为理论》,载皮尔斯,纽斯特罗姆:《领导者与领导过程》,第 2 版,北京华译网翻译公司译,455 页,北京,中国人民大学出版社,2003。

② 豪斯:《1976 年的魅力型领导方式理论》,载皮尔斯,纽斯特罗姆:《领导者与领导过程》,第 2 版,北京华译网翻译公司译,442 ~ 443 页,北京,中国人民大学出版社,2003。

③ 纳哈雯蒂:《领导力》,第 2 版,王新译,214 ~ 215 页,北京,机械工业出版社,2003。

④ 沙米尔等:《魅力型领导方式的激励作用:一种以自我概念为基础的理论》,载皮尔斯,纽斯特罗姆:《领导者与领导过程》,第 2 版,北京华译网翻译公司译,469 ~ 471 页,北京,中国人民大学出版社,2003。

⑤ Richard L. Hughes, Robert C. Ginnett and Gordon J. Curphy, Leadership: Enhancing the Lessons of Experience, Boston, Irwin McGraw-Hill Company, Inc., 1996, p.293 ~ 295.

⑥ D. E. Berlew, Leadership and Organizational Excitement, California Management Review, 1974, 17 (2), p.21 ~ 30.

表 8-2　有助于产生魅力影响的各种机会及相关价值

机会种类	相关的需要或价值
1.被检验的机会;自己独立完成工作	自立;自我实现
2.社会经验与工作、家庭相互结合,并运用一些新的方法	社会生活的协调
3.做好某件事情的机会;真正具有创造性	优秀;独特的成就
4.做好事的机会	关心体贴;服务
5.改变事情的现存状态的机会	能动性;社会责任感;公民权

豪斯指出,社会中有一些工作角色自身并不能实现理想的价值。在组织机构中,这些工作角色通常是高度常规化的、不需要思考的、仅仅追求经济目标的工作。然而,当同样的工作被指向一个理想目标时,就能为魅力型领导方式所利用。因此,魅力型的领导者的工作,就是要用理想化的、对追随者有吸引力的用语对追随者角色进行定义。

(二)不利于运用外部奖惩的领导环境

沙米尔等人认为,在不利于运用外部奖励和惩罚的领导方式的情况下,更有可能形成魅力型领导方式。运用外部激励机制,需要某些有效的组织环境,其中包括领导者详细制定和阐明目标的能力、为实现这些目标所需要的大量知识、客观的或大家一致同意的绩效衡量标准,以及在基于表现进行奖励时高度的深思熟虑。在这种环境下,运用外部激励机制的领导者能够使追随者明了并遵循一种功利主义和精于计算的逻辑。但当领导者不能很容易地制定和测度绩效目标时,或者当领导者不能将外部奖励与个人的表现结合起来时,更有可能形成魅力型领导方式。

米歇尔(W. Mischel)曾经提出"弱心理环境"的概念,它是指这样一种环境,即即使采用同样方法进行观察也不能得出同一的解释,对所要求的行为不能产生一致的期望,不能提供足够的表现激励手段,缺乏成功所必需的学习环境。在这种"弱"环境下,追随者的自我概念、价值观和身份很容易被别人所吸引和利用。而且,在行为缺乏明确的外部正当性的情况下,追随者更有可能为其努力寻求与自我相联系的正当性,因而更容易受魅力型领导的影响①。

(三)异常环境

沙米尔等人认为,魅力型领导方式可能更适合于某些异常的环境,如为了成功和有效率而要求非常规性的和不同寻常的高水平表现的环境,或动荡不安和非常危机的环境。当环境发生变化或者环境要求异常的努力、行为甚至牺牲时,运用外部激励机制的领导方式因受其"条件"所限而不再起作用,在这种环境下要求的是"无条件"的奉献精神。而且,在一个不稳定的环境下或一个新组建的机构中,存在

① W. Mischel, Toward a Cognitive Social Learning Reconceptulization of Personality, Psychological Review, 1973, 80, p.200~213.

着更多的模棱两可的和令人焦虑不安的事情,更需要为组织成员定位。在这种环境下,组织成员更有可能期待魅力型的领导者,愿意接受他们对组织身份及其使命的界定。但他们强调指出,异常环境并不是形成魅力型领导方式的必要条件,在非异常环境下仍然存在形成魅力型领导方式的可能性。同时,异常环境并不必然意味着危机环境,它也可能是有着某种不同寻常的机会的环境。危机并不必然会产生魅力型的领导者。此外,应付危机的领导者能够产生魅力影响,但这种影响是短期的,除非该领导者能够将应付危机与一个能够产生内在效力的更高目标联系起来。

纳哈雯蒂认为,危机与认识到变革的需要,为魅力型的领导者提供了充分的准备条件。危机会导致下属寻求一种新的解决方式。在危机期间,下属处于一种准备改变的状态。如果某个人能捕捉到并代表这种愿望与需要,这个人就很可能成为该集体的领导,被认作是唯一能够挽救这种危机的人。在这种相对需要改变和展望新前景的情境中,下属早已对挽救危机做好了准备,处在一种情绪饱满的状态,魅力型领导着手于新的开始,打破这种充满矛盾的僵局,推行一种过去从未有过的价值观。他们用生动的象征阐述自己的目标,指出下属在解决危机中特定而明确的目标,使下属确信魅力型领导者是唯一能够帮助他们认识到自己如何才能有所作为的人。

(四)任务的相互依赖性

休斯等人认为,完成一项任务所要求的相互依赖的共同努力的程度,会影响追随者对魅力的感受。当追随者所要完成的任务需要很高程度的相互依赖的共同努力时,领导者容易被视为有魅力。如在各种球类运动中,由于需要团队成员为取得胜利而自我牺牲、付出额外努力以及相互合作,所以球队的教练比那些相互依赖程度较低的个人运动项目的教练更容易被视为具有魅力。

(五)文化差异

纳哈雯蒂认为,具有先知先觉救世主文化传统的国家,更容易接纳一种魅力型领导,如具有犹太教、基督教或伊斯兰教文化的国家。在印度,魅力型领导与那种超自然状态的宗教相关。在日本,魅力型领导的培养需要依靠资格、道德勇气和下属的尊重。纳哈雯蒂认为,在中国历史上,很少有魅力型领袖人物。在中国发生危机与变革的时代,领袖与追随者的关系仍然基于社会等级制度与秩序的要求而建立,这是一种儒家文化传统,而非基督教和犹太教国家那种强烈的情感纽带关系。

六、魅力型领导的作用机制

魅力型领导是如何对追随者产生激励作用的?对这一问题,沙米尔、豪斯和阿瑟(Michael B. Arthur)等人在1993年发表的“魅力型领导方式的激励作用”的文章中作了专门分析①。

他们认为,魅力型领导对追随者具有自我暗示的影响。通过对追随者自我概念的影响,能够达到变革的效果。他们将努力与目标和追随者的自我概念所重视的方面联系起来,并由此运用自我表达、自相一致、自我价值激励等激励方法,提高努力和目标的内在价值。魅力型的领导者改变追随者自我概念中的价值和身份的地位,从而导致他们在行为上的转变,从工具性行为转向道德化行为,从关心个人利益转向关心集体利益。同时,魅力型的领导者通过对追随者表达积极的评价、较高的期望、实现期望的信心以及强调个人与集体的联系等方式,提高了追随者的自我功效和集体功效。他们具体分析了魅力型的领导者激励其追随者的5种方式及其对追随者自我概念的影响效果(见表8-3)。

表8-3 传统型领导方式与魅力型领导方式过程的激励作用比较②

激励过程的魅力因素	传统型领导过程	魅力型领导过程
行为的内在价值	使工作更加有意义、多变、令人愉快、富于挑战性、内容丰富多彩	将行为与追随者自我概念、内在价值及其所珍视的身份联系起来
行为完成期望	指挥、培训,提供物质、工具及情感支持,明确的目标	提高普遍的自我功效(通过提高自我价值及表达信心和较高的期望),强调集体功效
目标实现的内在价值	设定目标,提高工作地位,提供反馈	将目标与过去和现在联系起来,这是产生认同的基础
成就奖励期望	建立明确的绩效评价标准,并将奖励与绩效联系起来	通过将行为和目标与某个梦想或美好未来的乌托邦式的理想设计联系起来而产生的信念
内在奖励的动因	在奖励时要考虑表现如何	没有说明

1.增加努力的内在动因

通过强调努力的象征意义和表现效果,使努力成为一种集体身份的表示,以增加努力的内在动因。共同身份的优越性能够提高"英雄动机",以及为了有利于他人或集体的事业而放弃个人利益的可能性。其结果是:当魅力型的领导者提高了其追随者自我概念中集体身份的独特地位时,他们也同时提高了追随者自我牺牲的可能性和为集体而奋斗的可能性。

① 沙米尔等:《魅力型领导方式的激励作用:一种以自我概念为基础的理论》,载皮尔斯,纽斯特罗姆:《领导者与领导过程》,第2版,北京华译网翻译公司译,460~478页,北京,中国人民大学出版社,2003。

② 沙米尔等:《魅力型领导方式的激励作用:一种以自我概念为基础的理论》,载皮尔斯,纽斯特罗姆:《领导者与领导过程》,第2版,北京华译网翻译公司译,466页,北京,中国人民大学出版社,2003。

2.提高自我功效与集体功效

通过对追随者表达较高的期望和相信他们有能力实现这种期望,提高追随者的自尊心,提高追随者的自我功效(self-efficiency)。通过强调努力与重要价值之间的联系,提高追随者的自我价值,提高总体上的自我功效。自我功效是一个人对自己完成某种水平的工作能力所作出的一种判断,它是积极性的重要源泉之一。同时,对集体功效的强调,使成员感到自己作为一个有效的集体中的一员,会提高其自我功效。根据班都拉(A. Bandura)的观点,可感知的集体功效会影响人们是否选择作为一个集体而行动,他们会为之投入多大的努力,以及集体努力失败时继续留在集体内的吸引力①。

3.产生"进化"之感

魅力型领导方式通过表明这些目标与集体的过去和未来的一致性,增强目标和与之相关的行为的意义,并且由此产生了"进化"之感。这对于与自我概念相一致及有意义的感觉是很重要的。当对这种目标的解释与追随者的自我概念相一致时,会使实现这一目标的行动具有更大的意义。

4.产生对美好未来的憧憬

魅力型领导方式过程中的奖励,涉及自我表达、自我功效、自我价值和与自我概念相一致等,这些奖励形式出现在领导过程之中,并且不能相互替代。在大多数情况下,魅力型领导方式为了强调努力的内在动力,而贬低外在奖励和与之相关的期望的重要性。领导者通过避免为其所要求的行为提供实用的外部正当性,而使追随者将其行为归因于内在的、与自我有关的原因的可能性大大提高,进而会提高追随者对该行为过程的奉献精神。魅力型领导方式倾向于强调长远的、模糊的目标以及乌托邦式的结果。巴斯指出:魅力型的领导者运用的是象征主义、神秘主义、想象、幻想等方法。这类信息的激励作用,在于对美好未来的信念本身就是一个令人满意的条件。因此,如果领导者提供了美好未来的希望以及实现这一希望的信念,尽管这种信念并不能转化为明确的、眼前的、具有很大实现可能性的目标,人们仍会追随他。

5.激发个人的奉献精神

魅力型的领导者通过对组织精神的奉献而创造一种献身的道德体系。这种奉献是无条件的,即内在化的;个人的或道德上的奉献,不论外部成本利益是否平衡,既得利益是否令人满意,都能够继续保持某种关系,承担某种角色,继续某种行动,并为此而不懈努力。当经过慎重考虑的关系或角色成为个人自我概念的一部分时,当与这种关系或角色相联系的行为过程与个人的自我概念相一致或正好反映

---

① A. Bandura, Social Foundations of Thought and Action: A Social Cognitive Theory, Englewood Cliffs, NJ., Prentice-Hall, 1986.

了他们的自我概念时，简言之，当行动并不仅仅是做事的方式，而且是做人的方式时，就能产生这样的奉献精神。借助于追随者的自我概念，加强某种身份和价值的显著地位，并将行为和目标与他们的身份、价值观和使命联系起来，就能够激发个人的奉献精神。这一过程具有自我强化的性质，因为这种奉献精神的行为表现，会进一步将个人的自我概念与领导者和使命结合在一起。当个人面对这些他们为了领导者、集体或使命的利益而作出的自愿而公开的行动时，作为一种自我归属和自我辩解的过程以及降低或避免不协调需要的结果，他们更有可能将这些关系和价值观深深地植根于他们的自我概念之中。当自我被卷入某种特殊环境时，这种自我辩解和降低不协调的需要可能更为强烈。

沙米尔等人用图 8-1 来表示他们所建立的魅力型领导的激励机制模型①。

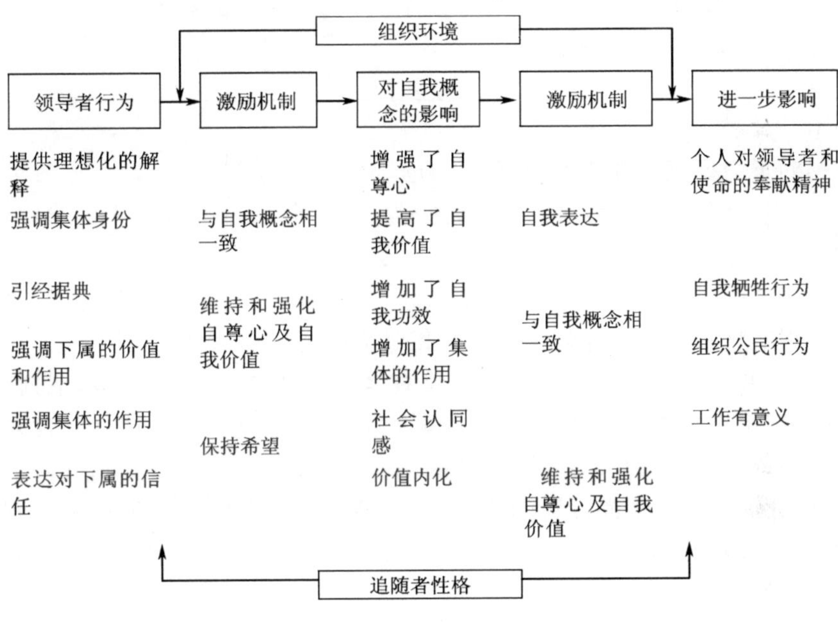

图 8-1 魅力型领导的激励机制

七、魅力型领导的效果及其质疑

一些研究者对魅力型领导的实际效果进行了调查分析。根据哈特和巴斯 1988 年的研究，那些被其团队成员描述为魅力型的领导者，也会被其上级在管理

① 沙米尔等：《魅力型领导方式的激励作用：一种以自我概念为基础的理论》，载皮尔斯，纽斯特罗姆：《领导者与领导过程》，第 2 版，北京华译网翻译公司译，463 页，北京，中国人民大学出版社，2003。

行为的5个维度上给予高度评价①。

但一些研究者对魅力型领导的效果提出了质疑,这些疑问主要是针对魅力型领导理论的基本概念和原则、魅力因素在领导过程中的作用程度与作用性质等方面的问题。

表8-4 团队成员对魅力的评价与上级评价的相关性

上级的评价	下属对魅力的评价
判断与决策	0.33*
财务管理	0.36†
交流沟通	0.32*
劝告说服	0.33*
承担风险	0.45†

* $p<0.05$

† $p<0.1$

(一)对魅力型领导理论的质疑

首先,很多研究者对魅力能否精确地定义和测量表示怀疑。人们可以在与领导者的接触中识别魅力型的领导者,但却难以用可操作的概念来定义什么是魅力型的领导者。同时,当一个领导者被认为具有魅力时,他同时也会有很多的诋毁者。这使得对魅力型的领导的经验研究相对稀少。

其次,一些研究者质疑魅力与领导效能之间的必然联系。根据本尼斯和纳努斯的研究,很少有领导者能够被准确地描述为魅力型。他们所研究的组织领导者有高有矮,有善于表达的和不善于表达的,有讲究穿着的成功者,也有讲究穿着的失败者,因此无法根据他们的身体外表、个性或风格将他们与其追随者区别开来。根据本尼斯和纳努斯的研究,与其说魅力导致有效的领导,不如反过来说他们的成功导致了他们被认为具有魅力②。

再次,迈恩德尔认为,魅力型领导理论过于"以领导为核心",并提出用"以追随者为核心"的理论取而代之。在他看来,魅力影响是社会心理因素在追随者和观察者中产生的一种作用,而不是直接由追随者与领导者之间的相互作用产生的。这些社会心理因素在功能上是独立于领导者自身的性格特征和行为而独立存在的。

① John J. Hater and Bernard M. Bass, Supervisors' Evaluations and Subordinates' Perceptions of Transformational and Transactional Leadership, Journal of Applied Psychology, November 1988, p.701.

② Warren G. Bennis and Burt Nanus, Leaders: Strategies for Taking Charge, New York, Harper & Row, 1985, p.223.

因此，对魅力型领导方式进行解释时，应将领导者的行为和性格特征排除掉①。

但沙米尔等人不接受这种激进的观点。他们认为，有关魅力型领导方式的影响的证据充分有力，不可能将其全部抹杀。他们将迈恩德尔的观点看作是对目前的魅力型领导理论的一种补充，而不是与之对立。他们认为，自我过程既可能受追随者心理活动的影响，也可能受领导者行为的影响。追随者的自我概念及与之相关的动机，可以为非正式的角色模型和其他发生在同事之间的社会影响过程所利用。然而，这既不能排除魅力型的领导者用自己的行为施加影响的可能性，也不能排除这种行为引起和协调追随者心理活动的作用。

（二）对魅力因素在领导过程中的作用的质疑

一些研究者指出，魅力型领导会服务于邪恶的目的。霍根等人在1990年发表的"魅力的黑暗面"一文中认为：魅力如果伴随着个人权力欲，其吸引力可能是毁灭性的②。波斯特（J. M. Post）指出，具有个人魅力的领导者产生危害的潜力是明显的。这样的领导者是"自恋狂"，他们有一种从他人那里获得持续赞赏的自我陶醉的需要③。霍兰德指出，魅力因素可能是消极的，比如当它被领导者用于以权谋私时，或者当对他人的操纵首先用于领导者的自我满足和其他令人怀疑的目的时，这对整体的利益有灾难性的影响④。

塔克（Robert Tucker）也警告说：魅力型领导者善于对缺乏思考的人们传递具有催眠作用的魔力般的信息，向人们许诺情况的发展不只是会更好，而且会达到完美无缺的境界。完美无缺是最终的境界，因此，那些最可恶的行径也因被看作达到这一最终目的的必然手段而被容忍⑤。简·豪威尔和阿维利奥的研究表明，一些魅力型的领导者是不道德的，他们将其组织引向不法的和不道德的目标。由于他们具有参照权，人们愿意追随这些魅力型的领导者去踩法律的边线⑥。

另一方面，达布林认为，一些魅力型领导者忽视他们的社会责任。社会责任是团体在社会中的责任，它不同于经理人对公司所有者或股东的责任，也超越那些由法律或工会合同所规定的责任。如果魅力型的领导者以对社会负责的方式来行

---

① J. R. Meindl, On Leadership: An Alternative to the Conventional Wisdom, in B. M. Straw and L. L. Cummings, eds., Research in Organizational Behavior, Greenwich, CT., JAI Press, 1990, 12, p.159 ~ 203.

② R. Hogan, R. Raskin, D. Fazzini, The Dark Side of Charisma, in K. E. Clark and M. B. Clark, eds., Measures of Leadership, West Orange, NJ., Leadership Library of America, 1990.

③ J. M. Post, Narcissism and the Charismatic Leader-Follower Relationship, Political Psychology, 1986, 7, p. 675 ~ 688.

④ 霍兰德：《领导、服从、自己和他人》，载皮尔斯，纽斯特罗姆：《领导者与领导过程》，第2版，北京华译网翻译公司译，347页，北京，中国人民大学出版社，2003。

⑤ Robert C. Tucker, The Theory of Charismatic Leadership, Daedalus, Summer 1968, p.731 ~ 756.

⑥ Jane M. Howell and Bruce Avolio, The Ethics of Charismatic Leadership: Submission or Leberation? The Executive, May 1992, p.52 ~ 53.

为,就会减少人们对其滥用魅力天赋的担忧。由于魅力型的领导者具有影响他人的能力,这使得他个人社会责任感的强烈程度具有更重要的意义。例如,一个公司总裁如果花费大量的个人时间去帮助社区团体,就会激发整个公司的员工去做同样的事情。

凯兹德弗里斯(M. F. R. Kets de Vries)和扎莱茨尼克从心理分析的角度主张,应当区别两种魅力型的领导者。一类是心理上健康的;另一类是心理上不健康的。在扎莱茨尼克看来,健康的魅力型的领导者(healthy charismatic leaders)形成了良好的内心生活,并与其母亲有着健康而有意义的关系。而不健康的魅力型的领导者(unhealthy charismatic leaders)在心理上过度依恋他的母亲,因而没有解决其内心的冲突,并在追随者中建立起类似的过度依赖关系①。凯兹德弗里斯进一步认为,不健康的魅力型的领导者是特别危险的,他们经常有能力将其内心关于权力和控制的幻想变成现实②。

简·豪威尔则区别了社会化的和个人化的魅力型的领导者。社会化的魅力型的领导者(socialized charismatic leaders)所表达的目标是追随者驱动型的(follower-driven),他们的工作是将追随者培养成领导者。而个人化的魅力型的领导者(personalized charismatic leaders)所追寻的目标是领导者驱动型的(leader-driven),他们在下属中发展起一种服从、依赖和屈从的感觉③。

休斯等人则区别了起正面作用的魅力型的领导者与起负面作用的魅力型的领导者,二者的差别在于其不同的价值体系。起负面作用的魅力型的领导者(negative charismatic leaders)只对自己的自我扩张和权力感兴趣,而起正面作用的魅力型的领导者(positive charismatic leaders)关心的主要是其追随者、组织或社会④。

---

① A. Zaleznik, Charismatic and Consensus Leaders: A Psychological Comparison, Bulletin of the Menninger Clinic, 1974, 38, p.22~38.

② M. F. R. Kets de Vries, Crises Leadership and the Paranoid Potential: An Organizational Perspective, Bulletin of the Menninger Clinic, 1977, 41, p.349~365.

③ J. M. Howell, Two Faces of Charisma: Socialized and Personalized Leadership in Organizations, in J. A. Conger, R. N. Kanungo, ed., Charismatic Leadership: The Elusive Factor in Organizational Effectiveness, San Francisco, Jossey-Bass, 1988.

④ Richard L. Hughes, Robert C. Ginnett and Gordon J. Curphy, Leadership: Enhancing the Lessons of Experience, Boston, Irwin McGraw-Hill Company, Inc., 1996, p.301.

第三节　如何领导变革

一、变革的目标、阻力和阶段

(一)变革的目标

组织变革首先要确定的是要达到的直接目标,然后才能根据这种目标选择相应的变革形式。尤克尔区分了组织变革所要达到的几种不同目标①。

第一种变革目标是改变组织成员的态度和价值。为此而采用的主要方法包括劝导呼吁、培训、团队建设或文化变革,同时辅之以技术和人际关系技巧方面的培训。这种目标假定新的态度和技能会导致员工行为向有利的方面改变。

第二种变革目标是改变工作的角色、互动的类型、绩效的标准和奖励的条件。为改变工作角色而采取的主要方法包括重新设计工作岗位,使之包括不同的行为和职责,重新组织工作流程,调整权力关系,改变评价工作的标准和程序,以及改变奖励体制等。它的假设是:当角色要求人们以不同的方式行为时,人们会改变自己的态度以便适应新的行为。新的角色要求会导致有效的行为,而评价和奖励体制会强化这种有效的行为。

第三种变革目标是改变过去用于工作或支持关键工作行为的技术。为此而采取的措施包括采用新的工作设备,重新安排各种设施,采用新的信息和决策支持系统等。应当注意的是,新的技术不会自动被接受并被有效地利用,除非在工作角色、态度和技能上出现相应的转变。

第四种变革目标是改变竞争策略。为此而采取的措施包括引入新的产品或服务,进入新的市场,采用新的销售形式,在直接销售的同时启用网上销售,与其他组织结成联盟或合资公司,以及调整与供应商之间的关系等。策略的变革经常需要与人员、工作角色和技术的变革保持一致,否则策略变革就会失败。

尤克尔强调指出,究竟应当设定哪一种变革目标,要根据组织的实际情况。因此,在决定变革目标之前,应当谨慎地“诊断”组织究竟存在什么问题,这些问题的性质是什么。如果只是盲目地跟随流行的观念进行一般性的变革,不仅不会解决组织的问题,而且很可能会使问题更加恶化。

(二)变革的阻力

变革通常都会遇到许多阻力。康纳(D. R. Connor)在其 1995 年所著的《高速

---

① Gary Yukl, Leadership in Organization, NJ., Prentice Hall, 2002, p.276 ~ 278.

变革中的管理》一书中分析归纳了人们抵制变革的主要原因,主要包括下述方面①。

1.缺乏信任

缺乏信任,即不信任提出变革的人。它会使由其他原因所导致的抵制的效果进一步放大。如果员工不信任领导者,即使变革不会对他们的利益构成实际的威胁,他们也会怀疑变革背后隐藏着什么不利的意图,即使现在看不出来,也会在日后表现出来。缺乏相互信任还会使领导者讳言变革的原因,从而进一步加深了员工的怀疑和抵触。

2.认为变革是不必要的

如果现存的工作方式在过去是成功的,并没有明显的证据表明存在着严重的问题,变革就会被抵制。问题的出现在其最初阶段通常是不明显的,使人们很容易忽视它。如果高层领导者总是在夸大组织运行的良好状况,那么让员工相信需要变革就会更为困难。即使人们最终承认存在着问题,但通常的反应是对现存的策略作出一些调整,而不是完全改变现在的策略。

3.认为变革是不可行的

即使问题被确认了,但如果变革似乎不容易成功,它也会受到抵制。如果变革与过去的所作所为截然不同,那么大多数人就会认为这种变革是非常困难的。如果早期的变革计划失败了,也会导致冷嘲热讽,并使人们怀疑下一步变革计划是否能有所改善。

4.经济威胁

不论变革会对组织带来多少好处,它仍然会受到那些会因变革而在个人收入、利益和职业保障方面遭受损失的人的抵制。特别是当变革会以技术来替代人力或改善工作程序使之更有效率时,就会使一些人的利益受到损失。而组织规模的压缩和人员的裁减会引发焦虑,并增加对新的变革方案的抵制。

5.较高的成本

即使变革会带来明显的利益,它总是要付出一些代价。已经熟悉的常规必定会被改变,造成不便,并需要付出更多的努力;实施变革需要资源,而那些已经按传统方式所投入的资源将会丧失;在转型期,由于要学习新的方式和调试新的程序,绩效不可避免地会受到影响。当不可能对成本和收益作出确切估算时,这种对成本的担忧就更难以消除。

6.对个人失败的恐惧

变革会使一些专长变得无用,并需要学习新的工作方式。缺乏自信的人将不

① D. R. Connor, Managing at the Speed of Change: How Resilient Managers Succeed and Prosper Where Others Fail, New York, Villard Books, 1995.

会情愿放弃他们已经掌握的工作程序,代之以新的被证明难以掌握的工作程序。如果变革的议案中在如何帮助员工学习新的工作方式方面包含更丰富的内容,它就会更容易被接受。

7.失去地位和权力

组织的重大变革不可避免地会导致一些个人和下级单位在权力和地位上的一些转移。新的策略也经常要求一些新的解决问题的专长,而这些专长是现在身居高位的人所不具有的。一些工作将被削减或取消,而原先负责这些工作的人将会失去地位和权力,这使他们很容易对变革采取反对态度。

8.对价值和理想的威胁

那些与人们所热衷的价值和理想不相容的变革将会遭到抵制。对个人价值观的威胁会引起强烈的抵触情绪并导致对变革的抵制。如果这种价值是基于盛行的组织文化,那么这种抵制就不会限于局部,而会广泛蔓延。

9.对干预的反感

一些人抵制变革是因为他们不愿意受他人控制。企图操纵他们或强行变革,就会引起他们的反感和敌意。除非人们认识到变革的需要,并感受到他们能够对是否变革作出选择和决定,否则他们就会抵制。

吉克(T. D. Jick)和莫雷尔(R. Maurer)认为,不应当将对变革的抵制仅仅视为无知和顽固僵化,而应当将其视为那些要保护自身利益和有自主感的人们的自然反应。与其将抵制仅仅视为需要克服和战胜的障碍,不如更现实地将其视为可以转变为有利于变革的一种能量。积极的抵制意味着存在着强烈的价值感和情感,当变革的反对者被转变为支持者时,这种价值感和情感会成为承诺的原动力①。

(三)变革的阶段

许多研究者对变革所经历的阶段进行了研究。最早的变革过程理论是卢因于1951年提出的力场模型(force-field model)。该理论将变革过程分为3个阶段,即解冻、变革和再冻阶段。在解冻阶段(unfreezing phase),人们逐渐认识到原有的工作方法不再适用,这可能是由于明显的危机,或是由于领导者向人们努力描述那些还没有被组织中的大多数人意识到的威胁和机会。在变革阶段(changing phase),人们寻找新的工作方式,选择有前途的工作方式。在再冻阶段(refreezing phase),新的工作方式被实施和确立。在他看来,对成功的变革来说,这三个阶段中的每一个阶段都是重要的和必经的。如果不经过第一个解冻阶段而直接进入变革阶段,就会遭遇冷漠或强烈的抵抗。缺乏变革阶段中对问题的系统诊断和解决,就会使变革计划缺乏力量。缺乏在第三阶段对舆论建设的关注,忽视对热情的维护,就会在变

---

① T. D. Jick, Implementing Change, Burr Ridge, IL, Irwin, 1993. R. Maurer, Beyond the Wall of Resistance: Unconventional Strategies that Build Support for Change, Austin, TX., Bard Books, 1996.

革被实施后迅速翻转。根据他的观点,变革的实现需要两种努力:一是努力提高变革的驱动力,如增加激励,运用职位权力促使变革;二是降低阻碍变革的抵制力,如减少对失败或经济损失的恐惧,拉拢或调离反对者。如果抵制变革的力量很弱,那么就可以集中精力提高变革的驱动力;相反,如果抵制变革的力量很强,就需要在两个方面都同时努力。除非抵制变革的力量被削弱,否则提高变革驱动力的努力将会加剧关于变革问题的冲突,而且持续的抵制将会使再冻阶段的完成变得更加困难①。

伍德沃德(H. Woodward)、布克霍尔兹(S. Bucholz)和吉克等人根据对人们在突发的创伤性事件时的情绪反应的观察,提出了在组织变革过程中情绪反应的4个阶段,即否认(denial)、愤怒(anger)、悲哀(mourning)和适应(adaptation)。最初的阶段是否认变革的必要性;第二个阶段是气愤并寻找可以责备的人,同时顽固地拒绝放弃已经习惯的工作方式;在第三阶段,人们不再否认变革是不可避免的,认识到已经失去的东西,并为此而悲哀;在最后阶段,人们认可变革的需要,随遇而安。对不同的人来说,上述每一阶段的持续时间和情绪强烈强度会有很大的差异,一些人会停留在某个中间阶段无法超越。变革的领导者应当理解和耐心对待员工的这些反应,并帮助他们克服对变革的拒绝和否认,以建设性的方式抒泄他们的愤怒情绪,使其悲哀不至于发展到严重的沮丧或绝望,并对成功地完成调整抱乐观态度②。

研究者关注的另一个问题,是变革的反复出现会对人们对变革的反应造成何种影响。一种假说认为,反复出现的变革会使人们在后来的变革中更缺少复原力,更脆弱;另一种假说认为,变革的反复出现会使人们对变革具有了"免疫"能力,对后来的变革有了更多的思想准备,不再那么紧张,也不再需要那么长的调整时间;再一种假说认为,变革的反复出现,会使一部分人的复原力提高,而使另一部分人的复原力降低。但这些假说还有待经验的检验。

二、实施变革的组织措施

尤克尔总结了比尔(M. Beer)、康纳、科特、纳德勒(D. A. Nadler)、蒂奇和德瓦纳(M. A. Devanna)等人的研究成果,将重大组织变革中需要采取的组织结构措施概括为以下8个方面③。

(一)确定谁会反对或促进变革

为了评估实现组织重大变革的各种策略的可行性,领导者必须理解政治过程

---

① K. Lewin, Field Theory in Social Science, New York, Harper & Row, 1950.

② H. Woodward and S. Bucholz, Aftershock, New York, John Wiley, 1987. T. D. Jick, Implementing Change, Burr Ridge, IL., Irwin, 1993.

③ Gary Yukl, Leadership in Organization, NJ., Prentice Hall, 2002, p.289 ~ 292.

和权力的分布，确定哪些人的支持是使变革得以开始所必需的。在开始变革的努力之前，应当用一些时间来发现谁是成功实施变革的关键性人物，谁可能支持变革，有可能遇到多大的阻力，这些阻力可能来自何方，为了克服这些阻力需要做哪些工作，怎样能够将变革的怀疑者转变为支持者，变革方案要取得各方同意需要多长时间，等等。

(二)结成广泛的同盟来支持变革

说服广大的员工支持重大的变革并非易事，单靠领导者自己很难完成这一任务。变革的成功特别需要来自那些有权力促成或阻碍变革的人的合作支持，因此在组织内外结成支持者的联盟是非常重要的。领导者首先要使管理层有充分的准备来实施组织重大变革这种困难的任务，不仅要争取来自最高管理层的支持，还要争取来自中级和下级管理层的支持。比尔在 1988 年对 6 个进行了重大变革的公司的研究中发现，那些成功实施了变革的公司，其变革都受到了更多的具有促进变革的相关技能的中层管理者的支持。还要争取外在的支持者，他们包括咨询顾问、工会领导者、重要的客户、财政机构的负责人，以及政府机构的官员，等等。

(三)将有能力的变革实施者安排到关键岗位

成功的变革必须得到那些将直接负责实施变革的人的承诺，正是这些居于关键位置的人使变革得以发生。这些变革的实施者必须以他们的言行支持变革，他们应当信奉变革的愿景，并且有能力将这种愿景清晰地表达出来。如果在关键岗位的人不能经说服而信奉变革的愿景和战略，就应当予以替换。如果将他们继续留任，这些反对者就不仅仅会消极抵制变革，而且会采用政治手段来阻碍变革。如果不加以控制，那么最初的较小抵抗会发展壮大，以致阻碍新战略的成功实施。因此，采取迅速的行动撤换那些代表着旧秩序的反对者，不仅撤换了抵制变革的人，而且也发出了一个信号，表明变革是认真的。

(四)采用特别工作组指导变革的实施

为了指导组织重大变革的实施，临时特别工作组的方式是经常被采用的一种有用的方式，特别是当变革涉及正式结构和各下级单位之间关系的调整时更是如此。临时特别工作组的典型职责包括探索愿景中的关键价值如何能够被更充分地表达，提出如何实施那些跨分支机构的新战略的行动方案，设计执行新的行动的程序，研究如何调整评估和奖励结构以便与新的愿景和战略保持一致，等等。特别工作小组的组成要适合任务的要求，特别小组的领导者应当理解和支持新的愿景，懂得如何召集会议、控制冲突和以建设性的方式解决涉及人的问题。

(五)以引人瞩目的、具有象征意义的改变来影响人们的工作

引人瞩目的、具有象征意义的改变突出了领导者对新的愿景的承诺，特别是当这种改变对组织成员的日常生活发生了影响时。一种类型的具有象征意义的改变是改变工作完成的方式和各方对工作的权力。例如，如果一个制造厂采取全面产品质量管理的新战略，就会取消质量监控的岗位，将检查质量和纠正质量问题的职责授权给生产员工，建立质量小组以确定改善质量的方式，以及将停止生产以纠正质量问题的权力授予员工；另一种类型的具有象征意义的改变是改变工作完成的地点。例如，领导者通过卖掉高层办公楼，将各分支机构重新安置在各自分离的低层办公建筑的方法，向员工强调授权给各分支机构去寻找改善客户服务方式的新战略。具有象征意义的改变还可以表现为文化形式的改变，如象征符号、庆典和仪式等方面的改变。

（六）在必要时以小规模的变革开始

体制的各个独立的部分在可行的情况下应当同时变革，这样产生的效果会相互支持，而体制的发展也不会消除变革的效果。但是在拥有许多半自主单位的大型组织中，在所有单位中同时实施变革可能是不可行的。因此，根据比尔的研究，在必要时，具有联系松散的分支单位的组织的重大变革可以逐个单位地依次进行。证明新战略是成功的一个方法，就是先在一个小单位实施变革，或先进行实验。在这个单位的成功变革有助于激发整个组织的同类变革。但不应当假定同样的变革在所有分支单位都是合适的，特别是当各分支单位的情况存在很大差异时。比尔的研究发现，当最高领导层试图将先前在一些单位成功的变革推广到不适合这种变革的单位时，变革便遇到了阻碍。避免这种错误的一种适当的方法，就是允许中层管理者在决定如何在其单位实施变革方面能够有重要的发言权。

（七）改变组织结构的相关方面

一种新的重大战略的成功实施，要求改变组织结构使其适合新的战略。这种改变可能涉及各分支单位的任务划分、权力和上下级关系、员工分配、工作流程、沟通网络、奖励系统、正式的绩效标准，以及人事决策标准等。比尔认为，如果结构变革只是由最高管理层强制实施的，没有有关的中下层管理者的参与，这种变革便不容易见到成效。他建议采用特别工作小组来分析工作任务是如何完成的，并就实现新战略所必需的结构变革提出建议。当正式结构变革容易遭遇抵制时，创建一个非正式结构来支持新战略，并推迟正式结构的变革，直到人们认识到变革的必需性，这样会更容易些。

（八）监控变革的进程

新的变革如同在激流中冒险，不可能预见到所有将会遭遇到的障碍和困难。许多事情只能在做中学，而监控对学习来说是必需的。应当收集和分析对变革效果的反馈，使影响组织绩效的关键变量的关系模型更加精确化。监控也可以使变革的不同方面得到协调。监控要求及时获得关于变革对人员、过程和绩效所产生的效果的确切信息，这些信息可以采取各种不同方式来获得，其中一种重要的收集信息的方法就是经常召开由位于关键岗位的人员参加的变革进展情况汇报会。

三、鼓舞士气的措施

变革过程的实施，不仅涉及组织结构的调整，而且涉及对员工的激励支持和指导。变革不可避免地会遇到困难和阻碍，重大的变革更是会给人们带来压力和阵痛，而且可能出现较长的调整、中断或混乱的过渡期。在这种情况下，即使是那些开始赞成变革的人们也需要支持和帮助以维持他们对变革的热情和信心。尤克尔总结了比尔、康纳、科特、纳德勒等人的研究成果，将领导者在维持员工士气方面需要采取的措施总结为以下 7 点①。

（一）树立变革需求的紧迫感

当环境的变化是逐渐的并且没有明显的危机时，人们往往意识不到出现的威胁或机会。领导者的一个重要职责就是说服组织中的其他关键人物，使其认识到组织需要的是重大的变革，而不是渐进式的调整。要获得对变革动议的支持，最重要的就是要解释为什么变革是必需的，并树立这种需求的紧迫感。要解释为什么不变革最终会付出比现在就变革更大的代价。如果人们对这一问题没有什么感觉，领导者应当提供相关的信息，并帮助人们理解这些信息的意义。

（二）使人们准备调整以适应变革

即使变革是必需的且能带来好处，这种变革仍然会要求那些受到变革影响最大的人们作出难度很大的调整。如果人们无法应付变革造成的压力和损伤，他们就会感到沮丧甚至对抗变革。即使是变革的热情拥护者，也难免在长期的变革努力中遭遇各种困难。成功和失败的交替会使他们经历情绪上的起伏跌宕。变革进展的不明显和新的障碍的不断发现，会使人们感到疲惫和挫折。如果人们对变革的这些负面情况有所预期并知道如何应付它们，它们就会变得更容易对付。因此，与其将变革吹得天花乱坠，似乎没有任何代价和问题，不如帮助人们理解什么样的调整是必需的。其方法之一就是以现实的方式考察一些人们能够预期到的典型问题和困难。

（三）帮助人们应付变革带来的痛苦

当出现剧烈的变革时，许多人会由于失去他们对其有深厚情感的熟悉事物而感受到痛苦。无论变革是否会带来新的战略和项目，新的设备和工作程序，新的设施以及新的管理方式和新的领导者，人们都会经历变革所带来的某种痛苦。人们很难接受过去决策和政策的失败，因此需要帮助人们理解变革的必要性，同时又不使他们感到个人对失败的责任。可以采用举行一些仪式的方式帮助人们表达对失去组织中让人们在情感上依恋的事物的悲哀和愤怒。

---

① Gary Yukl, Leadership in Organization, NJ., Prentice Hall, 2002, p.292 ~ 294.

(四)为早期的成功提供机会

如果能够使人们在一项新项目或重大变革的初期阶段就经历到成功的进展，这将会增强个人或团队的信心。当看到一种新的工作方式一开始就显现出优势时，那些变革的怀疑者就会转变为支持者。库泽斯和波斯纳建议在面对挑战性很强的任务时，最好在最初阶段先迈出一小步，或先确定一个短期的目标，这样就不会使任务显得太困难。当人们感到一种努力成功的可能很大而失败的代价并不太大时，他们就会更愿意承担这种工作。当最初的阶段或目标实现之后，人们所经历的成功使人们增强了自信，这使他们愿意尝试更大的成功，并在努力中投入更多的资源。

(五)使人们了解变革的进展情况

重大的变革就像任何其他的危机一样，会在那些受其影响的人们中产生焦虑和压力。当一项新的战略在实施的早期阶段并不要求许多可见的改变时，人们会开始怀疑变革是否已经胎死腹中，情况是否正在退回到原来的样子。如果人们了解到变革项目正在成功进行，他们会对变革持更热情和乐观的态度。要使人们感觉到变革正在如期进行，就要及时告诉人们变革的哪一阶段正在开始，什么变革已经完成，在绩效方面已经出现了哪些改善。可以举行庆祝仪式来宣布重大的变革行动的开始，庆祝重大的进展或成功，并认可人们对成功变革的贡献和成就。这些庆祝仪式有助于增强乐观态度，建立承诺，加强对组织单位的认同。认可个人的贡献和成就，会使个人在这种集体努力中的作用被更明显地表现出来。

(六)表明对变革的不断承诺

尽管指导变革的各个具体方面的职责可以交给其他的变革者去完成，但作为变革的主要提倡者和支持者的领导者必须不断地表明要将变革进行到底的决心。当遇到问题时，人们对变革最初的热情态度可能会降温，可能会出现倒退，人们会逐渐认识到变革所付出的必需代价和牺牲。人们关注领导者是否继续对变革的目标和愿景持坚定的态度，任何显示变革不再是重要的或可行的迹象，都会对变革的努力产生致命的影响。而领导者对变革的不断关注和支持，表明领导者要将变革成功进行到底的信心和决心。领导者应当坚持不懈地提倡指导变革过程的愿景，显示出对倒退和困难最终一定会被克服的乐观态度。而且不仅要在嘴上说，还要亲自参加与变革有关的各种活动以表明变革的重要性，还要投入时间、精力和资源去解决问题和克服障碍。在处理当下问题时，领导者必须拒绝那些与变革的目标相抵触的习惯性解决方案。

(七)授权人们去实施变革

如果只是最高层领导者具体监控变革在组织的每个具体部门实施的情况，这种变革项目是不容易获得成功的。居于关键性岗位的支持者应当被授权以自己的方式实施变革。决策和解决问题的权力应当授予那些负责实施变革的个人和团队。在变革实施的过程中，领导的主要职责是向变革的执行者提供鼓励、支持和必需的资源，指导和协调不同部门之间的变革努力。

四、改变组织文化

大规模的组织变革，不仅需要对下级的个体员工施加影响，而且需要改变组织的文化。通过改变组织文化，领导层能够间接地影响员工的动机和行为。对此，沙因(E. H. Schein)在《组织文化与领导》一书中进行了专门的研究①。

(一)组织文化的层次和作用

沙因认为，组织文化就是组织对世界及他们在世界中的位置、时间与空间的本质、人的本性以及人与人之间的关系所共同具有的假设和信念。沙因区别了深层的信念(underlying belief)与宣称的价值(espoused value)。深层信念处于组织文化的深层结构，而宣称的价值可能并不与深层信念相一致，在这种情况下，组织宣称的价值并不能精确地反映组织的文化。例如，一个公司可能宣称开放式沟通，但深层信念却可能是认为任何批评和不同意见都是有害的并应尽力避免。要深入到宣称价值的表层之下去发现深层的信念并非易事，因为一些深层信念是无意识的。

代表组织文化的深层信念来自面对外部环境所提出的生存问题和组织内部的整合问题的习得性反应。外部问题主要包括组织存在的核心使命或理由、基于这种使命的具体目标、达到这些目标的战略，以及衡量成功达到目标的方式。大多数组织都有多个目标，在一般使命上达成的共识并不意味着在具体目标及目标排序上能够达成共识。

如果组织中缺乏合作的努力，组织成员不能保持适当的稳定，组织目标和战略就无法有效地达成。因此，每个组织不仅要解决外部适应的问题，还要解决内部整合的问题。内部问题主要包括确定组织成员的标准，确定地位和权力的根据，实施奖惩的标准和程序，解释无法预测和无法控制的事件的意识形态，如何把握冒犯和隐私的规则或习惯，以及关于词和符号意义的共识。在这些方面形成的信念指导着人们建立对行为的角色期望，它使人们了解什么是适当，什么是不适当的，帮助人们保持彼此之间的舒适关系。

文化的主要作用是帮助人们理解环境并确定如何对其作出反应，从而减少焦虑、不确定性和疑惑。内部问题和外部问题是彼此密切联系的，组织必须同时处理这两方面的问题。当组织通过经验形成了解决这些问题的方案时，它们就变成了共同的假设，并被传播给新加入的成员。经过一段时间之后，这些假设就可能为人们所熟知，以致进入到组织成员的潜意识层。

① E. H. Schein, Organizational Culture and Leadership, 2nd ed., San Francisco, Jossey-Bass, 1992.

(二)影响文化的方式

领导者能够以各种方式对组织文化施加影响。沙因认为，有 5 种主要的机制能够对组织文化的形成和强化产生最大的影响。

(1)关注　领导者在对某事作出选择时，通过询问、衡量、评论、表扬和批评来传达它们的优先排序、价值和关切。这种交流主要发生于领导者计划行动和监控运作之时。领导者的情绪在这种对价值和关切的交流中会产生特别强烈的影响。相比之下，如果对某些事情不予关注，那么领导者所传达的信息就是这些事情是不重要的。

(2)对危机的反应　由于在面对危机时人们都情绪激动，因此在回应危机时领导者会发出关于价值和假设的强有力信息。一个领导者即使在功利考虑的压力下仍然忠实地支持所信奉的价值，就清楚地告诉了人们这种价值的确是非常重要的。

(3)角色榜样　领导者可以通过自己的行动，特别是那些表现忠诚、自我牺牲和超出责任范围的服务来传达价值和期望。建立某种政策或程序的领导者如果自己不能依照这种政策或程序来行动，就是在告诉人们这种政策或程序不是真正重要或必需的。

(4)奖励的分配　奖励分配所采用的标准表明了什么是被组织所看重的。在庆祝仪式上的正式认可和非正式的表扬，都在传达领导者的关切和优先排序。不认可人们的贡献和成就，就是在告诉人们它们是不重要的。而对奖励和地位符号的分配差异，就是在确认一些成员较之另一些成员的相对重要性。

(5)选择和解聘的标准　通过制定人员招聘、选拔、提升和解聘的标准，领导者能够对组织文化产生影响。领导者还通过提供在组织中成功的标准和要求的实际信息来表达自己的价值和关切。

除了上述影响组织文化的主要方式之外，沙因还提出了另外 5 种影响组织文化的次级机制。他认为，只要这些方式能够与主要方式不相冲突，就会对组织文化的形成和强化产生有益的影响。

第一是系统和程序的设计。正式的预算、计划、报告、绩效评估和管理发展计划都能够用来突显某些行为和标准，也能帮助澄清对角色的疑惑。而这种对正式程序的偏好也反映了对控制和秩序的价值的强调。

第二是对组织结构的设计。对结构的设计经常会更多地受到关于内部关系的假设或人们所深信的管理理论的影响，而不是受到有效的适应环境的实际要求的影响。集中化的结构反映的信念是只有领导者能够决定什么是最好的，而非集中化的结构或采用自我管理型团队则反映了对个人能动性和共同承担责任的信念。

第三是对设施的设计。领导者可以通过对设施的设计来反映基本的价值，尽管这很少被其作为一种有意为之的策略。例如，开放的办公布局是与开放的沟通相一致的。而对所有员工来说，相似的办公室和同样的饭厅设施是与平等价值相一致的。

第四是故事、传奇和神话。关于组织中重要事件和人物的故事有助于传送价值和认定的原则。但故事和神话更多地是文化的反映,而不是文化的决定因素。如果组织的交流沟通是开放性的,那么用故事来影响文化的作用就会非常有限,因为很容易就可以鉴别出虚假的故事。要用故事来影响文化,就必须让它传送关于价值的明确信息,而且所描述的事件必须是真实的。

第五是正式的陈述。由领导者所发表的关于价值的公开陈述,以及书面的价值陈述、章程和哲学原则能够对其他机制进行补充。但正式的陈述通常只描述组织文化假设和信念的一小部分,除非其言辞能够被领导者的行动和决定所支持,否则就缺乏可信性。

(三)文化改变的难度

尤克尔认为,改变一个成熟组织的文化比在一个新组织中创造文化要困难得多。首先,许多被组织中的人们共同享有的深层信念和假设是无意识的或不言自明的;其次,当文化假设确证了过去的正确并被人们引以为豪时,要改变这种文化假设就非常困难;最后,文化价值影响对领导者的选择以及对领导者的角色期望。在一个成熟的、相对繁荣的组织中,文化对领导者的影响胜过领导者对文化的影响。除非存在着重大的危机威胁着组织的福利和生存,否则很难出现文化的剧烈变革。即使在伴有危机的情况下,为了理解组织中的现存文化和成功地实施变革,领导者也要进行大量的研究并采用适当的技巧①。

① Gary Yukl, Leadership in Organization, NJ., Prentice Hall, 2002, p.283.

第九章
领导者自身的问题

第一节　领导者的应激状态

一、领导者的乐与苦

在大多数团体成员的眼中,领导者能够比非领导者获得更多的满足感。对大多数领导者来说,他们也更愿意人们将自己称为领导者,似乎这一称呼本身就代表着更多的尊重。这些看法和感受的确代表了作为领导者的一个方面,即领导者会从领导职责中获得更多的满足。但人们往往忽略了作为领导者的另一方面,即领导者会面临更多的心理压力,会有更多的烦恼,也会在很多方面有更多的不满足感。要做一名成功的领导者,不仅要在这两方面都做好充分的思想准备,而且还要学会运用各种方法来调节自己的心理状态,以成熟的心态去应对常人不曾遇到的各种挑战。

(一)作为领导者的满足感

达布林将作为领导者所能获得的更多的满足感总结为以下几个方面①。

1.权力和荣誉感

领导者会被授予一定的权力,并因此被人们高看一眼。在西方的许多组织中,最高领导者会被冠以"先生"、"女士"的称呼,而低层员工会被直呼其名。在中国的组织中,领导者会被称以官衔,而普通员工则只被称为"老张"、"小李"之类。

2.帮助他人的机会

领导者直接与人打交道,经常教给他人工作技巧,倾听个人的问题,并帮助他

---

① Andrew J. DuBrin, Leadership: Research Findings, Practice and Skills, Boston, Houghton Mifflin Company, 1995, p. 15~16.

人成为管理者和领导者。领导者在感到自己是人力资源的管理者或指导者的同时,也经常感到自己是“人们的帮助者”。

3.高收入

一般来说,领导者比团队其他成员的收入要高。如果领导者将金钱看作重要的推动力或满足源泉,那么他就会从高收入中获得内在的满足感。在一些情况下,一个团队的领导者与团队的其他成员在收入上没有很大的差别,但占据这种领导职位却是通往更高收入领导职位的起点。

4.尊敬和地位

领导者经常受到团体成员尊敬。他也享受着比其他非领导岗位更高的地位。被任命做领导工作便会带来地位,而如果他个人的资质适于该领导职位,其地位会更高。

5.进取的好机会

一旦成为一名领导者,进取的机会便增加了。获得一个领导职位,在许多组织中是职业进取的第一步,大多数领导者不是仅仅通过个人在专业领域的工作与贡献而被提升的,而是通过管理阶梯之路向上升的。

6.“进入”的感觉

作为一个领导者的一个附带好处是会得到更内部的信息。例如,作为管理者,你会被邀请参加管理会议。在这些会议中,你会得到一些其他非领导者无法得到的信息,如增员或裁员的计划,等等。

7.掌管钱财和其他资源的机会

领导者经常会帮助起草部门预算和批准开支。即使个人不能花费这笔钱,这也能使领导者获得一些满足感,特别是领导者在制定数百万元的预算的时候,因为这意味着自己关于财务方面的判断是被信任的。

(二)作为领导者的挫折感

达布林将作为领导者会产生的挫折感归纳为以下方面①。

1.太多没有报酬的超时工作

在领导岗位上的人通常被期望比其他员工工作更长的时间。在西方,居于领导岗位的人通常每周要工作55个小时,高峰时期要工作到80个小时。在中国,领导者的工作时间会更长。

2.太多头疼的事

领导者要面对的问题可能是列数不完的。领导者要处理大量的涉及人和事的问题,而且就像墨菲法则所说的那样,所有可能会出现的麻烦都会实际发生,因而

① Andrew J. DuBrin, Leadership: Research Findings, Practice and Skills, Boston, Houghton Mifflin Company, 1995, p. 16~17.

许多人发现领导岗位是压力之源，许多领导者都经历过要崩溃的感觉。

3.没有足够的权威去履行职责

领导者经常抱怨他们在负责一些他们完全无法控制的事。他可能会与绩效差的团队成员一起工作，却无权解雇他；或被要求用很少的人员来提供高质量的服务，却无权增加员工。

4.孤独

在一定意义上，职位越高，越会感到孤独。领导工作使领导者能私下信任和交谈的人变得很少，当他感到一个老板对雇员的态度很恶劣时，却很难与谁诉说；他也很难向其他成员抱怨另一个成员。领导者不可能像普通员工那样聚在一起发牢骚，因而会感到很孤独。

5.太多涉及人的问题

领导者的一个主要挫折感来源于解决人的问题，特别是在处理不称职员工或不得不裁减人员时。职位越低，越要面对这个问题。

6.太多的文件处理工作和电子邮件

当组织工作变得形式化（表格化）后，大量的表格便产生了。各级领导者都抱怨大量的文件处理工作和电子邮件占用了他们大量的时间。

7.太多的权力斗争

各级领导者都必须意识到权力斗争的因素。个体员工可以很容易避开这些权力斗争问题，但领导者却不得不从3个角度参与权力游戏：向下、左右、向上。像结成联盟这样的权力斗争要求往往是领导角色的一个组成部分。

加德纳也曾将导致领导者面对更大心理压力的来源归结为以下4种。

(1)恶语中伤　所有的领导者都会成为被人攻击的靶子。这如同中国古人所说的："木秀于林，风必摧之；石空于岸，流必湍之；行高于人，众必非之。""事修而谤兴，德高而毁来。"

(2)工作负荷过重　在负荷过重的工作中问题接踵而至，疲惫、失眠、与家人和朋友共处的时间少，无暇阅读、反省和思考。

(3)隐私权受侵犯　这对公众领袖的影响更甚。

(4)竞争　它通常与高阶层领导有关，如选举失败和经商失败。所有领导者的身上都伤痕累累，不论这是否能与他们加在别人身上的伤疤相抵。竞争的恶果常使领导者失去能力。

二、领导者如何调整应激状态

所谓"应激"(stress)状态，是指人们在感受和应对紧张性刺激(stressors)时所作出的反应状态。当人们面对具有挑战或威胁性的事件时，通常会出汗，心跳加快，血压升高，情绪紧张或激动。这些反应就是应激性反应。医学研究者塞莱(H. Selye)首次用“应激”这一概念来描述身体的生物反应机制。他认为,应激是人的身体对施加其上的任何要求作出的非特定反应①。

人的神经系统对紧张性刺激所作出的应激反应,具有生存的价值。适当的应激状态会增加人们的动力,提高工作的绩效,就像风筝有了风才能飞得高。但身体对紧张性刺激作出反应的能力是有限的,过强的刺激会耗尽人们的应激能力,造成一些特殊的应激症状,这主要表现在生理、情绪和行为三个方面。在生理上,它主要表现为血压升高、心跳加快、出汗、呼吸困难、肌肉紧张、胃肠功能紊乱、难以入睡、饮酒或用药量增加、食欲不振或暴饮暴食、头痛或背痛的时候增多等。过度的应激状态在身体方面会导致心脏病、免疫系统失常和癌症发病率的提高。在情绪上,它表现为生气、忧虑、压抑、自尊心降低、思维功能减退、紧张、易怒、怨恨、不满、消极、敌意、消沉、感到没有精神、总是在忧虑、经常神经过敏、处于防御状态、对通常喜欢做的事失去兴趣等。在行为上,它表现为行为与往常不同、人际关系出现问题、工作总是出错、强迫性行为和交际困难等。

造成应激状态的紧张性刺激可能是多方面的,主要包括过重的工作负荷、恶劣的工作条件、工作中的角色冲突与角色模糊、职业发展的需求和机会、不良的人际关系、攻击性行为,以及工作与其他角色的冲突等。

但应激水平是因人而异的。对同样的事件,有些人处于高应激水平,有些人则处于低应激水平。这主要取决于 4 个方面的因素。首先是过去的经验,即人们对压力承受程度和先前是否经历过类似的事件;其次是人们对压力的认识和态度:有些人将压力视为挑战和潜在的激励,有些人则将其视为威胁和令人沮丧的;再次是社会的支持,如果有上级、下级或同事的支持,人们会相对冷静地对待紧张性刺激,相反则会使人更感到忧虑或狂躁;最后是个性差异,具有稳定和自信性格的人可能会更好地处理紧张性刺激,而具有紧张和自我怀疑性格的人在处理相同的紧张性刺激时就会遇到更大困难。

因此,领导者一方面应当注意使员工处于适当的应激状态;另一方面也要注意控制自己的应激状态,这被称为“应激管理”(stress management)。对应激管理,休斯等人提出了以下建议②。

1.注意监测应激水平

应激管理的第一步就是要监测应激水平。人们常常处于应激状态而自己却没有意识到。当一个人处于过度应激状态时,会呈现出许多症状。其他人可以一眼就看出,但领导者自己却不知道。因此,应当建立习惯,定期察看一些标志自己应

① H. Selye, The Stress of Life, rev. ed., New York, McGraw-Hill, 1976, p. 1.

② Richard L. Hughes, Robert C. Ginnett, and Gordon J. Curphy, Leadership: Enhancing the Lessons of Experience, Boston, Irwin McGraw-Hill Company, Inc., 1996, p. 270 ~ 274.

激水平过高的那些警告信号，以决定是否应当采取应激管理的措施。

2.确认造成应激状态的原因

监测应激状态可以减少使应激状态达到不健康水平的几率，但却不能从根本上解决问题。领导者还需要确认导致应激状态的原因。从表面上看，造成应激状态的原因似乎应当是显而易见的，但实际上却并不总是如此。例如，一个教练可能将自己发怒归因于球队输球，但却没有意识到这实际上是由于他在家里与自己的孩子之间的问题使自己在情感上受到伤害。因此，只有首先准确地确认问题，才能建设性地实施应激管理。

3.采取健康的生活方式

减轻应激状态的最好方式之一就是采取健康的生活方式。平衡的营养、有规律的锻炼、充足的睡眠、戒烟和适量饮酒对健康生活是关键性的，也是无可替代的。威利（J. Wiley）和卡麦乔（T. Camacho）对近7 000成年人的一项长期研究证实，这些因素中的每一个都对健康和消除应激症状具有积极的作用①。不充足的睡眠使精力衰竭，影响敏感性，干扰判断，变得易怒，并降低对疾病的抵抗力。而身体锻炼是一项保持身体健康的长期策略，而且也是降低紧张度的一个非常有效的方法。

4.学会如何放松

并不是所有人都懂得如何放松。虽然锻炼身体是一个很好的放松方法，但经常是当你需要放松时却没有机会去锻炼。因此，当所处情境无法进行大运动量的锻炼时，还有另外一些放松的方法。例如，深呼吸，进行性的肌肉放松，或想象那些能使人平静的词或形象，这些都是非常有效的用来缓解激动状态的即时镇静方法。它们被广泛用于从求职面试到体育比赛的各种应激情境。这些方法的效果会因人而异，并没有一个方法对所有人的所有应激症状都有效。

5.建立支持性的人际关系

另一种很有效的缓解应激状态的方法，是建立一个亲密的、支持性的人际关系网。一些专门性的研究表明，那些通过婚姻、参加教会或其他团体而与他人具有亲密关系的人，比那些具有较弱社会联系的人更健康。同时，各种形式的社会支持，如来自配偶、同事或上司的支持，也能够缓解职业压力的影响。

6.恰当地解释事情

任何事情所产生的应激状态，并不是完全取决于事情本身，而是部分地取决于人们解释该事情的方式。对同样糟糕的考试成绩，会使不同学生产生不同的应激状态。这部分地是由于个体投身于某项活动的程度是不同的，而这种程度的不同又是由于人们对事情具有不同的评价。对一个人来说，在那些他投入很大的领域

---

① J. Wiley, T. Camacho, Life-Style and Future Health: Evidence from the Alameda County Study, Preventive Medicine, 1980, 9, p. 1～21.

出现的问题,会比那些他投入较小的领域出现的问题使他产生更强的应激状态。因此,有效的应激管理依赖于恰当地解释事情。这对一些人来说是很困难的,因为他们有一种使其应激状态更严重的解释事情的方式。

林维勒(P. W. Linville)的研究表明,那些具有相对复杂的自我概念的人,比那些自我复杂性(self-complexity)程度较低的人,更不容易有通常的应激症状[①]。例如,当在工作中遇到挫折时(在晋升的竞争中失利时),那些自我复杂性较低的人(如只用事业成功来定义自我概念的人),就可能因这一事件而崩溃。低自我复杂性意味着对威胁自我的事情缺乏顺应力。而具有高自我复杂性的人在面对同样的挫折时,也会感到失望,也许会对工作感到沮丧,但这一事件的影响却能由于那些未受影响的领域的存在而被减弱。这些领域仍然能够对他的自我形象提供肯定的支持。例如,可能他感受事业成功的标准不只是被提升这一项,他可能将被同事们高度尊重作为更重要的成功标准。此外,他生活中的其他领域,如政治生活和家庭生活,也会提供更多的具有肯定性的自我形象。

7.A—B—C 模型

由于没有一个快捷的方法来提高自我复杂性的程度,因此提高自我复杂性实际上不是一个能在短期见效的应激管理方法。但还有一些应激管理的其他认识方式,它们可以产生更及时的效果。这些方法的共同目标,就是改变个人关于应激事件的自我对话(self-talk)。其中应用起来最简单的方法是"A—B—C 模型",它是由埃利斯(A. Ellis)和哈培尔(R. Harper)在 1975 年提出的,并被斯坦梅茨(J. Steinmetz)等人在 1980 年进一步发展[②]。要理解这种方法,首先要重新理解应激状态产生的过程。人们通常认为,应激状态产生的过程是:先出现一个外部事件,然后就出现了内心的应激感受。但实际上,在这二者之间还存在着一个起着关键作用的中介,就是我们对事件的看法,或自我对话。这种内心对话可以是理性的或非理性的,建设性的或破坏性的,但它们可以被个人所控制。当人们认识到可以通过改变他们自己的内心对话来控制他们对周围事件的情绪反应时,他们就更容易摆脱应激状态。实际上,对同一事件可以有许多不同的解释方式,其中一些更容易引起应激和沮丧的感受;而另一些则更容易保持自尊和积极的态度。如果人们注意倾听自己的内心对话,并将破坏性的自我对话变成建设性的自我对话,就能够更好地处理应激状态。然而,改变自我对话比想象的要困难,特别是在情绪化的场合。这是因为自我对话是隐蔽的、自发的、稍纵即逝的和反射性的,就像任何坏习惯一样,它

① P. W. Linville, Self-Complexity as a Cognitive Buffer Against Stress-Related Illness and Depression, Journal of Personality and Social Psychology, 1987, 52 (4), p. 663~676.

② A. Ellis and R. Harper, New Guide to Rational Living, Englewood Cliffs, NJ., Prentice Hall, 1975. J. Steinmetz, J. Blankenship, L. Brown, D. Hall, G. Miller, Managing Stress before It Manages You, Palo Alto, CA., Bull, 1980.

很难改变。但也正因为自我对话是一种习惯,因此它是能够改变的。

第二节　领导者的自恋性格

从性格分析的角度来说,许多领导者都具有某种程度的自恋倾向。欧洲管理学院的凯兹德弗里斯和丹尼·米勒在 1985 年发表的“自恋情结与领导:目标关系透视”一文中①,对领导者的自恋情结问题进行了具体分析。

一、领导者的自恋倾向

“自恋”(narcissi)一词源自古希腊神话,说的是一个美少年那西塞斯(Narcissus)因眷恋水中自己的美影,憔悴而死,死后化作水仙花。自恋首先被作为一种心理疾病而被研究。美国心理学协会 1980 年发表的《精神混乱者的诊断和统计手册》中将具有自恋个性的精神混乱者描述为:狂妄自大,以为自己独一无二,如夸大成绩和才能,只关心个人问题的特殊性;幻想无尽的成功、权力、智慧、美貌或完美的爱情,并沉溺其中;爱出风头,要求持续不断地被别人关注和崇拜;面对别人的批评和冷漠或所遭遇到的失败,要么无动于衷,要么明显感到愤怒、自卑、羞耻或空虚;处理人际关系存在的障碍,表现为只取不予,利用和盘剥他人,在人际交往中爱走极端,以及缺乏同情心。

但自恋者并不都是精神混乱者。很多具有正常的精神功能的人也具有程度不同的自恋倾向。这样的自恋者觉得,他们必须依靠自身而不是依靠别人来满足人生需求,不能指望他人的爱和忠诚来过活。他们假装自己很知足,但在内心深处却感到空虚。为了应付这样的感觉,掩饰自己的不安,自恋者专注于建立他们的充实感、权力、美貌、地位、名利和优越感。与此同时,自恋者期待别人认可他们很高的自我评价,同时迎合他们的需要。其行为令人侧目之处,是对他人的利用和剥削。自恋者臆想他们有权让别人为自己效劳,把自己的愿望凌驾在别人的愿望之上。他们认为自己配得上生活的特殊待遇。

这些特征的强度因人而异。人们的行为里都有自恋的痕迹。在具有适度自恋倾向的人中,可以发现不少人天赋异常、能力突出,为社会做出了很大的贡献。而且为了正常的工作,适度的自恋也是必需的。但如果自恋过度,就会在与外界交往时过度僵化、狭隘和拘束不安。

许多研究者认为,自恋心理发展的性质和程度,是领导者的性格取向的一个关

---

① 凯兹德弗里斯,米勒:《自恋情结与领导:目标关系透视》,载皮尔斯,纽斯特罗姆:《领导者与领导过程》,第 2 版,北京华译网翻译公司译,514～528 页。北京,中国人民大学出版社,2003。

键要素。弗洛伊德(Sigmund Freud)在研究领导者和追随者的关系时指出:领导者自己不需要爱任何人,他掌控一切,绝对自恋、自负和独立。他后来进一步提出了“自恋的性欲亢奋个性”这一概念。这种人的主要兴趣是自我保护、独立、绝不懦弱。他们可能有着极强的进取心,给人留下性格强悍的印象。他们特别适合充当道德理想的保护墙,即真正的领导者。同样,赖希(Wilhelm Reich)也认为,具有自信、傲慢、灵活、精力充沛、给人印象深刻这些自恋特征的人,常常会取得领导地位,并使追随者服从。如果伤害了他们的虚荣心,他们的反应或是冷淡缄默、极度郁闷,或是积极地进攻。临床医学家科恩伯格(Otto Kernberg)认为,权力和名利代表着权威和领导地位,由于自恋情结通常都是被强烈的权力欲和名利欲所驱使,因此在高层领导中常常能找到有这样自恋特征的人。科胡特(Heinz Kohut)也认为,某种自恋情结固化的个性,会自然而然地将人们引向领导地位。可见,自恋情结常常是获得领导地位愿望背后的驱动力,具有强自恋人格的人更愿意辛勤工作,以获得权力和地位。在领导者身上出现的这种行为有可能反映了其自恋倾向的性质及程度。

二、自恋倾向的三种类型

领导者的自恋倾向具有不同的程度和性质,有健康的自恋,也有病态的自恋。它们会对领导者的内心活动和人际关系产生不同的影响。凯兹德弗里斯和丹尼·米勒区分了自恋的三种类型,即对抗型自恋、自欺型自恋和建设型自恋,并且根据科胡特提出的理论将这些自恋类型形成的原因与领导者早年的经历联系起来。

科胡特认为,人在童年时代有一个将自我的两个重要半圆凑成一个完整圆形的过程。第一个半圆是夸大的自我形象,它是指儿童早期那种无所不能的感觉。当一个孩子希望显示自己不断发展的能力,并渴望由此得到崇拜时,就会产生这样的感觉。第二个半圆是理想化的父母形象,它是指儿童对父母无所不能的幻想,认为父母拥有理想化的神力,并渴望自己与父母融为一体。而儿童心理的发展,要从“我完美无缺,你崇拜我”,逐渐演变为“父母完美无缺,而我是父母的一部分”。然而,这种幻想在走向成熟的过程中必然会遇到挫折。由于父母无法满足孩子遥不可及的期望,使孩子产生了挫败感。但通过一个日益中性化的过程,孩子能够逐渐减少这种挫败感。他们会逐渐明白父母既不是太好,也不是太坏。他们虽然不是理想和完美的,却“还不错”。这样便在他们的内心产生出一个更均衡的、完整的父母形象,这使他们在现实生活中对父母也更加欣赏。这样,在早期截然分离的“好的”和“坏的”目标,现在融合在一起。这种融合对培养恒久的信心或加深对父母的信赖都是很重要的。它标志着在通过人际交往获得安全感方面,儿童获得了早期的成功。这使得他们自信自重,并能和他人维持稳定的关系。这种“演变中的内化”(transmuting internalization)过程,被科胡特视为确立恒久心理建构的基础。但在这一过程中,父母与儿童的不同互动方式,会使儿童形成不同的自恋性格。他们将其区分为以下三类①。

(一)对抗型自恋

在儿童早期的发展阶段,如果父母的行为冷漠而无动于衷,对正在成长的孩子的需求不够敏感,极少对孩子进行激励,便会导致隔膜感,使孩子感到自己不如别人,不能保持恒定的自重感。这使得孩子童年的需求没有得到修正,也没有趋向中性,而是继续郁结于胸,形成了萎靡不振和支离破碎的自我,从而确立了"对抗型"的自恋情结。在成年之后,他们就会始终渴望并追求自恋般的认可。他们感到人生不完整,这种感觉萦绕于心,挥之不去。为了消除这种感觉,他们为自己吹造了"特别"的自我形象,作为一种补偿,一个心灵的避难所,来抚慰不曾被父母所爱的永恒之痛。由此产生的与众不同的自我感觉,对个人与外部环境打交道的方式会产生极大的影响。由于能力与愿望脱节,可能导致焦虑的产生和对现实的歪曲,这使他们不能将心愿和感知区别开来,不能将"内心臆想"和"外部现实"区别开来。一旦他们居于领导地位,就会造成严重后果。

在人际关系方面,对抗型自恋的领导者可能是极为苛刻的监工。狂妄自大和爱出风头使得他们喜欢谄媚的追随者。他们对反对意见充耳不闻。在追随者中,只有乖巧听话的人才能为他们所容忍,其他人只好接受"被放逐"的命运。领导者在追逐个人名利时,很少在乎伤害和盘剥他人,完全缺乏同情心,完全忽视下级和同僚的需求,把注意力集中到只同自己有关的事上。他对待他人的态度极不稳定,使员工频频跳槽,或为了生存不得不玩弄手段。在这种领导者的领导下,完成那些需要团队合作精神和追随者主观能动性的任务项目,会受到严重的影响。

在决策方面,对抗型自恋的领导者在为组织作出重大决策的时候,表现也很反常。在决策之前,他很少审视或分析内外部环境,觉得自己能够操纵环境,不需要仔细研究。在他看来,环境是"不值一提的",任何困难都可以轻易化解。他们狂妄自大、爱出风头、梦想不断的成功并沉溺其中,这些都会促使他去搞一些极为轻率的高风险项目。他的领导风格是变革型的而不是交易型的。为了显示自己的权威和智慧,他总是希望吸引他人的注意力,大规模地推进项目,却注定了失败的命运。因为①项目庞大的规模反映的是领导者的愿望而非现实情况,过多的资源没有经过多少理性思考就被置于高风险领域;②领导者不听从智囊团、同僚和追随者的意见,他觉得只有自己信息灵通,有能力作判断,这样就错失了一些可能至关重要的交流讨论的机会;③即使情况很明显,项目进展不顺,自恋型领导者也不愿承认现实,他不会将任何错误归咎到自己身上。他会变得顽固不化,对批评敏感。这样,

---

① H. Kohut, Creativeness, Charisma, Group Psychology, in Paul H. Ornstein, ed., The Search for the Self, vol. 2, New York, International Universities Press, 1978.

他挑起的势头就很难扭转。当领导者最终意识到自己的处境在迅速恶化时,他的“分裂”倾向便使他拿别人来做替罪羊,他从来不认为自己应当对事件的消极后果负责。

(二)自欺型自恋

如果父母一方或双方使孩子相信,无论他们做什么,也不管在什么情况下,他们都是尽善尽美的,就会导致自欺型自恋。由于孩子的年龄还小,父母的这种反应使孩子没有学会适度调整膨胀的自我形象和理想化的父母形象。由于追求完美之心过于迫切,使得他们不能稳妥有序地内化内在目标。这些孩子变成了父母的理想寄托,他们肩负沉重使命,要实现父母许多未了的心愿,背上了沉重的负担。父母对孩子不切实际的希望,会对孩子产生误导,使孩子搞不清楚自己的真实能力。这种脱离实际的信念,有时会成为原始动力,使得他们与众不同,走向成功。弗洛伊德曾经指出,如果一个男人是母亲毋庸置疑的心肝儿,他一生都会有一种成就感,对成功充满信心,现实中的成功也会翩然而至。在这种情况下,如果孩子真的禀赋异常,就可能满足父母过高的期望。但在大多数情况下,孩子可能天分一般,但父母的厚望却可能激励他追求卓越的人生。父母造成的不切实际的信念具有自欺的性质,它将会带来不少问题。在现实世界中不可避免地会有失望和失败,这常常使人很难保持一个膨胀的自我形象。即使早期内化的目标是良性的,当孩子离开家庭这个安乐窝时,在人际交往中遭遇的磕磕碰碰,也会使他们感到自身脆弱,并产生颠沛流离的感觉。理想化的父母赋予的过高的自我评价,在接触了更为诚实的同龄人之后,会变得切合实际一些。尽管如此,早期由于失望带来的心灵创伤,无论如何都可能给自我留下脆弱歪曲的痕迹。自欺型的自恋者可能拙于应付人际关系,因为他们内化了父母臆想的自我价值,并期望能够实现这种价值。他们的情感常常显得肤浅贫瘠,缺乏作用力。由于难以求得共识,他们的行为具有“理想饥渴者”的特质。

自欺型领导者可能苦恼于过强的进取心和过重的压力。在人际关系方面,自欺型领导者要比对抗型领导者平易近人得多。他们更关心追随者,愿意倾听别人的意见,不像对抗型领导者那样盘剥他人。然而,他们也对批评过分敏感,极度缺乏安全感,渴望被爱。他们比较能容忍不同意见,当异议被提出来时,他们的反应充满了同情心。但他们常常会怀恨在心,不能忍受经常性的批评。他们提拔意志薄弱、唯命是从的追随者,让他们凌驾于敢于直言的同僚之上。尽管自欺型领导者常常表示对追随者的切身问题感兴趣,但这只是为了让自己显得富有人情味,而不是发自肺腑的关心。只有当领导者依恋被自己逐步理想化的追随者时,才会出现例外的情形,他会竭尽所能“捆住”这个人,按照自己的想法来培养他。当然,这个宝贝疙瘩般的追随者一般都会对老板满怀崇拜之情,不会有很强悍的个性,不会固执己见。如果这个追随者显示出了带有个人色彩的创新意见,则会被解释为背叛行径，领导者对他的态度就会由美化急转为丑化，这个追随者在组织里的前途也就可想而知了。

在决策方面，与对抗型领导者不同，自欺型领导者急于发现环境中的机遇，特别是危险。他们缺乏安全感，所以对内外环境作了大量的审视，以确保能够减少危险，避免代价高昂的错误。他监视竞争对手，访问客户，建立信息系统，使分析和评估工作有时过于繁琐，甚至使行动陷于瘫痪。在进行战略决策时，自欺型领导者表现出某种程度的焦虑。他想做得最好，以便获得尊敬和崇拜，但是他担心自己心有余而力不足。他害怕失败，与对抗型领导者相比，他要保守得多。他们深入研究环境，征询别人的意见，决策随情境的类型而转变。他们的主导领导风格是交易型风格。他们常常不能当机立断，使项目耽搁的时间过长。他们苛求完善和犹豫不决的个性，使得组织停滞不前。

（三）建设型自恋

健康的或建设型自恋者在形成童年目标关系时，由于父母不将孩子对独立自主的追求视为对父母的一种打击，孩子的争强好胜不会有损父母的自信和自重，从而使这种冲动得以淡化。由于父母不要求孩子“与众不同”，比如不要求他代表父母自己的道德态度，这使孩子被准许体验和表达普通的情感冲动，如嫉妒、愤怒、叛逆等。由于孩子在发展的每个阶段都能培养和展示自身的积极因素，因此他们没有讨好别人的需要。由于孩子能够展示矛盾的感觉，学会了将自己和他人看作“好坏兼有”，因而无须将“好”和“坏”分割开来。由此形成的建设型自恋倾向，其行为方式既不是对抗型的，也不是自欺型的。当遭遇生活的挫折时，他们没有歪曲现实的需要，也不易陷入焦虑状态。他们较少利用原始的防御机制，也较少疏远自己的感觉、愿望和想法。事实上，他们常常产生一种积极的、充满活力的感觉，这种感觉来自对自身价值的信心。这样的人内化了相对稳定和相对良性的目标，使他们能承受生活的不幸。他们愿意表达自己的愿望，坚持自己的行为而不顾别人的反对。当失望的时候，他们不会怀恨在心，而是能够采取积极的补救措施。他们耐心地等待，耐心地发掘那个能让他们的天赋大放异彩的时刻。在他们身上，大胆行动、反省自察、深思熟虑是常见的特征。

在个人性格上，建设型自恋的领导者知道自身的奋斗方向，自主作决定，充满自信。尽管他们也乐于被人崇拜，但他们对自身的能力和局限仍有一个切合实际的评价。他们信奉不劳无获，既想得到，也不吝付出。他们的幽默感使得他们有可能正确地看待事物，其独立性使他们敢于创新，富于幻想，其主导的领导风格兼具变革型和交易型特征。他们对自己的能力高度自信，为达目的不择手段。所以，他们有的时候会显得冷冰冰的，对他人不够体贴。

在人际关系上，建设型自恋的领导者熟谙控制他人的技巧，经常会有些机会主义者的行为，但他们大体上能和追随者融洽相处。他们能意识到他人的才干，善于倾听，并奖赏提出意见的追随者，但愿意为集体行动承担最终责任。他们愿意表明立场并坚持自己的决定。这种态度可能使追随者抱怨他们不够和气，不好合作。他们有时的确缺乏真正的同情心，容易把他人仅仅当作达到个人目的的工具。他们能够激发他人，创造出共同理由，超越了个人利益的局限。然而，他们内在的方向感也可能表现为冷淡、傲慢，或者对别人的需求不敏感，而且这种迟钝的感觉根深蒂固。

在决策方面，他们的决策风格千差万别，但都是更多地反映了组织面临的现实情况，而非领导者个人的陋习。他们的工作方式灵活而富有弹性，在进行影响深远的战略决策之前，他们会进行大量的分析、环境审视和咨询工作。但他们会将常规事务的权力和责任委托给追随者，以实现组织高速有效的运转。他们常常避免冒进，也不会过分保守，处于"中间地带"。

三、对自恋性格的组织治疗方案

建设型自恋的领导者很少给组织带来麻烦，但是其他两种反常的自恋类型就很成问题。由于改变自恋者的人格是非常困难的，因此凯兹德弗里斯和丹尼·米勒提出，对两类有麻烦的自恋者的最容易的处理办法，就是别让他们居于领导岗位；如果他们已经居于领导岗位，就不要给予他们太多的权力；如果他们位居关键性的领导岗位，并且使组织业绩欠佳，那么扭转败局的唯一办法就是设法将其清除出组织。

如果无法实现上述的做法，也可以采取一些组织设计来削弱这两种自恋型领导者的影响。例如，在组织内部使权力分散化，使很多人参与战略决策，使职位较低的经理人员负责较为常规性的事务。建立跨部门委员会、工作组或经理委员会，使得更多的管理者能够表达自己的观点，也使得自恋型领导者有机会从中学习，从而削弱他们的影响。

定期对领导者进行评估也是一种有益的方法，它使追随者有机会向第三者表达对上司的意见。当出现了普遍的不满情绪时，尤其是伴随着差强人意的业绩表现时，就该让领导者换个部门或者另谋高就了。这样的评估政策可以阻止自恋型领导者对他人的过度盘剥。

当组织高层的决策者意识到一些部门的负责人有严重的病态自恋倾向时，可以借助人事政策来进行调节。在向这两种自恋型领导者分派员工时，应当注意不要将缺乏安全感和经验的员工和管理者分派给这样的领导者，因为这些员工没有多少力量和意志可以应付这样的领导者，没有多少潜力可以成为有效的制衡力量。相反，应当将那种坚强、自信、安全感强的员工或管理者分派给有这两种自恋倾向的领导者，这样的人不怕表达自己的观点，能够将更多的现实因素引入决策过程。

第三节　领导者行为的两面性

对于一个强有力的领导者而言，他的许多品质既可以表现为优点，又可以表现为缺点。他的一些特殊行为方式既会引领组织走向成功，也会使组织陷于深渊。因此，关键的问题是：在鼓励和颂扬领导者的那些成功行为时，也要充分意识到这种行为的潜在风险。康格1990年在《组织动力学》杂志上发表了“领导的阴暗面”一文，专门分析了那些被人们高度颂扬的领导行为对组织可能产生的消极影响①。

一、领导者的梦想问题

自20世纪70年代以来，西方市场的经营环境发生了巨大的变化，经营日趋国际化，竞争日趋激烈。原先那些成功的企业，已经变得庞大臃肿，官僚气息十足，忽然之间面临外部市场的压力，不得不创新，改革传统方式。在这一艰难的变革时期，催生了一群新的企业领导者，他们是一批战略梦想家。他们善于预见商机，而且能迅速制定出抓住商机的组织战略。他们的成功，使“梦想”成了20世纪80年代领导者的口头禅。不仅人们认为领导者必须具有梦想的特质，而且领导者也把善于梦想作为自己成功的关键因素。然而，正像康格所指出的，尽管梦想型的领导者中有许多人带领组织登上了成功的巅峰，但也有些领导者引导组织堕入了失败的深渊。梦想型的领导者独有的品质包含了引发灾难的潜在因素。

（一）梦想型领导者失败的缘由

康格认为，使梦想型领导者失败的原因主要有以下几个方面。

1.梦想反映了领导者个人的需求，而不是市场或委托人的内在需求

一般来说，那些失败的战略梦想常常是那些被纳入领导者个人目标的战略，而这些个人目标并不符合他们的委托人的需求。例如，领导者可能用个人目标取代组织的共同目标，他们可能构建了一个组织梦想，这个梦想事实上仅对领导者自身具有纪念意义，而与组织或服务对象的真实愿望大相径庭。当梦想型领导者完全将个人的需求和信念凌驾于委托人之上时，就会对组织的成功构成极严重的障碍。总之，如果领导者忽视现实，割断了与委托人的联系，梦想就会变成阻碍。

2.激情缺乏理智的控制

创造个人梦想的盲目性和冲动性，可能使领导者无力发现周围的问题和机遇。由于对一种想法兴奋不已，领导者可能不会对新产品或新服务进行充分的市场调

① 康格：《领导的阴暗面》，载皮尔斯，纽斯特罗姆：《领导者与领导过程》，第2版，北京华译网翻译公司译，505～513页，北京，中国人民大学出版社，2003。

研,不愿听反调,忽视环境中的对立信号。由于其他项目的成功,他们还会自欺地认为能正确了解市场,而事实上却并非如此;或者他们拥有雄辩家的才能,却缺乏对市场趋势的充分了解。例如,大发明家爱迪生(Thomas Alva Edison)狂热地相信直流电在城市电力网中前途无限,而没有注意到美国后崛起的设备公司更快地接受了交流电。因此,他创办的修建直流电发电站的公司最终只能是昙花一现。显然,他过于迷恋自己的想法,而没有注意与自己相对立的想法可能最终会取得更大的成功。

3.成为“皮洛士”式的胜利者

在追求梦想的过程中,领导者被梦想驱使,以至于忽略了实现战略目标所需要付出的高昂代价。勃勃的野心和对必需资源的错误估计可能将领导者导向“皮洛士”式的胜利。“皮洛士”式的胜利一词来自古希腊的一场战事。皮洛士(Pyrhus)是伊庇鲁斯的国王,尽管和罗马人交手屡屡获胜,但罗马人对他仍然很鄙视。他打败了罗马人,但遭受了重创,整个王国也最终被削弱。“皮洛士”式胜利的成本就是耗尽了未来胜利所需的资源。领导者总是会花费大量的精力、热情和资源,着手实现这些个人梦想。他们的决心越大,就越不愿意去考虑相反做法的可行性。在这种情况下,组织的投资可能过度,由此造成的失败将会带来更严重的后果。领导者通常被扩大战果或加速实现梦想的愿望所驱使。最初的梦想看似正确,早期的胜利在本质上欺骗了领导者,或者降低了他们切合实际地评估资源和市场现状的能力。他们不考虑收购必须支付代价,使公司的市场份额最终扩大到无法承受的地步,最终威胁到组织长远生存的能力。

4.没有根据环境的改变相应地调整梦想

领导者最初的战略梦想可能是正确的,但早期的成功却会使他们没有能察觉市场的重大的变化,包括竞争对手的变化、技术的变化和顾客需求的变化。例如,克莱斯勒公司的董事长李·亚科卡(Lee Iacocca)错误地认为,车型而非技术才是购车族关注的重点。在克莱斯勒公司,他依赖新的车体设计和自身的领导魅力,销售20世纪70年代末开发的正在老化的卡塞斯车。最后的结果是:刚开始的几年销售还算成功,但此后的销售陡降,给克莱斯勒公司的经营造成严重的危机。

5.过早追逐梦想

有时领导者对市场的看法过分超前或夸张,市场却还不能接受领导者的行为。组织资源被调动起来,耗费在最终无法产生期望结果的项目上。在这种情况下,领导者可能太富于幻想或者太过于理想化,不能发觉时机尚未成熟,因此导致实现梦想的努力失败,或要经历很长的休眠期。

(二)领导者何以否认梦想中存在的缺陷

尽管领导者和追随者都有可能发现梦想中存在的缺陷,但梦想型领导者却经常会对这些缺陷视而不见。康格分析了其中的原因。

1.维持良好的自我感觉的“内心冲突”

领导者常常会感觉到自己的行为正在产生消极结果，但他们仍然一意孤行。发生这种情况的原因可以用所谓“内心冲突”的过程来解释。这一过程会阻止领导者改变其行为。简单地说，个人会信守诺言，否则就会损害他们良好的自我感觉。例如，研究发现，领导者有时会坚持无效的行为，而这仅仅是因为他们觉得必须忠于原来的决定。

2.追随者将领导人过分理想化

组织成员对梦想型领导者的依赖及其所产生的相应行为，也会使领导者坚持那些不切实际的梦想。他们将领导者过分理想化，从而忽视领导者梦想的消极面，而夸大其积极面。结果，他们毫不迟疑地执行领导者的命令。而梦想型领导者由于有统治他人和被人崇拜的需求，在某些情况下也会鼓励这样的行为。这样，在领导者身边，围绕着唯命是从的人，故而不能收到对项目提出质疑的重要信息。它使领导者产生无所不能的感觉，回避市场和组织现状。过分自信和成为公认英雄的渴望，促使他们进行大型的风险项目，鲁莽的、没有经过深思熟虑的战略被设计出来并得以执行，而战略中的错误却完全被忽视了。在这种情况下，领导者的梦想不再是对现实需求和状况的反映，而完全变成了使个人和组织引起人们关注的工具。

3.群体思维

对那些凝聚力强、执著于成功、压力大、自我评价高的群体来说，很容易出现群体思维的问题。特别是当领导者的智囊团与领导者达成共识时，他们的意见主宰了决策过程。其他人害怕相反的意见被驳回，只好将疑虑隐藏起来。在这种气氛下，“排除困难，一往无前”，比考虑反对意见要重要得多。这使得那些更全面客观的备选方案无法提出，从而导致错误决策。

二、领导者的操控行为

如前所述，沟通技巧和印象管理技巧是领导者进行有效领导的重要技能。但有些天生擅长与人沟通的领导者很容易误用这种能力。这种误用主要表现为：①夸张的自我描述；②对梦想的陈述夸大其词；③玩弄技巧，满足英雄模式，塑造独一无二的形象以操纵群众；④习惯封锁负面消息，将正面消息最大化以获取人们的信任；⑤利用趣闻轶事来分散人们对不利统计数据的注意；⑥反复强调自己的主张，打消人们的疑虑，将消极后果归咎于外部因素，制造一切尽在掌握之中的假象。

领导者通过上述方式，首先操纵的是人们对自己的印象。研究显示，如果个人的行为举止符合听众心目中的正面模式，他们就更有可能交际成功。领导者为了达到这个目的，会赞成与这种正面模式相关的信仰、价值观和行为，表现得如模式所要求的那样。

同时，领导者还会通过上述方式操纵团体成员对决策的信心。对决策的各类研究表明，相关信息越多，越能使人们想出更多的理由证明自己的决策是正确的，同时也增强了其他人对该决策的信心。

领导者在与人沟通时，如果过分地依赖他们的印象管理技能，结果将会反过来形成自我欺骗。例如，对印象管理的研究表明，一个人的自我描述不仅能够有效地欺骗听众，也可能欺骗讲演者本人。当听众肯定和赞成个人的形象时尤其如此。这种积极的回应促使领导者内化他们表现自我的描述。尤其当只是轻度夸张时，领导者常常会内化并相信这些描述。

三、领导者的特立独行

有才能的领导者往往都是特立独行的。但在组织环境中，这种特立独行也会带来许多消极的后果。康格指出了其中的几种主要的表现。

(一)反传统的风格造成与上级和同级之间的不和

一些领导者，尤其是大企业里有领袖魅力的领导者，似乎拙于应付上级和同僚。由于他们大多反传统，极力赞成激进的改革，因而常有可能与组织中的其他人产生隔阂，包括与自己的老板。有领袖魅力的领导者的反传统行为，可能会在组织内部引发抵制的怒潮。领导者激进的作风也可能疏远许多潜在的支持者，最终无法获得足够的群众支持来实现其雄心壮志。当富于领袖魅力的领导者来自组织外部时，这个问题就更是经常发生。他们截然不同的价值观和处世方法造成了与组织里其他人的不和。

(二)标榜与众不同，造成与其他部门关系紧张

在大企业里，有些领导者倾向于在各经营成员单位之间树立自己“与众不同”的形象。这种做法通常伴随着对企业其他部门的贬低，从而制造出“我们对他们”的敌对态度。尽管这样可以激发领导者所在的群体，但却同时疏远了其他群体，而这些群体是相关资源的重要来源，也是重要的群众基础。

(三)急于求成导致专制独裁，影响与下级的关系

有高度指挥欲的梦想型领导者常常被描绘成独裁者。在许多情况下，梦想是领导者的化身，他们觉得梦想是如此完美，渴望它的实现。这些想法萦绕在他们的心中，挥之不去。这使领导者总是会觉得迈向成功的步伐太过缓慢。这种急躁往往会使问题恶化，而这反过来又促使他们更加专制。有时领导者会采取十分冲动的管理方式，否定下级的建议或看法。这种情况尤其经常发生在实现梦想的时候。

(四)打破常规越权管理，破坏管理链条

在管理等级森严的企业，打破常规的作风可能引发其他潜在的问题，对于有领袖魅力的领导者尤其如此。这种作风的优势在于，领导者非常和蔼可亲，容易接近，出现问题时能够快速应付。其劣势在于，他们到处下达直接命令，以致削弱了直接命令的权威，破坏了管理链条。如果他们对某个项目或想法产生了兴趣，他们会毫不犹豫地陷进去,有时会妨碍项目经理履行职责。

(五)不能处理好细节问题,脱离组织的实际经营

一些梦想型领导者沉浸于“宏伟蓝图”之中,不去了解重要细节,除非是他们钟爱的并身陷其中的项目。例如,亚科卡声名日盛的时候,便将大多数日常性的经营工作转交给了其他人,自己完全撒手不管新模型的设计。他自己承认:“如果说我犯了一个错误,那就是我把所有的产品开发都委派给别人去做,没有参加过一次相关的会议。”还有一些领导者被奉为企业明星,从而变成了“缺位”领导者,亚科卡就是一例。他在克莱斯勒的成功,使得他成为畅销书的作者、美国总统的顾问、为自由女神像募集2.77亿美元活动的带头人。所有这些活动使他不能全神贯注地从事领导克莱斯勒的重要工作。由于这样的领导者常常因某种想法而兴奋,他们有时可能是一个糟糕的实践者。一旦一个点子有了成为现实的苗头,他们就向下一个挑战目标挺进,而将收拾残局的艰巨任务丢给下级。此外,一些领导者很渴望抛头露面,喜欢参加与人频繁接触的活动。这些活动通常不需要领导者待在办公桌旁,为细节问题殚精竭虑。

(六)造成他人过分依赖感,不注意培养能力相当的接班人

一个真正的领导者通常是一个强者,下级常常对其产生依赖感。因此,在这样的领导者的阴影下,其他有领导潜力的人就很难有机会充分发挥其潜力。领导者有时也会积极训练他们的下级,但要求他们将他人培养成为权力相当的领导者则是极其困难的。领导者醉心于成为焦点人物,而不愿将这份荣耀与人分享。所以,当他们最后离开组织时,就会出现领导真空。此外,当领导者富有领袖魅力时,权力就会高度集中在他们的周围,它会影响组织内部适当分散权力的建构安排。

第四节 领导者的权力腐败

领导者是拥有权力的。拥有权力使得领导者可以对别人施加影响,可以帮助自己的团队、部门或组织完成目标。然而,太大的没有限制的权力可能导致消极的后果。当权力不需要解释或不受任何限制时,它就成为特权。而不受限制的权力将会导致腐败,其表现从财务浪费、金融欺诈到性骚扰等各个方面。过度的权力会扩大领导者和下属之间的距离,导致领导者脱离组织的其他成员,它会导致不公开的、虚假的、有时甚至是不道德的决策。纳哈雯蒂在《领导力》一书中专门分析了领导者的权力腐败问题①。

① 纳哈雯蒂:《领导力》,第2版,王新译,105~110页,北京,机械工业出版社,2003。

一、权力腐败的原因

纳哈雯蒂认为，权力腐败起因于领导者的私欲膨胀，这是权力腐败循环的开端。但这种私欲膨胀的起源不仅和领导者个人有关，而且也与组织结构以及下属的行为有关。促成权力腐败的结构与下属因素主要有以下几个方面。

(一)服从的幻觉

权力的拥有意味着他人必须服从权力拥有者。在这种情况下，下属服从领导者，是因为他们对上级的决定采取了个人承诺与接受的态度。这或者是由于他们从内心尊敬领导者的专业才能与正直的品行，或者是由于对惩罚的恐惧或对获得某种回报的期望。如果下属总是服从，就有可能使领导者相信自己的行为和决定总是正确的，否则，为什么别人总是说对呢？

(二)员工的奉承

下属除了服从之外，还总是对领导者采取一种奉承与讨好的态度，以此作为一种影响领导者的手段，使领导者关注个人的想法，并借此获得自己所需的个人或部门资源。很少有人敢于和领导者争辩，或不同意领导者的想法。即使他们要表达自己的不同意见，也总是先赞扬领导者意见的正确性，然后再采取一种圆滑的、甚至兜圈子的方式来表达自己的意见。这被认为是获得所需资源的必需手段。但是这种“拍马屁”的行为会导致领导者认为自己总是正确的。

(三)与员工的距离

导致奉承与“拍马屁”行径的另一个因素是领导者与下属之间的权力距离。由于许多组织中存在着严格的等级结构，权力拥有者与被领导者之间相互隔离。领导者有自己单独的楼层和办公室，有专用停车场，有专用的餐厅，他们可以有大量的自主时间以及和其他权力拥有者在一起的特权。所有这些权力的象征增强了领导者权力的合法性。领导者时间是宝贵的，他们需要与其他权力拥有者一起制定重要的决策，为此而采取的那些使他们免受打扰的措施，进一步增强了领导者与下属之间的距离或隔离。但是，这些身份符号也会使这些领导者产生腐化。

(四)不需要解释的权力

由于领导者有权不需要更多的解释而获得这些资源，这会不断地增强他们对自己特殊性的意识，认为自己是特殊人物，需要特殊对待，对他人适用的规则不适用于自己。

纳哈雯蒂用图 9-1 来表示这种腐败的循环①。

---

① 纳哈雯蒂：《领导力》，第 2 版，王新译，107 页，北京，机械工业出版社，2003。

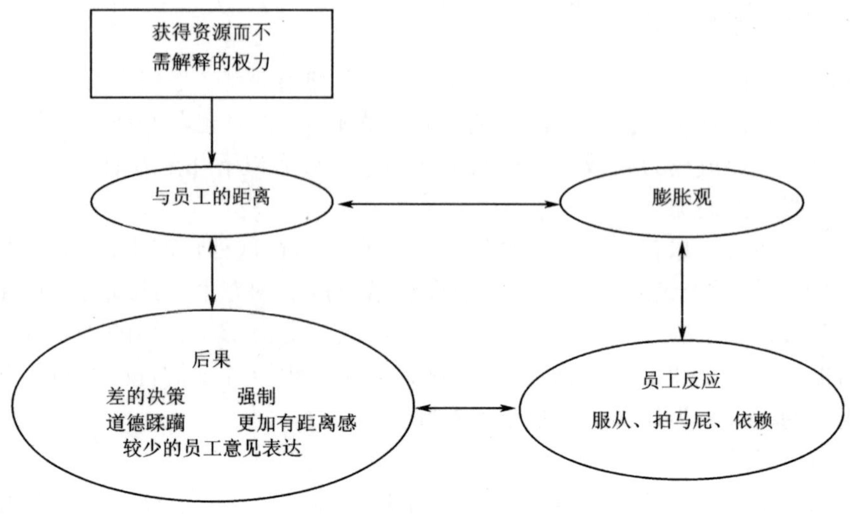

图 9-1 权力腐败的循环过程

二、腐败对组织绩效产生的后果

领导者过度的权力和与之伴生的腐败对组织可能造成某种严重的后果。这种后果是多方面的。纳哈雯蒂举出了以下几个方面的主要后果。

(一)决策错误而得不到纠正

领导者与他人的距离,使其缺乏制定决策所必需的信息,因而可能导致错误的决策。由于领导者与下属之间的距离,使下属不得不严格过滤要提供给领导者的信息,避免为其提供坏消息,回避他们自己的错误,并把组织描绘成一个过分美丽的童话故事。这样做的后果之一,就是使领导者失去从组织和客户获得真实信息的机会。由于下属的服从,领导者可能认为下属没有独立自主的行为和决策。这样,领导者会逐渐认为自己是组织中重大事件的唯一决策来源,根本不需要靠说服或强制性手段来使下属服从。他们甚至认为,如果没有自己的指导,下属根本不能独立完成工作。这种看法更会使他们独断专行。

(二)下属的分离意识

过度用权的另一种后果是导致精神分离意识的形成。领导者认为他们自己受不同规则的限制而和下属有别,结果导致他们从事不道德的非法活动。他们希望下属遵守一系列规则,而自己却并不遵守,成为不受组织规则限制的人,因而失去了下属对他们的信任,也失去了有效影响下属的能力。解决分歧和意见时和蔼可亲的协商和双赢战略,被行政命令所取代。对各种不同意见无法容忍,这反过来又将导致糟糕的决策,造成下属的抵制和反抗,使下属没有承担风险的意愿。

(三)对下属权力的完全排斥

领导者保留了全部的控制权,不允许下属参与决策。下属的服从和对这种服从的鼓励,进一步使分享权力变得似乎没有必要和没有效果。领导者把这种服从看作下属无能的证据,从而在决策过程中越来越采取集权的方式,而且权力越来越集中。这种"自行实现的预言"妨碍了更有效管理方式的成功实施和对下属的授权。

三、解决领导腐败的办法

对权力的过度集中、滥用和腐败,并没有万能的解决公式。但研究者从不同角度提出了解决这一问题的一些建议。

布洛克在 1993 年提出的解决方法,是让领导者忙碌于日常活动中。因为,与下属及服务对象的日常活动越紧密,领导腐败的可能性就越小①。

普伦德加斯特(C. Prendergast)1993 年提出的解决方法,是减少下属对领导的依赖。因为,下属的独立性越强,他们促成腐败循环的可能性就越小。如果一个人的报酬、晋升和职业完全依赖于上司的主观意见和评价,他对上司的依赖性就越大②。

康约恩(M. J. Conyon)和培克(S. I. Peck)1998 年提出的解决方法,是引入外部决策制定者。通过对外部人员公开决策程序,组织能获得客观意见,避免近亲繁殖。外部人员新鲜的观点,能够打破腐败的循环。比如,外部人员出席公司董事会,有助于使执行官的薪水和公司绩效保持一致③。

纳哈雯蒂认为,除了上述的解决方法之外,还有其他两种方法。一是使用客观的绩效评价标准。客观的绩效考核标准,不管是精确的考核还是对相关情况直接得到的反馈,都是削减领导者的过度权力、确保信息准确的一种方法。它使下属能够从客户利益以及客户反馈的角度出发,而不是从老板的信心出发。另一个方法是变革组织文化。在她看来,防止权力腐败的最困难也最有效的解决方法,是组织文化和结构的变革。这种变革关注的是绩效、生产力和客户服务,而非领导者的满意度④。

---

① P. Block, Stewardship: Choosing Service over Self-Interest. San Francisco, Berrett-Koehler, 1993.

② C. Prendergast, The Theory of 'Yes Men', American Economic Review, 1993, 83 (4), p. 757 ~ 770.

③ M. J. Conyon and S. I. Peck, Board Control, Remuneration Committees, and Top Management Compensation, Academy of Management Journal, 1998, 41 (2), p. 146 ~ 157.

④ 纳哈雯蒂:《领导力》,第 2 版,王新译,109 ~ 110 页,北京,机械工业出版社,2003。

第五节　领导者的“脱轨”

在20世纪80年代初，创造性领导研究中心的研究者开始对所谓的“管理脱轨”(managerial derailment)问题进行研究。所谓“脱轨”(derailed)，是指一些领导者本来似乎是在快速提升之道(fast track)上的，但最终却被甩了下来。以麦考尔和隆巴多为首的一些研究者深入到一些《财富》100强公司的人力资源部，收集那些“高潜质”管理者的名单。所谓“高潜质”(high potentials)的管理者，根据他们的定义，就是那些被确认为最终会在未来的某个时候成为首席执行官或直接向首席执行官报告的人。他们等待了3年，然后回到这些公司去看这些在名单上的人结果如何。他们发现，在高潜质的管理者中，有1/4的人已经被提升到组织的最高层和次高层；有1/4的人还没有被提升，但只要位置空下来就会被提升；还有1/4的人离开了公司，其中一些人辞职是为了自己开公司，另外一些人则是由于其他公司给了更好的条件；最后的1/4的人没有再被考虑提升，如果他们还是在原公司，那么他们就已经被调到影响力和出头露面机会较少的职位上，而其余大部分人则被要求离开公司。正是这最后1/4的人是所谓“管理脱轨”的研究对象。他们本来是在快速提升之道上的，但他们的职业生涯却脱离了上升的轨道①。

一、脱轨的原因

一些研究者对“脱轨”现象进行了更深入的研究，特别是隆巴多、鲁德曼(M. N. Ruderman)和麦考利(C. D. McCauley)1987年的研究，哈祖察(J. F. Hazucha)1992年的研究，以及彼得森(D. B. Peterson)1993年的研究。他们收集了更多的样本，采用了更复杂的方法，并把研究焦点放在那些使脱轨者最初被确认为是高潜质者的因素和那些导致他们最终在事业上失败的因素。虽然这些研究的结果有许多差异，但他们还是有许多共同的发现。首先，他们发现，无论是最后成功者还是最后脱轨者，他们都很聪明、有抱负，尽各种努力把工作做好，并具有相当的技术专长；但另一方面，这些脱轨者又显示出一些成功者并没有明显显示出的行为。休斯等人在他们的领导学著作中总结了脱轨者的行为方式②。

(1)面对业绩下降时推卸责任　成功的和脱轨的领导者都会经历业务的滑坡，

---

① M. W. McCall Jr. and M. M. Lombardo, Off the Track: Why and How Successful Executives Get Derailed, Tech. Rep., No.21, Greensboro, North Carolina, Center For Creative Leadership, 1983.

② Richard L. Hughes, Robert C. Ginnett, and Gordon J. Curphy, Leadership: Enhancing the Lessons of Experience, Boston, Irwin McGraw-Hill Company, Inc., 1996, p.232 ~ 233.

但他们处理这种挫折的方式很不一样。成功的领导者会对他们的失误承担个人责任,并寻找解决问题的方式,而脱轨的领导者却倾向于去指责他人。但是,当业务经营顺利时,很难用这个因素来区别这两种领导者。

(2)过分依赖一位靠山(mentor) 脱轨的领导者经常寻找并依赖一位具有战略地位的"靠山"的帮助。他们经常去讨"靠山"的欢心,而"靠山"反过来保护他们不受其他组织成员的侵犯,直到这位"靠山"退休、调离或转到另外一个组织。这使得他们与其他人疏远,然后失去其影响力的基础,最终导致职业生涯的终结。

(3)冷漠、粗暴的风格 脱轨的领导者对其追随者和同事的需求和困境经常麻木不仁。此外,一些人还过于争强好胜、苛求于人和飞扬跋扈。

(4)傲慢自大 傲慢是一种自负,它反映了这样一种态度,即我比别人知道得多,甚至比别人强。这样的行为影响了领导者与同事或追随者形成合作关系并为共同目标一起工作的能力。

(5)不可信 它表现为公然的欺骗或不能遵守允诺、承诺或时间要求,也表现为就同一个事情对一个人这样说而对另外一个人又那样说。

(6)事无巨细 一些领导者认为他们不仅必须告诉追随者做什么,还需要确切地描述任务应当怎样完成,完全剥夺了追随者的自主性。造成这种行为的深层原因经常是由于缺乏信任和过于追求完美。

(7)无所顾忌的野心(blind ambition) 一些脱轨的领导者愿意尽各种努力来完成工作,甚至不顾在这一过程中得罪一些人。不幸的是,这不是一种能够赢得朋友和影响他人的好方法。最好还是记住西方这样一句老话:"要小心你上去时踩过的人,因为在你下来时还会再遇到他们。"无所顾忌的领导者肯定会有一大批敌人。

(8)不良的人事决策 一些领导者脱轨是因为他们只起用那些与他们相像的人,而这样的人反过来又会将领导者的优点和缺点都放大;另一些领导者只想突出自己的中心地位,因此只起用那些在能力上不如自己的人。而成功的领导者总是选用能够找到的最好的人,注意弥补自己在知识和技术上与其员工的差距。

(9)缺乏战略眼光 许多脱轨的领导者具有狭窄的技术背景。他们只有在相关的职能领域工作时才能成功,但却没有领导人们在不同技术背景下工作的宽阔视野和经验。他们相对狭窄的训练和经验也使他们难于理解组织的其他部门是如何工作的,不知道如何综合不同的信息、制定战略计划和解决问题。

(10)缺乏灵活性 许多脱轨的领导者不能够根据追随者和环境的变化来调整自己的风格。他们坚持用同一种方式,即使这种方式已不再适合新的环境。在解决问题时,他们经常用那些不再适用的老办法。

大多数脱轨的领导者都显示出了上述所列的一些行为。仅有其中的一种行为还不足以使领导者脱轨,但有一个例外,那就是不可信。一个不能履行自己的承诺、背弃自己的承诺、说谎或没有道德的领导者不可能长期被作为高潜质者。另外，一些性别对比研究显示，女性领导者的脱轨，更可能是因为不能处理更广泛和更复杂的组织问题，或不能在与自己的技术背景不同的技术背景下对人们进行领导。而男性领导者的脱轨，更可能是因为他们的傲慢、顽固和粗暴的人际关系及其风格。

二、自拆台脚的行为

人们可能会认为大多数具有上述行为的领导者可能会意识到这些行为对他人的负面影响。然而，情况并非如此。许多正在脱轨的领导者完全没有意识到他们给他人的印象是什么。卡德尼(M. R. Cudney)和哈迪(R. E. Hardy)1993 年提出了"自拆台脚的行为"(self-defeating behavior)这一概念，它可以解释前述那些具有负作用的行为是如何发展起来的，以及为什么一些领导者缺乏对自己行为的察觉。根据他们的定义，所谓"自拆台脚的行为"，是指这样的行为或态度：它曾帮助一个人处理所经历的严峻情况，但却影响了该人应对新情况的能力。他们列出的常见的自拆台脚的行为包括：拖延、防卫、忧虑、疏远、敌意、求全、多疑、承诺过多、过于苛刻、刻板僵化、过度控制以及无法信任他人①。

这种自拆台脚的行为被反复实施，因此它们经常会在几乎完全无意识的情况下自动表现出来。此外，人们还会通过回想这些行为曾经产生积极结果的那些特殊情境，给这些自拆台脚的行为以适当的理由。然而，把这些可能在一些非通常的情境中行得通的行为普遍化，以为它们对大多数情况都普遍适用，就会出现问题。举例来说，每个人都会在某些时候忧虑某些事情，但如果忧虑变成一种习惯和消磨时间的方法，就会导致无法做任何其他事情，无法实际作出决定。这时，它不再对人有任何特别的帮助，而成为真正的自拆台脚的行为。

休斯等人认为，自拆台脚的行为是通过强化过程形成的。如果人们曾经用很大努力去应付一种困境，这种经历就会强化人们的某种观念或行为方式。例如，如果你曾经要在两个人中选出一个担任一个关键性职务，而这两个人各有优点和缺点，从而使选择变得特别困难。你在这种选择中所付出的努力会被强化，它可能会强化你的自我形象，认为自己是一个负责认真的人。但也有可能出现这样的情况：忧虑拖延了决定，最后由于其中一个候选人接受了另外一个职位，这等于他为你作出了决定，省去了自己作最后决定的困难。这种经历会强化你拖延的行为习惯。

---

① M. R. Cudney and R. E. Hardy, Self-Defeating Behaviors, San Francisco, Harper Collins, 1993.

第六节　克服有问题的领导行为的方式

仅仅确认有问题的领导行为是不够的，关键在于如何改变这些行为。但要改变这些长期形成的行为模式是相当困难的。因此，一些研究者对如何改变领导者的不良行为进行了专门研究。

一、行为改变模型

彼得森（David Peterson）在1994年提出了一个行为改变的模型①。他的模型中包括5个有助于人们改变行为的要素。

首先是洞察。洞察能帮助人们理解他们是如何与别人打交道的，为什么他们会以这种方式行为。显然，当人们认为自己的行为有助于自己的成功或起码没有造成问题时，他们是不会主动地去改变自己的行为。只有当他们认识到，他们自以为有助于有效领导的行为实际上具有负面的结果，他们才会开始改变。

第二是原则。它是指那些驱动人们行为的基本价值、需求、态度、期望和目标。这些原则对行为的改变具有关键性的作用，因为教练在开始干预前，需要知道被训练者把什么看作是重要的。只有当行为的改变与个人的信念体系相容时，这种改变才会成功。因此，许多训练项目在开始时都用大量的时间进行心理测试和评估，以便弄清个人的基本信念、价值、目标和态度。

第三是方针。在洞察了个人的问题行为并了解了个人所持的那些基本原则之后，就要采取适当的方针来改变行为。方针是指人们用来完成行为改变的广泛计划和方法。例如，如果一位领导者真心要转向更具有参与性、更少指令性的风格，他可能采用的方针就是让追随者参与关键性决策，更多地将决策权授予下属，让追随者以他们认为适当的方式来完成任务。方针是改变行为的努力所要达到的首要的和最重要的目标。

第四是手段。手段是用于特定情境的工具和技术，是用于完成特定方针的日常方法。例如，一个要转向更具参与风格的领导者会让追随者来确定每周会议的日程，会努力使会议中所作的所有决策获得一致同意。所使用的手段要支持所选定的方针，并与方针保持一致。

第五是技巧。技巧是用于完成特定策略的特定行为。一个要转向更具参与风格的领导者会专注于改善倾听、解决冲突、授权和合作决策的技巧。

---

① D. B. Peterson, Positive Coaching Manual, Minneapolis, MN., Personel Decisions, Inc., 1994.

二、改变行为方式的方法

(一)训练项目

领导者行为的转变可以通过专门的训练项目来完成。这种训练项目类似于个人健身训练,是根据个人的实际需要量体裁衣的,因此具有因人而异的个性化特征。但是,它们也具有一些共同之处。首先,领导者与教练(即顾问)的关系是一对一的,时间会持续半年,甚至超过一年。其次,在训练过程的开始,领导者通常都要填写一大堆反馈表,而教练则要对领导者所在单位的其他人进行访谈。再次,教练与领导者会经常会面,大体是每月一次,来听取反馈的结果,确定技巧,练习要达到的行为。在这一阶段,角色扮演和录像重放是被大量采用的手段,教练还要对领导者在实际工作环境中所实施的新行为提供即时的反馈。最后,这种训练还会取得其他有价值的结果,如使领导者认清自己的价值观念,并认识到他们所主张的价值观念与其实际行为的不一致,掌握使其行为与其价值观念保持一致的策略。

在西方,这种训练项目虽然价格不菲,但是却很有价值。彼德森的研究表明,训练项目可以导致永久性的行为改变,而这对那些身居要职的领导者来说是具有重要意义的。

(二)个人发展计划

领导者如果没有机会参加专门的训练项目,也有一些方式来帮助自己改变行为,就如同一些人没有通过任何专门的训练也可以戒烟、戒酒一样。哈祖察、赫兹利特(S. A. Hezlett)和施奈德尔(R. J. Schneider)对美国中西部的一家公共设施公司中的管理者进行了一项研究,采用的是“360 度反馈”(360 Degree Feedback)方法①。在 1988 年,这些管理者在与顾问举行的一个 2 小时反馈会议上收到了 360 度反馈表。大约两年之后,一些管理者参加了另一个 360 度反馈圆桌会议。在此期间,这些管理者并没有经过任何正式的培训或训练项目。研究者试图发现他们的领导行为在这段时间是否发生了变化,变化最大的人是否做了与没有变化的人不同的事情。结果显示:采用 360 度反馈表的技巧进行的自我评估和他人评估表明,在两年的时间内确实发生了重要的正面变化。这说明,通过接受 360 度反馈表所获得的对自身的洞察,就足以使一些管理者改变他们的行为。同时调查发现,那些改变最多的管理者所做的共同事情有 5 件。首先,他们为他们要改变的那些行为书写了发展计划,而那些没有被实际写出的计划则大多被忘记了,或被其他更重要的事给挤掉了;其次,他们与他们的上司共同讨论了他们的发展计划;第三,这种计划是通过在岗实验来实施的,而不是通过参加研讨会或读书来实现;第四,他们定期向上司征询关于他们计划进展的反馈;最后,改变最多的管理者的上司也是对

① J. F. Hazucha, S. A. Hezlett and R. J. Schneider, The Impact of 360 Degree Feedback on Management Skills Development, Human Resource Management, 1993, 32, p.325 ~ 351.

管理者的发展负责任的人。

从统计上看，尽管有大约25%的被调查者没有作任何的发展计划也出现了改变，但是有50%的改变者至少采取了上述步骤中的一步。同时，采取步骤越多，改变越大。换言之，那些与上司讨论了自己的发展计划并定期寻求反馈的管理者，比那些只作发展计划的管理者进步要大。最后，还有25%的管理者没有采取任何发展步骤，同时也没有任何改变。

在制定个人发展计划时要注意一些问题。首先，发展计划中所要达到的目标行为，应当与个人的信念体系相一致。其次，好的发展计划不仅要将目标指向自己的缺点，而且也要考虑自己的优点。管理者不应将那些有助于有效领导的行为全都扔掉。如果学会了以新的方式或在新的情境下利用自己的长处，那么这些优点将会使管理效率更加提高。但这并不意味着管理者可以忽略自己的缺点，一个好的发展计划不仅应当确定如何通过在职实验利用自身的一两个优点，而且应当确定如何克服自身的一两个缺点。第三，发展计划还应当是具体的、有时间限制的，并确定管理者将如何获得反馈或支持。获得他人的反馈和支持非常重要，因为如果管理者得不到来自其他人的鼓励或反馈，他们经常会失去发展的兴趣。第四，发展计划也应当是在发展的动态过程之中。当学到了新的技巧或有了新的机会时，发展计划应当随之修改。没有经过修改的发展计划在3个月之后就很容易被忘记。

第七节　对领导者的评估与考核

对领导者的评估与考核，主要是要评价其领导的有效性。纳哈雯蒂认为，领导的有效性应当从3个方面来考察。

(1)目标成就　包括财政目标、产品和服务质量、注重满足顾客的需要，等等。

(2)内部协调性　包括内部团结、员工满意度以及高效率的行动。

(3)外部的适应性　主要指团队适应环境变化、成功转变的能力。

概言之，如果下属完成自己的目标时，能够很好地协同发挥作用，能够适应外部压力变化的需要，那么一个领导者就是有效的①。

对于领导评估的方法和指标，领导学界进行了广泛的研究，提出了很多具体的方法和指标，这些方法和指标被广泛用于对实际领导者的评估和考核。

一、领导测评方法

常用的领导测评方法是面谈、观察和书面测评。它们对不同方面的领导测评

① 纳哈雯蒂：《领导力》，第2版，王新译，8页，北京，机械工业出版社，2003。

有着不同的适用性。

（一）面谈

面谈（interview）通常用来测评各种领导特性。它可以分为结构化的面谈（structured interview）和非结构化的面谈（unstructured interview）。前者是向领导者提问一组事先准备好的问题；而后者则没有事先准备好的问题，谈话者可以让谈话按照他认为合适的方向进行。尽管无结构的面谈可以使测评者了解领导过程中其感兴趣的那些方面，但这种谈话结果无法与其他领导者的情况进行比较。而结构化的面谈由于有一套共用的问题，因此很容易比较不同领导者的态度和感受。

面谈的缺点是耗费时间，因此在有限的时间内只能对有限数量的领导者进行测评。

（二）观察

观察（observation）是另一种测评领导者的常用方法。它也可以分为结构化的和非结构化的。在结构化的观察中，接受过训练的观察者将领导者的不同行为概括进事先准备好的一组维度中去；而非结构化的观察则记录下在一定时期内领导者的各种行为，然后再将其加以区分和概括。因此，这二者的区别仅在于概括的时间不同：前者的概括维度是事先准备好的，而后者的概括维度是在资料收集之后建立的。

观察能够提供关于领导者实际行为的详细信息，但在运用时需要注意以下方面：首先，观察也是耗费时间和精力的，所以在有限的时间内所能够测评的领导者数量不是很多；其次，结构化的观察所记录和概括的领导者行为有时并不是十分准确和有效的；再次，观察只能测评外在行为，而无法测评认知行为，如问题的解决或战略的提出。

（三）书面测评

书面测评（paper-and-pencil measures）经常被用于测评领导者的各种性格、智力、偏好和行为。但对同一方面进行测评的问卷可以有相当大的差别。例如，存在着许多不同的对性格、智力和行为的测评问卷。同时，即使用的是同一套问卷，问卷测评的结果也会随着答卷人的不同而有很大的差异。例如，要测评一位教授的领导能力，系主任的答卷、讲师的答卷和学生的答卷之间，可能会有很大的差别。

上述 3 种测评方法，既可以用于领导科学的研究，也可以用于对领导者的领导效能的评估，还可以用于对领导者的选拔和聘用。例如，在美国流行的深度管理评估（in-depth managerial assessment）就包括了这 3 种测评方法，并被广泛用于领导者的聘用、选拔和发展计划。例如，一所学校要从 4 名候选人中招聘 1 名校长助理，它要求确定这些候选人的动机水平、判断和决策技巧、行政能力、领导能力和承受压力的能力。深度管理评估会让候选人先完成一个为时 4～6 小时的准备工作，它通常包括填写背景情况表，以评估其教育和工作的经历，还有一些性格的测试。在完成了准备工作之后，候选人会参加 1 天的评估。在评估之前，首先会有一个简短的说明会,然后开始3个小时的智力测验。接着,每个候选人被要求完成一项公文筐练习(in-basket exercise),它是对实际工作的一个模仿,包括写文章、便条、信件、信息和备忘录。然后,候选人要进行角色扮演,让他们表演如何主持一个30分钟的会议来解决员工的绩效问题。提前会给予他们一份关于员工和单位情况的资料,而员工的扮演者都是受过训练的测试人员,他们会在角色扮演过程中以某种方式作出反应,并观察候选人对他们行为作出怎样的反应。最后,候选人还要与心理学家进行1~1.5小时的结构化面谈。评估结束后,校方会收到一份评估报告,它描述了每一位候选人的动机、判断、决策能力等等方面。现在,许多组织对这种评估有了越来越浓的兴趣,因为它们发现,如果用对了人,那么就可以节省大量的培训时间和金钱,并会使生产力有显著的提高。而且这种评估不仅被用于选聘领导者和管理者,而且还被用来选聘员工。这使得现在许多应聘者需要经过越来越多的测试和评估。

二、领导效能评估

对领导效能的评估,不仅要看领导者所具有的特质、能力和行为方式,而且更重要的是要看其行为的后果和作用。这种后果和作用要通过其所领导的员工、其上级领导和团队的工作绩效反映出来。因此,常用的领导效能的评估方法包括三类:上级领导对其效能或提升可能性的评价,其下属对职业满意度和士气的评分或对领导者的效能的评分,以及各种单位工作的绩效指标。

(一)上级对领导者效能和绩效的评估

对领导者的绩效评估,大多数是由领导者的上级来完成的。这种评估通常包括从几个相关角度对其过去绩效的评价,以及对其是否应当被提升的建议。几乎所有的组织都使用某种类型的绩效评估系统,典型的绩效评估表通常包括下述特征:首先,上级会使用某种尺度来评估领导者对一些关键目标的完成情况;其次,上级也会评估领导者在一些组织认为重要的方面的情况,如诚信、领导能力、行政技巧、沟通的影响力等等;最后,上级还会评估领导者的总体绩效和是否可以被提升。

虽然组织经常会采取上级评估的方法,但上级的评估经常不能准确地反映领导者对其员工或组织的真实的影响。有时,上级只是不愿意花时间进行细致和全面的评估;有时,上级是真的对领导者的绩效不了解或不熟悉。随着组织层次的减少,一位上级领导者所管理的下级领导者在数量上不断增加,这使上级领导者对下级领导者的深入了解变得更加困难。还有一些没有能力解决冲突的上级领导者,担心写出不利的评语会引起情感问题或造成领导者情绪沮丧,所以干脆给每位下级领导者打出大体相同的评分。此外,上级领导与被评估的领导者之间的朋友关系、知觉定式以及归因错误,都会使其评估发生偏差。而有些评估体系在设计上也存在着严重的问题,使上级领导者觉得它们对作出关于提升或改进的决定没有任何实际意义。

(二)下属对满意程度、组织氛围、士气、动力和领导效能的评估

领导在某种意义上是通过下属的角度来确定的,因此判断领导效能的最好方法,是让下属对其领导者进行满意度和效能的评估。下属会相对满意或不满意,被激励或没有被激励,会感到他们是处于和谐还是冲突之中,并对领导者是有效还是无效有着自己的看法。

尽管促进团体成员的动机、凝聚力、合作和士气是大多数领导者努力的目标,但在通过对下属动机和凝聚力水平的评估来判断领导者的效能时,有几点问题还是要特别小心。一方面,一些下属可能很难被激励起来去努力工作,不论领导者作出怎样的努力都不起作用;另一方面,成功地激发起员工的动机和凝聚力,不一定会保证有效的工作表现。如果员工没有经过适当的培训,或没有完成工作所必需的设备和资源,还是不能出色地完成任务。此外,即使下属的绩效水平很低,他们也可能将其领导者评价为有效的,这可能仅仅因为领导者没有让他们太努力工作;相反,一些下属可能因为领导者使他们努力工作而将领导者评价为缺乏效能的。

尽管存在着这些问题,但下属对领导者的评估仍然会比上级的评估能够更准确地反映领导者的作用。一方面,这是因为下属每天都在观察领导者的行为,因此他们处于比上级更有利的位置来作出这些判断;另一方面,尽管下属的评估会受到歪曲或偏见的影响,但由于评估者是各种各样的,因此这种效果能够相互抵消。

(三)单位绩效指标

除了各种评估之外,还可以通过考察单位的绩效指标来判断领导的效能,如销售量、边际利润、返修的次品数量、准时发货的数量、犯罪率、高中毕业率、收到的慈善捐款数量、输赢记录,等等。

需要注意的是,这些测量指标也都不是尽善尽美的。这些指标的高低可能是由于领导者无法控制的因素造成的。例如,汽车的年销售量会受到许多因素的影响,如低质量车的库存量或困难的经济周期。这使得销售经理可能做对了所有该做的事情,但汽车销售量仍然不如去年;相反,有的经理可能犯了不少错误,但由于利率下调或畅销车型投入市场,使得销售业绩还是出现了巨大的增长。因此,在用这些单位业绩指标来判断领导者的效能时,要对领导者行为会对这些绩效指标产生何种影响事先作出恰当的估计。

三、领导者的自我测评

领导者可以通过自我测评,加深对自己的特质和行为方式的了解,以便有意识地弥补自身的性格缺陷,纠正不当的行为方式。领导的研究者设计出了很多供领导者自我测评的方法。我们选取一些测评表,它们分别涉及领导者的性格特质、态度与价值倾向、领导能力,以及领导行为和领导风格。这些测评的内容都是在前面各章中所涉及过的。因此,可以在自我测评后,根据所测得的结果,再去阅读前面各章中提出的改进建议。

(一)性格特质的自我测评

1.情绪感受性测评

此表是由柏克(M. J. Burke)等人于1989年设计的①。它用来测量工作情绪,也就是人们对于工作的感受。工作情绪是基于特定条件下的状态。但相对于一定的环境和时间来说,情绪可以相对稳定。在这个测评中,如果得到4分或更高,说明你具有高度积极的情绪感受性;如果得分在2分或更低,表明你具有比较消极的情绪感受性。如表9-1所示。

表9-1 情绪感受性测评

说明:请对下表中每一项给出您在过去一周中的感受					
	很少有或根本没有				很多
1.积极	1	2	3	4	5
2.平淡	1	2	3	4	5
3.沮丧	1	2	3	4	5
4.嗜睡	1	2	3	4	5
5.强壮	1	2	3	4	5
6.兴奋	1	2	3	4	5
7.轻蔑	1	2	3	4	5
8.敌意	1	2	3	4	5
9.热情	1	2	3	4	5
10.迟钝	1	2	3	4	5
11.紧张	1	2	3	4	5
12.轻松	1	2	3	4	5
13.精力充沛	1	2	3	4	5
14.宁静	1	2	3	4	5
15.神经质	1	2	3	4	5
16.昏昏欲睡	1	2	3	4	5
17.兴高采烈	1	2	3	4	5
18.心灵平静	1	2	3	4	5
19.神经过敏	1	2	3	4	5
20.行动迟缓	1	2	3	4	5
计分:					
用6分别去减你在2、4、10、12、14、16、18、20项上的分数					
■ 积极的感受性得分	将调整后的1、4、5、6、9、10、13、16、17项的分数相加除以10				
■ 高度积极的感受性得分	将调整后的1、5、6、9、13、17项的分数相加除以6				
■ 消极的感受性得分	将调整后的2、3、7、8、11、12、14、15、18、19项的分数相加除以10				
■ 高度消极的感受性得分	将调整后的3、7、8、11、15、19项的分数相加除以6				

① M. J. Burke, A. P. Brief, J. M. George, L. Roberson and J. Webster, Measuring Affect at Work: Confirmatory Analyses of Competing Mood Structures with Conceptual Linkage to Cortical Regulatory Systems, Journal of Personality and Social Psychology, 1989, 57, p. 1091~1102.

2.创造性性格测评

表9-2测评表是由达布林提出的①。

表9-2　创造性性格测评

说明:对下列各项描述,表明你认为它们基本上是正确的还是基本错误的,然后在相应的答案上挑勾

	基本正确	基本错误
1.读我当下兴趣领域之外的文章和书籍一般来说是浪费时间	______	______
2.我经常有冲动要提出改进我所使用的产品和服务的建议	______	______
3.读小说和参观艺术博物馆是浪费时间	______	______
4.我具有很强的信念。对的就是对的,错的就是错的	______	______
5.我喜欢上司给我的指示模棱两可	______	______
6.将一片混乱整理得井井有条实在是一件乐事	______	______
7.只有在异常情况下,我才会不按我的日程安排行事	______	______
8.采用不同的方式去工作是一件乐事,即使它需要花费更长的时间	______	______
9.不要把规则和规定看得太认真。大多数规定在非寻常的情况下都可以破例	______	______
10.思考新的想法是一件乐事,即使它最终不会给我带来好处	______	______
11.我的一些最好的想法是在别人想法的基础上形成的	______	______
12.在写作时,我尽量避免使用不常用的词和词组	______	______
13.在工作中,我经常会记下那些我将来会作的改进	______	______
14.我倾向于尽可能地避开高技术的设备	______	______
15.对我所爱的人们,我倾向于给他们写私人便条或诗,而不是寄贺卡	______	______
16.我有时会玩测验智力的游戏	______	______
17.如果你的思想是清晰的,那么就会找到对问题的最佳解决方案	______	______
18.最好是与那些与你思想方式相同的同事来往	______	______
19.侦探工作对我有一些吸引力	______	______
20.严格地控制人员和钱财对成功地经营一个组织是必需的	______	______

总分:______

得分对照表

1.基本错误	5.基本正确	9.基本正确	13.基本正确	17.基本错误
2.基本正确	6.基本正确	10.基本正确	14.基本错误	18.基本错误
3.基本错误	7.基本错误	11.基本正确	15.基本正确	19.基本正确
4.基本错误	8.基本正确	12.基本错误	6.基本正确	20.基本错误

解释:将你的回答与得分对照表对照,给与对照表一致的每一项回答加1分,将得分相加,得出总分

- 15分或更高　你的个性和态度与具有创造性的人相似
- 8分或更低　你现在在智力上更倾向于循规蹈矩。不要气馁,大多数人都能够变得更具创造性

① Andrew J. DuBrin, Leadership: Research Findings, Practice and Skills, Boston, Houghton Mifflin Company, 1995, p. 236~237.

(二)动机、态度与价值倾向的自我测评

1.准备程度测评

表 9-3 测评表由达布林提出①。

表 9-3 准备程度测评

说明:对下列描述,根据你同意的程度给相应的分数画圈:分数 1 表示非常不同意;分数 2 表示不同意;分数 3 表示中立;分数 4 表示同意;分数 5 表示非常同意

1.我乐意人们向我征求意见和建议	1	2	3	4	5
2.我总是鼓舞其他人	1	2	3	4	5
3.向人们提一些关于其工作的有刺激性的问题是一种好的行为方式	1	2	3	4	5
4.称赞别人对我来说是件容易的事情	1	2	3	4	5
5.即使在我情绪不好的时候,我也喜欢让大家开心	1	2	3	4	5
6.我的团队取得的成就比我个人的荣誉更重要	1	2	3	4	5
7.许多人模仿我的观点	1	2	3	4	5
8.建立团队精神对我来说很重要	1	2	3	4	5
9.我喜欢指导其他团队成员	1	2	3	4	5
10.承认其他人的成就对我来说很重要	1	2	3	4	5
11.我乐于招待来访者,即使他打断了我的工作	1	2	3	4	5
12.代表我的团队到外面去参加活动,对我来说是一件有意思的事	1	2	3	4	5
13.我的团队成员的问题就是我的问题	1	2	3	4	5
14.解决冲突是我乐于做的事情	1	2	3	4	5
15.我愿意与组织中的另一个部门合作,即使我不同意其团队成员的观点	1	2	3	4	5
16.我在工作中总会想出一些新点子	1	2	3	4	5
17.只要有机会我就喜欢与人讨价还价	1	2	3	4	5
18.当我讲话时,团队成员都在听	1	2	3	4	5
19.在我的一生中,有多次被人邀请去领导一项活动	1	2	3	4	5
20.我总是一个令人信服的人	1	2	3	4	5

总分:________

解释:将每一项所得分数相加,得到总分

- ■ 90~100 分　对担任领导有充分的准备
- ■ 60~89 分　对担任领导有中等程度的准备
- ■ 40~59 分　对担任领导有些不适应
- ■ 39 分或更低　对担任领导没有什么准备

如果你已经是一个成功的领导者,但得分很低,请别在意这个得分。如果你得分很低,而且还不是一个领导者,或现在的领导效果不太好,请认真研究这些问题,改变自己的态度。考虑改变自己的态度和行为,使每项的得分能达到 4 分或 5 分

① Andrew J. DuBrin, Leadership: Research Findings, Practice and Skills, Boston, Houghton Mifflin Company, 1995, p. 10~11.

2.对最不喜欢的合作者的评价(LPC)

表 9-4 测评表是菲德勒和切米尔斯(M. M. Chemers)1974 年提出的。根据菲德勒的论述,LPC 得分高的人往往有人际关系倾向,这样的领导者通常在中等有利的条件下做得更好。LPC 得分低的领导者更具有任务取向,他们倾向于在条件有利程度较高或较低的情境下做得最好①。

表 9-4 对最不喜欢的合作者者的评价

说明:回想一个人,当你和他在一起工作合作得最不好时,他可能是现在和你一起工作或过去你认识的人。他不一定是你最不喜欢的人,但是他应当是和你在一起完成工作最困难的人。当他出现在你的脑海中时,请通过标出每一个维度的数字来描述他

快乐的	8	7	6	5	4	3	2	1	不快乐的
友好的	8	7	6	5	4	3	2	1	不友好的
拒绝	1	2	3	4	5	6	7	8	接受
有用的	8	7	6	5	4	3	2	1	无用的
不热心的	1	2	3	4	5	6	7	8	热心的
紧张的	1	2	3	4	5	6	7	8	松弛的
疏远的	1	2	3	4	5	6	7	8	亲密的
冷酷的	1	2	3	4	5	6	7	8	温暖的
合作的	8	7	6	5	4	3	2	1	不合作的
支持的	8	7	6	5	4	3	2	1	敌意的
令人厌烦的	1	2	3	4	5	6	7	8	有意思的
好争吵的	1	2	3	4	5	6	7	8	协调的
自信的	8	7	6	5	4	3	2	1	犹豫的
有效率的	8	7	6	5	4	3	2	1	无效率的
阴郁的	1	2	3	4	5	6	7	8	开朗的
开放的	8	7	6	5	4	3	2	1	慎重的

评分:将 16 个问题的回答分数相加,得到你的 LPC 分数。高于 76 分反映了人际关系倾向,低于 62 分标志着任务取向

3.权谋倾向测评

权谋倾向,又称马基雅维利主义,反映了一个人在人际交往中觉得他人可被操纵的程度。此表是由克里斯蒂 1970 年设计的②。根据他的解释,表 9-5 反映的是一个人在与他人打交道时所采用的大致策略。100 分是中性的分数。得分越高,权谋倾向越大,高分可能等于或大于 140 分;得分越低,权谋倾向越小,低分可以等于或小于 60 分。根据格米尔(G . R. Gemmill)和海斯勒(W. J. Heisler)1972 年的

① F. E. Fiedler and M. M. Chemers, Leadership and Effective Management, Genview, IL., Scott, Foresman, 1974.

② R. Christie, Studies in Machiavellianism, New York, Academic Press, 1970.

报告，权谋倾向与工作的满足感负相关，与工作压力感正相关①。德罗瑞（A. Drory）和格鲁斯基诺斯（U. M. Gluskinos）1980年的实验表明：低分的群体和高分的群体的表现并无差异，但高分的领导者比低分的领导者下达更多的命令，更少行动②。

表9-5　权谋倾向测评

说明：下面每一种说法都代表了一种大众观点，根据你看到的每一种说法的第一反应所作出的赞成或反对的判断及其程度，给相应分数画圈。如果这些选项不能充分表明你的看法，选择与你的感受最接近的选项

	非常赞成	比较赞成	有点赞成	有点反对	比较反对	非常反对
1.绝不告诉他人你做事的真实原因，除非有利可图	+3	+2	+1	-1	-2	-3
2.与别人打交道的最好方式：他们想听什么，就告诉他们什么	+3	+2	+1	-1	-2	-3
3.只有确定在道德上立得住脚时，才采取行动	+3	+2	+1	-1	-2	-3
4.多数人基本上是好的、善良的	+3	+2	+1	-1	-2	-3
5.认为所有的人都暗藏邪恶，一有机会就会彰显恶性，这样的想法是最安全的	+3	+2	+1	-1	-2	-3
6.在任何情况下都最好保持诚实	+3	+2	+1	-1	-2	-3
7.对别人撒谎是没有理由的	+3	+2	+1	-1	-2	-3
8.通常人们不会努力工作，除非被迫	+3	+2	+1	-1	-2	-3
9.总的来说，谦虚和诚实胜过骄傲和虚伪	+3	+2	+1	-1	-2	-3
10.求人帮忙时，最好给出真实的理由，而不是最具说服力的理由	+3	+2	+1	-1	-2	-3
11.世界上大多数成功的人士生活清廉、德行高尚	+3	+2	+1	-1	-2	-3
12.完全信任他人会自找麻烦	+3	+2	+1	-1	-2	-3
13.大多数罪犯与其他人的最大区别，在于罪犯太蠢，所以被捕	+3	+2	+1	-1	-2	-3
14.多数人是勇敢的	+3	+2	+1	-1	-2	-3
15.讨好重要人物是明智之举	+3	+2	+1	-1	-2	-3
16.所有方面都完美无缺是可能的	+3	+2	+1	-1	-2	-3
17.巴纳姆说："每分钟都会有容易上当受骗的人产生。"他错了	+3	+2	+1	-1	-2	-3

① G. R. Gemmill and W. J. Heisler, Machiavellianism as a Factor in Managerial Job Strain, Job Satisfaction, and Upward Mobility, Academy of Management Journal, 1972, 15, p. 51～62.

② A. Drory and U. M. Gluskinos, Machiavellianism and Leadership, Journal of Applied Psychology, 1980, 65, p. 81～86.

续表

18.想获得成功又想面面俱到是很难的	+3	+2	+1	-1	-2	-3
19.患不治之症的人应当有权选择安乐死	+3	+2	+1	-1	-2	-3
20.多数人易忘父亲之死,而难忘财产损失	+3	+2	+1	-1	-2	-3
计分: 圈+3得7分,圈+2得6分,圈+1得5分,圈-1得3分,圈-2得2分,圈-3得1分 用8分别去减你在3、4、6、7、9、10、11、14、16、17题上的得分 将调整后的得分相加,所得的分数再加上20分,就得到了你的权谋倾向的得分						

(三)领导能力的自我测评

1.权力测评

表9-6测评表是在欣金(Thomas R. Hinkin)和施里沙伊姆(Chester A. Schriescheim)1989年设计的测评表基础上修改而成的①。

表9-6 权力测评

说明:考虑下面每一项描述,按照其代表你的想法的程度,给相应的数字画圈					
为了影响他人,我选择	非常同意↔非常不同意				
奖酬权	5	4	3	2	1
1.提高其工资水平	5	4	3	2	1
2.为其工资水平的提高施加影响	5	4	3	2	1
3.为其提高特定的福利	5	4	3	2	1
4.为其提升施加的影响	5	4	3	2	1
强制权					
5.给其安排令其讨厌的工作任务	5	4	3	2	1
6.使其工作难度加大	5	4	3	2	1
7.使其工作环境不舒适	5	4	3	2	1
8.使其感到工作不愉快	5	4	3	2	1
合法权					
9.使其感到要实现承诺	5	4	3	2	1
10.使其感到应当对其工作要求感到满意	5	4	3	2	1
11.使其感到要履行职责	5	4	3	2	1
12.使其认识到要完成任务	5	4	3	2	1
专家权					
13.向其提供合适的技术建议	5	4	3	2	1
14.与其分享自己的经验	5	4	3	2	1
15.向其提供与工作有关的有效建议	5	4	3	2	1
16.向其提供所需的技术知识	5	4	3	2	1

① Thomas R. Hinkin, Chester A. Schriescheim, Development and Application of New Scales to Measure the French and Raven (1959) Bases of Social Power, Journal of Applied Psychology, 1989, August, p. 567.

续表

参照权					
17.使其感到被重视	5	4	3	2	1
18.使其感到我赞成他的做法	5	4	3	2	1
19.使其感到获得我个人的认可	5	4	3	2	1
20.使其感到自己很重要	5	4	3	2	1
		总分:______			

解释:将各项得分相加,得到总分。如果总分在90分以上,说明有很大的权力;总分在70~89分,说明有中等的权力;总分低于70分,说明权力很小。同时,将每一种权力的得分相加,得到各种权力的总分。比较各种权力的得分,得分较高的权力是你倾向于使用的权力

2.沟通有效性测评

表9-7测评表是由萨斯曼(Lyle Sussman)和克里夫诺斯(Paul D. Krivnos)于1979年设计的①。

表9-7 沟通有效性测评

说明:对下面每一对描述,根据自己的沟通情况与其描述的符合程度给相应的数字画圈

我认为我与下属的沟通:

能提高我的信誉	7	6	5	4	3	2	1	会降低我的信誉
是明确的	7	6	5	4	3	2	1	是不明确的
是清晰的	7	6	5	4	3	2	1	是不清晰的
回答的问题多于提出的问题	7	6	5	4	3	2	1	提出的问题多于回答的问题
是有效的	7	6	5	4	3	2	1	是无效的
是有力的	7	6	5	4	3	2	1	是无力的
是建设性的	7	6	5	4	3	2	1	是没有什么结果的
获得了我希望的效果	7	6	5	4	3	2	1	并不能得到我希望的结果
是令人印象深刻的	7	6	5	4	3	2	1	是不能打动人的
树立了我的正面形象	7	6	5	4	3	2	1	造成了我的负面形象
是好的	7	6	5	4	3	2	1	是不好的
是讲究技巧的	7	6	5	4	3	2	1	是缺乏技巧的
是放松的	7	6	5	4	3	2	1	是紧张的
使我感到满足	7	6	5	4	3	2	1	不使我感到满足
并不使我感到困窘	7	6	5	4	3	2	1	使我感到困窘

将各项得分相加,得到的总分是:__________

解释:如果你的总分高于80分,表明你是一个非常有效的沟通者;如果总分在59~80分,表明你是一个有效的沟通者;如果总分在37~58分,表明你是一个无效的沟通者;如果总分在15~36分,表明你是一个非常无效的沟通者

① Lyle Sussman, Paul D. Krivnos, Communication for Supervisors and Managers, Mayfield Publishing, 1979, p. 10~12.

(四)领导行为和领导风格的自我测评

1.坦诚性测评

表9-8测评表是由达布林提出的①。

表9-8 坦诚性测评

说明:对下列各项描述,表明其对你来说基本上是正确的还是错误的,然后在相应的项下挑勾。如果对某项描述有些拿不准,想一下你一般会如何反应

	基本正确	基本错误
1.如果上门推销的销售代表是一个很好的人,对我来说拒绝他是非常困难的	______	______
2.我随意地表达批评	______	______
3.如果另一个人做事不公,我会提醒他注意他的做法	______	______
4.在任何地方工作都无法表达我自己的感受	______	______
5.要求优待是没用的,人们只能得到他们应该得到的	______	______
6.工作不是表现圆滑的地方,说出我所想的	______	______
7.在超市,如果一个人看上去很着急,我会让他排在我前面	______	______
8.我的弱点就是对人太友善	______	______
9.在餐馆吃饭时,如果账单上算错了5角钱,我也会要求纠正	______	______
10.一旦高兴起来,我在公共场所也会放声大笑	______	______
11.人们说我太坦率直言	______	______
12.如果我买的家具在运送途中被损坏了,我会主动向家具店要求退货	______	______
13.我担心我会向同事发火	______	______
14.人们说我太过于矜持和控制自己的情绪	______	______
15.人善良,生意才能持久	______	______
16.我要在每个细节上都争取我的权利	______	______
17.如果我买的大衣不适合,我会毫不迟疑地将其退回商店	______	______
18.在我与一个人发生争执后,我会尽量回避他	______	______
19.我会坚持要求我的配偶或室友去做公平分给他的那份他不愿意干的家务	______	______
20.当我与另一个人有不同意见时,我很难直视他	______	______
21.我不只一次地在朋友们面前大哭	______	______
22.在电影院,如果坐在我旁边的两个人不住地说话,我会制止他们	______	______
23.如果我不太中意的人邀请我一起参加某项活动,我会加以拒绝	______	______
24.表达我对另一个人的实际感受是不得体的	______	______
25.我有时发起火来会咒骂或贬低他人	______	______
26.我不太愿意在会议上发言	______	______
27.我觉得要求朋友帮点小忙不是件难事,如在我的汽车修理时搭朋友的汽车去上班	______	______
28.在饭店吃饭时,如果一个人大声喧哗打扰了我,我会告诉他	______	______

① Andrew J. DuBrin, Leadership: Research Findings, Practice and Skills, Boston, Houghton Mifflin Company, 1995, p. 33~35.

续表

29. 在别人话没说完时，我经常会将他要说的话说出来	______	______
30. 对我来说，向他人表示爱情或好感并不是件难事	______	______
	总分：______	

得分对照表：

1. 基本错误	6. 基本正确	11. 基本正确	16. 基本正确	21. 基本正确	26. 基本错误
2. 基本正确	7. 基本错误	12. 基本正确	17. 基本正确	22. 基本正确	27. 基本正确
3. 基本正确	8. 基本错误	13. 基本错误	18. 基本错误	23. 基本正确	28. 基本正确
4. 基本错误	9. 基本正确	14. 基本错误	19. 基本正确	24. 基本错误	29. 基本正确
5. 基本错误	10. 基本正确	15. 基本正确	20. 基本错误	25. 基本正确	30. 基本正确

解释：将你的回答与得分对照表对照，给与对照表一致的每一项回答加 1 分，将得分相加，得出总分

■ 0～15 分　不坦陈

■ 16～24 分　坦陈

■ 25 分或更高　攻击性

30 天后再做一遍，看你的回答是否具有稳定性

2. 建构与体恤测评

表 9-9 测评表是乔恩·皮尔斯（Jon L. Pierce）等人根据弗莱希曼 1960 年提出的项目设计的①。

表 9-9 建构与体恤测评

说明：根据你从事下列各项所描述的行为的频率，为相应的分数画圈					
	一贯	经常	偶尔	很少	从不
1. 将工作团队中的成员提出的建议付诸实施	1	2	3	4	5
2. 以一种平等的方式对待工作团队中的人	1	2	3	4	5
3. 支持下级的行为	1	2	3	4	5
4. 反对要求变化的建议	1	2	3	4	5
6. 给工作团队中的成员安排特定的任务	1	2	3	4	5
	很多	较多	一般	较少	从不
5. 讨论工作量的大小	1	2	3	4	5
8. 强调按期完成工作	1	2	3	4	5
	经常	较多	偶尔	较少	很少
7. 提供解决问题的新方法	1	2	3	4	5
计分和解释：					

① 皮尔斯，纽斯特罗姆：《领导者与领导过程》，第 2 版，北京华译网翻译公司译，172～173 页，北京，中国人民大学出版社，2003。

续表

用6分别去减你在1、2、3、4各项中的得分,然后将调整后的分数相加除以4,所得总分就是你的体恤行为的分数。如果得分为4分或更高,表明你在作为一个领导者时倾向于体恤员工;如果得分为2分或更低,表明你并非很体恤员工。 用6去减你在5、6、7、8各项中的得分,然后将调整后的分数相加除以4,所得总分就是你的建构行为的分数。如果得分为4分或更高,表明你在作为一个领导者时,有强烈的倾向采取建构方面的行为;如果得分为2分或更低,表明你不倾向于采取建构方面的行为。

3.影响策略测评

表9-10测评表是乔恩·皮尔斯等人根据尤克尔等人所提出的两个量表合并而成的①。

表9-10 影响策略测评

说明:阅读下列各项描述,根据你的领导风格,指出对每个影响策略同意或不同意的程度:分数1表示非常反感;分数2表示反感;分数3表示比较反感;分数4表示既不同意也不反感;分数5表示比较同意;分数6表示同意;分数7表示非常同意							
1.我将直接面对我的追随者并要求其迅速执行被要求的行为	1	2	3	4	5	6	7
2.我会对一项请示或提议作出解释	1	2	3	4	5	6	7
3.为了使一项被要求的行为得到实施,我会向更有权威的人求助	1	2	3	4	5	6	7
4.我将解释他人如何会从我的提议中获益	1	2	3	4	5	6	7
5.如果他人作出我所要求的行为,我会表示将给予回报	1	2	3	4	5	6	7
6.我会对一项提议的可行性提出证据	1	2	3	4	5	6	7
7.在要求人们做另一项工作前,我会恭维他们以前的成绩	1	2	3	4	5	6	7
8.我会解释为什么我的提议客观上比别人的好	1	2	3	4	5	6	7
9.我可以使用其他证据来支持我要实施的计划或提议	1	2	3	4	5	6	7
10.我会解释解决问题的可能性	1	2	3	4	5	6	7
11.我会热情地描述一项提议或项目,并力图说明它是重要的和值得做的	1	2	3	4	5	6	7
12.我会证明我提议的做法将导致一项工作或项目的成功完成	1	2	3	4	5	6	7
13.我将告诉其他人我要达到的目标是什么,并询问他们是否有更好的方式达到这一目标	1	2	3	4	5	6	7
解释:将2、4、6、8、10、12项的分数相加除以6,所得的成绩反映的是你运用理性劝说影响他人行为的程度。如果分数在5.5分或更高,则说明你倾向于用理性劝说来影响他人。其余各项的分数表示你运用其他策略的程度:第1项是压力,第3项是吸引力,第5项是交换,第7项是联盟,第9项是鼓舞,第11项是协商							

① 皮尔斯,纽斯特罗姆:《领导者与领导过程》,第2版,北京华译网翻译公司译,137~138页,北京,中国人民大学出版社,2003。

4. 变革型和交易型领导风格测评

表 9-11 测评表是由波得萨阔夫等人于 1990 年设计的①。该表测量了变革型领导的 6 个基本特征，即明确的目标、树立适当的榜样、培养对目标的认同、良好表现的期望、个人支持和智力刺激。在这 6 个方面得分分别在 5.5 分或更高的领导者，在作出每种行为时有较高的行为定向。同时，它也测量了交易型领导的行为特征，如果在这方面得分在 5.5 分或更高，这样的领导者就总是为了从追随者那里得到东西而给予他们某些东西。

表 9-11　变革型和交易型领导风格测评

说明：假设在某种情况下你承担或被赋予一个领导者的角色，考虑下列各种描述在多大程度上能反映你的领导特征，并在相应的分数上画圈

我：	几乎不能		中等程度			程度很高	
1. 对我的工作目标有明确的认识	1	2	3	4	5	6	7
2. 为我的工作小组描绘了一幅令人感兴趣的蓝图	1	2	3	4	5	6	7
3. 总是为组织或小组成员寻找新的机会	1	2	3	4	5	6	7
4. 用我对未来的设想激励别人	1	2	3	4	5	6	7
5. 能够使别人赞成我的梦想	1	2	3	4	5	6	7
6. 用行动作出表率，而不是仅仅夸夸其谈	1	2	3	4	5	6	7
7. 为别人树立学习的榜样	1	2	3	4	5	6	7
8. 用示范的方式进行指导	1	2	3	4	5	6	7
9. 培养小组成员之间的合作精神	1	2	3	4	5	6	7
10. 鼓励员工以小组为家	1	2	3	4	5	6	7
11. 使团体为了共同的目标而合作	1	2	3	4	5	6	7
12. 在成员中发展团队态度和团队精神	1	2	3	4	5	6	7
13. 表明我对他们的期望值很高	1	2	3	4	5	6	7
14. 坚持最佳表现	1	2	3	4	5	6	7
15. 不甘居人后	1	2	3	4	5	6	7
16. 行事时不考虑别人的感受	1	2	3	4	5	6	7
17. 尊重别人的个人感受	1	2	3	4	5	6	7
18. 用一种考虑他人个人需要的方式行事	1	2	3	4	5	6	7
19. 对待别人时并不考虑他们的个人感受	1	2	3	4	5	6	7
20. 要求别人用新的方式考虑问题	1	2	3	4	5	6	7
21. 提出的问题能促使别人思考	1	2	3	4	5	6	7
22. 刺激别人重新考虑他们的做事方式	1	2	3	4	5	6	7
23. 有办法要求他人重新审视他们对工作的基本假设	1	2	3	4	5	6	7
24. 别人表现良好时，总是给予积极的反馈	1	2	3	4	5	6	7
25. 别人的工作做得很好时，给予特别的认可	1	2	3	4	5	6	7
26. 当别人的工作高于一般水准时，对他们进行赞扬	1	2	3	4	5	6	7

① P. M. Podsakoff, S. B. MacKenzie, R. H. Moorman and R. Fetter, Transformational Leader Behaviors and Their Effects on Followers' Trust in Leader, Satisfaction, and Organizational Citizenship Behaviors, Leadership Quarterly, 1990, 1 (no. 2), p. 107～142.

续表

27.别人工作突出时，以个人的名义对他们表示赞赏	1	2	3	4	5	6	7
28.经常意识不到别人的良好表现	1	2	3	4	5	6	7

计分：

先用8分别去减16、19、28题的得分

■ 明确的目标得分	将1~5题的得分相加除以5
■ 树立适当的榜样得分	将6~8题的得分相加除以3
■ 培养对目标的认同得分	将9~12题的得分相加除以4
■ 良好表现的期望得分	将13~15题的得分相加除以3
■ 个人支持得分	将调整后的16~19题的得分相加除以4
■ 智力刺激得分	将20~23题的得分相加除以4
■ 交易型领导行为得分	将调整后的24~28题得分相加除以5

参考文献

[1] B M BASS. Bass & stogdill's handbook of leadership: theory, research, & managerial applications. New York: Free Press, 1990.

[2] WARREN BENNIS. Why leaders can't lead: the unconscious conspiracy continues. San Francisco: Jossey-Bass Publishers, 1989.

[3] KEN BLANCHARD, PATRICIA ZIGARMI, DREA ZIGARMI. Leadership and the one minute manager: increasing effctiveness through situational leadership. New York: William Morrow and Company, Inc, 1985.

[4] JAY A CONGER, RABINDRA N KANUNGO, & ASSOCIATES. Charismatic leadership: the elusive factor in organizational effctiveness. San Francisco: Jossey-Bass Publishers, 1988.

[5] ANDREW J DUBRIN. Leadership: research findings, practice and skills. Boston: Houghton Mifflin Company, 1995.

[6] RICHARD L HUGHES, ROBERT C GINNETT, GORDON J CURPHY. Leadership: enhancing the lessons of experience. Boston: Irwin McGraw-Hill Company Inc, 1996.

[7] JON L PIERCE, JOHN W NNESTROM. Leaders & the leadership process: readings, self-assessments & applications. Boston: Irwin/McGraw-Hill, 1995.

[8] GARY YUKL. Leadership in organizations. Eaglewood Cliffs, NJ: Prentice Hall, 2002.

[9] 贝克.管理沟通——理论与实践的交融.康青,王蔷,冯城泽,译.北京:中国人民大学出版社,2003.

[10] 碧莱尔.领导与战略规划.赵伟,译.北京:机械工业出版社,2000.

[11] 布莱克,麦坎斯.领导难题——方格解法:管理方格新论.孔令济,等,译.北京:中国社会科学出版社,1999.

[12] 邓恩.公共政策分析导论.谢明,等,译.北京:中国人民大学出版社,2002.

[13] 福克斯,米勒.后现代公共行政——话语指向.楚艳红,等,译.北京:中国人民大学出版社,2002.

[14] 弗里根,杰克逊.领导的科学与艺术:培养有效领导必需的技巧与个人品质.肖中华,译.上海:上海人民出版社,2000.

[15] 赫尔雷格尔,斯洛克姆,伍德曼.组织行为学.俞文钊,丁彪,等,译.上海:华东师范大学出版社,2001.

[16] 赫塞尔本等.未来的领导:新时代的新视野、新策略与新措施.吕一凡,胡武凯,等,译.成都:四川人民出版社,1998.
[17] 荷尔瑞格,等.组织行为学.胡英坤,等,译.大连:东北财经大学出版社,2001.
[18] 黑尔.领导者的优势——掌握思维突破点的5个技巧.郭武文,译.北京:华夏出版社,2000.
[19] 科恩,埃米克.新有效公共管理者:在变革的政府中追求成功.王巧玲,等,译.北京:中国人民大学出版社,2001.
[20] 科特.变革的力量.方云军,李小强,译.北京:华夏出版社,1997.
[21] 库泽斯,波斯纳.领导者:信誉的获得和丧失.方晓利,等,译.北京:中国经济出版社,2000.
[22] 朗恩.权力的智慧.王东笑,编译.北京:民主与建设出版社,2002.
[23] 李成言.现代行政领导学.北京:北京大学出版社,2002.
[24] 利维奇.领导基因:毕生领导生涯的遗传密码.王秋石,等,译.北京:经济管理出版社,2001.
[25] 刘建军.领导学原理——科学与艺术.上海:复旦大学出版社,2001.
[26] 刘守英.70位领导学家谈如何成为世界级领导者.北京:中国发展出版社,2002.
[27] 罗宾斯.管人的真理.王敏,译.北京:中信出版社,2003.
[28] 明茨伯格,等.哈佛商业评论精粹译丛——领导.思铭,译.北京:中国人民大学出版社,2000.
[29] 纳特,巴可夫.公共和第三部门组织的战略管理:领导手册.陈振明,等,译.北京:中国人民大学出版社,2001.
[30] 纳哈雯蒂.领导力.王新,译.北京:机械工业出版社,2003.
[31] 皮尔斯,纽斯特罗姆.领导者与领导过程.北京华译网翻译公司,译.北京:中国人民大学出版社,2003.
[32] 斯科尔特斯.戴明领导手册.钟汉清,译.北京:华夏出版社,2001.
[33] 韦伯.经济与社会.林荣远,译.北京:商务印书馆,1997.
[34] 谢尔顿.领导是什么.王伯言,译.上海:上海人民出版社,2000.
[35] 余克(尤克尔).领导学.余朝权,译.台北:天麟文化事业有限公司,1983.
[36] 朱立言.行政领导学.北京:中国人民大学出版社,2002.